Liebe ist unsterblich

Im Übergang
vollendet sich das Leben

Über das Buch

Ein psychologisches und spirituelles Fachbuch, beginnend mit einer persönlichen Erzählung

Eine Siebzehnjährige stirbt bei einem Unfall in den Bergen. Wie ihre Familie, besonders die Mutter, dieses Ereignis und die Zeit danach erlebt, wird im ersten Teil dieses Buches erzählt. In unserer westlichen Kultur, in der der Tod möglichst ausgeblendet wird, werden das Verhalten und die Erfahrungen dieser Familie vielleicht zunächst Erstaunen auslösen. Sie stehen im Gegensatz zu unserer gewohnten Sichtweise und unserem traditionellen Verständnis vom Umgang mit dem Tod. Für die Mutter war der Unfalltod ihrer Tochter ein entscheidender Wendepunkt in ihrem Leben, der sie auf zuvor ungekannte Bewusstseinsebenen führte.

Im Prozess des Schreibens, der sich über mehrere Jahre erstreckt, vollzieht die Autorin ihre eigene Entwicklung nach. Ihre spirituellen Erkenntnisse, ihre Lebenserfahrung und ihr psychologisches Fachwissen als Therapeutin und Seminarleiterin prägen den zweiten und dritten Teil des Buches. Der Leser erhält Einblick in die psychologischen und spirituellen Dimensionen von Tod und Sterben und bekommt wertvolle Hilfestellung für die eigene Auseinandersetzung mit diesen Themen, mit denen jeder Mensch früher oder später konfrontiert wird.

Durch ihre klare und immer liebevolle Haltung zeigt die Autorin dem Leser einen Weg zu einem bewussten Umgang mit dem Tod und gleichzeitig zu einem wahrhaft befreiten, sinnerfüllten Leben.

Über die Autorin

Monika wurde als siebtes Kind geboren. Bereits vor ihrer Geburt hatten ihre Eltern drei Kinder verloren. Sie arbeitet als Diplom-Sozialpädagogin, Paar- und Familientherapeutin, Heilpraktikerin, Seminarleiterin und Bewusstseinstrainerin mit sehr vielen Menschen und begleitet dabei auch durch den Schmerz eines Verlustes. Als sehr überraschend und unerwartet ihre siebzehnjährige Tochter tödlich verunglückte, wurde sie unmittelbar mit dem Tod konfrontiert. Seither begleitet sie noch intensiver Menschen, die eine Sehnsucht verspüren, das Mysterium des Lebens und des Todes zu verstehen. Ihre Fähigkeit, ihnen zu helfen, ist außergewöhnlich. Die Kraft und Liebe des Jenseits, ihr eigenes Erleben und das tiefe Verständnis, was der Tod ist, stehen ihr zur Verfügung. Sie unterstützt seit 35 Jahren in allen wichtigen Themen des Lebens, wie Partnerschaft, Kindererziehung, Gesundheit, Erfolg und Erfüllung. Sie ist Gründerin und Autorin von "Steps to Enlightenment® - Schritte in ein erwachtes Leben". Monika spricht zu den Herzen. Sie schöpft aus eigener Erfahrung und innerer Weisheit. Sie vertritt eine Spiritualität, die den Herausforderungen des Alltags gewachsen ist. Ihr ist es ein großes Anliegen, dass wir uns mit der Vergänglichkeit auseinander setzen, die Einfachheit und Tiefe des Lebens und des Todes begreifen und dadurch frei werden für unseren einzigartigen Weg.

Monika Redl-Janßen

Liebe ist unsterblich
Im Übergang
vollendet sich das Leben

Das Liebste bleibt immer
mit dir verbunden

PREMA

1. Auflage
Originalausgabe Monika Redl-Janßen
PREMA Verlag ©2013
Bestellung: buecher@bewusst-sein.de
Cover-Bild: Barbara Janßen
Cover und Satz: Jana Krubert
Fotos: Andreas Redl
Lektorat: Stefanie Woeste-Knöchelmann, Monika Schiller
Druck und Verarbeitung: FINIDR
ISBN 978-3-00-043487-7

Liebe ist unsterblich

Diese Aussage hat eine doppelte Bedeutung.
Die Liebe bleibt, wenn jemand von uns geht. Wir bewahren sie in unseren Herzen und fühlen sie auch weiterhin.
Das, was von uns bleibt, wenn unser Körper stirbt, ist Liebe, die unsere Essenz jenseits des Körpers ist.

Das Liebste bleibt immer mit dir verbunden

Wir können jederzeit etwas verlieren, was uns sehr wertvoll ist und dessen Verlust uns schmerzt. Der Tod eines geliebten Menschen ist eine Möglichkeit. Es kann aber ebenso der Verlust einer Arbeitsstelle, Verlust von Besitz, unserer Heimat, von Gesundheit oder eine Trennung sein. Jede Erfahrung integriert sich in dein Leben und ist somit Teil von DIR.
Außerdem können wir erleben, dass die Verbindung zu einem geliebten Menschen nicht abreißen muss, wenn die Wege sich trennen – selbst durch den Tod – sondern auf wunderbare Weise erhalten bleibt, wenn unser Herz dafür offen ist. Alles, woran du in Liebe denkst, lebt in deinem Herzen weiter. Deshalb wählte ich diesen Titel.
Im bedingungslosen Annehmen liegt die Weite, die Freiheit, die Liebe, das Erkennen, dass unser Wesenskern, unsere Essenz nicht durch Äußeres bestimmt wird. So kann ein Verlust mich zurück zu mir selbst, zu meinem göttlichen Kern, zur Liebe führen.

Inhalt

11

Widmung

Dieses Buch ist dem Allerhöchsten,

dem Göttlichen in jedem von uns gewidmet.

Ebenso meinen Eltern, die drei Kinder verloren haben,

allen, die mit einem Verlust konfrontiert sind,

allen, die bereit sind,

das Ewige und das Vergängliche zu erforschen.

Dank

Dankbarkeit erfüllt mein Herz. Es hat viel Zeit und Entschlossenheit gebraucht, um dieses Buch zu vollenden. Das Göttliche schickte mir viele Helfer, um diese Aufgabe zu erfüllen.

Mein großer Dank gilt Christina, die den Weg geebnet hat, die meine Lehrerin war und ist. Meinem Mann und besten Freund Andreas, der mich mit seiner Liebe in jeder Lebenssituation, so auch beim Verfassen dieses Buches, tatkräftig unterstützt und der viele Stunden auf mich verzichtet hat, damit ich mich dem Schreiben widmen konnte. Barbara - meinem Engel ohne Flügel - für ihr Sein, ihre Liebe und ihre Inspiration.
Stefanie Woeste-Knöchelmann und Monika Schiller, die in unermüdlicher Arbeit meine Texte lasen, korrigierten und durch ihren freudigen, selbstlosen Einsatz auch mich sehr ermutigten.
Prof. Dr. Barbara von Meibom, die mich inspirierte, dran zu bleiben, Rudi Kral und Christian Knöchelmann für den sehr wichtigen technischen Support, Johann Graßer für die Unterstützung bei den Bibelzitaten. Ebenso allen Menschen, Freunden und Klienten, die zu meinem Wachstum und diesem Buch beigetragen haben.

Ich bedanke mich von Herzen bei Lency und Chuck Spezzano für ihre liebevolle Begleitung.

Mein innigster Dank gilt der Göttlichen Führung, die mich allezeit begleitet und beschützt.

Vorwort von Chuck Spezzano

Wir leben in einer Welt der Illusionen, die wir für so real halten wie eine wissenschaftliche Tatsache. Quanten-physiker, Mystiker und alle, die die Tiefen des Geistes erforscht haben, wissen jedoch, dass die Welt in Wirklichkeit ganz anders ist, als wir sie sehen. Wir entwerfen ein sozial geprägtes Konzept der Realität und leiten die Gesetze unserer Welt daraus ab. Dieses Realitäts-konzept basiert auf dem kollektiven Ego (der Überzeugung, wir seien getrennte Wesen) und dem kollektiven Unbewussten (der gesamten Menschheitsgeschichte). Es definiert die Welt als die von uns wahrgenommenen äußeren Lebensumstände. Wissenschaftlern, Mystikern, modernen Heilern oder anderen, die einen tieferen Einblick haben, erscheint es dagegen grotesk, die Erklärung der Welt daraus abzuleiten, wie wir sie an der Oberfläche wahrnehmen. Letzteres stellt lediglich unser eigenes Gefängnis dar, das von uns selbst gemacht und als völlig selbstverständlich angesehen wird. Wer den Duft der Freiheit erst einmal gerochen hat, sieht dieses Gefängnis höchstens noch als einen Zufluchtsort für ängstliche Seelen. Stattdessen erkennen wir unser innerstes Sein als die Wahrheit und folgen der Sehnsucht, tiefer in den Urgrund dieses Seins vorzudringen. Wenn wir einmal aus der Höhle herausgetreten sind und gesehen haben, was uns draußen erwartet, können uns die Schatten an der Höhlenwand nicht länger befriedigen.

Wenn wir ein oder zwei Jahrhunderte zurückblicken, sehen wir die Rückständigkeit der damaligen Zeit. Dies können wir aber nur deshalb erkennen, weil wir uns seither weiter-entwickelt haben. Wenn wir in hundert Jahren auf heute zurückblicken, wird uns im Rückblick auch die heutige Zeit durch die zwischenzeitlichen Veränderungen wieder rückständig und barbarisch vorkommen. Dennoch leben

15

wir heute in einer besonderen Zeit. In den letzten fünfzig Jahren habe ich eine beschleunigte Bewusstseinsentwicklung - gewissermaßen eine "himmlische Beschleunigung"- beobachten können. Diese konnte ich zunächst von außen verfolgen, und durch meine Arbeit mit zehntausenden Menschen mit ihren individuellen Bewusstseinsstrukturen konnte ich die Beschleunigung im Laufe der Zeit auch aus erster Hand beobachten. Was ich sehen durfte, erfüllt mich mit Ehrfurcht und Enthusiasmus zugleich. Wir sind Zeitzeugen einer Beschleunigung des Bewusstseins. Mitten im bislang vorherrschenden Chaos des "Jeder gegen jeden" hat sich eine neue Möglichkeit aufgetan - die Möglichkeit eines auf Einheit basierenden neuen Paradigmas und damit einer Neuordnung des gesamten Lebens. Ich habe in den letzten fünfzig Jahren eine Bewusstseinsentwicklung erlebt, die früher zweitausend Jahre gedauert hätte. Innerhalb von nur fünfzig Jahren haben wir uns aus Abhängigkeit und blinder Loyalität gegenüber Staat, Religion, Geschäftswelt und Familie befreit und eine weitgehend selbständige Denkweise erlernt. In den kommenden Jahren haben wir nun die Chance, eine neue Stufe zu erreichen, die Stufe der *Interdependenz* oder wechselseitigen Abhängigkeit. Diese Verschiebung hin zu einem partnerschaftlichen Miteinander wird unsere gesamte Sicht auf das Leben verändern. Wir werden eine beispiellose Wohlstandsvermehrung und einen bisher ungekannten weltweiten Gemeinschaftsgeist erleben. Unsere Kinder werden schon heute mit höherer Intelligenz und höherem Einfühlungsvermögen geboren. Wir, die Elterngeneration, haben jetzt die Aufgabe, als Wegbereiter voranzugehen - das Tor steht weit offen, und die Chance ist zum Greifen nah. Ich habe in den Tiefen des Unbewussten gesehen, dass *wir versprochen haben, als Wegbereiter voranzugehen*. Wir haben versprochen, Gier, Konkurrenz und Mangel zu überwinden und die Verbundenheit wiederherzustellen. Wir haben versprochen, das alte Paradigma einzutauschen gegen eines, wo wir als geeinte, eng verflochtene Familie von sieben Milliarden

Menschen in einer großen Gemeinschaft leben, lieben und arbeiten.

Wir erleben heute viele Selbsttötungen von Kindern. Im Alter zwischen fünf und fünfzehn Jahren ist Selbsttötung die dritthäufigste Todesursache. Dies ist alarmierend, und es ist beschämend. Die heutige Jugend bekommt nicht genügend Inspiration und Sinn vermittelt. Die alten Sichtweisen sind für sie unattraktiv oder unbefriedigend und stattdessen verzehren sie sich nach Wahrheit, Gerechtigkeit und Sinnhaftigkeit. Unsere bisherigen Lebenskonzepte sind nicht mehr ausreichend. Nur auf der Ebene von *Partnerschaft* kann die Sehnsucht unserer geliebten Kinder gestillt werden. Wenn sie erst einmal die aus Verbundenheit entstehende Liebe, Sinnhaftigkeit und Gemeinschaft spüren, werden sie auch die restlichen Puzzleteile für ein glückliches Leben und zur Einlösung ihres heiligen Versprechens finden. Verbundenheit führt zu Freundschaft und Erfolg. Lasst uns gemeinsam vorangehen. Es ist die Einlösung eines heiligen Versprechens.

Der Tod ist der Pakt mit dem Ego, den wir in unserem Leben zunächst alle eingehen. Wenn wir uns aber auf das Kleingedruckte in diesem Vertrag einlassen, sind wir verloren.

Der Tod ist eine der großen Illusionen. Die gesamte heutige Welt wird vom Glauben an den Tod dominiert. Es gibt zwar noch schlechtere Welten, wie zum Beispiel die Hölle, aber es gibt auch den Himmel auf Erden. Wir alle sind auf dem Rückweg zur Einheit, und einige Welten sind dabei schneller als andere. Wer einmal eine Nahtoderfahrung gemacht hat, weiß ohne jeden Zweifel, dass der Tod nicht real ist. Bei einer eigenen Nahtoderfahrung sagte ich, als sich mein Körper langsam abschaltete und die Sinne nachließen: "Der Tod ist so leicht. Es ist einfach wie ein- schlafen." Als ich den Körper dann verließ, war ich genauso bewusst und konnte alles wahrnehmen wie sonst auch. Nur war es viel friedlicher, und der Schmerz war schlagartig verschwunden.

Indem wir unseren Glauben an die Realität des Todes überwinden, brechen wird unseren Pakt mit dem Ego, da das Ego selbst die Verkörperung der dualen Welt darstellt, in der der Tod real ist. Wir *sind* nicht unser Körper. Wir *haben* nur einen Körper als Lernvehikel. Wir können über unseren Glauben an den Tod hinausgehen – und damit auch über die Anziehungskraft, die er auf uns ausübt. Unsere Alternative besteht darin, an das Leben und die allem innewohnende höhere Intelligenz zu glauben. Dies ist bereits eine höhere Lektion für die Menschheit als das Leben in Verbundenheit, das zu verwirklichen wir kollektiv versprochen haben. Diejenigen von uns, die versprochen haben, als Wegbereiter voranzugehen, müssen aus diesem Grund bereits jetzt diese höhere Lektion lernen.

Der Verlust eines geliebten Menschen, insbesondere des eigenen Kindes, ist von allem, was ich in fast vierzig Jahren an Heilungsarbeit erlebt habe, die größte Falle mit dem stärksten Selbstzerstörungspotenzial. Wenn es uns gelingt, das Leben und die Liebe derer, die uns verlassen haben, zu ehren und sie in Gottes Hände zu übergeben, können sie uns mit ihrer Liebe zur Seite stehen und uns ermächtigen. Paradoxerweise können sie nur dann in unserem Herzen weiterleben, wenn wir sie gehen lassen. Auch nur dann kann sich unser Missverständnis aufheben, wir könnten nicht mehr mit ihnen kommunizieren, nur weil sie keinen Körper mehr haben.

Ich freue mich, Ihnen dieses Buch zu empfehlen – ebenso wie die Autorin, Monika Redl-Janßen, die aus eigener Erfahrung weiß, dass der Tod nicht real ist. Monika und ihre Tochter haben diese Lektion in einen Triumph verwandelt. Es handelt sich um eine äußerst wichtige Lektion, die wir alle lernen oder wieder erlernen können. Schon Jesus Christus lehrte, dass es keinen Tod gibt, aber seine Botschaft dringt nur sehr langsam zu uns durch. Stattdessen haben wir sie in eine Opfergeschichte umgedeutet, die den Glauben an einen zerstörerischen Gott nährt, der den Tod seiner eigenen Kinder verlangt. Dies kann jedoch nicht die Wahrheit sein, weil Gott in Wahrheit Liebe ist. Lassen Sie uns die Geschichte korrigieren. Es gibt keinen Tod, und in Gott haben wir den liebevollsten Vater, den wir uns wünschen können. Gott liebt uns nicht nur, sondern er gibt uns alles, was wir uns wünschen. Wir müssen lediglich den Glauben an das aufgeben, was ohnehin eine Illusion ist.

Ich empfehle dieses Buch aus ganzem Herzen, ebenso wie ich aus ganzem Herzen die Autorin als Heilerin und spirituelle Lehrerin empfehle. Monika weiß mit dem Herzen. Sie weiß durch einen Verlust, der sie auf eine neue Ebene des Bewusstseins geführt hat. Sie weiß durch die höhere Intelligenz. Sie weiß.

Chuck Spezzano, Hawaii

Einstimmung

Liebe Leserin, lieber Leser,
WILLKOMMEN

Ich freue mich über unsere Begegnung, die jetzt in diesem Moment stattfindet. Selbst wenn wir uns nicht kennen, gehen wir jetzt ein Stück des Weges gemeinsam. Ich hoffe, wir berühren uns gegenseitig und unsere Verbindung trägt dazu bei, Verständnis, Mitgefühl, Lachen, Freude und Frieden in unsere Welt zu tragen.

Der plötzliche, sehr überraschende Tod meiner Tochter war ein entscheidender Meilenstein in meinem Leben. Mitten im Leben unerwartet mit dem Tod meines Kindes konfrontiert zu werden, das konnte ich nicht ahnen. Dennoch gab es mir eine Richtung, in die ich weiterging. Leben und Tod – was bedeutet das, was ist der Kern unserer Existenz?
Sehr schnell wurde mir klar, dass ein Todesfall bei den meisten Menschen sehr viel Leid auslöst, unnötiges Leid, wenn wir tiefer vordringen und lernen zu verstehen. Bald tauchte die Idee auf, Menschen zu helfen, in Bezug auf den Tod oder bei anderen Verlusten weniger zu leiden. Meine Geschichte und meine Erfahrungen schienen dafür geeignet. Deshalb machte ich mich ans Werk. Meine Hoffnung ist, vielen Menschen eine weniger leidvolle Sichtweise zu vermitteln. Ich bin sehr dankbar, diese mitteilen zu dürfen.

Ich freue mich, wenn mein Buch Ihnen Anstöße und Hilfestellungen gibt oder wenn Sie es einfach aus Interesse lesen. Ich erhebe keinerlei Anspruch darauf, dass meine Sichtweise die richtige ist. Ihre Geschichte kann völlig anders sein, das ist nicht entscheidend. Sie können völlig anders trauern, verarbeiten, leiden, erstaunliche Erfahrungen machen, was auch immer, alles ist für Sie richtig und alles gehört zu Ihnen. Akzeptieren Sie, was in Ihrem Leben ist und was Sie sind.

Mein Herzensanliegen ist es, an das Licht und die Schönheit in allem zu erinnern und damit einen Auftrag zu erfüllen, der mir gegeben wurde. Ich teile in Liebe und Freundschaft.

Dieses Buch wurde über mehrere Jahre an verschiedenen Orten der Welt geschrieben. Es entspricht meiner Wahrheit, dem Grad meiner Fähigkeiten wahrzunehmen, meinen psychologischen Kenntnissen und meinem spirituellen Verständnis zum jetzigen Zeitpunkt. Ich wünsche mir, dass Sie, die dieses Buch lesen, Zugang finden zu der Gnade und der Freude, die zwischen den Zeilen durchscheint. Möge es Ihnen dazu dienen, mit Ihrer Wahrheit in Berührung zu kommen.

Meinem Empfinden nach ist dies kein Buch, das Sie einmal durchlesen und dann zur Seite legen. Es könnte eins von jenen sein, die Sie immer wieder zur Hand nehmen. Im gewissen Sinne ist es ein Arbeitsbuch. Neben der Erzählung enthält es auch psychologische und spirituelle Erkenntnisse sowie Erfahrungen aus meiner langjährigen Berufstätigkeit. Sie können es lesen und sich von dem Geschriebenen mittragen lassen, einzelne Teile, die Sie besonders ansprechen, mehrmals lesen und die Übungen anwenden. Sie können auch einfach eine Seite aufschlagen und nachlesen, was diese Seite Ihnen jetzt zu sagen hat. Das Verstehen der psychologischen und vor allem der spirituellen Inhalte vertieft sich durch Wiederholung. Diese sind in vielen Lebensbereichen und Lebenssituationen hilfreich, da die Texte und Übungen auf jeden Aspekt Ihres Lebens anwendbar sind.

Fassen Sie nichts von dem, was ich schreibe, als absolut auf. Alles was gesagt wird, sind Konzepte, weil Worte nur Konzepte vermitteln können und niemals die letztendliche Wahrheit. Erlauben Sie sich, zu hinterfragen und zu erspüren, was zu Ihnen passt, was eine Resonanz erzeugt, wo etwas in Ihnen zum Schwingen kommt. Wo Sie sich an etwas in sich selbst erinnern oder wo Sie sich erkannt und gesehen fühlen. Eine Resonanz des Herzens, das erkennt.

Lesen Sie mit offenem Herzen und der Bereitschaft zu verstehen. Bitte vergleichen Sie Ihr Erleben nicht mit dem anderer und verzichten Sie auf jegliche Selbstkritik. Wenn Sie mit offenem Geist und offenem Herzen wahrnehmen, was Sie lesen, wird vielleicht Ihr innerstes Wesen davon berührt und es gibt ein Wiedererkennen. Lesen Sie die Worte und fühlen Sie mit dem Herzen.
Wenn Sie jedoch mit Abwehr lesen, werden Sie möglicherweise die Botschaft der Worte nicht erfassen. Vielleicht verschließen Sie meine Worte mehr als dass sie Sie öffnen, vielleicht verärgert das Gelesene Sie sogar. Dann empfiehlt es sich, das Buch zur Seite zu legen und erst wieder zur Hand zu nehmen, wenn Ihre Bereitschaft und Offenheit wieder vorhanden sind. Oder aber Sie fühlen, was Ihre Abwehr oder Ihr Ärger Ihnen zeigen will.
Sollte irgendetwas in meinen Worten für Sie hart, kritisierend oder belehrend klingen, dann möchte ich Ihnen mitteilen, dass dies nicht meine Absicht ist. Mein Anliegen ist, zu ermutigen und beizutragen, das Leid und die Angst zu verringern. Wann immer ein Mensch weniger leidet und befreit lebt, erfüllt mich das mit Freude. Meine Liebe fließt durch jedes Wort, jede Seite zu Ihnen, auch wenn ich Sie nicht persönlich kenne.

Ich empfehle jedem, dieses Buch zu lesen, unabhängig davon, ob Sie derzeit von einem Todesfall oder einem sonstigen Verlust betroffen sind oder nicht. Viele Menschen aus meinen Seminaren berichten, dass Ihnen die intensive Beschäftigung mit dem Tod vor einem realen Verlust sehr geholfen hat, diesen zu bewältigen. Das Buch könnte dazu dienen, vielen Menschen die Angst vor dem Tod und ebenso die Angst vor dem Leben zu nehmen. Das wäre das Beste, was passieren könnte. In diesem Sinne ist es ebenso ein Buch über das Leben.

Zum methodischen Vorgehen des Buches ist zu erwähnen, dass der Text Wiederholungen der wichtigsten Gedanken enthält, die jeweils aus anderen Perspektiven aufgegriffen und beleuchtet werden. Dadurch werden die hier dargestellten Sichtweisen nach und nach immer eingängiger und vertiefen sich im Laufe der Lektüre schrittweise. Viele der Aussagen können in ihrer Tiefe nicht vom Verstand erfasst werden, sondern vermitteln sich vielmehr "zwischen den Zeilen", indem eine Resonanz zwischen Leser und Geschriebenem entsteht.

Ich verwende häufig den Begriff Gott. Für mich hat er keine negative Färbung. Schon als Kind habe ich oft mit Gott gesprochen und mich dabei geborgen, begleitet und sicher gefühlt. Mit dem Wort "Gott" meine ich die Quelle allen Seins, die Unendliche Liebe, jenseits von Form, jenseits von Zeit und Raum, die jede Manifestation durchdringt.
Wenn das Wort "Gott" für Sie nicht stimmig ist, fühlen Sie sich frei, es durch ein anderes zu ersetzen. Es kann durch jedes Wort ersetzt werden, das für Sie diese Kraft darstellt. Lassen Sie sich dadurch nicht abhalten, den Inhalt für sich zu nutzen und die Essenz hinter den Zeilen zu erfassen.

Lassen Sie sich berühren.
Mein Segen und meine Liebe begleiten Sie.

Wann immer in diesem Buch von

Gott oder dem Menschen die Rede ist,

ist die weibliche und

die männliche Form enthalten.

Im Text wechsle ich vom Sie zum Du. Wir begeben uns auf eine gemeinsame Reise. Sich mit dem vertrauten "Du" persönlich angesprochen zu fühlen, erleichtert das Einlassen, das tiefe Verstehen und die Verbindung der Herzen. Deshalb verwende ich von nun an – ich hoffe mit Ihrem Einverständnis, liebe Leserin, lieber Leser – das persönliche Du.

Buch 1

– Die Erzählung –

Die Erzählung ist eine exemplarische Beschreibung der persönlichen Erfahrung einer Familie – im Besonderen der Mutter – in der Zeit vor, während und nach dem Unfalltod ihrer Tochter. Sie schildert ausführlich das Geschehen aus der Betroffenheit einer Mutter, die gerade ihr Kind verloren hat. Dabei wird bereits deutlich, dass die gesellschaftlich und kollektiv geprägten Reaktionen der Außenwelt teilweise schwerer zu ertragen sind als die eigentliche Situation. Auch kommt zum Ausdruck, dass die eigene Bewusstheit von größter Bedeutung dafür ist, wie man mit einer solchen Extremsituation umgeht.

Donnerstag – Glücklich sein

Es ist Donnerstag, Mitte März. Veronika kommt vom Querflötenunterricht bei ihrer geliebten Lehrerin Franziska. Die beiden verbindet ein besonderes Verhältnis. In der Musikstunde unterhalten sie sich oft über die Themen des Lebens. Veronika empfindet eine außergewöhnliche Liebe für Franziska.

"Mama, das ist der Hammer! Stell dir vor, Franziska hat gesagt, sie ist glücklich! Das ist der Hammer!" Gabrielas Tochter ist impulsiv, voller Leben und drückt ihre Begeisterung und ihre Verwunderung entsprechend aus: "Stell dir vor, Mama, Franziska ist einfach glücklich! Das ist der Hammer! Und wenn etwas nicht so ist, wie sie das möchte, dann akzeptiert sie das einfach – und es macht ihr nichts aus!" Sie sprüht vor Leben und dem innigen Wunsch, es genauso wie Franziska machen zu können.

Veronika ist ein sehr begabtes und zugleich sehr kritisches Mädchen. Alles was sie anfängt, glückt ihr ziemlich gut. Demzufolge steckt sie sich immer höhere Ziele und ist selten wirklich richtig mit sich zufrieden. Diese Eigenschaft macht ihr das Leben, trotz ihrer vielen Begabungen, manchmal ganz schön schwer.

So ist sie sehr erstaunt und begeistert darüber, dass Franziska einfach glücklich sein kann. "Mama, das will ich auch! Ich will auch total glücklich sein!" Gabriela sagt ein paar Sätze dazu, aber es ist nicht das, was Veronika hören will. Ihre Reaktion zeigt es: "Ach, Mama!" Also fragt Gabriela sie: "Was erwartest du denn von mir?" "Dass du all meine Probleme für mich löst. Am liebsten würde ich sie jemandem in seine Hände geben und sie einfach los haben."

Veronika ist ein sehr bewusstes Mädchen und weiß daher auch sehr genau, dass jeder Mensch sich seine Themen selber erschafft. Manchmal fühlt sie sich mit diesem Wissen überfordert und hat den Wunsch, noch einmal ein kleines Kind zu sein. Wie damals, "als alles so schön und einfach

war und Mama und Papa alles für mich lösen konnten".
"Warum muss ich bloß erwachsen werden? Warum muss
man sich so quälen? Warum ist die Welt so, wie sie ist?
Warum gibt es so viele Menschen, denen es nicht gut geht?
Warum ist das Leben so ungerecht? Warum werden
manche Menschen von anderen schlecht behandelt?"
Veronika hat viele Fragen und dringt damit tief in die
Sinnfrage des menschlichen Daseins ein. Manchmal mehr,
als sie es in ihrem Alter verkraften kann. Und mehr, als sie
das mit ihren Altersgenossen teilen kann. Sie ist medial sehr
begabt und erfasst sofort die Energie im Raum sowie die
Probleme der Menschen. Und so manches Mal wird sie diese
nicht wieder schnell genug los. Seit sie sprechen kann,
spricht sie viele Male Gabrielas Gedanken und Themen aus,
oft noch, bevor sie Gabriela bewusst sind. Diese Fähigkeit
hat Veronika nie verloren.

Gabriela ist Therapeutin und Seminarleiterin. Sie arbeitet zu
Hause, sodass viele Menschen bei ihr ein und aus gehen.
Ihre Kinder sind daher von frühester Kindheit an mit den
Energien und Themen vieler Menschen konfrontiert
worden. Veronika interessiert sich für die großen Fragen des
Lebens und weniger für die klassischen Dinge der Teenager
wie Disco, Schminken, Mode. Damit kann sie nicht allzu viel
anfangen und so fühlt sie sich unter Gleichaltrigen öfters
allein und nicht verstanden.

An diesem Abend brennt der Wunsch "total glücklich zu
sein" so sehr in ihr. In einem Nebensatz sagt sie: "Ich
wünschte, ich wäre tot!"

Ihre Seele weiß wohl schon, dass ihr Glück bald in einer
anderen Welt sein soll. In Gabriela hat dieser Satz nichts
ausgelöst. Sie macht sich keine Sorgen. Gabriela kennt
diesen Gedanken nur allzu gut. Wie oft hat sie früher in
schwierigen, scheinbar ausweglosen Situationen gedacht:
"Am liebsten möchte ich sterben!"

Neun Monate vor ihrem Tod schrieb Veronika ihre letzte Geburtstagskarte für Gabriela. Sie endete mit den Worten: "Liebste Mama, ich wünsche Dir, dass du Schweres leicht nehmen kannst." Hatte ihre Seele schon so lange im Voraus das Wissen um den bevorstehenden Tod?

Ihr letztes gemeinsames Weihnachtsfest

Im Nachhinein fällt Gabriela auf, dass Veronika zu ihrem letzten Weihnachtsfest sehr viele Geschenke selbst gebastelt hat. Sonst machte sie das nicht, da die Weihnachtsferien kurz vor dem Heiligen Abend beginnen und so nicht viel Zeit für aufwendige Basteleien bleibt. Sie schreibt ein über achtzig Seiten langes Märchen und illustriert es selber mit witzigen Zeichnungen. Sie malt eine wunderschöne Mohnblume – Gabrielas Lieblingsblume – und bastelt dazu noch einen aufwendigen Rahmen aus vielen kleinen Mosaiksteinchen. Freunde in Südfrankreich, bei denen sie ihre letzten Sommerferien verbracht hat, bekommen einen selbst gestalteten Kalender. Jedes Blatt malt und gestaltet sie anders auf liebevolle Weise. Ihr Lieblingslied "Für Elise", das Louise immer wieder mit ihr auf dem Klavier gespielt hat, zeichnet sie auf das Kalenderblatt im März. Auf Französisch schreibt sie darunter: "Vergesst das Lied 'Für Elise' nicht und vergesst mich nicht." Als unsere Freunde in Frankreich erfahren, dass Veronika im März gestorben ist, sind sie fassungslos.

Gabrielas letzte Weihnachtskarte für Veronika:

Meine liebe Veronika,
das Leben ist wie ein riesiger Blumenstrauß. Prächtige,
duftende Blumen, kleine zierliche, noch nicht ganz
aufgeblühte, schon fast verwelkte … Eine von diesen

wunderbaren Blumen bist Du, eine einzigartige, die es nur einmal gibt. Du bist Du in deiner inneren und äußeren Schönheit. Ich wünsche Dir, dass Du liebevoll mit dir umgehst, dass Du einen guten Charakter für dich und andere entwickelst und dass Du freudig, leicht und unbeschwert, mit Liebe für Dich und das Leben durch Dein einzigartiges Leben flatterst, mit Spaß, Frohsinn, Mut und Kraft Deinen Weg gehst.

All my love forever
Deine Mama

Ein Herzenswunsch von Veronika geht in Erfüllung. Schon lange hat sie sich ein Klavier gewünscht, das sie nun endlich bekommt. Jedes Familienmitglied hat auf dem Klavier eine Kerze stehen. Ihre ältere Schwester Eva fotografiert dies. Erst später sollen sie merken, dass Veronikas Kerze auf dem Foto nur noch halb zu sehen ist.

Ostern

In diesem Jahr möchte Gabriela jedem in ihrer Familie zu Ostern ein kleines Geschenk machen. Das macht sie sonst nie! Sofort fällt Gabriela für Stefan, ihren Mann, und Eva etwas ein, aber nicht für Veronika. Normalerweise ist es andersherum. Veronika hat immer viele kleine Wünsche, deren Erfüllung ihr große Freude bereitet. Doch im Moment kommen Gabriela keine in den Sinn.

Später wird Gabriela klar, dass Veronika nichts mehr braucht, weil sie dieses Osterfest nicht mehr erleben wird.

Ein paar Wochen vor ihrem Tod sagt Veronika aus heiterem

Himmel: "Mama, ich habe schon Angst, wenn du stirbst." Gabriela stellt ihr eine Frage, an die sie sich nicht mehr genau erinnert, und Veronika antwortet: "Das muss doch schrecklich sein, wenn die Mama stirbt." Vermutlich hat sie das innere Wissen über ihren eigenen Tod auf Gabriela projiziert.

Freitag – Hochzeitstag

Heute, am Freitag, haben Stefan und Gabriela ihren ersten Hochzeitstag. Veronika schenkt den beiden ein selbst gemaltes Bild: In der Mitte ist ein großes Herz, in dem ein Mann und eine Frau sich an der Hand halten. Darunter ist eine Lotusblüte und an jeder Seite steht ein Baum. Sie wünscht ihnen viel Glück, Liebe und Freude.

Eva macht für Stefan und Gabriela das Arati. Bei diesem Ritual wird durch die Flamme die Göttlichkeit im Menschen verehrt. Die Flamme der Liebe wird entfacht und das Ego verbrannt. Ein guter Zeitpunkt. Zwei Tage vor Veronikas Tod erinnern sie sich daran, wer wir in Wahrheit sind und dass das, was wir in Wahrheit sind, nicht stirbt. So ist der Tod ein Übergang, eine Geburt in etwas Neues.
Auch für Gabriela wird Veronikas Tod wie eine Geburt, wie sie noch erfahren wird.

Samstag

Dieser Samstag ist ein strahlender Frühlingstag. Schon seit langem will Veronika sich auf dem Balkon in die Sonne legen und heute hat sie endlich Gelegenheit dazu. Außerdem hilft sie Stefan und Gabriela im Garten, schichtet

Holz auf und beschneidet die Himbeersträucher. Sie kocht allen Essen und spielt Querflöte – und ist den ganzen Tag über total guter Laune.

Als sie die Himbeerbüsche im Garten ausschneidet, sagt sie: "Du, Mama, ich bin gar nicht mehr so motiviert, hier noch einen schönen Garten zu machen. Ich bin eh nicht mehr lange da."

Sie geht in die 12. Gymnasialklasse und Gabriela glaubt, dass sie die Aussage darauf bezieht. "Na, ein gutes Jahr noch!", denkt sie. Nach dem Abitur will Veronika nach Brasilien gehen und dort in einem Waisenhaus armen Kindern helfen. Anschließend will sie Sprachen studieren. Es ist für Gabriela klar, dass sie in die Welt gehen wird, um zu helfen und ihr junges Leben zu erproben.

In diesem Moment hat Gabriela nicht die geringste Ahnung, dass Veronika ihre Familie sehr bald, schon am nächsten Tag, auf ganz andere Weise "verlassen" wird.

Veronika hat mit ihrem Freund Michael für morgen, Sonntag, eine kombinierte Kletter-Skitour geplant. Vor kurzem hat sie ihre Leidenschaft für Ski- und Klettertouren entdeckt und will jetzt das erste Mal mit ihrem Freund eine unternehmen. Gabriela erinnert sich noch sehr gut, wie Veronika am Fenster lehnt, den strahlenden Sonnenschein in ihrem Gesicht und darüber spricht, wie sehr sie sich auf diese gemeinsame Tour freut: "Mama, das wird wieder richtig anstrengend werden. Der Michael hat so eine gute Kondition und ich muss ganz schön hinterher rennen, aber ich will auch so eine gute Kondition bekommen wie er." Sie sagt es immer wieder, mit einem Strahlen im Gesicht, das durch die Sonne noch verstärkt wird. Und mit großer Liebe für die Berge und für Michael.

Am Abend sitzen alle zusammen im Wohnzimmer. Veronika liegt auf der Couch und wünscht sich etwas zu trinken und das große Kuschelkissen von Stefan. Es ist für Gabriela in diesem Moment ganz klar, dass sie Veronika alles bringt. Gabriela setzt sich zu ihr, massiert ihre Füße und beide fühlen ganz viel Liebe füreinander. Es ist ein heiliger Moment in tiefer Liebe, Verbundenheit von Herz zu Herz. Sehr berührend, sehr nährend. Nach einiger Zeit steht Veronika auf. "Danke, liebe Mama", sind dabei ihre Worte.

Bevor Eva Veronika zu Michael fährt, machen Stefan, Gabriela, Eva und Veronika eine gemeinsame Friedensmeditation. Die USA haben vor zwei Tagen angefangen, den Irak zu bombardieren. Aus diesem Grund beschließt die gesamte Familie, jeden Abend eine Friedensmeditation zu machen. Heute beginnen sie damit. Veronika wünscht sich, dass Gabriela und Stefan dazu ihre Hochzeitskerze anzünden, die noch vom Vortag auf dem Tisch steht. Sie nimmt die Kerze in den Arm und drückt sie liebevoll an ihre Wange. Das ist für Gabriela eine erstaunliche Geste. Sie lesen noch einen Text von Sathya Sai Baba* und meditieren gemeinsam für den Frieden.

Im Anschluss daran steht Eva auf und sagt: "Ich gehe jetzt." Und Veronika fügt hinzu: "Ich auch." Keiner von ihnen ahnt, dass sie Veronika das nächste Mal tot sehen werden.

Eva fährt Veronika zu Michael. Die beiden wollen schon sehr früh ihre Tour beginnen. Oft unternehmen sie etwas zu dritt, doch dieses Mal will Eva für ihr Abitur lernen.

Es ist ein sternenklarer Abend. Eva wird Gabriela später erzählen, dass Veronika ganz lange in den Sternenhimmel geschaut hat. Gabriela kann nicht ahnen, dass sie am nächsten Abend aus der Leichenhalle kommen wird und lange, lange in den Sternenhimmel blicken wird. Dabei wird Gabriela sich fragen, wo die Seele ihres geliebten Kindes jetzt wohl sein mag.

Samstagabend, bevor die Mädels fahren, fällt Gabriela

Phyllis Krystal* ein. Sie hat zwei Töchter, von denen eine tödlich verunglückt ist. Mit der anderen Tochter arbeitet sie zusammen. Auch Gabriela arbeitet mit ihrer ältesten Tochter Eva zusammen. Seit einigen Jahren geben sie gemeinsam Kurse. Der Gedanke: "Nein, Veronika passiert nichts!", schießt Gabriela durch den Kopf. Für ein paar Sekunden kommt Gabriela der Gedanke, "wie es wäre, wenn Veronika sterben würde?", ins Bewusstsein. "Hätte sie es dann einfacher? Dann würde ich mich bestimmt als Versagerin fühlen", ist Gabrielas nächster Gedanke.

Stefan und Gabriela diskutieren, ob sie Veronika für ihre Tour ein Doppelseil und einen Lawinenpieps mitgeben sollen. Stefan ist der Meinung, dass es gut wäre. Gabriela meint, sie wird Veronika darauf hinweisen, die Entscheidung jedoch den beiden überlassen. Sie fügt noch hinzu: "Es passiert schon nichts. Und wenn etwas passieren soll, passiert es so oder so. Mit oder ohne Doppelseil und Lawinenpieps."

Gabriela hat ihre eigene Meinung zu Ereignissen, die in unserem Leben passieren. Auch zu Unfällen und Tod. Für sie passiert nichts aus Zufall und nichts ohne Sinn. Bestimmte Dinge können wir auch bei größter Vorsicht nicht verhindern. Das hat uns schon das Orakel von Delphi gelehrt und andere Sagen aus der griechischen Mythologie. So glaubt Gabriela auch, dass wir den Tod, wenn unsere Zeit abgelaufen ist, nicht verhindern können.

Dass Stefan und Gabriela an diesem Abend über Veronikas Tod sprechen ist Gabriela – Gott sei Dank – nicht bewusst.

Ramana Maharshi, einer der größten Weisen Indiens, sagte, als seine Mutter ihn aufforderte, mit ihr nach Hause zurückzukehren:
"[...] Alles was nicht geschehen soll,
wird nicht geschehen, wie sehr du dich auch bemühst.
Alles was geschehen soll,

wird geschehen, wie sehr du auch versuchst, es zu verhindern.

Dies ist gewiss."[1]

Dies ist eine der großen Weisheiten in unserem Leben.

Die Seele weiß

Die Seele weiß, dass sie geht. Das hat sich auch bei Veronika gezeigt. In der letzten Zeit war sie sehr anhänglich. Fast jeden Abend saßen sie zusammen, haben sich unterhalten oder gemeinsam ein Spiel gemacht. "Okay", dachte Gabriela, "die Zeit, die du jetzt noch brauchst, bevor du ausziehst, die gebe ich dir gerne. Arbeiten kann ich auch später noch." Sie hatte ja keine Ahnung, dass Veronika so bald auszieht. Und Gabriela sieht sie noch am Wohnzimmerfenster stehen und sagen: "Mama, das wird wieder richtig anstrengend werden. Der Michael hat so eine gute Kondition und ich muss ganz schön hinterher rennen, aber ich will auch so eine gute Kondition bekommen wie er." Sie wiederholt es mehrmals. Und es geht ein Strahlen und eine Freude von ihr aus. Das ist sehr ungewöhnlich. Ihre Seele hat es wohl gewusst, als Veronika am letzten Abend "Danke, liebe Mama!", und "Ich gehe jetzt", gesagt hat. Und als sie lange in den Sternenhimmel geblickt hat.

Sonntag – Ihr Todestag

Auch Stefan und Gabriela unternehmen an diesem Tag eine Skitour mit Klettermöglichkeit. Da Michael sich noch nicht entschieden hat, welche Tour er mit Veronika gehen wird, schlägt Gabriela ihm vor, dass die beiden ja die gleiche unternehmen könnten, die Stefan und Gabriela gehen.

Auf dem Weg in die Berge fallen Gabriela die vielen totgefahrenen Tiere am Straßenrand auf. Gabriela sagt zu Stefan: "Der Tod und die Aggression liegen in der Luft." Auf dem Parkplatz angekommen, sehen sie Michaels Auto nicht. So wissen sie, die beiden haben eine andere Tour gewählt. "Schade", denkt Gabriela. Ihr fällt auf, dass sie an diesem Sonntag keine rechte Freude an der Skitour hat. Besonders gegen Nachmittag verliert Gabriela immer mehr den Spaß, ihre Stimmung sinkt. Und ihr Körper fühlt sich schwer an. Gabriela denkt die ganze Zeit an Veronika. Wenn Gabriela nach Hause kommt, will sie ihrer Tochter unbedingt sagen: "Veronika, du musst herausfinden, welcher der richtige Weg für dich ist, und dann auch den Mut haben, ihn zu gehen."

Als Stefan und Gabriela heimkommen, kommt ihnen Eva entgegen. Sie ist wieder heimgefahren, weil sie noch lernen will. Sie ist allein zu Hause. Irgendwie sieht sie bedrückt aus. "Eva, was ist los?", fragt Gabriela sie. "Michael hat ange-rufen. Veronika ist tot. Abgestürzt nach der Klettertour. Der Hubschrauber ist zwar noch gekommen, aber es hat nichts mehr geholfen. Dann wurde das Telefonat unterbrochen."
Als Eva den Anruf bekommt, fragt sie sich, was sie jetzt machen soll. Sie kann doch jetzt nicht Englisch lernen, wo doch ihre Schwester tot ist! Aber was soll sie sonst tun? Sie wartet, bis Gabriela und Stefan nach Hause kommen, um ihnen die Nachricht zu überbringen.

Da stehen die drei nun in der Einfahrt zu ihrem Haus – mit dieser Nachricht. Keiner weiß, wo Michael und Veronika jetzt sind, und keiner weiß, was wirklich geschehen ist. Gabrielas erster Gedanke ist: "Ja, das passt. Es ist stimmig. Es ist in Ordnung." Später wundert Gabriela sich über diesen Gedanken. Wie kann eine Mutter, die gerade erfahren hat, dass ihr Kind tot ist, als Erstes denken: "Es ist stimmig. Es ist in Ordnung"? In diesem ersten Moment ist bereits das tiefe Wissen aufgeblitzt, dass es Veronikas Weg war und dass daran nichts falsch ist. Es ist alles in Ordnung, so wie es ist. Die höhere Ebene des Formlosen hat sich in diesem ersten Moment bereits gezeigt. Auch der Gedanke: "Wie gut, dass wir wissen, dass es keinen Tod gibt", tauchte auf.

Dann kommen Gabriela andere Gedanken: "Nach der Klettertour abgestürzt? Wie geht denn das? Wie kann man denn nach einer Klettertour abstürzen? Der Hubschrauber ist gekommen." So dreht es sich in ihrem Kopf. Mehr weiß Eva nicht. Sie bekommt eine solche Nachricht und ist alleine zu Hause.

Stefan macht an seinem Auto herum, will irgendetwas auspacken und murmelt vor sich hin: "Das gibt es nicht! Das glaube ich nicht! Das kann nicht sein!" Noch bevor Gabriela es richtig erfasst und emotional reagieren kann, hört sie Eva sagen: "Jetzt macht mir hier ja keiner ein Drama! Veronika geht es noch am besten!" Diese Aussage bringt Gabriela schlagartig auf den Boden und richtet sie aus: Kein Drama. Wie recht Eva hat, wie gelassen und weise sie ist. Gabriela hört: "Veronika geht es noch am besten." Und ihr Verstand macht im nächsten Augenblick daraus: "Der Hubschrauber ist gekommen, sie liegt im Krankenhaus und es geht ihr gut." Das beruhigt sie.

Die Einzige, die realisiert, was geschehen ist, scheint Eva zu sein. Später erzählt Stefan Gabriela, dass sie ihn sofort zur Seite genommen und gesagt hat: "Stefan, wir beide müssen jetzt stark sein und die Mama unterstützen! Für die Mama ist es am schlimmsten!" Was für eine mächtige Aussage für eine Neunzehnjährige, die gerade erfahren hat, dass ihre Schwester tot ist. Das hat Gabriela im Nachhinein sehr berührt. In einem solchen Augenblick denkt Eva an ihre Mama und daran, sie zu unterstützen. Sie versinkt nicht im Leid. Und genauso ist es dann. Stefan hat sich sofort darauf eingestellt, Gabriela zu unterstützen, ebenso Eva. Was für eine Hilfe und Gnade. Keiner von den dreien jammert oder klagt. Keiner wird irgendwie emotional, erstarrt oder bricht zusammen.

Als Erstes ruft Gabriela bei Michael zu Hause an. Sie will herausfinden, wo er und Veronika sich befinden. Doch die Leitung ist ewig besetzt. Die Zeit ist lang und die Zeit ist kurz. Irgendwie scheint sie auch still zu stehen. Oder sie vergeht einfach. Alle drei stehen in der Küche, gehen auf und ab und versuchen immer wieder, jemand ans Telefon zu bekommen. Immer wieder, immer wieder. Irgendwo ist ihr Kind. Sie wissen nicht wo, sie wissen nicht, was mit ihr ist. Sie stehen hier herum und können nichts tun. Dann – endlich! – klappt die Verbindung: "Sie sind nach Sankt Georg gefahren", sagt Michaels Mutter. Gabriela fragt, ob Veronika dort im Krankenhaus liegt und bekommt die Antwort: "Sie ist tot, Gabriela, sie ist tot." Dieses Mal dringt es auch zu Gabriela durch. Veronika ist tot, sie ist tot. Keine Eile mehr, um schnell zu ihr zu kommen. Sie ist tot.

Nun wissen sie, wohin sie gefahren sind, und dass Veronika tot ist. Aber sie wissen noch nicht, wo die beiden sich zu diesem Zeitpunkt befinden. Stefan hat die Geistesgegenwart zu erkennen, was jetzt zu tun ist. "Wir fahren sofort nach Sankt Georg auf die Polizeistation." Gabriela weiß nicht, ob sie zu diesem klaren Gedanken fähig gewesen wäre. So empfindet sie diese Klarheit, die Tatkraft von Stefan in diesem Augenblick als sehr hilfreich.

Also fahren sie nach Sankt Georg. Stefan übernimmt, Gott sei Dank, das Autofahren. Eva und Gabriela sitzen hinten im Auto, eng aneinander gekuschelt, tief verbunden. Die ganze Fahrt über reden die beiden über das große Thema: "Wie gut, dass wir wissen, dass es keinen Tod gibt! Wie gut, dass wir wissen, dass es Veronika gut geht." Gabriela erzählt Eva, dass sie den ganzen Tag an Veronika gedacht hat und ihr zu Hause sagen wollte: "Veronika, du musst herausfinden, was der richtige Weg für dich ist, und dann den Mut haben, ihn auch zu gehen." Eva meint: "Schau, Mama, jetzt hat sie es schon getan, und wenn das jetzt ihr Weg war, wenn sie jetzt sterben musste, hat sie sich doch einen schönen Tod ausgesucht." Woher nimmt Eva all diese Gelassenheit und diese Weisheit? Sie ist so im Frieden und eine Wohltat und große Hilfe für Gabriela. Ja, das ist richtig, die Art des Todes passt zu ihr. Veronika liebte Klettertouren, sie liebte Michael, sie liebte die Natur und die Klarheit.

So wie sie gekommen ist, auf diesen Planeten Erde, so hat sie ihn auch wieder verlassen. Klar und eindeutig.

1984 – Das Traumkind
Die Eltern haben die Idee, etwa zwei Jahre nach Evas Geburt, ein zweites Kind zu bekommen. Und jetzt ist die Zeit dafür gekommen. Aber Gabriela fühlt sich körperlich nicht so gut. Das Muttersein, der wenige Schlaf zusammen mit ihrer Arbeit haben sie etwas erschöpft. Außerdem – und das ist der wichtigere Grund – hat sie Stress in ihrer Partnerschaft. Also entscheidet sich Gabriela, zunächst kein zweites Kind zu bekommen, und sie bespricht das auch mit ihrem Mann. Am nächsten Abend bringt Gabriela Eva ins Bett und schläft dabei ein, was sie sonst nie tut. Im Schlaf meldet sich Veronika und sagt: "Mama, ich möchte JETZT kommen. Es wäre schön, wenn ihr bereit wärt, mich JETZT zu empfangen. JETZT IST meine ZEIT und du hast JETZT deinen Eisprung." Gabriela erzählt diese Begegnung ihrem Partner. Und so haben beide Eltern sich jenseits ihrer vorherigen Planung bewusst darauf eingelassen, Veronika jetzt zu empfangen.
Als Gabriela die Geschichte später Veronika erzählt, ist sie sehr stolz darauf und meint: "Ich bin dein Traumkind, Mama."

Ja, sie kam im Traum zu ihr, sehr klar und zielgerichtet.
So wie sie gekommen ist, ist sie auch wieder gegangen, sehr klar, sehr schnell, ohne Umwege.

"JETZT ist meine Zeit auf die Erde zu kommen.
JETZT ist meine Zeit sie wieder zu verlassen."

Sehr klar, ohne irgendwelche Zweifel, ohne Hoffnung, ohne Leiden.

JETZT IST ihre ZEIT

∞

Auf dem Weg

Stefan, Gabriela und Eva sind auf dem Weg nach Sankt Georg, auf dem Weg zu Veronika. Das Reden mit Eva tut gut. Sie beruhigen sich gegenseitig, unterstützen sich, verbinden sich und schwingen sich auf eine höhere Energie ein – auf die Wahrheit über den Tod. Beide wissen, dass der Tod nicht real ist, dass es etwas in jedem von uns gibt, das niemals stirbt. Und dass es nur der Körper ist, der stirbt. So wissen sie selbst in diesem Moment, dass die Sorge, die Not, die Trauer, der Verlust bei denen ist, die zurückbleiben und nicht bei denen, die gehen. Sie wissen, dass sie sich um Veronika keinerlei Sorgen zu machen brauchen.

Später wird Eva zu Gabriela sagen: "Schau, Mama, das war der wichtigste Grund, warum ich nicht sterben wollte. Ich wollte niemanden zurücklassen. Nicht wegen mir. Das Sterben hat mir nie Angst gemacht."

Gabriela hatte sich schon viel mit dem Tod beschäftigt und auch Bücher von Elisabeth Kübler-Ross gelesen. Beim Tod ihrer Eltern hat sie wichtige Erfahrungen gemacht. Zum Tod hat Gabriela sich ein natürliches Verhältnis bewahrt. So weiß sie, dass für die Seele des Verstorbenen gut gesorgt ist und der Schmerz und der Verlust bei den Angehörigen sind. Jetzt kommt ihr das alles sehr zugute. Um Veronika macht sie sich keine Sorgen und sie hat auch keine Eile, sie noch lebend "zu erwischen". Dafür ist es ja bereits zu spät.

Eva hatte immer schon ein großes Wissen über den Tod. Seit sie klein war, haben Gabriela und sie viel darüber gesprochen und jetzt sind beide dafür dankbar. Stefan hatte vor Jahren ein Nahtoderlebnis, so dass auch er weiß, worum es geht. Und so erreicht sie die Nachricht von Veronikas "Tod" mit diesem Wissen.

Sie fahren nach Sankt Georg. Der Weg ist nicht lang, er ist nicht kurz. Sie fahren einfach. Stefan am Steuer, er meistert die Straße und Gabriela ist dankbar, dass sie nicht fahren muss. Sie setzen sich mit dem Tod auseinander. Bereits jetzt begleitet sie die Gnade, schon jetzt sind sie mit der Wahrheit verbunden, sonst wären sie nicht so ruhig.

Kurz vor Sankt Georg erreicht sie der Anruf, dass Michael in Sankt Georg auf der Polizeistation ist – sie sind also auf dem richtigen Weg. Eva macht sich Sorgen um Michael. "Der Arme! Hoffentlich macht er sich nicht so viele Schuld-gefühle."

Wäre Veronika jetzt noch am Leben, kämen uns die Sekunden und Minuten sicherlich endlos vor. So aber ist die Zeit die Zeit und der Tod ist der Tod.

Vor Ort

In Sankt Georg ist die Polizeistation schon geschlossen. Es ist 20.00 Uhr, es ist dunkel. Ein Polizist öffnet ihnen und sie gehen in den ersten Stock in ein Zimmer. Michael ist noch beim "Verhör". Wie geht es wohl jemand, der mit seiner jungen, vor Leben sprühenden Freundin eine Bergtour unternimmt und miterlebt, wie sie vor seinen Augen abstürzt? Sie tot – circa einhundertfünfzig Meter weiter unten – wiederfindet und sich dann als Erstes einem "Verhör" und der Frage der möglichen Schuld stellen muss? Bräuchte so jemand nicht eher Hilfe? Wie kann in so einem Moment die Abklärung einer möglichen Schuld wichtiger sein, als der Schock, die Betroffenheit, der Abschied und der Schmerz? Verdrehte Welt.

Gabriela wechselt ein paar Worte mit dem Polizeibeamten. Er ist wohl selber sehr betroffen, spricht aber nicht über Veronikas Tod und ihnen auch kein Beileid aus. Auch ein zweiter Polizist nicht. In unserer Gesellschaft ist das normal. Es ist nicht üblich über den Tod zu sprechen, auch wenn er direkt vor uns steht. Das sollen sie noch öfters erfahren. Gabriela fragt: "Ist Veronika im Krankenhaus?" Für sie alle ist es wichtig zu erfahren, wo sie sie finden können. "Nein, in der Leichenhalle. Erst wenn die Vernehmung abgeschlossen ist, können Sie zu ihr gehen", ist die Antwort. Eva denkt in diesem Moment: "Ganz schön hart: Leichen- halle." Erst jetzt realisiert Stefan, dass Veronika wirklich tot ist. Unwiederbringlich – nicht mehr rückgängig zu machen.

Da sitzen sie nun und warten darauf, dass Michael von der Vernehmung kommt und sie zu Veronika gehen können. Es dauert noch eine ganze Weile. Irgendwie liegt eine gespannte Atmosphäre in der Luft. Eine seltsame Situation: Gabriela weiß, dass ihr Kind tot ist, in der Leichenhalle liegt, und muss auf der Polizeistation herumsitzen. Gabriela will in dieser Situation Eva und Stefan auch körperlich so nahe wie möglich sein. Sie halten sich im Arm. Während sie warten, wird Gabriela der Text für das Sterbebild gegeben:

"Unsere Veronika ist ins Licht gegangen, wir sind dankbar erfüllt von der Zeit, die sie mit uns gelebt hat."

Sie bittet den Polizeibeamten um Stift und Papier, damit sie den Text nicht vergisst. Wieder ist Gnade am Werk und zeigt Gabriela die größere Dimension jenseits des Dramas.

Michael sieht sehr mitgenommen aus, als er zu ihnen kommt. Wie könnte es auch anders sein? Sie umarmen sich und er ist sehr froh, dass sie alle gekommen sind. Eva geht auf Michael zu: "Michael, du darfst dir jetzt keine Schuldgefühle machen und damit dich und dein Leben kaputt machen." Sie sagt es sehr laut und deutlich, so dass sie alle es hören können.

Die Begegnung mit Veronika

Jetzt ist die Zeit, zu ihrem toten Kind zu gehen. Stefan und auch Eva werden Gabriela später erzählen, dass sie Angst hatten, wie Veronika wohl aussehen würde. Angst davor, dass sie verunstaltet sein könnte, sie sich erschrecken würden, wenn sie sie so sehen. Stefan hat noch nie eine Leiche gesehen und hat Angst, ihr zu begegnen. Gabriela macht sich keinen einzigen Gedanken darüber, wie Veronika aussehen könnte. Sie hat keinerlei Angst. Ihr Papa war schon gestorben, ebenso ihre Mama und sie weiß, dass sie ein sehr natürliches Verhältnis zum Tod hat. Er macht ihr keine Angst, sie fürchtet sich nicht vor Leichen.

Sie gehen zum Leichenhaus. Auf die Idee, dass Veronika durch den Absturz schlimm aussehen könnte, kommt Gabriela überhaupt nicht. "Mein Kind bleibt mein Kind." Gabriela hat keinerlei Angst, ihr in ihrem Tod zu begegnen.

Sie betreten alle gemeinsam die Leichenhalle. Sie ist schwach beleuchtet. Dort steht ein offener Sarg, in dem eine große hellgraue undurchsichtige Plastikhülle mit einem Rundum-Reißverschluss liegt. Es ist nicht schwer zu erraten, dass ihre Veronika darin verborgen ist. Gabriela geht zu dem Sarg, öffnet den Reißverschluss, klappt die obere Lasche zurück – und da liegt Veronika. Eva, Michael, Stefan und Gabriela stehen da und schauen sie an. Es ist keine Überraschung mehr, es ist ein Fakt. "Hier liegt sie, unsere Veronika. Tot." In einem großen Plastiksack verborgen. Am Kopf sind Wunden zu sehen. An der rechten Schläfe klaffen das Fleisch und der Knochen ein wenig auseinander.

Michael hatte darum gebeten, dass er beim Transport der toten Veronika mit dem Akia ins Tal helfen darf, nachdem der Hubschrauber unverrichteter Dinge wieder weiter geflogen war. Ebenso hatte Michael darum gebeten, dass sie nicht gewaschen wird, damit sie ihr so begegnen konnten, wie er sie gefunden hatte. Gabriela ist Michael dankbar, dass er daran gedacht hat.

So liegt sie im Sarg, tot, ihre Haare sind mit einer klebrigen roten Flüssigkeit, ihrem Blut, verklebt. Es ist ein Fakt. Keiner jammert, keiner sagt: "Das gibt es nicht, das ist nicht wahr, das darf es nicht geben!" Sie sind alle bei ihr. Sie sind ganz in dem, was IST, eng miteinander verbunden, auch körperlich. Die Zeit steht still. Es spielt keine Rolle. Sie SIND DA.

Es ist eine friedliche Stimmung im Raum und auch zwischen ihnen. ES IST, WAS IST. Es lässt sich schwer beschreiben. So, als wäre die Ewigkeit in ihre Zeit, in ihr Leben getreten. Sie stehen einfach da, still, präsent, friedlich.

Stefan hatte Angst, die Begegnung mit Veronika könnte für ihn und die anderen schrecklich sein. Jetzt ist er sehr erstaunt, dass sich seine Befürchtungen nicht bewahrheiten. Er fühlt Frieden, Leichtigkeit und sogar Freude. Im Nachhinein wird ihm klar, dass er sich trotz seiner Angst nicht verschlossen hat, sondern offen war und *fühlen* konnte, was tatsächlich war.

Nach einiger Zeit hat Gabriela einen Gedanken, ein Gefühl, eine Erkenntnis. Ob Veronika und sie auf der Seelenebene diese Vereinbarung getroffen haben? Ob sie beide wussten, dass sie nicht lange bei ihnen sein wird? Ob Gabriela sich für diese ihre Reise zur Verfügung gestellt hat? Dieser Gedanke fühlt sich wie eine tiefe, ruhige Gewissheit an. Gabriela fühlt: "Meine Veronika, ich habe das alles gerne für dich getan."

Irgendwann sagt Gabriela: "Wir möchten gerne Veronika waschen." Der Mann vom Bestattungsinstitut meint, dazu müsse er erst die Sachen holen und das würde einige Zeit dauern. Aber ihnen macht das nichts. Sie haben Zeit. Es gibt nichts, wo sie hin müssen. Es könnte eine Ewigkeit dauern. Sie sind HIER. Es ist kalt in der Leichenhalle, aber für sie hat das keine Bedeutung.

Der Bestatter scheint nicht gerade begeistert von dem Wunsch zu sein, aber er geht und holt ihnen die Sachen. Vielleicht ist es auch nur ungewöhnlich für ihn? Er kommt zurück und schneidet mit einer Schere Veronika die Kleidung vom Leib, stopft alles sofort in eine Plastiktüte zum Wegwerfen. Das befremdet Gabriela sehr. Alles in den Abfall werfen – nur schnell die Spuren des Todes beseitigen. Gabriela reagiert und lässt sich die Kleidung geben, was ihn wiederum etwas befremdet.

Im Dämmerlicht der Leichenhalle waschen sie Veronika. Manche Stellen werden nicht sauber und erst dann bemerken sie im Halbdunkeln, dass es Wunden sind. Es ist ein heiliger Akt der Liebe für Veronika, sie zu waschen. So wie Gabriela bereit war, sie zu empfangen, so ist Gabriela jetzt bereit, sie im Tod zu begleiten – ganz selbstverständlich. Hierbei wird sichtbar, dass sie so gut wie keine äußeren Verletzungen hat. Nur am Hinterkopf und an der Schläfe klaffen Wunden, weshalb ihr Kopf ein wenig im Blut liegt, ihre Haare blutverschmiert sind. Am Becken ist eine kleine Stelle, wo die Haut ein wenig gerissen ist. Nur wenige Wochen zuvor hatte Veronika sich eine gute, neue

Skihose gekauft und Stefan ihr einen super-stabilen Anorak. Beides hat sie wohl jetzt geschützt.

Irgendwann kommt der Arzt, er muss noch amtlich den Tod feststellen. Er erklärt, dass Veronika sehr viele Brüche hat. Ihre Halswirbelsäule ist gebrochen, die Schultern, die Rippen, das Becken, das rechte Knie und der rechte Knöchel. Knie und Knöchel sind vom Bruch dick geschwollen. Dort ist ihre Hose zerrissen. Außerdem hatte sie den rechten Schuh beim Sturz verloren. Erstaunlich ist, dass, trotz dieses Sturzes und all dieser Brüche, ihr Körper bis auf die Wunden am Kopf und am Becken äußerlich völlig unverletzt ist. Sie war erst im Schneefeld ausgerutscht und dann etwa einhundertfünfzig Meter über felsiges Gelände in die Tiefe gestürzt. Dort unten hatte Michael sie – bereits tot – gefunden.

Später wird Gabriela sehr bewusst werden, dass es für alle eine große Hilfe ist, dass Veronika fast aussieht wie immer – bis auf ein paar kleine äußere Wunden.

Der Arzt hat eine sehr mitfühlende Art und Ausstrahlung und wie nebenbei sagt Gabriela zu ihm: "Wir wollen unser Kind zu Hause aufbahren." Er antwortet: "Das ist wohl das Geringste, was man in so einer Situation noch für sein Kind tun kann." Der Bestatter klärt sie auf, dass es eine Vorschrift gibt, die besagt, dass der Sarg verlötet werden muss, bevor er über die Grenze gebracht werden darf. Außerdem muss man unterschreiben, dass er nicht mehr geöffnet wird. Der Unfall ereignete sich im Ausland. Erstaunlicherweise beunruhigt Gabriela das überhaupt nicht. Sie hat ein Gefühl wie: "Wenn es sein muss, mache ich den Sarg eigenhändig wieder auf und keiner wird mich daran hindern!" Es ist ein ruhiger, gewisser Gedanke, kein aufgeregter, rebellischer. Zudem ist noch nicht klar, ob die Gendarmerie auf eine Untersuchung verzichten wird, so dass Veronika frei gegeben wird und überführt werden kann.

Eva fragt, ob sie Magnus, ihren Freund, anrufen darf. Magnus ist Schreiner und Gabriela hat die Idee, ob er den Sarg für Veronika anfertigen möchte. Es stellt sich jedoch als nicht realisierbar heraus, da die Zeit dafür nicht reichen wird. Außerdem wäre er dann in der Schreinerei beschäftigt und könnte nicht gemeinsam mit Eva Veronikas Tod "begleiten". Stattdessen zimmert Magnus ein schönes Kreuz, das lange an ihrem Grab stehen wird. Magnus hatte noch an diesem Nachmittag vor einem Kreuz gestanden und sich genau angesehen wie es gemacht ist ...

Bevor sie die Leichenhalle verlassen – es ist viel Zeit vergangen – wissen sie, dass die Ermittlungsbehörde auf eine Untersuchung verzichtet und Veronika frei gibt.

Der Sternenhimmel

Sie treten hinaus in die Nacht. Es ist ein fantastischer Sternenhimmel. Gabriela bleibt vor der Leichenhalle stehen und schaut in den Himmel, hält Ausschau nach ihrem Kind. Wo es jetzt wohl ist? Ob Veronika bei den Sternen im Himmel ist? In diesem Moment ist ihr Herz tief, tief berührt. Tränen fließen Gabriela über die Wangen, die ersten Tränen. Diese Sterne, diese Nacht, diese Weite, das unbeschreibliche Mysterium des Universums erfasst sie. Lange blickt Gabriela in den Himmel und fühlt die Weite und die Großartigkeit des Universums in sich. "Veronika, mein Kind, wo bist du? Bist du da oben und siehst auf uns herunter?" Einen kurzen Augenblick ist es, als ob Gabriela lichte, helle Energie, ähnlich einem Lichtschleier, wahrnehmen kann.

Gabriela ist klar, Veronika ist zu einer größeren Liebe heimgegangen. An einen Ort, wo eine größere, umfassendere Liebe ist, als sie und alle anderen ihr geben konnten, und sie gönnt ihr diesen Platz. Heimgegangen, aufgenommen in eine allumfassende, bedingungslose Liebe.

47

Sie alle haben ihr Bestes gegeben, sie alle haben sie sehr geliebt, aber diese Liebe ist nicht zu vergleichen, nicht messbar mit der Liebe, in der sie jetzt ist. Das kann Gabriela deutlich fühlen und das erleichtert ihr Herz. Veronika hatte sich so sehr gewünscht, einfach glücklich zu sein. Ist dieser Wunsch jetzt in Erfüllung gegangen? Wie recht Eva hatte, als sie sagte: "Veronika geht es noch am besten." Ja, Gabriela kann es fühlen, Stefan auch. Diese Sternennacht ist ein Traum. Sie ist unglaublich strahlend. Sie werden sie nie vergessen.

Gabriela steht da, die Tränen fließen über ihre Wangen, ihr Herz ist im Himmel – bei Veronika. Schattenhaft nimmt Gabriela Michael wahr, der im Begriff ist zu gehen. Er dreht sich noch einmal um, geht auf sie zu und nimmt sie in seine Arme. Das ist ein schöner, berührender Moment. Sie beide umarmt in der Dunkelheit der Sterne, vereint in stiller Trauer um Veronika. Die Nacht ist dunkel, aber die Sterne leuchten strahlend hell. Die Nacht ist dunkel, ihre geliebte Veronika ist tot. Aber da ist auch dieses Leuchten, dieses Strahlen der Sterne – da ist auch diese andere Ebene des Lichts, des Strahlens, der allumfassenden Liebe, die auch den Tod einschließt. Wie verschlungen die Wege unseres Menschseins doch sind. Lange bleiben sie alle noch stehen. Michael bedankt sich noch einmal, dass sie alle gekommen sind, und auch Gabriela ist sehr froh darüber, dass sie alle zusammen sind und diese Momente gemeinsam erleben und teilen dürfen. Wie schrecklich, wenn es Schuldzuweisungen oder Vorwürfe gegeben hätte.

Das Gefühl dieser Situation, wie Gabriela da steht und in die Sterne blickt, wird sie noch oft wieder und wieder erleben. Hinter ihr, in der Leichenhalle, liegt der tote Körper ihres Kindes. Doch ihre Aufmerksamkeit ist in der Weite, bei den Sternen. Dort kann Gabriela Veronika fühlen. Selbst heute, wenn sie sich erinnert, ist sie tief davon berührt und Tränen fließen über ihre Wangen, diese Weite, dieser Himmel, die Sterne, dieser stille Schmerz, mein Kind.

Angesichts dieses Himmels kommt Stefan, als er dort steht, der Gedanke, das Wissen, dass der unendliche Sternenhimmel, das weite Universum und die schweigenden, stummen, schwarzen Berge in majestätischer Gelassenheit völlig unberührt vom Tod sind. In diesem Augenblick kommt ihm das grausam vor.

Sie alle fahren nach Hause. Später wird Gabriela sich an die Rückfahrt nicht mehr erinnern können. Es ist spät geworden, alle sind sehr müde und erschöpft. Gabriela hat eine sehr unruhige Nacht, schläft wenig, weiß Veronika allein in der Leichenhalle. Weiß aber nicht, ob sie es schaffen werden, sie am nächsten Tag nach Hause zu holen oder ob sie noch einmal nach Sankt Georg fahren müssen, um bei ihr zu sein, in der kalten Leichenhalle. Eines weiß sie: "Meine geliebte Veronika, ich werde bei dir sein, wo immer es auch sein wird. Ich werde dich nicht allein lassen und nicht allein – ohne dich – um dich trauern.
Ich werde bei dir sein, das ist gewiss, egal was es mich kostet.
Ich werde bei dir sein, wo immer du bist."

Der nächste Tag

Benommen steht Gabriela auf und ruft ein paar Freunde an. Als erstes ihre langjährigen Freunde Anna-Maria und Josef mit ihren beiden Buben. Raphael, ihr Patenkind, ist am Telefon. Sie fragt nach Anna-Maria. "Guten Morgen, Gabriela", klingt es munter am anderen Ende des Telefons. "Es gibt schlechte Nachrichten, Anna-Maria. Veronika ist tot." Anna-Maria ist total entsetzt, sie kann vor Weinen nicht weiter reden und will gleich zurückrufen.
Gabriela ruft Regina an. Regina hat vor etwa einem Jahr ein

schwerstbehindertes Kind geboren. Lange war sie mit ihrem Kind im Krankenhaus auf der Intensivstation gewesen, und seit sie daheim sind, wissen sie an keinem Tag, ob Daniel ihn überleben wird. An diesem Morgen ist Regina ihr rettender Engel. Selber täglich mit dem Tod konfrontiert, fasst sie die Nachricht ruhig auf und gibt Gabriela die Telefonnummer einer Krankenschwester. Diese kennt wiederum ein Beerdigungsinstitut, das verstorbene Kinder erst einmal zu den Eltern nach Hause bringt. Gabriela erreicht die Krankenschwester gerade noch, bevor sie das Haus verlässt. Sie kümmert sich rührend um Gabriela. So ruft sie selbst das Bestattungsinstitut an und schon bald bekommt Gabriela die notwendigen Informationen. Es wird ihr sehr schnell klar, dass die Krankenschwester oft mit Eltern von verstorbenen Kindern zu tun hat. Allein diese Begegnung macht Gabriela klar, dass Gott bei ihnen ist und sie alle führt. Es soll sich noch oft zeigen, wie beschützt und geführt sie alle sind – ebenso wie Veronika.

Dieser Tag ist mit den üblichen Formalitäten gespickt. Einerseits ist Gabriela hellwach und präsent, andererseits ist sie weit weg, tief in ihrem Inneren. Veronika ist noch in Sankt Georg in der Leichenhalle. Eva geht kurz in die Schule, um irgendeinen Test zu schreiben. Als Stefan, Michael und Gabriela im Bestattungsinstitut sitzen, um die Formalitäten zu regeln, ist Gabriela wieder einerseits hellwach und weiß genau, was zu tun ist. Andererseits zieht alles an ihr vorüber, als wäre sie nicht anwesend, als ob sie das alles nicht interessieren würde. Ja, die Formalitäten interessieren sie tatsächlich wenig. Der Mann vom Beerdigungsinstitut ist sehr einfühlsam und unterstützt alle sehr. Er nimmt sich viel Zeit. Das tut gut! Er schlägt vor, Veronika nach Hause zu holen, sie eine Nacht bei ihnen zu lassen und sie dann in die örtliche Leichenhalle zu bringen. Gabriela hört seine Worte, weiß, dass er sie unterstützt, und dennoch ist ihr sofort klar, dass es nicht das ist, was sie will. Sie sagt: "Das ist nicht, was ich will!" Es gibt ein Wissen in ihr: Veronika kommt nicht in die Leichenhalle! Veronika kommt zu ihnen nach Hause! Dorthin, wo sie ihr bisheriges Leben verbracht hat. Zu ihrer Familie und in ihr Heimathaus. Dort wird sie sein, bis ihr Körper der Erde übergeben wird, dort wird sie mit ihnen allen sein. Dort, wo sie zu Hause war und ist.

Dazu brauchen sie eine Sondergenehmigung. In unserem Land ist das so, dass Tote nur mit Sondergenehmigung zu Hause sein dürfen. Diese Genehmigung erteilt die Gemeinde. Das ist eine Erleichterung für sie. Eva kommt mit Magnus nach ihrer Prüfung ins Beerdigungsinstitut. Alle zusammen suchen sie den Sarg aus, möglichst schlicht, wie Veronika es entschieden hätte. Wieder zu Hause angekommen, gehen Stefan und Gabriela sofort zu ihrem Bürgermeister. Sie läuten und Gabriela sagt: "Wir brauchen Ihre Hilfe!" Er und seine Frau hatten ganz kurz zuvor erfahren, dass ihre Veronika verunglückt ist. Sie bitten sie in ihr Wohnzimmer und die Frau des Bürgermeisters unterstützt den Wunsch, Veronika heimzuholen, sehr. Er selber meint, dass er natürlich die Sondererlaubnis geben wird, wenn nicht irgendein Gesetz dagegen spricht. Einige Stunden später ruft er an, es spricht kein Gesetz dagegen. Diese Hürde ist schon mal überwunden. Aber es warten noch andere.

So etwa gegen vierzehn Uhr ruft der Mann von Beerdigungsinstitut an und meint, dass sie keine Chance haben, Veronika noch heute, Montag, nach Hause zu bekommen, weil die Papiere nicht fertig sind. Gabriela konzentriert sich auf die Stille in sich, um herauszufinden, was jetzt zu tun ist. Natürlich können sie sich wieder auf den Weg machen und nach Sankt Georg fahren. "Aber sollen wir die ganze Nacht bei Veronika in der kalten Leichenhalle sitzen? Sie eine weitere Nacht dort allein und uns hier allein zu lassen, kommt für mich nicht in Frage", geht es Gabriela durch den Kopf. Dann weiß sie, was zu tun ist. Sie lässt sich von Stefan alle nötigen Telefonnummern heraus suchen: Bestattungsinstitut in Sankt Georg, Gemeinde Sankt Georg, Bezirkshauptmannschaft, und fängt an zu telefonieren. "Grüß Gott, ich bin die Mutter von dem Mädchen, das gestern tödlich abgestürzt ist. Können Sie sich vorstellen, dass es für uns sehr wichtig ist, dass wir sie nach Hause bringen können? Dazu brauchen wir die nötigen Papiere. Können Sie die bitte jetzt fertig machen, damit wir unser Kind heimholen können? Noch heute!" Ihre Stimme kommt aus dem Frieden des Seins – sehr klar, sehr ausgerichtet, nicht wütend, nicht bettelnd, nicht unter Druck setzend. Diese Energie tut ihre Wirkung. Alle Menschen sind sehr freundlich. Und wieder geschieht ein Wunder! Die Bezirkshauptmannschaft stimmt zu, die Papiere sofort auszustellen. Dazu brauchen sie noch Unterlagen vom Bestattungsinstitut und von der Gemeinde. Also ruft Gabriela die Gemeinde an, ruft das Bestattungsinstitut in Sankt Georg an. Die Zeit ist knapp. In Sankt Georg braucht man noch die Papiere vom hiesigen Bestattungsinstitut. Der zuständige Mann ist beim Mittagessen, Gabriela ruft ihn dennoch an und sagt ihm, er müsse die nötigen Unterlagen sofort an eine bestimmte Stelle faxen. Dann gibt sie die nächsten Anweisungen an die Gemeinde und an den Bestatter in Sankt Georg. Dieser erklärt ihr, die Zeit sei zu knapp, bis er die Papiere von der Gemeinde bekommt. Und außerdem ist da noch der weite Weg zur Bezirkshauptmannschaft. Das schaffe er heute nicht mehr. Gabriela lässt nicht locker. Er meint: "Ich tue eh, was ich will, äh, Entschuldigung, was ich kann." Über den Versprecher muss Gabriela schmunzeln. Nachdem auch er bereit ist, heute noch, und zwar sofort, zur Bezirkshauptmannschaft zu fahren, um die nötigen Papiere dorthin zu bringen, ist ihre Arbeit erst einmal getan. Es klappt alles wunderbar und Gabriela spürt wieder, dass sie unterstützt werden, dass eine göttliche Kraft sie alle führt und alles wunderbar für sie regelt. Kurz darauf ruft der Herr vom hiesigen Bestattungsinstitut an. Er fragt Gabriela, wie sie das denn gemacht habe? Gerade habe er einen Anruf bekommen, dass er so circa achtzehn Uhr Veronika holen kann. "Das sieht ja so aus, als hätte ich mich nicht eingesetzt", meint er. Aber Gabriela weiß genau, er hat sich eingesetzt. Offensichtlich war es ihre Aufgabe, es zu tun. Natürlich sind die Zuständigen betroffener, wenn die Mutter des toten Kindes selbst anruft. Gabriela ist imstande, alle Hebel der Welt in Bewegung zu setzen, um ihr Kind nach Hause zu holen. Ihre Entschlossenheit, die göttliche Führung und Unterstützung haben es beinahe mühelos möglich gemacht. Das ist heute die wichtigste Arbeit. Veronika nach Hause zu holen, bei sich zu haben. Dort, wo sie hingehört, in ihre Familie. Dort, wo alle von ihr Abschied nehmen können in aller Ruhe und aller Würde.

Die nächsten Stunden sind sie damit beschäftigt, sich um Veronikas Todesanzeige und ihr Sterbebild zu kümmern. Eva möchte gerne, dass ein Bild, das sie fotografiert hatte, auf das Sterbebild kommt. Es stehen ein Bild mit einer offenen und einer geschlossenen Seerose und ein Bild eines wunderschönen Schmetterlings zur Auswahl. Michael und Eva wollen das Seerosenbild, Gabriela den Schmetterling, da er für sie die Transformation darstellt. So wie die Raupe aus dem Kokon schlüpft und zum Schmetterling wird, so schlüpft die Seele beim Tod aus dem Körper und es entfaltet sich eine neue wunderschöne, leichtere Form. Der Kokon-Körper bleibt zurück. Sie entscheiden sich für das Bild mit der Seerose. Eine ist ganz erblüht und eine noch halb geschlossen. Der Text lautet: *"Unsere Veronika ist ins Licht gegangen. Wir sind dankbar erfüllt von der Zeit, die sie mit uns gelebt hat."* Ja, dankbar sind sie alle für die Zeit, die sie mit Veronika verbringen durften.

Die Suche nach einem Bild von Veronika ist wie eine Reise durch ihr Leben im Zeitraffer. Eva bringt Bilder, Michael bringt Bilder, Gabriela holt Fotoalben. Veronika wollte sich in letzter Zeit nicht gerne fotografieren lassen, so dass es gar nicht so einfach ist, ein passendes, aktuelles Foto von ihr zu finden. Schließlich entschließen sie sich für ein Foto, das Michael bei einem gemeinsamen Ausflug in die Berge gemacht hat. Ihr Blick ist in die Ferne gerichtet, als ob sie weit weg schauen würde auf irgendein Ziel, ein Licht, einen Punkt in der Ferne. Sie strahlt Frieden aus, die Abendsonne scheint auf ihr helles Haar und gibt ihm einen leichten Glanz. Sie füttert die Dohlen. Das liebte sie, sowie auch den Flug dieser Vögel – wie sie im Flug das Futter, das die Bergsteiger ihnen zuwerfen, fangen. Veronika liebte das Fliegen der Dohlen und sie liebte das Springen. Schon als Fünfjährige kletterte sie auf hohe Felsen, fünf Meter und höher, um anschließend mit totaler Freude vom Felsen ins Wasser zu springen. Immer und immer wieder. Fliegen, sich frei fühlen. Dass sie eines Tages so sterben – ihren Körper verlassen würde – ahnte keiner.

Auf der Rückseite ihres Sterbebildes steht das Symbol der fünf Weltreligionen. Ein Zeichen, ein Symbol, das in Puttaparthi bei Sathya Sai Baba steht. Es symbolisiert die Einheit und die Gleichheit der Religionen. Es symbolisiert den Frieden zwischen den Religionen, die Wahrheit, dass es nur einen Gott gibt, der sich in vielfältigen Manifestationen, so auch in verschiedenen Religionen, zeigt. Veronika hatte schon in ihren jungen Jahren einen großen Sinn für Gerechtigkeit und litt unter dem Unfrieden und der Oberflächlichkeit in dieser Welt.

Schon mit vier Jahren wollte sie unbedingt mit Renate, ihrer Kindergärtnerin, für vier Wochen zu Sai Baba nach Indien fliegen. Renate wollte sie mitnehmen. Da Gabriela zu diesem Zeitpunkt noch nie bei Sai Baba war, und sie sich nicht vorstellen konnte, Veronika vier Wochen ohne Mama in Indien zu wissen, ließ sie sie nicht mitfliegen. Veronika war nur schwer von dieser Idee abzubringen.

Ihr Sterbebild haben sie laminiert und auf das kleine Ahornkreuz geklebt, das Magnus gebaut hat. Später werden sie entdecken, dass, wenn die Sonne durch dieses Bild scheint, das Friedenszeichen genau an ihrem Herzen ist. Ihr Sterbebild hat viele Menschen sehr berührt, auch Menschen, die Veronika nicht kannten.

Stefan und Magnus räumen Veronikas ursprüngliches Kinderzimmer aus.
Viele Jahre hatte sie darin gewohnt. Es war das Zimmer mit der großen Schiebetür zum Garten. Dort, an der Ostseite, schien bis Mittag die Sonne hinein und erhellte das ganze Zimmer in strahlendem Licht. Veronika liebte ihr Zimmer, das Licht, die Sonne, den Garten. Ab und an hat sie überlegt, ob sie nicht nach oben in das schöne Südwestzimmer ziehen will, aber letztendlich wollte sie ihr Zimmer nicht verlassen. Nachdem Stefan und Gabriela sich entschlossen hatten, dort ihr neues Schlafzimmer einzurichten, wollte sie plötzlich doch nach oben ziehen. Also haben sie alles wieder umgeräumt. Stefan zog in Veronikas ehemaliges Zimmer. Auch er liebt den Zugang zum Garten. Veronika räumte mit sehr viel Liebe und Geschmack ihr neues Zimmer ein und war dort sehr glücklich. Hin und wieder setzte sie sich in ihr ehemaliges Zimmer und hörte dort Musik, weil sie dieses Zimmer auch noch so gern mochte.

Gabriela möchte sie zu Hause in ihrem jetzigen Jugendzimmer aufbahren, was sich aber nicht als so klug herausstellt, da das Zimmer ziemlich warm ist. Außerdem meint der Bestatter, dass der Leichnam so wenig wie möglich bewegt werden soll. Aufgrund ihrer zahlreichen inneren Verletzungen könnte die Verwesung sonst schneller einsetzen. Den Sarg die Treppe hochtragen, das wäre nicht so einfach gewesen. So beschließen sie, sie in ihrem Kinderzimmer aufzubahren, dem geliebten Ostzimmer zum Garten hin. Magnus und Stefan räumen alle Möbel raus. Das Zimmer erweist sich als ideal. Es ist das kälteste im ganzen Haus und kann durch die große Tür sehr gut belüftet werden. Der Sarg kann ganz einfach hineingetragen werden und die Besucher können ein und aus gehen.

Eine Freundin erinnert sie, ob sie nicht jetzt Blumen bestellen wollen? Das ist ein guter Tipp. Gabriela hätte in diesem Moment noch nicht an Blumen gedacht. So fahren sie alle gemeinsam in die Gärtnerei.

Veronika ging ins Gymnasium, die Gärtnerei ist gleich daneben. Oft hat Gabriela sie zur Schule gefahren oder abgeholt, wenn Stunden ausfielen und Veronika nicht so lange auf den Bus warten wollte. Normalerweise war Gabriela davon nicht so begeistert, weil sie das immer mit ihrer Arbeit koordinieren musste. Gerade in der letzten Zeit fragte Veronika sie besonders oft und Gabriela fällt auf, dass sie sie immer abgeholt hat. Es war wohl eine unbewusste Abmachung von ihnen beiden, noch möglichst viel Zeit miteinander zu verbringen. Das Gleiche gilt auch für die Abende. Veronika war sehr anhänglich, wollte meistens abends etwas mit Gabriela zusammen machen, etwas erzählen, über etwas diskutieren, Spiele machen. Etwa vier Wochen vor ihrem Tod hat Gabriela bewusst beschlossen, ihr die Zeit zu geben, die sie braucht. Sie dachte sich: "Veronika geht jetzt in die zwölfte Klasse und ist sowieso nicht mehr sehr lange zu Hause. Arbeiten kann ich später auch noch. Ich nehme mir jetzt die Zeit für sie." Ob sie beide wohl den nahen Abschied schon gespürt haben? Einmal, als Gabriela sie wieder von der Schule abholte, sah sie die Aufschrift "Trauerflor" an der Gärtnerei. Das stand da wohl schon immer, aber bisher hatte Gabriela es nie gesehen. Als sie es damals zum ersten Mal wirklich wahrnahm, dachte sie: "Das brauchen wir nicht!" Das war vermutlich ihr bewusster Verstand, ihre Seele wusste wohl schon Bescheid.

Für den Sarg suchen sie ein großes Bouquet mit weißen Lilien und roten Rosen aus. Es ist Gabrielas Lieblings-zusammenstellung: weiße Lilien für die Unschuld, das Reine, und rote Rosen für die Liebe.

"Bon voyage" (Gute Reise) steht auf der Schleife, die Eva und Magnus wählen. Veronika liebte die französische Sprache sehr. Stefan und Gabriela entscheiden sich für: "All our love forever – all unsere Liebe für immer."

Nun ist da noch die Frage der Beerdigung. Gabrielas Bruder ist Diakon und Onkel Albert ist Priester. Es taucht die Idee auf, dass die beiden ihre Veronika beerdigen. Also ruft Gabriela bei ihrem Bruder an. Seine Frau, erzählt ihr, dass er gestern für drei Wochen in die Wüste geflogen ist und sie ihn nicht erreichen kann. Sie versuchen Onkel Albert telefonisch zu erreichen. Es stellt sich heraus, dass er auf einer Priesterfortbildung ist, und keiner kennt seine genaue Adresse.

Der Herr vom Bestattungsinstitut setzt sich mit ihrem Pfarrer in Verbindung. Die erste Aussage ist, er werde Veronika nicht beerdigen, weil sie kein Mitglied der katholischen Kirche ist. Die zweite Aussage ist, er wird und will sie schon beerdigen, weil sie nicht ausgetreten ist. Sie ist nie getauft worden – und das ist etwas anderes als ein Kirchenaustritt. Ihr Onkel Albert könnte ja bei der Beerdigung assistieren, meint der Pfarrer. Gabriela hört sich das an und ist in keinster Weise beunruhigt. Auch hat sie keinerlei Bedürfnis, selber mit dem Pfarrer zu sprechen. Für die Beerdigung wird der Donnerstagnachmittag festgelegt. Mittwoch kann ihr Pfarrer nicht. Gabriela ist sehr froh darüber! So haben sie noch einen weiteren Tag Zeit zum Abschied nehmen und auch die Chance, die Beerdigung über die Zeitung bekannt zu geben.

Dieser heutige Tag verläuft relativ belanglos, bis auf die Heimholaktion von Veronika, die üblichen Formalitäten und das Gefühl des Verlustes. Es gibt viel zu tun und trotzdem ist da diese Leere: nach innen gerichtet und doch wiederum ganz präsent zu sein. Der Tag zieht an allen vorbei. Eins nach dem anderen wird erledigt. Es ist schön, dass sie alles gemeinsam machen. Ganz selbstverständlich und in Frieden miteinander erledigen sie eins nach dem anderen. Verbunden durch ihre Zusammengehörigkeit und den Verlust von Veronika.

Auch am Abend sind sie alle noch zusammen: Eva, Magnus, Stefan, Gabriela, Michael und seine Eltern. Kurz vor einundzwanzig Uhr ist es so weit. Veronika kommt nach Hause. Die Männer tragen den Sarg durch die große Türe zum Garten in ihr ehemaliges Kinderzimmer. Sie öffnen den Deckel. Alle sind fasziniert, wie schön sie aussieht. Ihre hellblonden Haare wurden noch gewaschen und liegen weit ausgebreitet auf dem Kissen. Die größten Verletzungen am Kopf sind getackert worden, so sind sie kaum noch zu sehen. Sie ist weiß angezogen – ein wunderbares Strahlen geht von ihr aus. Wie schön sie aussieht! Wie eine Prinzessin, ein schlafendes Juwel. Stefan hat den Gedanken: Veronika liegt so wunderschön da wie Schneewittchen. Magnus sieht Veronika zum ersten Mal seit ihrem Absturz. Er ist betroffen. Gabriela weiß nicht, wie lange sie da stehen und in diesen Anblick, in diese Schönheit, in dieses Strahlen eintauchen. Es hat sich tief in ihre Herzen eingegraben. Zusammen singen sie noch für Veronika.

Der Herr vom Bestattungsinstitut sagt, es sei etwas ganz Besonderes passiert. Er durfte sie im normalen Sarg transportieren, nicht im Zinksarg. So musste sie nicht umgebettet werden. Da der Sarg auch nicht versiegelt war, war er leicht zu öffnen. Er meint, dass so etwas sonst nie vorkommt. Wieder einmal erkennt Gabriela darin Gottes Führung und seine Liebe für sie alle. Es ist geschehen, was geschehen musste. Dabei werden sie wunderbar geführt und begleitet. Der Amtsarzt hat auf die Ausführungsbestätigung geschrieben "normaler Sarg/nicht versiegeln". Er hat ihre Botschaft am Tag vorher, als er Veronikas Tod feststellte, verstanden und möglich gemacht. Wie dankbar sie dafür sind! Geschafft. Es ist geschafft, die Aufgabe des Tages ist vollbracht, ihre Veronika ist bei ihnen zu Hause, in ihrer Mitte, ganz nahe bei ihrer Familie.

Es ist spät geworden. Alle sind müde und gleichzeitig erfüllt von Veronikas Heimkehr. Als Gabriela und Stefan sich entscheiden, ins Bett zu gehen, passiert etwas Eigenartiges. Ihr Schlafzimmer ist im ersten Stock am anderen Ende des Hauses. Irgendwie ist es jetzt unvorstellbar für Gabriela, dorthin zu gehen und Veronika unten alleine zu lassen. Es fühlt sich so an, als hätte sie ein Baby geboren und würde zum Schlafen auf die andere Seite des Hauses gehen und das Baby allein liegen lassen. Da wird Gabriela klar, dass Veronika gerade eine Geburt durchmacht. So wie unsere Babys hier in diese Welt geboren werden, so werden offensichtlich auch diejenigen, die unsere Welt wieder verlassen, in die andere Welt geboren. Davon hatte Gabriela bisher keine Ahnung und auch davon nicht, dass das, was wir für unsere Lieben an Sterbebegleitung tun können, mit dem Eintreten des Todes nicht vorbei ist. In unserer Gesellschaft reden wir über humanes Sterben, was sehr wichtig ist. Doch meistens glauben wir, die Begleitung sei mit dem Zeitpunkt des Todes vorüber. Ihre Erfahrung mit Veronika zeigt ihnen etwas anderes. Es öffnet ihren Blick für die Reise nach dem Eintreten des physischen Todes. Die plötzliche Erkenntnis, Veronika hat eine Geburt vor sich und sie können sie noch darin unterstützen und begleiten, ist neu, aber sehr eindeutig für sie.

So bittet Gabriela Stefan, eine Matratze in Veronikas Zimmer zu bringen und fragt ihn, ob er bereit ist, mit ihr dort zu übernachten. Stefan stimmt zu – Gott segne ihn – und so verbringen sie beide die Nacht auf einer Matratze neben Veronikas Sarg. Es ist so stimmig, so klar. Es ist das Einzige, was sich für sie jetzt richtig und selbstverständlich anfühlt.

Die nächsten beiden Tage

Am nächsten Morgen wacht Gabriela auf und fühlt wieder diese tiefe Trauer. Sie hat etwas Angst, aufzustehen und Veronika im Sarg liegend zu begegnen. Aber schon in dem Moment, als Gabriela sie betrachtet, verschwindet diese Angst. Ein paar Tage wird es sich wiederholen, dass morgens beim Aufwachen eine große Trauer über sie kommt. Gabriela redet viel mit Stefan, mit Eva oder mit Freunden, was ihr sehr hilft. Die Trauer ist tief und mächtig, doch sie bleibt nie lange. Das Wichtigste daran ist, dass Gabriela alle Gefühle vollkommen zulässt, sie ohne Widerstand fühlt, ohne darin zu "versumpfen" und sie dadurch zu verstärken, und ohne sie festzuhalten. Gabriela ist jedes Mal sehr erstaunt, wie schnell das Gefühl der Trauer sich wieder auflöst.

Ein Freund von Stefan geht am Montag – Veronika ist am Sonntag gestorben – in eine Bibliothek. Zu diesem Zeitpunkt weiß er noch nichts von ihrem Tod. Auch kennt er Veronika nicht wirklich, er hatte sie nur einmal gesehen. In der Bibliothek fällt ihm ein Buch aus dem Regal entgegen. Es ist aufgeschlagen und dort steht folgender Text:

"Erst wenn alle Arbeit getan ist, wofür wir auf die Erde kamen, dürfen wir unseren Körper ablegen. Er umschließt die Seele wie die Puppe den künftigen, schönen Schmetterling. Und wenn die Zeit reif ist, können wir ihn zurücklassen. Dann werden wir frei sein von Schmerzen, Angst und allem Kummer, – frei wie ein freier, schöner Schmetterling – und dürfen heimkehren zu Gott."[2]

Und wieder ist es für uns alle eine Bestätigung, dass es kein Unfall war, sondern der richtige Zeitpunkt. Auch die Form des Todes passt gut zu Veronika. Sehr klar und in der Natur, die sie so liebte. Gabriela hat bei vielen Menschen beobachtet, dass die Art ihres Todes zu ihrem Leben passte.

So wie sie gelebt haben, so sind sie auch gestorben. Nach Veronikas Tod wird Gabriela noch zweimal einen Traum haben, in dem Veronika sagt: "Michael, fahre mit mir in die Berge, damit ich in meiner Heimat sterben kann."

Die nächsten Tage sind für Gabriela, neben den Geburten ihrer beiden Töchter, die intensivsten in ihrem Leben. Wenn wir uns dem Tod stellen, ihm ins Gesicht sehen, merken wir, dass es eine Zeit von großer Schönheit und Gnade ist. Eine Zeit, in der sich die Illusionen über Was-wir-sind auflösen und wir einen Blick "erhaschen" können in die Essenz jenseits der Form.

Die folgenden zwei Tage, Dienstag und Mittwoch, ist der Kontakt mit Veronika und auch zwischen Gabriela, Stefan und Eva sehr, sehr intensiv. Sie öffnen ihr Haus und viele Menschen kommen, um sich von Veronika zu verabschieden. Wie schlafend liegt sie in ihrem Sarg. Manchmal haben sie das Gefühl, sie macht jetzt gleich die Augen auf, lacht sie an und sagt: "Es war alles nur ein Scherz." Eva meint: "Veronika soll nicht so lebendig ausschauen, da kann man doch gar nicht glauben, dass sie gestorben ist."
Auch Gabriela hat nicht das Gefühl, dass eine Leiche im Sarg liegt. Sie sind ununterbrochen in sehr intensivem Kontakt mit Veronika. Sie fühlt sich nicht wie ein Mensch an, der gegangen ist, der nicht mehr anwesend ist. Ganz im Gegenteil. Ihre Präsenz ist deutlich spürbar.

Gabriela versteht zum ersten Mal tief in ihrem Inneren, wie es ist, wenn ein Mensch so plötzlich von uns geht und wir keinerlei Möglichkeit haben, uns zu verabschieden. Nun versteht sie, wie lange der Schock in uns sitzen kann und wie lange manche Menschen brauchen, bis sie wirklich glauben und annehmen können, dass der andere nicht mehr da ist. In ihrer Arbeit wurde Gabriela auch schon früher damit konfrontiert. Jetzt erlebt sie es selber. Hätte Gabriela jemand erzählt, Veronika ist gestorben, und sie hätte nicht die drei Tage gehabt, um sich von ihr zu verabschieden, sie bei sich zu Hause zu haben, sie immer und immer wieder zu sehen, zu spüren, wie sich der Körper von Tag zu Tag anders anfühlt – hätte Gabriela diesen Prozess nicht erleben dürfen, so würde ihr und ihrer Familie ein wichtiges Stück Erfahrung fehlen. Jetzt können sie direkt erleben, be-greifen und integrieren, dass Veronika tatsächlich gestorben ist. Aus dem Wissen, aus der Nachricht wird eine Erfahrung, die ihnen das Verstehen und die Akzeptanz sehr erleichtert. Das ist ihr Weg.

Wenn wir keinerlei Möglichkeit haben, den Tod in der Erfahrung nachzuvollziehen, kann es oft lange dauern, bis wir wirklich verstehen und integrieren können, dass jemand tatsächlich gegangen ist.
Eine besondere Herausforderung ist es, wenn Menschen vermisst werden, verschollen sind, und die Angehörigen noch nicht einmal sicher sein können, ob sie gestorben sind oder noch leben.

Das eine mag schwerer und das andere mag leichter erscheinen. Letztendlich ist es in dem Ausmaß so schwer oder so leicht, wie wir das Geschehene ablehnen beziehungsweise annehmen. Wenn wir von der Gewissheit ausgehen, dass jeder genau die Erfahrung bekommt, die für das Lernen seiner Seele wichtig ist, und wir diese Erfahrung, egal wie sie ist, annehmen – wenn sie schon einmal da ist – dann erhalten wir die größte Chance zur Transformation. Wie die äußere Situation ist, ist sekundär. Entscheidend ist unsere innere Haltung dazu. Es gibt Situationen in unserem Leben, die wir nicht bestimmen können. Der Tod ist eine davon – auch die Art des Todes. Solange wir ablehnen, was und wie es geschehen ist, solange wir festhalten und es anders haben wollen, leiden wir und verpassen möglicher-weise unsere Chance zu Wachstum und Transformation. Natürlich ist es für uns einfacher, in Übereinstimmung mit dem, was geschieht, zu sein, wenn das, was geschieht, unseren Wünschen und Vorstellungen entspricht. Doch oft ist das nicht der Fall. Dann sind wir aufgefordert, in Frieden mit dem zu sein, was ist.

Der Dienstag und der Mittwoch gelten also allen Menschen, die sich von Veronika verabschieden wollen. Es kommen Freunde und bringen Blumen, es kommen Freunde, die meditieren und indische Batjans* singen. Es kommen unsere Nachbarn und weitere Verwandte, die an Veronikas Sarg den Rosenkranz und das Vaterunser beten. Es kommen Menschen aus dem Dorf, die sehr traurig, betroffen und schwer zu Veronika gehen und erleichtert und fast froh wieder das Haus verlassen. Es kommen Veronikas Freunde, die jungen Menschen aus ihrer Kollegstufe. Sie stehen am Sarg, sie singen gemeinsam Lieder, auch Veronikas Lieblingslieder. Eine Freundin spielt auf dem Klavier Veronikas liebstes Stück, "Für Elise" von Beethoven, das sie Gabriela fast jeden Abend vorgespielt hat. Sie singen, sie reden, sie verbinden ihre Herzen, sie weinen. Diese jungen Menschen, sie haben alle tief berührt und beeindruckt mit ihrer Liebe und ihrer Freundschaft. Eine Freundin von Veronika meint: "Der Himmel wollte diesen Engel einfach wieder bei sich haben. Wahrscheinlich haben sie einen Engel gebraucht."

Raphael, der Veronika seit ihrer Geburt kennt – er war für sie wie ein Bruder – und selber leidenschaftlicher Kletterer und Skitourengänger, kniet an Veronikas Sarg, an ihrem Kopf, und verabschiedet sich weinend. Und fassungslos. Drei Wochen vorher waren beide Familien gemeinsam in den Bergen und auf dem Gipfel hatte er der erschöpften Veronika einen Tee angeboten und mit ihr angestoßen, was sie riesig freute. Sie wollte viel trainieren, um so eine gute Kondition wie er zu bekommen.

Es kommen Tanten und Onkel mit Familien und andere

Verwandte und beten. Claudia verabschiedet sich mit einem buddhistischen Gebet:

Mögen alle Wesen Glück erfahren
und die Ursachen von Glück.
Mögen alle frei sein von Leid
und den Ursachen von Leid.
Mögen alle niemals getrennt sein
vom höchsten Glück, das frei ist von Leid.
Mögen alle in Gleichmut leben,
ohne allzuviel Anhaftung und Abneigung.
Und mögen sie leben im Wissen
um die Gleichheit von allem, was lebt.

Stefans Mutter meint, da könne man doch wütend werden! Wieso stirbt so ein junger, blühender Mensch und so viele alte Menschen können nicht sterben?

Der Abschied ist so vielfältig, so wie Veronikas Leben war. Eine Freundin äußert, es ist unglaublich, wie die Familie mit all den verschiedenen Menschen mit ihren unterschiedlichen menschlichen und religiösen Hintergründen eine Gemeinschaft bildet, allen zuhört, viele von ihnen tröstet und welch friedliche Atmosphäre alle verbindet. Es gibt viel Nähe, Umarmungen, Zusammengehörigkeit, Gespräche, Musik, wortloses Sich-verbinden und Tränen. An beiden Tagen ist ein Kommen und ein Gehen. Nie ist das Haus leer.

Ihre langjährige Freundin Anna-Maria nimmt sich spontan für die nächsten Tage frei, um bei ihnen zu sein. Sie holt Leute vom Bahnhof ab, sie kauft ein, kocht, versorgt sie und jene, die zu ihnen kommen und steht ihnen mit alledem wie ein Engel zur Seite. Für diesen Freundschaftsdienst sind sie sehr, sehr dankbar.

Veronika liebte Anna-Maria. Drei Wochen zuvor standen die beiden auf der Terrasse und quasselten über alles Mögliche. Anna-Maria rauchte eine Zigarette und Veronika wollte auch eine, obwohl sie nie rauchte. Anna-Maria

*meinte, sie gibt Kindern keine Zigarette und Gabriela sagte:
"Sie ist kein Kind mehr". Und da rauchten sie zusammen
eine Zigarette und Veronika erschien sehr glücklich. Das
war das letzte Treffen der beiden.*

Vor der Apotheke trifft Gabriela den Grundschullehrer aus
Veronikas erster Klasse. Veronika mochte diesen Lehrer
sehr. Gabriela hat ihn Jahre nicht gesehen, aber heute trifft
sie ihn. Auch er kommt, um sich von ihr zu verabschieden.
Er gibt Gabriela eine Telefonnummer von einer Frau, die
sich mit den Seelen Verstorbener verbinden kann. Wieder
ein Geschenk für sie!

Den ganzen Tag gehen Leute ein und aus. Viele sind sehr
betroffen, manche staunen einfach, manche sagen, sie sähe
aus wie eine Prinzessin. Alles ist so natürlich, so selbstverständlich. Eva geht mit jedem Besucher zu Veronikas
Sarg, verweilt dort und begleitet ihn wieder hinaus.
Genauso machen es auch Stefan und Gabriela. Viele Leute
sind erstaunt, dass die Familie keinen Trost braucht, sondern
dass es eher die Besucher sind, die getröstet werden. Eva ist
wie ein Engel für Gabriela. Mit einer inneren Liebe und
Demut begleitet sie all die Menschen und ihre Schwester
durch diesen Prozess. Gabriela hört keine Klage von ihr. Sie
beweist enorme innere Stärke und sie ist ein Segen für alle.

Auch Michael ist die meiste Zeit bei ihnen, er fährt nur zum
Schlafen heim. Sie alle machen jeden Schritt gemeinsam.
Zwischendurch gehen sie auf den Friedhof, um einen Platz
für Veronikas Grab auszuwählen. Sie nehmen den Platz, der
sich für sie energetisch am besten anfühlt und beschließen,
kein Einzel-, sondern ein Familiengrab zu nehmen. Die
Vorstellung, dass sie jetzt schon festlegen, Veronika müsse
immer allein im Grab liegen, ist für sie befremdend. Ein
Familiengrab fühlt sich richtiger an. So vergeht der Tag. Ihre
Verwandten sind noch lange da und Gabriela fühlt sich mit
jedem einzelnen von ihnen sehr verbunden. Sie haben sich

längere Zeit nicht gesehen, aber es ist, als wäre überhaupt kein Abstand zwischen ihnen. Als es wieder ruhig bei ihnen im Haus wird, sind sie alle erfüllt von diesem Tag. Gabriela glaubt, sie sind sogar glücklich über diesen intensiven Kontakt mit all den Menschen und vor allem mit Veronika.

Am Dienstagabend machen sie als Familie und mit den Freunden, die bei ihnen übernachten, an Veronikas Sarg eine Meditation. Sie bedanken sich bei Veronika für alles, was sie ihnen in ihrem Leben und durch ihren Tod gegeben und gelehrt hat. Sie sitzen noch lange bei Veronika und singen zusammen OM ASATOMA, das Übergangsmantra.

OM ASATOMA

Om Asatoma
Asato Ma Sad Gamaya
Tamaso Ma Jyotir Gamaya
Mrithyor Ma Amritam Gamaya

Von der Unwahrheit führe mich zur Wahrheit
Von der Dunkelheit führe mich zum Licht
Von der Sterblichkeit führe mich zur Unsterblichkeit

Om Asatoma ist das Mantra, um der Seele entscheidende Übergänge wie zum Beispiel Geburt oder Tod zu erleichtern.

Als sie ins Bett gehen wollen, holt Stefan wieder ihre Matratze und Gabriela und er verbringen die zweite Nacht bei Veronika. Das ganze Zimmer ist inzwischen voller Blumen. Ihre Geburtskerze und viele andere Kerzen brennen die ganze Nacht. Veronika scheint ihnen schon weiter entschwunden als in der ersten Nacht.

Die Kletter-Skitour

Mittwochmorgen hat Gabriela das Gefühl, Veronikas Seele ist etwas verwirrt. Schon früher hat Gabriela gelesen, dass, wenn ein Mensch so plötzlich stirbt, die Seele eventuell erst gar nicht weiß, was passiert ist. Eine Frau, die Zugang zu verstorbenen Seelen hat, sagt ihr, dass Veronika in dem Moment, als sie nach dem Absturz das Gesicht von Michael sah, erst mitbekommen hat, dass irgendetwas Schreckliches passiert sein musste und sie nicht genau wusste, was es war. Es ist so, als würde sie um Aufklärung bitten.

So bittet Gabriela Michael, Veronika zu erklären, was geschehen ist. Er setzt sich an den Sarg und erzählt ihr, wie sich alles zugetragen hat. Es ist schön, dass Gabriela dabei sein darf.

Veronika hat seit diesem Winter total viel Spaß auch Skitouren zu gehen. Einmal fragt Gabriela Michael, ob er ihnen eine Klettertour mit Anstieg auf Skiern in der Nähe empfehlen kann. Bei diesem Gespräch entsteht das Gefühl, Michael möchte auch gerne mal wieder eine kombinierte Kletter-Skitour mitgehen. Meist geht Veronika mit ihrer Familie. Kurz danach sagt Michael zu ihnen, er hätte Lust auf eine Tour. Veronika reagiert sofort: "Oh ja, ich komme mit! Lass uns gleich am Sonntag gehen!" Sie liebt es immer, mit Michael in die Berge zu gehen und das ist ihre erste gemeinsame Kletter-Skitour. Sie freut sich riesig darauf und strahlt, als sie es erzählt. Oft gehen Michael, Veronika und Eva gemeinsam in die Berge. Dieses Mal möchte Eva nicht mit, weil sie für ihr Abitur lernen will. Michael wusste noch nicht so recht, wohin die beiden gehen wollten. Da Stefan und Gabriela für den gleichen Tag eine Tour planen, schlägt Gabriela vor, sie könnten ja die gleiche machen. Das wäre doch lustig, sich unterwegs zu treffen. Michael hat die gleiche Tour ins Auge gefasst, die die beiden machen. Am Morgen jedoch fällt ihm eine andere Tour in die Hände, der

Tourenführer liegt aufgeschlagen auf dem Tisch. Michael denkt: "Ja, die können wir machen." Und sie machen sich auf den Weg. Die beiden haben einen dreistündigen Aufstieg mit den Skiern, eine zweistündige Klettertour und eine schöne Abfahrt. Veronika ist zwar gefordert, aber guter Dinge und hat viel Spaß. Sie klettert mit Freude, fährt gut und sicher ab und ist bester Laune. Bestimmt ist Veronika sehr stolz, dass sie diese Tour so gut geschafft hat. So macht Michael ihr noch dieses Geschenk.

Gabriela hat immer wieder gehört, dass Menschen, die in den Bergen starben, an ihrem Todestag sehr freudig und kraftvoll waren. Ob sie schon die Leichtigkeit und die Energie des Jenseits spürten? Beim Erzählen kommt es Gabriela so vor, als hätte eine höhere Kraft genau diese Tour aufgeschlagen auf den Tisch gelegt. Oft hat sie beobachtet, wie kreativ der Tod ist.

Etwa zehn Minuten vor dem Parkplatz kommt eine schmale, gefährliche Stelle mit einem Hinweisschild: "Bei Durchfahrt Vorsicht! Lebensgefahr!" Da Michael und Veronika dieses Schild schon beim Hochgehen gesehen haben, beschließen die beiden, dass es sicherer ist, nicht auf Skiern, sondern zu Fuß über diese Stelle zu gehen. Sie stehen beide am Hang, Veronika lässt noch ein paar junge Skifahrer vorbei, dann schnallt sie ihre Ski ab und setzt sich in den Schnee. Michael steht einige Meter von ihr entfernt. Er wendet ihr den Rücken zu, um seinen Rucksack fertig zu machen, er will die Ski daran befestigen. Als er sich ihr wieder zuwendet, hat sie den Halt verloren und rutscht auf dem Rücken das Schneefeld hinunter. Er ruft ihr noch zu, sie solle sich auf den Bauch drehen. Dann sieht er sie nicht mehr. Sie rutscht etwa dreißig Meter das Schneefeld hinunter und über den Weg. Dort bricht der Felsen circa einhundertfünfzig Meter steil in die Tiefe ab.

Veronika stand genau an dem Platz, wo eine baumlose

Schneise durchgeht. Es ist die einzige derartige Stelle. Wäre Michael ausgerutscht, hätte er sich am nächsten Baum gefangen. Die Linie, in der Veronika stand, ist "todsicher" – kein Baum, kein Strauch, eine Linie frei für den Fall. Es ist der einzige Platz an diesem Hang, der todsicher in die Tiefe führt. Veronika ruft nicht um Hilfe. Sie rutscht und stürzt einfach lautlos in die Tiefe. Wie sie das erlebt hat, soll die Familie später noch erfahren.

Michael hat wohl einen Schock. Er rennt auf den Felsabbruch zu. Gott sei Dank, sind da noch die jungen Skifahrer von vorhin. Veronika ist direkt an ihnen vorbei in die Tiefe gestürzt. Sie sagen zu Michael, er muss den Weg nehmen, hier kommt er nicht weiter. Michael läuft so schnell er kann, den Weg abwärts. Es dauert wohl eine Ewigkeit für ihn. "Was ist, wenn sie tot ist?", jagt es ihm durch den Kopf. Als er unten ankommt, liegt Veronika nahe beim Weg, mit dem Rücken auf dem Schnee, den Kopf talwärts. Da ist kein Atem und kein Herzschlag mehr. Sie ist tot. Seine schlimmste Befürchtung ist wahr geworden. Soeben war sie noch bester Laune, hat sich nach dem Abschnallen der Ski in den Schnee gesetzt, gerade mal zehn Minuten vom Parkplatz entfernt. Jetzt kniet er neben ihr im Schnee; sie ist tot. Seine Welt hat sich mit einem Schlag verändert. Nichts ist mehr wie vorher, ein unglaublich schwerer Moment in seinem Leben. Er legt seine Hand auf ihr Herz, es schlägt nicht mehr.
Endlich kommt der Hubschrauber, den andere Skifahrer alarmiert haben. Der Arzt stellt den Tod fest – und der Hubschrauber fliegt wieder ab. Die Bergwacht transportiert Veronika mit dem Akia, einem Rettungsschlitten, ins Tal. Michael bittet darum, beim Transport helfen zu dürfen, um so Veronika noch selber ins Tal zu begleiten. Das ist sicherlich einer der schwersten Momente in seinem Leben. Wie schnell hat sich sein Leben verändert, wie schnell hat sich alles verändert. Im Tal angekommen, wird Veronika in die Leichenhalle gebracht. Michael muss sofort zur Polizei.

Irgendwann ruft er Veronikas Familie an, um mitzuteilen, dass sie tot ist. Er erreicht Eva, die allein zu Hause ist.

Michael erzählt diese Geschichte an Veronikas Sarg. Er erzählt sie ihrer Seele. Auch Gabriela lauscht aufmerksam und ist dankbar, dass sie dabei sein darf.

Das Erzählen hat zwei Wirkungen:

Zum einen haben Michael und Gabriela das Gefühl, dass Veronikas Seele ruhiger wird. Offensichtlich kann sie jetzt besser einordnen, was geschehen ist, warum das Gesicht von Michael sich schlagartig so verändert hat und warum sie nicht mehr mit ihm sprechen konnte, warum er sie nicht hörte. Anscheinend versuchen Verstorbene öfter, mit den Angehörigen zu reden und wundern sich, wieso sie nicht gehört werden. Jetzt, nach dem Erzählen von Michael, weiß Veronika, dass ihr Körper tödlich verunglückt ist und dass sie sich deshalb so anders fühlte.

Zum anderen wird Gabriela ein weiteres Mal klar: So wie Michael es schildert, wie sich eins ins andere fügt, wie schlüssig das Geschehen ist, – alles ist vorbereitet, geführt gewesen, damit Veronika gehen konnte. Es ist kein Unfall, keine Unachtsamkeit. Keiner hat daran Schuld. Es ist Gottes Plan und es ist Veronikas Zeit zu gehen. Ihre Zeit hier ist zu Ende. Gabriela ist sehr dankbar, dass das für sie und ihre Familie so klar ist. Michael hatte diese schwere Aufgabe, sie in den Tod zu begleiten. Für Gabriela war auch das Gottes Plan. Da gibt es Dinge, die wir nicht verstehen und auch nicht verstehen müssen. Zu glauben, dass alles Gottes Plan ist und damit seine Richtigkeit hat, entbindet von Schuld und Leid.

Dass dieses Wissen in Gabriela so klar ist und immer wieder bestätigt wird, erspart ihr viele Umwege und viel Leid. In keinem Moment geht Gabriela mit ihren Gedanken in die Richtung, Michael für Veronikas Tod verantwortlich zu machen. Genauso wenig gibt sie sich irgendwelche Schuld an ihrem Tod. Sie empfindet es als große Gnade, die Bewusstheit zu haben, niemandem Schuld zu geben und Veronikas Weg und Gottes Plan völlig zu akzeptieren.

⁜

Zeit zum SEIN

Durch das innere Wissen und die völlige Akzeptanz dessen, was geschehen ist, stellt Gabriela fest, dass ihre Trauer und ihr Schmerz über den riesigen Verlust – Veronika und Gabriela hatten eine sehr enge, liebevolle und unterstützende Beziehung – erstaunlich gering sind. Es tauchen immer wieder Momente von tiefer Trauer auf, besonders morgens. Ohne darin zu versinken gibt sich Gabriela ihr vollkommen, ohne jeglichen Widerstand, hin und sehr schnell, nach etwa zehn Minuten bis einer halben Stunde, ist die tiefe Trauer wieder verflogen. Das überrascht Gabriela sehr und es ist nicht das, was sie erwartet hätte, hätte sie vorher darüber nachgedacht.

Aber jetzt ist nicht die Zeit zum Nachdenken, jetzt ist die Zeit zum SEIN. Es öffnet sich ein Raum von gegenwärtiger Präsenz, wie Gabriela ihn bisher nicht kannte. Nie zuvor in ihrem Leben war sie so gegenwärtig; vollkommen präsent. In jedem Moment weiß sie, was zu tun und was zu lassen ist. Da ist kein Gedanke an die Vergangenheit oder an die Zukunft. Gedanken kommen nur, wenn sie Gabriela auffordern oder erinnern, dies oder jenes zu tun. Überall in der Luft sieht und fühlt sie göttliche Präsenz, Gottes Atem, Atman*. In jeder Blume, jedem Schmetterling, jeder Pflanze und jedem Stein strahlt Gabriela diese göttliche Präsenz entgegen. Die Luft flimmert, vibriert davon. Gabriela kann überall Gottes Atem sehen. Sie kann die unglaubliche Freude fühlen, die in ALLEM IST. Die Begegnung mit dem Tod ermöglicht ihr, hinter den Formen, durch die Formen hindurch, das Formlose wahrzunehmen, zu erkennen. Das große Bild, das die beiden Welten verbindet, taucht auf. Die Schönheit, die Gnade, die in diesen Momenten zur Verfügung steht, offenbart sich ihr. Da ist kein Platz für Schmerz und Trauer. Da gibt es nur Lebendigkeit, Leichtigkeit, unglaubliche Schönheit und Freude.

Ist das der Ort, wo Veronika jetzt ist? Wie sollte Gabriela da traurig sein?

Das Wichtigste, das Gabriela als ihre Mutter sich immer für sie gewünscht hat, war und ist, dass Veronika glücklich ist. Gabriela kann dieses Glück und diese Freude der "anderen Seite" so klar fühlen, dass es da für sie keinen Zweifel gibt. Natürlich hat sie sich nicht vorgestellt und auch nicht gewünscht, dass Veronika auf diese Art und Weise glücklich wird, aber letztendlich ist es nicht die Form, die zählt. Für sie als Mutter zählt nur Veronikas Glück. Ob sie das in dieser Form – im Körper – oder in einer anderen Form – ohne ihren Körper – erlebt, was hat das für eine Bedeutung?

Der Tod meiner Tochter hat mich direkt ins Leben geworfen

Gabriela hat ein Gefühl wie: "Der Tod meiner Tochter hat mich direkt ins Leben geworfen." Das Leben fühlt sich intensiver, lebendiger, freudiger, leicht, bunt und unbeschwert an. Wie eine Blume, die sich im Wind wiegt. Auf einer sehr tiefen Ebene darf Gabriela erfahren und verstehen:

Das Leben IST einfach.

Es ist schwierig, mit Worten zu beschreiben, was Gabriela erlebt. Es ist schwierig, das Unbeschreibliche zu beschreiben. Worte berühren nur die Oberfläche. Dennoch hoffe ich, jeder Leser möge fühlen können, was zwischen den Zeilen fühlbar ist.

Der Tod ist nicht das Gegenteil von Leben. Leben hat kein Gegenteil, Leben ist ewig. Ob hier auf dieser Erde oder im Jenseits, in der geistigen Welt, das spielt keine wesentliche Rolle. Leben bleibt Leben. Geburt und Tod sind vollkommen natürliche Prozesse. Beides sind Pforten, Übergänge von einer Welt in eine andere.

Geburt ist die Pforte in diese Welt und bedeutet Abschied nehmen vom Jenseits, von der geistigen Welt. Tod hier ist die Pforte, die Geburt in die geistige Welt, in das Jenseits.

Licht oder Leid

Die meiste Zeit gelingt es Gabriela sehr gut, ihre Aufmerksamkeit auf das Licht, auf die Freude, die im Raum ist, die in der Luft liegt, gerichtet zu halten. Diese Freude ist wohl auch der Grund, warum die meisten Menschen sich getröstet und in einem besseren Zustand fühlen, wenn sie mit der Familie bei Veronika waren, als vorher.

Gabriela ist sehr überrascht, dass sie sogar in so einem extremen Fall in der Lage ist, bewusst zu entscheiden, wohin sie ihre Aufmerksamkeit richtet. "Das habe ich in all den Jahren der Bewusstseinsarbeit richtig gut gelernt", denkt Gabriela immer wieder. Jetzt gibt es keinen Zweifel mehr daran. In diesen Tagen, Wochen, Monaten ist Gabriela sehr, sehr dankbar für alles, was sie bisher in ihrem Leben lernen durfte. Jetzt zeigt es sich, dass es wirkt, und sie beschließt, in Zukunft nicht mehr daran zu zweifeln.

Gabriela erinnert sich nicht mehr genau, ob es am ersten oder zweiten Tag nach Veronikas Heimkehr gewesen ist. Sie sitzt im Wohnzimmer und hat plötzlich das Gefühl, auf einen Abgrund zuzugehen und in diesen Abgrund von Trauer und Schmerz zu stürzen. In diesem Moment erinnert sie sich daran, dass Chuck Spezzano*, einer ihrer Lehrer, einmal zu jemandem, dessen Ehe nach dreißig Jahren beendet war, gesagt hat: *"Wenn du bereit bist, sofort* *loszulassen, ersparst du dir den ganzen Schmerz.*" Als dieser Gedanke auftaucht, fragt Gabriela sich: "Wieso mache ich das nicht? Wieso lasse ich Veronika nicht JETZT einfach los?" Und allein durch die bewusste Entscheidung, sie jetzt loszulassen, ist es schon geschehen. Der Abgrund verschwindet, die Gefahr, in den Schmerz zu stürzen, verschwindet. Das Licht ist wieder wahrnehmbar. Durch den toten Körper und jenseits des Verlustes scheinen wieder die Freude und das Licht des Jenseits hindurch.

Die Tage bis zu ihrer Beerdigung, die Veronika bei der Familie zu Hause ist, gehören sicherlich zu den intensivsten Zeiten im Leben der Angehörigen. Sie haben Zugang zum göttlichen Licht, zur Gnade und zur göttlichen Liebe wie nie zuvor. Die Familie ist unendlich dankbar für diese Zeit. So erleben sie mit, wie sich der Körper von Tag zu Tag mehr verabschiedet. Anfangs sieht es noch so aus, als würde Veronika schlafen. Mehr und mehr wird deutlich erlebbar, dass der Körper tatsächlich sein Leben aufgegeben hat. Durch dieses Miterleben, diese tiefgreifende Erfahrung können sie integrieren und verarbeiten, dass es keine Zeit mehr geben wird, wo dieser Körper vor ihnen steht, wo sie mit ihm sprechen können, wo sie ihn in ihre Arme schließen können, wo sie gemeinsame Unternehmungen auf diese Art mit Veronika teilen können. Das Erkennen des Abschieds für immer auf dieser irdischen Ebene findet sozusagen vor ihren Augen und damit spürbar in ihren Herzen statt.

Gehe dorthin, wo das hellste Licht ist

Gabriela redet wieder mit Veronikas Seele. Das hat sie die Tage über immer wieder gemacht. "Gehe dorthin, wo du jemanden kennst. Wende dich dorthin, wo du das größte Licht siehst!" Gabriela nimmt ihre Mutter wahr, die vor einigen Jahren gestorben ist. Veronika und ihre Oma hatten eine enge Beziehung. Sogar der Geburtstag der beiden war am selben Tag. Gabriela redet immer wieder in dieser Weise mit ihr. "Gehe dorthin, wo du das hellste Licht siehst. Folge dem Licht!" Gabriela nimmt Veronika deutlich wahr. Sie hat noch ihren menschlichen Charakter und meint so in etwa: "Ach, Mama, was du schon wieder von mir willst." Gabriela sieht sie da sitzen, zögernd und so wie "Ist schon okay, Mama" ausdrückend. Es hat so ein bisschen einen Anflug von menschlich-kindlichem Trotz, gemischt mit einem liebevollen Lächeln. Genau so, wie sie das öfter in ihrem Leben hatte. Diese ihre zutiefst menschliche Seite kannte Gabriela gut an ihr. Veronika hat sie wohl in die andere Welt mit hinübergenommen und in den ersten Tagen nach dem physischen Tod noch beibehalten.

Verschmelzung mit dem Licht

Am Mittwoch singen eine Freundin und Gabriela wieder das Übergangsmantra an Veronikas Sarg. Rebecca hat schon Erfahrung damit, sie hat es schon ein paar Mal die ganze Nacht bei Toten gesungen. Mit ihrer schönen Stimme und ihrer Erfahrung ist sie eine große Stütze. Sie singen eine lange Zeit. Es ist deutlich zu fühlen, dass die Geburt auf der anderen Seite voll im Gange ist. Sie können die Geburtswehen wahrnehmen. Gabriela hält ihre Hand über Veronikas Kronenchakra und spürt dort sehr heftige Energiewellen. Dann ist es wieder ruhig – bis die nächste Energiewelle kommt. Die Seele scheint den Körper durch das Kronenchakra zu verlassen. Sie singen lange. Michael und viele Verwandte, die an diesem Nachmittag bei ihnen sind, sind inzwischen in der Küche beim Essen. Eva, Stefan, Rebecca und Gabriela sind noch bei Veronika. Schon eine ganze Weile singen sie zusammen das Übergangsmantra. Gabriela hält immer wieder ihre Hand über Veronikas Kronenchakra, um die Welle zu begleiten. Auch redet sie mit ihrer Seele, sagt ihr, sie solle dorthin gehen, wo das größte Licht ist. Gabriela kann sie deutlich wahrnehmen, fast noch als menschliches Wesen – mit ihrem typischen Veronika-Blick "Ach, Mama". Ein bisschen zögerlich, ein bisschen unwillig, genau so kennt Gabriela ihre Tochter sooo gut. Es ist eines ihrer Wesensmerkmale. Plötzlich rennt Veronika los. Gabriela nimmt einen riesigen Energie-Lichtball wahr und dieser Ball hat so etwas wie ausgebreitete Arme. Veronika rennt direkt in diese Arme, direkt in diesen Lichtball und verschmilzt mit ihm. Unglaublich. Das Gefühl des vollkommenen Angenommen-Seins und des Umhülltseins von Licht ist auch für Gabriela fühlbar. Dennoch fragt sie Rebecca: "Was hast du jetzt gerade wahrgenommen?" Sie will sichergehen, dass ihre Fantasie nicht mit ihr durchgeht. Doch absolut zeitgleich schildert Rebecca ihr das gleiche Bild. Ebenso Stefan. Und das, ohne dass Gabriela vorher von ihrer Wahrnehmung erzählt hat. Dies ist höchst erstaunlich und es berührt alle tief in ihrer Seele.

Es ist vollendet

Die absolute Gewissheit. Ohne jeden Zweifel. Veronika ist in Gott eingegangen. Dies löst ein großes Glücksgefühl in Gabriela aus.

Von da an ist es ruhig. Die Bewegungen am Kronenchakra hören auf. Sie wissen, die Seele ist in Gott geboren worden. Sie wissen, es ist vollbracht. Es ist Mittwochabend, circa neunzehn Uhr. Sonntagnachmittag, 16.18 Uhr, war die Todeszeit.

Nach diesem Erlebnis ist für Eva klar, dass sie Hebamme wird. "Mama, ich bringe die Seelen auf diese Welt und du begleitest sie in die andere Welt", sind ihre Worte.

Später wird Gabriela ein Buch über jemanden lesen, der in einer Nahtoderfahrung eine Begegnung mit Gott hat. Dieser

Mann hat ein Bild davon gemalt. Es ist völlig identisch mit dem, was sie gesehen und wahrgenommen haben.

Und wieder sind es diese drei Tage. Schon bei ihrem Papa hat Gabriela das erlebt. Auch er ist völlig überraschend gestorben und wurde in der Leichenhalle aufgebahrt. Dort war Gabriela öfter bei ihm. Nach drei Tagen des intensiven Abschieds ist auch seine Seele gegangen und Gabriela war bereit für seine Beerdigung.

୨୧

Christus ist am dritten Tage auferstanden

In der Bibel steht: Christus ist am dritten Tage auferstanden von den Toten.

Diese Geburt und dieses Eingehen in Gott von Veronikas Seele fühlt sich wie eine Auferstehung an. Sie wissen mit großer Klarheit: Sie ist in Gott. Dass sie diesen Prozess so klar miterleben dürfen, war und ist ohne Worte, unbeschreiblich, erkennend, wunderschön. Ein Akt der Gnade und der Wahrheit.

୨୧

Der letzte Abend mit Veronika

Glücklich gehen auch sie in die Küche, wo Michael und die Verwandten beim Abendessen sind. Gabriela fühlt sich mit ihnen allen sehr vertraut und ist für diese Nähe und Unterstützung sehr dankbar. Glücklich darüber, dass die Beerdigung nicht heute, wie normalerweise, sondern einen Tag später angesetzt wurde. Glücklich darüber, dass ihnen diese Zeit gegeben wird. Glücklich, dass sie ihre geliebte Veronika am besten Platz – in Gott – wissen. Wie geführt doch alles ist. Welcher Segen mit ihnen ist.

77

Es fühlt sich für Gabriela sehr rund an. Sie hatte Veronika geboren, sich ihrem Wunsch hingegeben. In der Zeit, die sie bei ihnen war, hat Gabriela gut für sie gesorgt, sie geliebt, sie begleitet, mit ihr gelacht, ihre Lebendigkeit genossen. Viel Spaß mit ihr gehabt, ihr zugehört in ihren Nöten. Manchmal mit ihr gelitten, manchmal mit ihr gestritten. Und jetzt wird Gabriela sie noch zu Grabe tragen. Damit ist alles vollendet. Nichts bleibt offen. Es bleibt kein Gram und keine Schuld. Alles hat sich mit ihrem Tod aufgelöst. Zu ihren Lebzeiten hatte Gabriela immer mal wieder das Gefühl, nicht immer optimal für sie gesorgt zu haben – obwohl Veronika sich immer wieder bei Gabriela bedankt hat, dass sie ihr so eine gute Mama ist. Nichts davon ist zurückgeblieben, kein Zweifel, kein Schuldgefühl.

Spät am Abend kommt noch Onkel Albert, der Priester. Als er von seiner Fortbildung in der Schweiz zurückgekehrt ist, hörte er ihre Nachricht und ist sofort zu ihnen gefahren. Auch deshalb ist es wichtig, dass die Beerdigung erst am nächsten Tag stattfinden soll. Sie unterhalten sich kurz über die Beerdigung. Der Leiter des Gospelchors, in dem Veronika mit Leidenschaft gesungen hat, macht ihnen ein großes Geschenk. Er sagt, er organisiert gemeinsam mit Albert eine schöne Beerdigung, so dass sie sich nicht darum kümmern müssen. Auch die beiden können sich heute Abend das erste Mal miteinander verständigen, da Albert vorher ja nicht erreichbar war. Als Erstes teilt Albert der Familie mit, dass ihr zuständiger Pfarrer am nächsten Tag einen anderen Termin hat und nicht kommen kann. Sie können es kaum fassen! Es ist zu witzig. Jetzt ist der Weg geebnet für ihre Beerdigung und sie müssen nicht diskutieren, was sie sich wünschen und was sie nicht wollen. Wieder einmal zeigt sich Gottes Führung.
Sie reden nicht lange, sondern setzen sich an Veronikas Sarg, fühlen sie und singen zusammen das Übergangs-mantra. Albert, den Priester, beeindruckt das sehr. Er meint, er habe jetzt einen anderen Zugang und ein ganz anderes

Verhältnis zum Tod bekommen. Auch er hat so etwas noch nie erlebt. Die Energie im Raum ist heilig. Es gibt nichts zu sagen, nichts zu trauern, nichts, was in diesem Moment nicht vollkommen in Ordnung ist.

Später holt Stefan wieder ihre Matratze und sie verbringen die dritte und letzte Nacht bei Veronikas Körper. Vor dem Einschlafen gehen Gabriela folgende Gedanken durch den Kopf: "Wie wird es mir morgen ergehen? Wie werde ich mich morgen fühlen, wenn Veronika endgültig weg ist?" Und fast gleichzeitig kommt die Antwort: "Ich darf mich nicht der Illusion hingeben, dass sie weg ist. Wenn jemand in ein anderes Land zieht, breche ich auch nicht den Kontakt ab. Ich muss jetzt einfach die Sprache des Landes lernen, wo Veronika jetzt ist, und ich bleibe mit ihr verbunden." Damit schläft Gabriela beruhigt ein.

Schon in der Zeit, während Veronikas Körper noch bei ihnen ist, die Tage zwischen ihrem physischen Tod und der Beerdigung, nimmt Gabriela immer wieder die innere Botschaft von Veronika wahr: Es ist für sie sehr wichtig, dass sie sie loslassen, damit sie dort, wo sie jetzt ist, weitergehen und frei sein kann. Das nimmt Gabriela mehrere Male wahr und mehrere Male wiederholt Gabriela ihre Botschaft an sie: "Veronika, ich lasse dich los, ich gebe dich frei aus dem Leben, das du mit uns geführt hast. Ich respektiere Gottes Entscheidung und deinen Weg. Ich liebe dich sehr und bleibe immer mit dir verbunden." Veronikas Erleichterung und die Freude darüber kann Gabriela in ihrer Seele fühlen. Ja, das ist genau das, was sie braucht.

In diesem Moment während des Schreibens in Indien, es ist Mitte Februar, fünf Jahre nach Veronikas Tod, flattert ein wunderschöner Schmetterling - orange-braun gemustert - zu Gabriela und setzt sich direkt auf den Computer. Er kommt so präsent geflogen, dass er sofort ihre Aufmerksamkeit anzieht. Botschaften von Veronika kommen oft über Schmetterlinge. Gabriela sagt zu ihm: "Wenn du von Veronika kommst, klappe deine Flügel auf und zu." Wie zur Bestätigung hebt er die Flügel auf und ab. Es ist, als möchte er sagen: "Spürst du meine Liebe, Mama? Jetzt bin ich gerade bei dir." Und: "Schreib weiter, Mama, es ist gut, wenn du schreibst." Er sitzt jetzt mindestens schon fünfundzwanzig Minuten auf ihrem Computer, mit dem Kopf Gabriela zugewandt. Gabriela will ihn gerne von der anderen Seite sehen, damit sie die Maserung besser erkennen kann. Da dreht er sich um und nach etwa einer halben Stunde fliegt er wieder weg. Hier, an diesem Platz, hat Gabriela noch nie einen Schmetterling sitzen sehen.

Die Beerdigung

Heute, Donnerstag, beerdigen sie Veronika. Am Vormittag kommen noch Freunde, die weiter weg wohnen und sich noch nicht verabschiedet haben. Bei manchen ist eine sehr starke Betroffenheit zu spüren und auch Klagen sind zu hören. Natürlich, sie haben ihren Prozess nicht mitgemacht! Sie sehen nur das tote Kind und die Zeit, um mit ihr in Stille zu sein, ist nicht mehr vorhanden. So bleibt das Unfassbare, der Schock, das Gefühl von Ungerechtigkeit bei einigen bestehen.

Der Herr vom Bestattungsinstitut fragt Gabriela in diesen Tagen immer wieder, ob es ihnen nicht zu viel wird und ob er Veronika nicht lieber doch in die Leichenhalle bringen soll? Er meint, es könnte ja sein, dass ihr Körper anfängt zu riechen, bei all ihren inneren Verletzungen. Diese Frage ist Gabriela jedes Mal sehr, sehr fremd. "Es ist unser Kind, das ist das Wesentliche, das ist, was zählt. Die Liebe für mein Kind ändert sich nicht dadurch, dass ihr Körper leblos ist.

Die Liebe ist davon unabhängig. Wie könnte ich mein Kind weggeben, nur weil ihr Körper vielleicht etwas verändert riecht? Das hat für uns keine Bedeutung." Natürlich ist es angenehmer, wenn der Verwesungsprozess noch nicht einsetzt, und Gabriela glaubt, sie hat auch darum gebetet. Veronikas Körper hat durchgehalten. Vielleicht auch, weil ihre Seele noch so lange bei ihnen war – Gabriela weiß es nicht.

Später wird Veronika ihnen mitteilen, dass sie trotz der vielen Verletzungen und dieses gewaltigen Sturzes immer noch schön anzusehen war. Und dass dies sehr wichtig war, damit sie zu Hause aufgebahrt werden konnte und somit der Kontakt zu ihr und ihrem sich verändernden Körper erhalten blieb. Dadurch wurden der Familie sehr wichtige Erfahrungen und Erkenntnisse ermöglicht.

Donnerstagvormittag sieht Gabriela etwas Gelbes auf Veronikas Nase und sagt zu Eva: "Gut, dass heute die Beerdigung ist. Anscheinend fängt der Körper jetzt doch an zu verwesen." Eva grinst in sich hinein, es ist ein unschuldiges, fröhliches Lachen, das sie so auszeichnet. Und da weiß Gabriela auf einmal: "Ah, Eva hat sich einen Scherz erlaubt." Sie hat Veronika den Blütenstaub des ersten Löwenzahns aus dem Garten auf die Nase gestreut und sich sehr darüber gefreut, dass Gabriela darauf hereingefallen ist. Jetzt müssen sie beide lachen und Veronika bestimmt auch, war sie doch jederzeit für Scherze zu haben.

Der Zeitpunkt von Veronikas Abholung rückt immer näher. Gabriela wartet noch auf Veronikas Opa. Aber er kommt nicht rechtzeitig und doch rechtzeitig. Später wird er Gabriela mitteilen, dass er Veronika lebend in Erinnerung behalten möchte, was natürlich völlig in Ordnung ist. Als die Männer vom Bestattungsunternehmen kommen, um sie zu holen, schießt Gabriela der Gedanke durch den Kopf: "Jetzt nehmen sie mir mein Kind weg." Und kurzzeitig taucht in ihr ein feindliches Gefühl ihnen gegenüber auf. Ein letztes Mal stehen Stefan, Gabriela, Eva, Magnus, Michael, seine Eltern und ein paar Freunde am offenen Sarg. Dann wird er geschlossen und aus dem Haus zum Auto getragen. In diesem Moment kommen der Opa und mehrere Onkel und Tanten. Sie stehen auf der Straße zusammen, während Veronika zur Leichenhalle gebracht wird. Alle sind erstklassige Sänger. Deshalb bittet Gabriela sie, bei der Beerdigung zu singen. Manfred zögert. Lieber nicht, denn sie wissen nicht, ob sie weinen müssen. "Das ist doch egal! Dann weint halt, da hat doch jeder Verständnis." Und so stimmen sie zu. Sie proben noch kurz, vierstimmig. Es ist Zeit, zur Kirche zu gehen. Der Sarg von Veronika ist auf dem Friedhof in der Leichenhalle. Die Kirche ist an einem anderen Platz, ganz in der Nähe ihres Hauses. Während sie zur Kirche gehen, stehen schon viele Menschen am Weges-rand. Es ist schon seltsam, bei so einem Anlass in der ersten Reihe zu sein, zu den Hauptbetroffenen zu gehören und vorauszugehen. Es ist ein wunderschöner Tag. Die Sonne scheint mit ganzer Kraft, obwohl es erst Ende März ist.

Als sie in die Kirche kommen, steht dort ein kleiner Tisch am Altar mit einem wunderschönen Bild von Veronika. Ihre Freunde haben es hingestellt. Es ist ein Foto von ihrer Klassenfahrt nach Paris. Veronika hatte von dieser Reise total geschwärmt, sie war dort richtig glücklich. Gabriela ist von dem Bild sehr berührt. So ein schönes Bild – Veronika ist da, mit ihnen im Raum. Gabriela geht vor, um es näher zu betrachten und ihr geht das Herz auf. Sie spürt Veronikas Gegenwart und ihre Liebe und ihre Liebe zu ihr. Die Kirche füllt sich und draußen stehen noch Leute, die im Raum keinen Platz mehr finden. So viele sind gekommen! Für Gabriela sind es unglaublich viele. Familie, Verwandte, Freunde, Veronikas Mitschülerinnen und Mitschüler, Leh-rer, viele Menschen aus ihren Seminaren, viele Menschen aus ihrem Dorf, Veronikas erster Freund, die jungen Menschen, die in den Bergen den Absturz miterlebt haben.

Der Beerdigungsgottesdienst beginnt mit Franziskas Quer-
flötenspiel. Sie spielt für Veronika und für sie alle das Stück,
das sie am Donnerstag vor ihrem Tod mit ihr angefangen
hatte zu üben. Es ist wunderschön, sehr berührend, sehr nah
und erstaunlich, wie sie es spielt ohne einmal zu stocken. In
völliger Konzentration, Veronika zu Ehren.

Albert, Veronikas Onkel, beginnt: "Man kann dem Leben
nicht mehr Tage geben, aber man kann den Tagen mehr
Leben geben." Dies ist wieder eines der wunderbaren
Ereignisse: Veronika hatte Gabriela einige Zeit vor ihrem
Tod diesen Spruch gezeigt. Sie fand ihn toll und meinte
strahlend: "Mama, das ist mein Lebensmotto." Albert weiß
nichts davon und zitiert jetzt genau diesen Spruch! Ob sie
ihm das eingeflüstert hat? Genau so war ihr Leben. Intensiv,
impulsiv. Ging es ihr gut, versprühte sie diese Freude in die
Welt und war einfach gut drauf. Ging es ihr schlecht, war
auch das nicht zu übersehen. Sie hatte nichts zu verbergen.
Als Kind wusste sie sehr genau, was sie wollte und was
nicht, und setzte sich dementsprechend dafür ein. Später
verlor sie diese Klarheit ein wenig.

Ihre Freundinnen erzählen lustige Begebenheiten und
schildern sie als besondere Persönlichkeit. Eva und Gabriela
müssen über die Geschichten schmunzeln. Sie sind so echt,
so typisch Veronika. Ja, so war sie. Immer für einen Scherz,
für eine Überraschung bereit.

Dann liest eine Mitschülerin folgenden Text:

Auf der anderen Seite des Weges

Der Tod ist NICHTS,
ich bin nur in das Zimmer nebenan gegangen.
Ich bin ich, ihr seid ihr,
das was ich für euch war, bin ich immer noch.

Gebt mir den Namen,
den ihr mir immer gegeben habt,
sprecht mit mir, wie ihr es immer getan habt,
gebraucht nicht eine andere Redensweise,
seid nicht feierlich oder traurig.
Lacht weiterhin über das,
worüber wir gemeinsam gelacht haben,
ohne eine besondere Betonung,
ohne eine Spur eines Schattens.
Das Leben ist das, was es immer war,
der Faden ist nicht durchschnitten.
Warum sollte ich nicht mehr in euren Gedanken sein,
nur weil ich nicht mehr in eurem Blickfeld bin?
Ich bin nicht weit weg.
Ich bin nur auf der anderen Seite des Weges,
in einem anderen Zimmer.
Betet, lacht und denkt an mich.
Betet für mich,
so dass mein Name im Haus ausgesprochen wird,
so wie es immer war.

Charles Pierre Péguy

Anschließend gehen alle ihre Mitschülerinnen und Mit-
schüler aus ihrer Jahrgangsstufe und Lehrer zu Veronikas
Bild. Jeder bringt ein mit buntem Papier umwickeltes
Teelicht mit. Sie bilden um das Foto herum ein Lichterherz.
Wie schön, wie berührend! All diese jungen Mensch, ihr
Mut und ihre Anteilnahme. Veronikas Tanten, Onkel und
ihr Opa singen wunderschön für sie, ebenso der Gospelchor
der Schule, alle singen für Veronika. Musik berührt Gabriela
immer, und es ist sehr passend. Veronika liebte die Musik.
Ihr Herz ging auf, wenn sie Musik machte, und das ihrer
Zuhörer auch. Zu Weihnachten hatte sie das lang ersehnte
Klavier bekommen. Die drei Monate, die ihr noch blieben,
spielte sie täglich. Oft saß Gabriela einfach bei ihr und
lauschte mit ihrem Herzen ihrem Spiel.

Der Direktor ihrer Schule zitiert einen Aufsatz, den Veronika einige Monate vorher geschrieben hat. Es geht darin um die Natur, um Gott, den Menschen und sein Schicksal. Mit etwas Fantasie kann man vermuten, dass sie damals schon eine unbewusste Ahnung hatte, dass sie bald ihren Tod in der Natur finden würde.

Eva, Stefan, Michael und Gabriela gehen zum Altar und sprechen ihre Danksagung. Sie bedanken sich für alles, was sie mit ihr erleben und lernen durften und sie danken Gott für die Jahre, die sie bei ihnen war. Als sie am Altar stehen, hat Gabriela völlig unerwartet und unvorbereitet den Impuls, zu den Menschen über das Leben zu sprechen.

Folgende Worte kommen Gabriela in den Sinn:
"Der Tod meiner Tochter hat mich direkt ins Leben geworfen. Mir ist noch einmal sehr bewusst geworden, welche wertvolle Erfahrung das Leben ist und dass es jederzeit, auch völlig unerwartet, enden kann. Ab jetzt werde ich mein Leben noch intensiver und noch bewusster leben. Dies ist für mich wie ein Versprechen an Veronika. Ich ehre ihr Leben, indem ich noch bewusster und intensiver lebe. Auch möchte ich euch alle ermuntern und auffordern, bewusst und liebevoll mit euch und eurem Leben umzugehen, es nicht zu vergeuden oder wegzuwerfen und es so zu leben, dass jeder von uns jederzeit in Frieden gehen kann, wenn seine Tage hier zu Ende sind."

Nach dem Gottesdienst begeben sie sich zum Friedhof. Sie fahren mit dem Auto, damit sie rechtzeitig dort sind, um mit jenen Menschen zu sein, die sich noch am Sarg von Veronika verabschieden wollen. Gabriela wird nie diese Menschenmengen vergessen. Sie fahren die Straße entlang und überall ist es voller Menschen. Gabriela weiß, dass viele in der Kirche waren, aber dass es so viele sind, erstaunt, beeindruckt und berührt sie. Der gesamte Weg zum

Friedhof ist gesäumt von Menschen. Unglaublich. Diese große Anteilnahme. Gabriela fällt die Beerdigung ihres Papas ein, der vor vielen Jahren gestorben ist. Er war damals amtierender Bürgermeister und es schien so, als wäre aus jeder Familie der Gemeinde jemand zur Beerdigung gekommen. Er hatte einen "glanzvollen Abgang" und genau das gleiche Gefühl hat Gabriela jetzt bei Veronika. Irgendwie ist das keine gewöhnliche Beerdigung, so viele Menschen, ein glanzvoller Abgang, ihr Papa, ihre Tochter. Gabriela ist tief beeindruckt. Wo kommen bloß all die Menschen her? Später werden sie immer wieder welche ansprechen, dass sie es nicht gewusst hätten, sonst wären sie natürlich auch gekommen. Gabriela hat keine Ahnung, wie diese Nachricht sich so schnell verbreitet hat.

Veronikas Sarg ist in der Leichenhalle, über und über mit Blumen bedeckt. Die Lilien sind nicht aufgeblüht, es brennt eine mickrige Kerze. Daheim hat Gabriela ihre Geburtskerze brennen lassen. Gabriela wollte sie noch holen, aber es war zu spät. So stehen sie am geschlossenen Sarg und die Menschen kommen zu Veronika. So wie es der Brauch ist, sprühen sie Weihwasser auf den Sarg und gehen wieder. Magnus' Papa bringt ein Herz aus Nelken, verbeugt sich würdevoll vor dem Sarg und legt es zu Veronika. Das ist ein schöner Augenblick, sehr in der Liebe. Vor einigen Jahren hat er selber eine Tochter im Alter von achtzehn Jahren verloren. Inzwischen ist auch er gegangen.

Albert wählt einen alten Psalm aus:

Zum Paradies mögen Engel dich begleiten
und alle Erlösten dich begrüßen
und dich führen in die heilige Stadt Jerusalem.
Die Chöre der Engel mögen dich empfangen
und durch Christus, der für dich gestorben,
soll ewiges Leben dich erfreuen.

Bevor der Sarg das Leichenhaus verlässt, singen Albert und Manfred diesen wunderschönen Psalm. Ja, es ist so klar fühlbar, Veronika ist nicht allein. Engel begleiten sie. Auf dem Weg zum Grab singen sie alle "Amazing Grace". Sie können die Gnade spüren. Es ist schön, mit den anderen zu singen und die Gnade zu fühlen. Gabriela singt und spürt keine Traurigkeit, sie spürt Veronikas Leichtigkeit und Freude. Ein Jahr vorher haben sie dieses Lied auf Stefans und ihrer Hochzeit gesungen. Veronika hatte dazu Querflöte gespielt.

Freunde von ihr, Fiona, Karin, Steffi, Sarah, Florian und Raphael tragen den Sarg das letzte Stück. Sie sind alle bunt gekleidet, Sarah ganz weiß. Der Herr vom Bestattungs-institut meint, die Mädels seien doch viel zu schwach, die können niemals den Sarg ins Grab wuchten. Es sei doch besser, ihn oben stehen zu lassen. Glücklicherweise hat Albert dieses Thema am Vorabend angesprochen. Er meint, in seiner Pfarrei sei es Sitte geworden, den Sarg stehen zu lassen und ihn später erst ins Grab zu senken. Außerdem sagt er, wäre es in seinen Augen sehr wichtig, gerade diesen schmerzlichen Moment mitzuerleben. So ist Gabriela hell-wach und sagt: "Nein, wir haben so viele starke Onkel hier. Der Sarg kommt ins Grab!" Und so ist es auch. Gabriela bittet sie, Veronikas Freunde zu unterstützen.

౸

Die Tauben

Es ist ein heiliger Moment.
In dem Moment, in dem der Sarg ins Grab gelassen wird und Albert, der Priester, singt: "Veronika, dein Leib wird jetzt der Erde übergeben. Deine Seele, dein Geist aber steige auf zu Gott, der dich geschaffen und zum ewigen Leben berufen hat", fliegt ein Schwarm Tauben senkrecht zum Himmel. Der Leichnam wird der Erde übergeben, der Geist schwebt

zu Gott. Deutlicher hätte es nicht mehr sein können. Hinterher wird Gabriela noch manches Mal von den Menschen aus ihrem Dorf darauf angesprochen, wie schön und eindeutig das war. Einige sagen: "Ihre Seele ist mit den Tauben in den Himmel geflogen", während ihr Körper der Erde zurückgegeben wird. Es ist für alle Menschen ein Zeichen, dass im Grab nur der Körper liegt. Eine große, freudige Botschaft.

In der Zwischenzeit war Gabriela viele Male auf dem Friedhof. Nie wieder hat sie einen Schwarm Tauben zum Himmel fliegen sehen.

Die Taube ist eine christliche Metapher. Als Jesus sich von Johannes taufen ließ, flog eine Taube auf seine Schulter und Gott sagte: "Das ist mein geliebter Sohn." Hat Gott nicht Sinn für Humor? Veronika war nicht getauft, aber diese christliche Metapher ist ein Zeichen für alle. Könnte es sein, dass Gott in seiner Liebe nicht so eng und begrenzt ist wie unser Denken?

Christus ist am dritten Tage auferstanden. Als die Frauen zum Grab gingen, war das Grab leer. "Während sie ratlos dastanden, traten zwei Männer in leuchtenden Gewändern zu ihnen. [...] Die Männer aber sagten zu ihnen: Was sucht ihr den Lebenden bei den Toten? Er ist nicht hier, sondern er ist auferstanden [...]" Lukas 24, 4–6

An anderer Stelle sagt Christus:
"Wer glaubt, hat das ewige Leben." Joh 6, 47

"Wenn jemand an meinem Wort festhält, wird er auf ewig den Tod nicht schauen." Joh 8, 51

"[...] seid gewiss: Ich bin bei euch alle Tage bis zum Ende der Welt." Mt 28, 20

"Christus spricht: Ich bin das Licht der Welt. Wer mir nachfolgt, wird nicht in der Finsternis umhergehen, sondern wird das Licht des Lebens haben." Joh 8,12

"Gott spricht: Ich lasse dich nicht fallen und verlasse dich nicht." Josua 1, 5 b

Wo ist unser Glaube?
Wie kommt es, dass wir glauben und uns verhalten, als wären unsere Lieben für ewig tot? Ist es Unwissenheit? Ein Sich-Nicht-Damit-Beschäftigen?
Wenn wir an den Tod glauben, ist unser Schmerz groß.

Da der Sarg in das Grab hinab gelassen wurde, können die Menschen Veronika mit Weihwasser segnen und ihre Blumen zum Abschied an sie und damit an die Erde übergeben. Stefan und Gabriela stehen am Grab, neben ihnen Michael. Sie halten sich an den Händen. Das ist für sie eine sehr schöne Geste, es berührt ihr Herz, nichts steht zwischen ihnen. Eva und Magnus stehen eng verbunden auf der anderen Seite des Grabes. Es ist schön zu sehen, wie liebevoll sie den Tod von Veronika gemeinsam tragen. Über die anderen Grabsteine hinweg sieht Gabriela viele Freunde. Sie sind mit ihnen verbunden und sie ist dankbar, dass sie da sind. Hinter einem Grabstein sieht Gabriela Christa. Gabriela verbindet sich mit ihr – sie beide fühlen die Freude des Jenseits sehr stark und mächtig, da ist Freude, da ist Freiheit. Wäre Gabriela jetzt nicht auf dem Friedhof bei der Beerdigung ihrer Tochter, würde sie vor Freude lachen. Aber das würde wohl niemand verstehen, also unterlässt sie es. Viele Menschen nehmen Gabriela und Stefan in den Arm, was sie als sehr wohltuend empfinden.
Seit dem Tod von ihrem Papa weiß Gabriela, dass es für die Angehörigen eine große Unterstützung bedeutet, wenn Menschen Anteil nehmen und zur Beerdigung kommen. Es entsteht ein Gefühl wie "wir sind nicht allein". Und ein Gefühl der Wertschätzung für den Menschen, der gegangen ist.
Am Grab singen sie ein weiteres Lied:

Von guten Mächten

Von guten Mächten treu und still umgeben,
behütet und getröstet wunderbar,
so will ich diese Tage mit euch leben
und mit euch gehen jetzt und immerdar.

Noch will das Alte unsre Herzen quälen,
noch drückt uns böser Tage schwere Last.
Ach Herr, gib unsern aufgeschreckten Seelen
das Heil, für das du uns geschaffen hast.

Und reichst du uns den schweren Kelch, den bittern
des Leids, gefüllt bis an den höchsten Rand,
so nehmen wir ihn dankbar ohne Zittern
aus deiner guten und geliebten Hand.

Doch willst du uns noch einmal Freude schenken
an dieser Welt und ihrer Sonne Glanz,
dann wolln wir des Vergangenen gedenken,
und dann gehört dir unser Leben ganz.

Lass warm und hell die Kerzen heute flammen,
die du in unsre Dunkelheit gebracht,
führ, wenn es sein kann, wieder uns zusammen.
Wir wissen es, dein Licht scheint in der Nacht.

Wenn sich die Stille tief nun in uns breitet,
so lass uns hören jenen vollen Klang
der Welt, die unsichtbar sich um uns weitet,
all deiner Kinder hohen Lobgesang.

Von guten Mächten wunderbar geborgen,
erwarten wir getrost, was kommen mag.
Gott ist bei uns am Abend und am Morgen
und ganz gewiss an jedem neuen Tag.

Text: Dietrich Bonhoeffer (1944)

Gabriela singt mit der ganzen Liebe ihres Herzens für Veronika. Da ist keine Trauer und keine Träne. Die Musik, das gemeinsame Singen verbindet ihre Herzen mit Veronika. Sie liebt die Musik und sie lieben sie.

Während die letzten Anteilnehmenden sich am Grab von Veronika verabschieden, bittet Gabriela die Sänger, noch einmal zu singen. Vierstimmig singen sie ein Lied über das Aufgehobensein in Jesu Liebe, das sie ebenfalls sehr berührt und die Zeremonie auf dem Friedhof abrundet.

Die Feier ist zu Ende. Freunde, die schon vor dem Gottesdienst an Veronikas Sarg am Friedhof waren, sprachen später von großem Frieden und heiliger Atmosphäre. Andere meinten, dies war keine Trauerfeier, sondern eher ein Fest. Veronika hatte sicher ihre Freude daran.

Anschließend fahren sie zum gemeinsamen Essen zu der Gaststätte, in der Stefan und Gabriela vor einem Jahr ihre Hochzeit gefeiert hatten. Damals hatte Veronika den Raum geschmückt und auf der Querflöte für sie gespielt und gesungen. So schnell können sich die Anlässe ändern.

Das Bäumchen am Grab

Ihre Freundin Anna-Maria erzählt, dass sie einmal bei einer Beerdigung ein Bäumchen aufgestellt haben, an das die Menschen ihre Wünsche für den Verstorbenen hinhängen konnten. Die Idee gefällt ihnen sehr gut. Also nehmen sie einen riesengroßen Topf und Sarah besorgt einen schönen großen Zweig aus dem Wald. Bei der Beerdigung werden Bändchen und Stifte verteilt und viele Menschen geben Veronika einen Wunsch mit.

Der Baum steht etwa ein halbes Jahr am Grab. Die Bänder wehen sanft im Wind, was an tibetische Gebetsfahnen erinnert. Er gibt dem Grab eine leichte, verspielte und verzauberte Atmosphäre. Sie alle mögen ihn sehr. Immer wieder stehen Menschen dort, um die Sprüche zu lesen. Eine Frau aus ihrem Dorf meint, sie sollen die Sprüche doch unbedingt abschreiben, bevor sie verblassen. So macht Eva sich eines Tages auf, um einige davon abzuschreiben. Sie macht das wahllos, fängt irgendwo an. Als ihr Blatt voll ist, hört sie auf. Sie hat nicht nach Gefallen oder Nicht-Gefallen ausgewählt.

Vielleicht freut es dich, wenn du deinen Spruch hier wieder findest. Sei bitte nicht gekränkt, wenn er hier nicht auftaucht. Veronika hat ihn bestimmt in ihrem Herzen und dafür ist er ja auch gedacht.

"Unsere liebe Veronika, wir kennen nicht deinen Weg.
Sicher ist, dass er dich ins Licht führt.
Ich freue mich auf unser Wiedersehen!"

"Hallo Süße, hab dich furchtbar lieb und werde dich sicher
nie vergessen. Die Zeit mit dir war bestimmt eine
der lustigsten in meinem Leben. 1000 Bussis."

"Danke für deine Hingabe an das Leben.
Ich werde für dich weiter blühen."

"Du weißt, ich denke an dich
und wir alle werden dein Lachen vermissen."

"Alles, alles Liebe und kein Weh mehr."

"Liebe Veronika, deine Lebenslust
gibt uns Kraft für unseren Alltag."

"Behalte dein süßes Lächeln,
es hat die Fähigkeit, Menschen zu verzaubern."

"Liebe Veronika, danke, dass du unser Leben bereichert hast
und dass ich von dir lernen durfte. Ich werde dich immer in
liebevoller Erinnerung behalten."

"Ich werde nie vergessen, wie du dich über das Wasser
gefreut hast, das ich dir ausgegeben habe."

"Liebe Veronika, deine Heiterkeit und
dein Lachen werden uns fehlen."

"Liebe Veronika, ich hoffe, du hast es beim lieben Gott
immer gut. Lebe wohl und denke an mich!!!"

"Liebe Veronika, ich wünsche dir Ruhe
und Zu-FRIEDEN-heit, da, wo du jetzt bist.
Danke für deine Klarheit."

"Einen wunderschönen Übergang
in Licht, Liebe und Frieden."

"Mögen alle Wesen Glück erfahren
und die Ursachen von Glück."

"Danke Veronika, dass wir dich kennenlernen durften."

"Wer Schmetterlinge lachen hört,
der weiß, wie Wolken schmecken.
Bei diesem Spruch werde ich immer an dich denken."

"Gottes Segen und Führung.
So viel Licht und Liebe wie du brauchst,
dass du den richtigen Weg für dich findest,
und dass du die Kraft und den Mut hast, ihn zu gehen."

"Mögest du Frieden und Erleuchtung finden,
mögest du frei sein von Schmerz und Leid."

"Ich wünsche für dich alles Glück und Erfüllung."

"Liebe Veronika, ich weiß, dass du jetzt im Licht bist
und es dir gut geht. Wir denken an dich."

"Veronika, wir werden dich nie vergessen."

"Liebe Veronika, ich wünsche dir
in deinem neuen Leben alles Gute und viel Glück.
Danke, dass du immer offen und ehrlich warst.
Danke für dein Lachen!"

"Liebe Veronika, du warst und bist für mich ein so lieber
Mensch. Ich werde dich immer in meinem Herzen tragen."

"Schwebe auf den höchsten Tönen des Lichts
zur reinen Liebe, geliebte Veronika."

"Du hast des Himmels Antlitz so verschönert,
dass alle Welt sich in die Nacht verliebt. Gute Reise."

"Bon voyage, eine gute Reise, wir begleiten dich,
wir sind alle bei dir. Danke, dass du deine Freude,
dein Lachen und deine Leichtigkeit mit uns teilst.
Mögest du in Gott eingehen."

"On ne voit bien qu'avec le coeur.
L'essentiel est invisible pur les yeux!"
(übersetzt: "Man sieht nur mit dem Herzen gut.
Das Wesentliche ist für die Augen unsichtbar!")

"Möge Gott auf dem Weg, den du gehst,
dich an deiner Hand führen.
Das ist mein Wunsch für deine Reise.
Mögest du die hellen Fußstapfen des Glücks finden
und ihnen den ganzen Weg folgen.
Möge Licht um dich sein, Licht außen und innen.
Wo du auch bist, mögest du in Liebe sein.
Ich wünsche dir Führung und Segen, soviel Licht und Liebe,
wie du brauchst, den richtigen Weg für dich zu finden und
den Mut und die Kraft, ihn auch zu gehen.
Für meine Schwester Veronika in Liebe Eva"

*"Wir senden dir ganz viel Liebe und den inneren Frieden,
der dir hilft, das alles zu akzeptieren. Du bist ein
wunderbarer Mensch, den wir nie vergessen werden."*

*"Unsere Liebe wird immer bei dir sein und
wir werden sie mit unseren Herzen in die Welt tragen.
All our love forever
deine Mama und Stefan"*

☙

Die Wochen nach ihrem Tod

Lichterherz

Am Tag nach der Beerdigung geht Gabriela in die Kirche, um all die Lichter zu holen, die Veronikas Mitschülerinnen und Mitschüler und Lehrer für sie angezündet hatten. Allerdings kann Gabriela sie nirgendwo finden. Jemand vom Pfarramt ist ihr behilflich und schaut in den Schränken nach, aber sie finden nichts. Schließlich sagt Gabriela: "Lass uns mal in der Mülltonne nachsehen." Und tatsächlich, alle Teelichter liegen dort. Sie holt sie sorgfältig heraus und nimmt sie mit nach Hause. Dort stellt sie die Lichter im Wohnzimmer auf den Boden, in Herzform, um das Bild herum, das die Klassenkameraden zur Beerdigung gebracht hatten. Dieses Herz wird noch viele Wochen, nahezu zwei Monate, dort stehen bleiben. Es steht in ihrer Mitte. Von Zeit zu Zeit zünden sie ein Licht an, bis der Kreis kleiner wird. Gabriela sitzt oft in dieser stillen Präsenz, die schon beschrieben wurde, vor dem Bild. So wie sie oft im Garten bei den Blumen und Bäumen verweilt.

☙

Veronikas Präsenz

Die Zeit nach Veronikas Tod ist für Gabriela ziemlich erstaunlich.

Es ist so selbstverständlich, dass sie gegangen ist, als wäre es das Normalste von der Welt. Nach der extrem intensiven Zeit, als Veronika noch zu Hause aufgebahrt war und viele Menschen die Familie begleitet haben, Eva und Stefan daheim waren, denkt Gabriela: "Wenn alles wieder normal ist, werde ich mich wohl sehr einsam fühlen."

Eva geht wieder zur Schule, bald wird sie ihr Abitur schreiben. Daher will sie nicht noch mehr versäumen. Stefan geht wieder zur Arbeit und ist den ganzen Tag weg. Gabriela bleibt alleine zu Hause. Für die nächsten zwei Wochen hat sie ihre Praxistermine abgesagt.

Am Tag nach der Beerdigung fühlt Eva ihre Einsamkeit und dass sie ihre Schwester vermisst. "Ich verstehe nicht, wie andere das schaffen, ohne Geschwister aufzuwachsen", meint sie. Und: "Ich will kein Einzelkind sein. Ich finde das langweilig, Mama, ich mag nicht alleine mit dir beim Essen sitzen." Das ist einer der wenigen Momente, wo Eva sich beklagt und Gabriela versteht sie nur zu gut. Die beiden Schwestern waren eng verbunden.

Ein paar Tage später schreibt Eva einen Abschiedsbrief an Veronika:

"An meine liebe Schwester, beim lieben Gott, Himmel 1"

Sie bedankt sich von Herzen bei ihrer Schwester für die gemeinsame Zeit, die vielen Erlebnisse und die Liebe, die sie von ihr bekam. Daneben erwähnt sie, dass sie froh ist, dass sie sich in letzter Zeit schon mehr selbstständig entwickelt hat, dadurch, dass sie einen festen Freund hat und somit der Verlust für sie nicht gar so schmerzhaft sei. Es ist ein richtiger Liebesbrief, ehrlich von Herzen und mit den besten Wünschen für Veronikas Zukunft. Sie steckt den Brief in die Erde von Veronikas Grab.

Zwölf Jahre waren die beiden Mädchen gemeinsam von der

Schule heimgekommen. Gabriela kochte jeden Mittag für sie. Wenn sie am Küchenfenster beim Kochen stand, sah sie die beiden immer kommen. "Hallo Mama, was gibt es heute zu essen?", rief Veronika meist schon von draußen. Gabriela denkt, das wird aber seltsam sein, wenn jetzt Eva allein heimkommt. Aber es ist wieder alles anders als in ihrer Vorstellung.

Gabriela schreibt an Freunde einen Brief, mit der Bitte für Veronika zu beten und ab und zu nach ihr zu schauen, da sie schmerzliche Einsamkeit befürchtet.

Überraschenderweise fühlt sich Gabriela in den folgenden Monaten nicht einmal einsam, obwohl sie Einsamkeit in ihrem Leben gut kennt. Es ist ein Gefühl wie "Jetzt brauche ich nicht mehr zu warten, bis Veronika von der Schule heimkommt, jetzt ist sie immer bei mir." Dass Eva alleine des Weges kommt, ist vom ersten Tag an so, als wäre es nie anders gewesen. Alles ist völlig normal. Zu Gabrielas großer Überraschung ist keine Lücke zu spüren. Veronikas Präsenz ist ständig zu fühlen. Sie spürt keine Trauer, keine Einsamkeit, keinen Verlust. Auch Veronikas Zimmer fühlt sich nie leer an, wenn Gabriela es betritt. Veronika ist wie immer gegenwärtig. Noch Wochen nach ihrem Tod kann Gabriela in ihrem Zimmer über längere Zeit ihren Geruch ganz eindeutig wahrnehmen.

Gabriela nimmt sich viel Zeit für sich, Zeit, um einfach zu SEIN. Es gibt nichts Spezielles zu tun, Gabriela ist eingebettet in dem, was ist. Im Garten, dort wo Veronika an ihrem letzten Tag noch gearbeitet und gesagt hatte: "Mama, diese Ecke sollte auch mal schön gemacht werden", dort legt Gabriela ein Beet für sie an. Dieses Jahr ist es schon im Frühjahr sehr warm, es soll noch ein sehr heißer Sommer werden. Fast täglich pflanzt Gabriela dort Blumen oder Kräuter für Veronika. Täglich sitzt sie mit ihrem Früh-stückstee an diesem Platz und fühlt Veronikas Präsenz und die Verbindung zwischen ihnen. Gabriela sitzt dort immer so lange, wie es ihr gut tut, solange ihr Herz von diesem Platz angezogen ist. Sie hat keine Eile, nie hat sie das Gefühl, etwas zu versäumen oder etwas Bestimmtes tun zu müssen. Meistens sitzt sie in stiller Verbindung mit der Natur und mit Veronika. Manchmal, aber sehr selten, taucht Traurigkeit auf, um bald wieder zu gehen. Es ist jedes Mal so, als würde Veronika sagen: "Es ist alles in Ordnung, Mama, du brauchst nicht traurig zu sein." Manchmal hat Gabriela das Gefühl, als ob Veronika bei diesen Worten ihren Arm um sie legt und Gabriela sie fühlen kann.

Einmal fragt Gabriela, sie sitzt unter dem Birnbaum: "Meine geliebte Veronika, wo bist du?" "Hier im Baum bin ich, in jeder Blüte, in jeder Biene, in jeder Hummel, in jedem Vogel, überall. Frei von Zeit und Raum." Die Vögel singen, der ganze Baum ist voller Blüten, voller summender Bienen und Hummeln.

Dieses Sich-Zeit-Nehmen ist für Gabriela sehr wichtig. Es tut ihr gut. Keine Pflichten, keine Ablenkungen, einfach präsent sein mit dem, was gerade in ihr ist.

Es gibt nur den gegenwärtigen Moment, diese wache Präsenz, kein Gedanke an Vergangenheit oder Zukunft, nichts zu tun, kein Leid nur "fühlendes Erkennen – Sein".

Evas Bild

Ein paar Tage nach Veronikas Tod malt Eva das Bild, das auf der Titelseite dieses Buches zu sehen ist. "Das ist Veronika an der Hand ihres Schutzengels", sagt sie. Immer wenn Gabriela Veronika auf dem Bild betrachtet, fühlt es sich sehr geborgen, beschützt und berührend an.

Einige Monate zuvor hatte Eva das gleiche Bild gemalt, nur ohne Veronika und den Schutzengel, nur das Licht. "Das war der Vorläufer", sagte sie später. Gabriela gefiel es so gut, dass sie Eva bat, es ihr zu schenken und Gabriela hängte es im Schlafzimmer auf. Dort hängt es immer noch.

Nach einiger Zeit meint Gabriela: "Jetzt stimmt das Bild nicht mehr, jetzt ist Veronika nicht mehr die Person an der

Hand des Engels." "Doch, es stimmt noch", sagt Stefan. "Jetzt ist sie der Engel, der andere ins Licht begleitet."

Später soll Gabriela von ihr erfahren, dass sie jetzt Menschen und insbesondere kranken Kindern hilft, die Angst vor dem Tod zu verlieren. Eine schöne Aufgabe. Offensichtlich soll Gabriela auch ihren Teil dazu beizutragen.

Es war einmal ein kleiner Engel

Die Engel steigen freiwillig auf die Erde herab, um den Menschen zu helfen, göttliches Bewusstsein auf der Erde zu manifestieren, die Welt zu transformieren und in den Zustand des Engel-Seins zu erhöhen.

Durch eine Mystikerin erfährt Gabriela, dass Veronika ein Engel war, der auf die Erde kam und mit ihr lebte, um sie zu lehren, was Leben ist, und sie zu erinnern, wer sie ist.

Diese Geschichte schrieb Veronika fünf Tage vor ihrem Tod:

Es war einmal ein kleiner Engel, der war ein Schutzengel. Er passte auf ein kleines blondes Mädchen auf, das sehr lieb war. Doch als es älter und älter wurde, bekam es große Probleme. Es haderte mich sich rum, wo immer es ging, es hasste sich und ihren Körper, ihr ganzes Leben schmiss es auf den Kompost und versuchte mit der Leere, die zurückblieb, ihr Dasein zu gestalten. Einen Wunsch hatte das Mädchen, der war groß, groß und unerreichbar, weil das Mädchen total inkonsequent und undiszipliniert geworden war. Es trieb wie ein Blatt im Wasser und blieb ständig hängen. Der arme kleine Schutzengel fühlte sich sehr überfordert mit diesem Schützling. Er wünschte sich so sehr, dass das Mädchen glücklich ist. Doch so sehr, wie es sich selbst hasste, wusste der Engel, dass alle Straßen Sackgassen waren. Darum beschloss der gute Engel, sich für das Mädchen aufzuopfern. Er ging auf die Erde und schlüpfte in der Kinder Seele. Dort strahlte er all seine Liebe aus, heiß und ungezügelt. Das Mädchen fühlte das, fühlte die Verwandlung und mit einem Mal wusste es den Weg: Es war die Liebe! Seit diesem Tag war es wie ausgewechselt. Es verfolgte ihren großen Wunsch konsequent, denn nun wusste es, dass es nur aus Liebe war. Zu nichts musste sie sich zwingen, der Weg lag vor ihr, sie ging ihn, wie die bequemste Landstraße. Da war der Engel sehr glücklich, dass er dem Mädchen das Leben gerettet hatte. Schon bald war der große, große Wunsch erfüllt. Doch auch jetzt vergaß das Mädchen nie sich zu lieben, und was sie auch tat, sie handelte stets aus Liebe. Meine Engel begleiten mich. Ich schaffe es!!!!!!!!!!

Wie diese Geschichte zeigt, kommen auch Engel, wenn sie hier auf Erden sind, in Krisen und brauchen weitere Engel zur Unterstützung.
Was für eine schöne Geschichte. Veronika hat ihr Ziel in ihrem Leben erreicht. Sie wusste, aus welcher Essenz wir bestehen und wovon das Leben in Wahrheit handelt. Es ist die Liebe. Gabriela empfindet es wie ein Vermächtnis, das sie ihnen hinterlassen hat, sich immer daran zu erinnern, was wir in Wahrheit sind – Liebe.

"Zu nichts musste sie sich zwingen"
Können wir aufhören, uns zu zwingen,
können wir zulassen, dass uns gegeben wird,
können wir vertrauen, dass für uns gesorgt ist,
sind wir bereit zu erkennen,
dass wir und alle anderen Liebe sind?

Welch einen Unterschied würde das in unserem Leben und im Leben unserer Lieben machen?

Gabrielas Tagebucheintrag

"Lange und übermäßig zu leiden ist auch eine Form des Egoismus", schreibt Gabriela sechs Tage nach Veronikas Tod in ihr Tagebuch. Damit meint sie eine Haltung wie "Mein Kind darf nicht sterben, darf seinen Weg nicht gehen, nur damit ich nicht leide". Dieses Recht haben wir nicht, jeder hat seinen eigenen Weg und auch das Recht auf seinen eigenen Weg. Ob wir leiden oder nicht, liegt in unserer Haltung, die wir zu dem Geschehenen haben.

Wie schnell es gehen kann, den Trauerprozess zu machen, das Geschehene zu integrieren, wenn wir bereit sind, bedingungslos zu fühlen und zu akzeptieren.

Wie schnell es gehen kann loszulassen, wenn wir es tatsächlich tun. Faszinierend, dass das möglich ist. Das wusste Gabriela bisher nicht. Ebenso schreibt Gabriela an diesem Tag in ihr Tagebuch:

"Unsere Veronika ist jetzt überall."

Eintrag Ende April:

"Das Leben ist wunderschön,
das lerne ich seit Veronikas Tod noch mehr."

Es wäre schön, wenn Menschen, die einen Verlust erleben mussten, das besser verstehen würden. Für die, die gegangen sind, hat es keine Bedeutung, denn dort, wo sie sind, vermissen sie nichts.

৪৩

Joining*

Gemeinsam mit einem Freund leitet Gabriela eine Joining-Gruppe. Der nächste Termin ist ein paar Tage nach Veronikas Beerdigung. Gabriela hat keinen Impuls, ihn abzusagen. Dies ist eine gute Entscheidung.

Joining ist eine Methode, die Lency Spezzano entwickelt hat. Joining bedeutet, sich mit einer anderen Person urteilsfrei, gegenwärtig und mit offenem Herzen zu verbinden, bereit zu sein, alle Barrieren zu fühlen und jegliche Trennung fallen zu lassen. Alles, was zwischen dir und dem anderen nicht Liebe ist, taucht auf und wird durch das bedingungslose Fühlen "durchgebrannt". Das was bleibt, ist ein weites, offenes Bewusstsein, eine Erfahrung von Liebe, Lachen, Leichtigkeit und wahrer Verbindung. Das Göttliche wird fühlbar.

Jedes Problem beruht auf Trennung. Wir trennen uns von dem, was wir sind, von unseren Mitmenschen, vom Leben, von Gott. Das kann sich als Widerstand, Sich-Nicht-Einlassen, Angriff, Rückzug, Beurteilen, Leiden und Ähnliches äußern.

Das Gefühl, getrennt zu sein, ruft Angst hervor und somit ist Angst ein Teil jedes Problems.

Sich zu verbinden, EINS zu sein, heilt Trennung und Angst.

"Wo zwei oder drei in meinem Namen versammelt sind, da bin ich mitten unter ihnen." Mt 18, 20

Das Joining mit Christoph ist ein unglaublich intensives Erlebnis, verbunden mit einer tiefen Erkenntnis. Sie erlauben alle Gefühle, die auftauchen, alle Gefühle des Abschieds, des Verlusts, der Trauer. Alles, was bleibt, ist Liebe, reine Liebe. So klar und ohne jeglichen Zweifel wie kurz nach Veronikas Tod hat Gabriela es noch nie gefühlt. Alles, was existiert, alles, was wir sind, ist reine Liebe. Alles andere ist eine Täuschung, ein Schleier und nicht die Wahrheit. Die Tür in die andere Welt steht weit offen und so haben sie Zugang dazu. Sie und der ganze Raum bestehen nur aus Liebe. Und das ist die Wahrheit, das ist, was wir sind. Das ist der Stoff, aus dem wir vom Schöpfer gemacht wurden. Liebe hat uns erschaffen und Liebe sind wir. Jetzt gibt es kein einziges anderes Gefühl, keinen einzigen Gedanken, der dies anzweifelt. Es gibt seltene Momente, wo wir das in dieser Klarheit erfahren. Das ändert jedoch nichts an der Wahrheit, dass dies unsere wahre Existenz ist. Der Tod kann uns diese Tür öffnen, weil er uns ermöglicht, hinter die Form zu sehen, wahrzunehmen und zu fühlen.

Ihre Familie

Eine sehr große Hilfe ist ihre Familie: Eva und Stefan, die Verbundenheit, das Getragen-Werden und die Liebe zwischen ihnen. Und nicht zuletzt die gemeinsame, absolute Sicherheit, dass der physische Tod Veronikas Weg war, dass sie jetzt am richtigen Ort ist und sie sich um sie keinerlei Sorgen zu machen brauchen. Darin waren sie sich völlig einig und sie hatten daran nicht den geringsten Zweifel. Auch Stefan fühlte die Leichtigkeit, die Freude, die sie umfing.

Das war immer ihre Haltung zum Tod und lange vor Veronikas Tod haben Eva und Gabriela oft in dieser Weise miteinander geredet. Dass es keine Theorie, sondern wirkliches Wissen war, bestätigt sich jetzt.

Zwei Tage nach Veronikas Beerdigung führt Gabriela ein langes Gespräch mit Eva. Gabriela ist so dankbar für sie, für das Licht und die Sonne, die sie in ihr Leben bringt, und für ihre Weisheit. Ein wahres Geschenk.

"Mama, was sag ich denn, wenn die Leute mich alle so bemitleiden und fragen, wie es mir geht? Ich bin jetzt nicht total unglücklich und zerknirscht und zerbrochen hat es mich auch nicht. Aber das versteht ja keiner." Ja, so ging es Gabriela auch. Jeder war überzeugt, dass es ihnen ganz schlecht geht, dass sie etwas ganz Schreckliches erlebt haben und dass sie sehr zu bedauern sind. Nur wenige waren bereit zu hören, dass dem nicht so war.

Manchmal reden die Leute so auf sie ein, wie wahnsinnig schlecht es ihnen jetzt gehen muss, dass sie Mühe haben, ihre Energie zu halten.

Irgendwann beschließt Gabriela, mit dem Fahrrad zum Grab

zu fahren, damit sie auf dem Weg dorthin nicht so viel angesprochen und bedauert wird. Die Menschen meinen es natürlich gut, aber für sie war es keine Hilfe.

Natürlich fehlt die körperliche Präsenz von Veronika: ihr Lachen, ihre Lebendigkeit, ihre Tiefe, das Gespräch mit ihr, ihr Klavierspiel, ihr Geschichten-Erzählen, ihre praktische und fürsorgliche Art, das tägliche Joggen mit Stefan, ihre Höhen und Tiefen ... Eva sagt einmal: "Mama ich denke gerne an die Zeit zurück, als Veronika gestorben ist. Da waren alle Menschen so verbunden und es war so viel Friede. Nur schade, dass nachher jemand fehlt."

Der physische Tod von Veronika hat die Familie nicht ins Leid gezwungen. Das findet Gabriela sehr erstaunlich – in so einer extremen Situation nicht zu leiden. Sie erkennt, dass alles Leiden in Bezug auf Tod Illusion, Nicht-Wissen, Nicht-Verstehen, Nicht-Akzeptieren ist.

Der stille Ort

Der stille Ort im Garten – der stille Ort in Gabriela.

Immer wenn Gabriela sich mit Veronika verbinden kann, und die meiste Zeit gelingt es ihr, ist da diese Freude, diese Leichtigkeit, dieses "Jenseits aller Sorgen und Nöte". Stiller Frieden, nichts zu tun, nichts zu erreichen, nichts zu verändern, nirgendwo hinzugehen. Alles richtig und alles am richtigen Platz.

Die Gedanken sind still, sie tauchen nur auf, wenn Gabriela eine Aufforderung bekommt, "jetzt jemanden anrufen, jetzt etwas essen, jetzt eine weitere Blume pflanzen".

Gedankenstille – Wissen ohne Gedanken, Wissen ohne zu wissen.

Dieser stille Platz im Garten mit all seinen Blumen, die

Gabriela dort pflanzt, ist für sie ein Ort des Friedens und der Meditation. Die Natur, die Bäume, die Bienen und Schmetterlinge, die Blumen begleiten sie und verbinden sie mit Veronika. Sie sind Veronika und sie sind Gabriela, ebenso die Erde, in die Gabriela sie pflanzt, ebenso das Wasser, mit dem Gabriela sie gießt, ebenso die Sonne, die sie bescheint.

Über viele Wochen sitzt Gabriela fast täglich mit ihrem Frühstückstee an diesem friedlichen Platz, ohne Gedanken, ohne Emotionen wie Trauer, Bedauern, Wut oder ähnlichem. Still, völlig in der Gegenwart, fühlend mit allem verbunden, in Frieden, in stiller Einkehr, integriert in das Ganze, das da ist, in völliger Akzeptanz und Hingabe. Nichts ist falsch, nichts muss geändert werden oder anders sein. Und dennoch ist es unendlich schwierig zu beschreiben. Vielleicht kannst du den Frieden Gottes hinter den Worten fühlen?

Fast täglich scheint die Sonne. Der Frühling, das gewaltige Aufblühen der Natur, diese Kraft, dieses Wachstum und diese Schönheit unterstützen Gabriela ganz selbstverständlich und selbstlos.

Diese Zeiten der Ruhe, der Stille sind für sie sehr, sehr wichtig. Sich jeden Tag Zeit für sich zu nehmen und wie selbstverständlich mit dem zu sein, was geschehen ist, bedeutet Integration.

Für etwa sechs Wochen ist Gabriela in diesem Raum von Gedankenstille und absoluter Präsenz. Danach ist dieser Zustand der absoluten Präsenz ohne ablenkende Gedanken nicht mehr dauerhaft.

Zwei Wochen nach Veronikas Tod beginnt Gabriela ihre Arbeit in ihrer Praxis wieder, nach vier Wochen hält sie ihr erstes Seminar.

Nach wie vor ist Gabriela sehr klar und im Reinen mit Veronikas Tod. Das ist bis zum heutigen Tag so geblieben. Worüber Gabriela öfters traurig oder wütend ist, ist dieses Leben. Angesichts der Erfahrung dieser hohen Energie – sie hatte zeitlebens eine Erinnerung an den Himmel und auch eine große Sehnsucht danach, so wie Veronika auch – tritt so etwas wie Verständnislosigkeit und ein Gefühl von Sinnlosigkeit auf. Es fällt ihr manchmal schwer, die Welt hier, so wie sie ist, mit all den Streitereien, Unachtsamkeiten, Rechthabereien, Trennungen von lieben Menschen und von unserer Göttlichkeit zu akzeptieren. Dieses Hier-Sein in dieser Welt fordert sie bedeutend mehr als die Tatsache, dass Veronika gegangen ist.

Sie weiß Veronika im Frieden, sie weiß sie im Glück, sie weiß sie in der Einheit. Das macht auch Gabriela glücklich, wenn sie nicht zu sehr in diese Welt verstrickt ist und die Diskrepanz, der Fall in die weltliche Energie, ihr zu schaffen macht.

Etwa fünf Monate nach ihrer Transformation hat Gabriela so ein Gefühl, als würde das Licht, das sie bisher begleitet hat, in ihrer Wahrnehmung schwächer werden und das Leben in seiner üblichen Form wieder zurückkehren. Dabei fällt Gabriela auf, dass sie ein gewisses Bedürfnis nach Rückzug, nach Stille hat. Es geht darum, die Bewusstheit, die nach Veronikas Tod wie selbstverständlich vorhanden war, auch weiter bewusst aufrecht zu erhalten und sich nicht zu sehr vom Alltag ablenken zu lassen.

Es begegnet Gabriela die "Unvollkommenheit des mensch-lichen Lebens" und sie wird mit Emotionen wie Ungeduld, Ärger, Unverständnis, Resignation, Nicht-Akzeptanz dessen, was außen und innen geschieht, in sich konfrontiert. Sie bemerkt ihre sogenannten negativen Gefühle stärker und lernt, sie zu akzeptieren und loszulassen. Ihr Ziel ist absolute Akzeptanz jedes gegenwärtigen Moments, so wie das nach Veronikas Tod wie von selbst geschah. Auf diesem Weg taucht alles auf, was noch an die Oberfläche kommen muss, um erlöst zu werden. Der Kontakt mit Menschen wird Gabriela schnell zu viel.

In ihr taucht der Wunsch auf, eine gewisse Zeit nur mit sich und ihrem Prozess zu sein. Und dennoch, das ganz normale Leben geht weiter. Zu unterscheiden, was erledigt werden muss und was warten kann oder sich von selbst erledigt, erscheint Gabriela jetzt besonders wichtig.

Die Balance zwischen Zeiten der Stille, der Einkehr und Zeiten des Tuns zu finden, trägt wesentlich zu ihrem inneren Gleichgewicht bei.

Was ist Zeit? Was ist Vergänglichkeit? Was ist, was unbedingt erledigt werden muss, und was ist es, was am Ende bleibt? In der Stille in unserem tiefsten Inneren finden wir völlige Akzeptanz, Hingabe, göttliche Führung, Inspiration, Liebe jenseits von allem. Unser natürlicher Zustand, unser Sein, ist frei von jeglicher Negativität. Es braucht viel Übung, Bewusstheit und Gnade, sich auch im normalen Leben immer wieder auf diese Wahrheit auszurichten.

Durch Veronikas Tod hat Gabriela ihre Angst verloren. Wenn das das Schlimmste ist, was einem passieren kann, wie die Leute sagen, dann braucht sie sich vor nichts mehr zu fürchten. Auch hat Gabriela erfahren, wie schnell und beeindruckend das Loslassen geht. Angesichts des Todes ist das für sie nicht schwierig. So hat der Tod für sie seinen Schrecken verloren. Am Tod ist nichts Schreckliches, außer unserer Unwissenheit und unserem Festhalten an etwas, was nicht mehr ist. Ebenso versteht Gabriela überhaupt nicht mehr, wieso wir Menschen um jeden Preis am Körper festhalten.

Sie kann tiefgreifend erkennen, dass Loslassen auch die Lektion des Lebens ist, immer und immer wieder. Haben wir das Prinzip der permanenten Veränderung akzeptiert, fällt uns auch das Leben leichter. Beim Tod ist es für sie so einfach. Im Leben fällt es Gabriela oft schwerer, das Leben so sein zu lassen, wie es ist, und ihm nicht ihre Vorstellungen aufzuzwingen.

Den Tod sein zu lassen und das Leben sein zu lassen, wie es ist, gibt innere Freiheit und ist ein sehr effektiver Zugang zu dauerhafter Freude.

Dadurch berührt das Leben dich wieder in seiner Einfachheit und gleichzeitig in seiner Tiefe.

Wie können wir diese Herausforderung meistern: In der

Welt mit ihren Unzulänglichkeiten zu leben und dennoch dauerhaft in tiefem Frieden zu sein?

Für Gabriela ist es eine tägliche Übung des Sich-Erinnerns.

Am einfachsten ist es für sie:
Wenn sie gegenwärtig ist. Es ist das Einzige, was existiert. Den Moment mit offenem Herzen so sein zu lassen, wie er ist, ohne ihn anders haben zu müssen. Er ist ja schon so, wie er ist, ob er uns gefällt oder nicht. Das Beurteilen kommt aus unseren Gedanken und zieht schlechte Gefühle nach sich.
Wenn sie sich ihrer Essenz bewusst ist und ihr Befinden nicht von dem, was außen geschieht, abhängig macht.
Wenn sie sich auf die innere Stille konzentriert, um von diesem Platz aus in der Welt zu SEIN.

Dies gelingt nicht immer und nicht so selbstverständlich, wie in der Zeit unmittelbar nach Veronikas Tod. Und dennoch – diese Erfahrung geht nie mehr verloren. Sie ist unauslöschlich in ihr Sein eingeprägt. Gelingt es ihr, vollkommen gegenwärtig zu sein, egal, was gerade geschieht, existieren all die Probleme dieser Welt, die sie manchmal bedrücken, die alles sinnlos erscheinen lassen, nicht mehr. Gegenwärtigkeit und Probleme scheinen sich auszuschließen.
In der Zeit nach Veronikas Tod existiert kein einziges Problem in Gabrielas Bewusstsein.
Jeder echte spirituelle Weg führt zurück in den Alltag, in unsere Familie, in unsere Arbeit. Dort hat die mystische Erfahrung sich zu bewähren. Es scheint eine Herausforderung unserer Zeit zu sein, dass wir damit nicht mehr in eine Höhle oder ein Kloster gehen, sondern das Mystische in unseren ganz normalen Alltag einbringen.
Sehr einfach ist das für Gabriela in ihren Seminaren über den Tod. Dort steht ihr diese Energie sehr stark zur Verfügung. Das ist ebenso der Fall, wenn sie in Einzelsitzungen mit Angehörigen von Verstorbenen arbeitet.

Gabriela hat, was sie Veronika in ihrem Leben gegeben hat, um ein Vielfaches zurück bekommen und ihre tiefe Verbindung besteht weiterhin.

Die mystische Erfahrung in Gabrielas Leben ist nicht ausschließlich an den Tod von Veronika gekoppelt. Egal, was sie tut, achtet sie darauf, ihre Aufmerksamkeit auf das Göttliche zu richten und sich nicht allzu sehr vom Ego einfangen zu lassen. Manchmal gelingt es besser, manchmal schlechter.

Gabriela spürt Veronikas Präsenz mal mehr, mal weniger. Manchmal ist sie sehr nah, manchmal sehr weit weg und es gibt Zeiten, wo Gabriela sie nicht wahrnimmt und auch wenig an sie denkt. Manchmal taucht Veronika einfach auf und unterstützt sie. Ab und zu kommen Botschaften, von denen Gabriela weiß, dass sie von ihr kommen. Es fühlt sich an wie eine Schwingung, die kein Gedanke von Gabriela ist. Sehen kann Gabriela sie nicht. Manchmal wünscht sie sich, dass der Übergang von der geistigen zu unserer materiellen Welt so fließend wäre, dass sie Veronika zum Beispiel für einen Spaziergang oder ein Gespräch in einer für sie sichtbaren Form wahrnehmen könnte. Menschen, die sie sehen können, beschreiben sie als wunderschön, als Engel mit Lichtflügeln und lichtdurchflutet.

క్ర

Die göttliche Schwingung

Gabriela erlebt die göttliche Präsenz, die göttliche Energie, das Hier-und-Jetzt-Sein ohne störende Gedanken so klar und intensiv, dass sie fast immer in diesem "gedankenlosen" Frieden ruht. Manchmal tauchen kurze Momente von Traurigkeit auf. Sie ist mit ihnen, fühlt sie widerstandslos und so vergehen sie bald wieder. Alles hat eine natürliche Tiefe und Selbstverständlichkeit.

Nachdem Gabriela etwa sechs Wochen nach Veronikas Tod wieder ihren ersten langen Kurs gibt, der sie zehn Tage voll beschäftigt, bemerkt sie anschließend, dass sie trauriger als sonst ist. Anscheinend hat sich die Trauer angesammelt, weil sie keinerlei Raum bekommen hat. Als Gabriela das bewusst wird, gibt sie der Trauer wieder Raum, und in ihrer eigenen Zeit vergeht sie wieder. Das Fühlen ist wieder im Fluss, das Sein wieder im Mittelpunkt.

Natürlich gibt es Zeiten, in denen Gabriela Veronika vermisst und es schade findet, dass sie dies und jenes nicht mehr mit ihr erleben konnte, auch dass sie nicht mehr sehen kann, wie Veronika sich hier entwickelt hätte, wie ihr Weg hier gewesen wäre. Das geht aber nie so weit, dass Gabriela das, was geschehen ist, anzweifelt oder sie sich wünscht, es wäre nicht passiert. Das ist für sie irgendwie unantastbar. Da gibt es diesen festen Glauben und zugleich dieses klare Wissen, genauso wie es geschehen ist, musste es geschehen. Dies ist bis zum heutigen Tag so geblieben.

Ihr Weg ist ihr Weg und Gabriela ist damit vollkommen einverstanden.

Die göttliche Schwingung des Jenseits begleitet Gabriela wie selbstverständlich in der Zeit nach Veronikas Tod. Nach und nach wird sie schwächer, doch Gabriela verliert sie nie wieder ganz, sie ist in ihr Herz, in ihr Sein eingebrannt.

ॐ

Dhanyavad•

Freunde schenken ihnen eine CD mit dem Dhanyavad-Mantra. Es ist ein Dankes-Mantra, es kann eine unmittelbare Veränderung in der Körperchemie bewirken, die einen Prozess der Heilung und der Vergebung in Gang setzt.

Dhanyavad - Dhanyavad - Dhanyavad - Ananda

Dank und Segen - Dank und Segen - Dank und Segen - Glückseligkeit

Nach Veronikas Tod hört und singt Gabriela es sehr oft. Meistens, wenn sie im Wohnzimmer vor ihrem Bild mit dem Kerzenherz sitzt. Gabriela kann die Dankbarkeit fühlen. Dankbarkeit dafür, dass Veronika bei ihnen gewesen ist, für all die schönen Stunden mit ihr, für ihre Lebendigkeit und Eigenheit, für ihr Lachen, dankbar, dass sie ihre Nöte mit Gabriela geteilt hat, dafür, dass sie sich alle in ihrem Tod so geführt und beschützt fühlten, soviel Gnade erfuhren, dafür, dass sie ihre Lehrerin ist und ganz besonders dafür, dass sie sie so glücklich wissen. Immer wenn sie sie fühlen, ist da diese Leichtigkeit, diese Freude und darüber sind sie sehr glücklich. Das war und ist immer Gabrielas Wunsch für Veronika, dass sie glücklich ist. Dieser Wunsch hat sich erfüllt und das macht auch Gabriela glücklich.

Dankbar für die Liebe und die Unterstützung von Stefan und Eva. Wie wäre es Gabriela ohne die beiden in dieser Situation ergangen? Dankbar, dass sie alle so in Frieden miteinander die letzten Tage mit Veronika verbringen konnten. Dankbar für alle Menschen, die Anteil nahmen.

Buddhistische Tradition

Im Buddhismus geht man davon aus, dass wir die Verstorbenen noch begleiten können. Es gibt zu diesem Zweck eigens ein Kloster, in dem die Mönche in einer Zeremonie für Verstorbene beten und singen. Dazu benötigen sie den Namen, das Geburtsdatum, die Todesursache und das Datum des Todes. Die Familie hat das für Veronika initiiert. Die Telefonnummer des Ansprechpartners befindet sich im Anhang unter "Rigpa"* in "Das tibetische Buch vom Leben und vom Sterben" von Sogyal Rinpoche.

Ebenso wird in diesem Buch empfohlen, die Seele noch neunundvierzig Tage zu begleiten, indem man jede Woche am Todestag betet, meditiert und Lichter anzündet. Es wird beschrieben, dass der Geistkörper jede Woche am Todestag die Erfahrung des Sterbens erneut durchlebt und besonders an diesen Tagen unterstützt werden kann. Den ersten einundzwanzig Tagen sollte dabei besondere Aufmerksamkeit geschenkt werden.[3]

Das erste Mal machen sie dies genau eine Woche nach ihrem Absturz. Michael wusste die Todeszeit nicht ganz genau, deshalb nehmen sie eine ungefähre Zeit. Während der Meditation sieht Stefan einen dunklen Schatten fliegen und er weiß, es war Veronikas Absturz. 16.18 Uhr. Michael bestätigt nach genauerem Überlegen, dass diese Zeit wohl richtig ist. So meditieren sie jede Woche Sonntagnachmittag, sechs Wochen lang, um Veronikas Reise zu unterstützen.

Besuche am Grab

Gabriela geht oft zum Grab, obwohl sie weiß, dass Veronikas Seele dort nicht ist. Trotzdem liebt Gabriela es, an diesem Platz zu verweilen, sich an den vielfältigen, wunderschönen Blumen zu erfreuen und die Bänder des Reise-Wunsch-Baumes im Winde flattern zu sehen. All dies strahlt eine wunderbar leichte Energie aus. Eva und Gabriela setzen sich oft vor dem Grab ins Gras und sind in Stille oder auch im Erzählen mit Veronika verbunden.
Etwa vier Wochen nach der Beerdigung stehen fremde Leute am Grab. Gabriela stellt sich wortlos dazu. Nach einer Weile fragt sie eine Frau, ob Gabriela die Mutter sei. Gabriela sagt "Ja". Kaum hat sie es ausgesprochen, wird ihr klar: Es stimmt nicht mehr. Gabriela ist nicht mehr die Mutter. Veronika scheint eine Wandlung durchgemacht zu haben. Sie ist nicht mehr das Kind, das Gabriela geboren hatte. Gabriela spürt sie jetzt als höhere, lichtere Energie.
Ein anderes Mal steht Gabriela am Grab und sie zwingt sich

dazu, sich vorzustellen, da unten in der Erde läge jetzt ihr Kind. Bisher hatte Gabriela nie einen Gedanken in dieser Richtung. Jetzt will sie einmal verstehen, wie Menschen sich fühlen, die glauben, dass zum Beispiel ihr Kind unten im Grab liegt. Anfangs fällt es ihr richtig schwer. Doch als sie diese Vorstellung real fühlen kann, glaubt sie, es zerreißt ihr ihr Herz. Es ist ein fast unerträglicher Schmerz, so als würde Gabriela das Herz aus dem Körper gerissen. Sie beschließt ziemlich schnell, diesen Zustand wieder zu verlassen, was sie jetzt jedoch tatsächlich ein bisschen Anstrengung kostet. Gabriela ist nie wieder in diese Vorstellung gegangen. Sie ist für sie aber dennoch sehr wertvoll, da sie jetzt versteht, wie manch andere Menschen sich vermutlich fühlen.

Absturzstelle

An einem dieser Sonntage gehen Eva, Michael, Stefan und Gabriela zu der Absturzstelle. Michael will uns zeigen, wo Veronika gestorben ist, und sie wollen dort ein Bild von ihr anbringen. Es ist eine ziemlich unfreundliche Stimmung, die Wolken hängen tief, der Himmel ist schwarz. Michael sucht die Stelle, wo er Veronika tot gefunden hatte. Sie wollen hochgehen an den Platz, wo sie abgerutscht ist. Michael rennt voraus, die anderen hinterher. Eva und Gabriela kehren bald um, weil sehr viel Neuschnee liegt und es so stürmt. Michael geht weiter. Stefan begleitet ihn, er will ihn nicht alleine gehen lassen.
Eva und Gabriela stellen sich an die Stelle, wo Michael Veronika gefunden hatte. Eva sagt: "Ich stelle mich hierher und fange meine Schwester auf, wenn sie runterfällt." Das ist wieder so eine liebevolle Idee! Eva und Gabriela stehen da und halten symbolisch ihre Arme und Hände offen, um sie aufzufangen. Genau zur Todeszeit spürt Gabriela erst eine schwere Energie, die dann ganz leicht und freudig wird.

Stefan und Michael kommen bald zurück. Der Sturm ist so heftig, dass er Stefan umgeblasen hat und die beiden beschließen, doch umzukehren. Stefan ist ein geübter Bergsteiger und meint, der Berg oder sonst irgendjemand wollte nicht, dass sie hoch gehen, es war ihnen nicht erlaubt.

So machen sie sich wieder auf den Rückweg. Von einer Stelle aus kann man normalerweise ganz gut in die Felsen sehen. Sie stehen dort und plötzlich reißen die Wolken auf, der Wind legt sich, der Berg zeigt sich. Weit oben sehen sie das blaue Halstuch von Veronika an einem Busch hängen. So können sie die Schneise verfolgen, die sie in die Tiefe gestürzt ist. Es ist unglaublich hoch und für Gabriela fühlt sich dieser Augenblick brutal an. Einen Moment ist sie davon sehr betroffen, ihr Herz krampft sich bei der Vorstellung zusammen, dass ihr geliebtes Kind hier in diese Tiefe gestürzt ist und dabei den Tod gefunden hat.

Vermutlich hatte Veronika schon relativ früh einen Genickbruch und spürte den Aufprall nicht mehr. Der Himmel und der Berg ziehen wieder zu, alles ist wieder verhüllt. Nur dieser kurze Augenblick war ihnen vergönnt.

Michael erzählt, dass er sich natürlich Gedanken macht, ob er etwas falsch gemacht hat. Einen kurzen Moment denkt Gabriela: "Wie konnten die beiden diese Tour machen? Das war viel zu viel für Veronika!" Gabriela fühlt allerdings sehr, sehr schnell, auf welche Spur sie das bringt, und sofort hört sie wieder auf, diesen Gedanken weiter zu denken. Sich oder jemand anderem die Schuld am Tod von jemandem zu geben, ist ihrer Meinung nach einer der größten Irrtümer und eine der größten Fallen. Dies entspricht nicht der Wahrheit und verhindert den Prozess des Heilens. Niemandem ist damit gedient.

Eva hat es wohl auch sehr betroffen. Sie wird nach dem Anblick der Absturzstelle krank. Stefan ist kurz nach Veronikas Tod ebenfalls krank. Gabriela pflegt die beiden, wobei sie jedoch das Gefühl hat: "Jetzt darf nicht mehr viel dazu kommen, sonst liege ich auch flach." Eva hat einen hohen Anspruch an sich: "Mama, wieso werde ich krank? Was kann ich denn nicht verarbeiten?" Diese Bewusstheit bringt ihr schon nach wenigen Tagen ihre Gesundheit wieder zurück und sie beginnt etwas verspätet, sehr gewissenhaft für ihr Abitur zu lernen.

Wochen später gehen sie noch einmal zu der Absturzstelle. Dieses Mal sind auch Magnus und ein paar Freunde von Veronika dabei. Die Stimmung ist freundlich. Michael zeigt ihnen die Stelle, an der Veronika ausgerutscht war. Sie ist sehr steil und ganz genau dort, wo kein Baum und kein Strauch steht – eine "todsichere" Schneise in die Tiefe. Jetzt sehen sie auch die Schönheit dieser Gegend und haben Respekt vor dieser Tour, die Michael und Veronika mit viel Ausdauer und Freude gemacht hatten. Gabriela vermutet, Michael hat Veronika damit noch ein großes Geschenk gemacht, auf das sie sicher sehr stolz war.

Später gehen Stefan und Gabriela dort noch einmal wandern. Sie sind beide sehr überrascht, mit welcher Leichtigkeit und mit wie wenig Anstrengung sie diese vielen Höhenmeter hochwandern. Es ist, als würde sie eine freudige, beschwingte Energie begleiten.

Das Göttliche hat für ALLES einen perfekten Plan

Gabriela stellt Gott die Frage: "Wieso ist es nicht geschehen, dass Veronika bei einer Tour mit uns abgestürzt ist?" Normalerweise ging sie mit Stefan und ihr. Es war die erste und einzige kombinierte Kletter-Skitour mit Michael. Die Antwort, die Gabriela bekommt, ist: "Du hättest sofort Gott zu Hilfe gerufen. Es war aber nicht vorgesehen, dass Veronika weiterlebt. Es war nicht vorgesehen, dass ich eingreife, deshalb habe ich eine andere Situation erschaffen." Ja, das hätte Gabriela. Für sie ist es eine absolut selbstverständliche Haltung, sofort nach Gottes Hilfe zu rufen. Sogar im Traum, wenn sie in Gefahr ist, ruft sie nach Gott und jedes Mal ist die Gefahr gebannt. Auch Eva und Veronika haben diese Gewohnheit.

Diese Information bekommen auch andere Menschen: Ihr Tod konnte und durfte nicht verhindert werden. Einmal kommt die Antwort noch klarer: *"Es war mein Wille.* Ihre Zeit hier war zu Ende, niemand stirbt, bevor seine Zeit gekommen ist. Jede Situation ist für alle Betroffenen vollkommen, genau so, wie sie ist. Jeder hat darin eine bestimmte Aufgabe, die sich erfüllt. Alles geschieht, wie es geschehen muss." Ja, natürlich war es Gottes Wille, natürlich war ihre Zeit hier zu Ende und natürlich war es für alle vollkommen, sonst wäre es nicht so geschehen, wie es geschehen ist.

Gabriela fragt Michael, ob er nach Hilfe gerufen habe, als er sah, dass Veronika den Hang hinunter rutscht. Er sagt: "Nein, es war keiner da." In diesem Moment dachte er wohl nicht an Gott.

Ein anderes Mal fragt Gabriela: "Gott, wieso hast du Veronika nicht beschützt?" Die Antwort ist: "Ich habe sie beschützt." Sofort weiß sie, das ist die Wahrheit. Alles um ihren Tod war geführt, Veronika konnte ihre Schritte tun und sie konnten ihre Schritte tun. Sogar die Stelle, an der Veronika sich in den Schnee gesetzt hatte, war perfekt ausgewählt. Sie war sehr steil und ganz genau dort, wo kein Baum und kein Strauch standen. Eine "todsichere" Schneise in die Tiefe. Wäre Michael abgerutscht, der ein paar Meter von Veronika entfernt stand, er hätte sich am nächsten Baum gefangen.

Alles geschieht, wie es geschehen muss.

"Gott wird SICH niemals gegen dich entscheiden, denn damit würde ER SICH gegen SICH SELBST entscheiden."[4]

Andere Verstorbene aus dem Dorf

Da Stefan und Gabriela nach Veronikas Beerdigung oft auf dem Friedhof sind, bekommen sie immer wieder mit, wenn jemand aus ihrem Dorf verstorben ist. Sie gehen dann regelmäßig in die Leichenhalle zum Sarg, um zu fühlen, wie es der Seele des Verstorbenen gerade ergeht. Sie fühlen sich ein, ob die Seele bereits ins Licht gegangen ist oder ob sie dazu noch Unterstützung braucht. Manche Seelen fühlen sich sehr leicht, friedlich und unbekümmert, andere eher traurig und schwer an. Sie singen für alle am Sarg das Übergangsmantra "Om Asatoma". Durch das Singen des Mantras können sie meistens eine Veränderung im Gemütszustand des Verstorbenen feststellen. Auch fordern sie die Seelen auf, dem Licht zu folgen, was meist noch einmal eine Veränderung bewirkt.

Die erste Person aus ihrem Dorf, die nach Veronika stirbt, ist ein Mann, der an Schizophrenie gelitten hat. Es ist eine wunderschöne Erfahrung für sie zu spüren, wie alle weltlichen Bindungen sich auflösen und nicht mehr wichtig sind, sobald eine Seele bereit ist, ins Licht zu gehen.

Folgende E-Mail schreibt Gabriela an Lency Spezzano:* "Seit gestern liegt ein Mann in der Leichenhalle unseres Dorfes. Er ist die erste Person, die nach Veronikas Tod gestorben ist. Wir kannten ihn nicht. Stefan und ich haben am Sarg für ihn das Übergangsmantra gesungen und ihm gesagt, er solle dem Licht folgen. Wir konnten dabei eine unglaubliche Freude spüren. Vorher fühlten wir große Einsamkeit. Er war schizophren. Es ist großartig und erstaunlich, wie die Kreationen des Lebens an Bedeutung verlieren und sich auflösen können. Das einzig wirklich Wichtige im Leben und im Tod scheint zu sein, der Liebe und dem Licht zu folgen. Ich hätte nie gedacht, dass ich Menschen in ihrem Hinübergehen begleiten würde, die ich noch nicht einmal kannte. Es ist faszinierend."

Wahrnehmungen

Gabriela fällt in ihrem Regal ein Buch auf, das sie noch nie gesehen hat. Sie wusste noch nicht einmal, dass sie es besaß. Der Titel heißt "Trost aus dem Jenseits".

An der Stelle im Garten, wo Gabriela für Veronika ein Blumenbeet angelegt hat, steht ein Hibiskus. Seine Blüten, vier Stück, rollen sich einzeln zusammen, so dass es ein blühendes Kreuz ergibt.

Die Blumen auf Veronikas Grab blühen doppelt so lange wie die von der gleichen Art, die Gabriela zu Hause gepflanzt hat. Dort treiben sie immer wieder neu aus, während die zu Hause längst verblüht sind.

Ende Mai gibt Gabriela Eva eine abgeschnittene Rose für die Vase. Als sie längst vertrocknet ist, wirft Eva sie nicht weg, sondern steckt sie im Juli, Veronikas Geburtsmonat, in ihren Blumenkasten in die Erde. Anfang August entdecken sie, dass die abgeschnittene, längst vertrocknete Rose neu austreibt.

Veronikas Rose, die sie zur Geburt bekommen hat, blühte siebzehn Jahre an ihrem Geburtstag. Dieses Jahr blüht sie zwei Wochen später – an Gabrielas Geburtstag, obwohl es ein sehr heißer Sommer ist und alle Pflanzen früher blühen.

Gabriela findet den Pullover in Veronikas Zimmer, der auf ihrem Sterbebild zu sehen ist, und eine starke Liebe zieht sie an. Gabriela nimmt den Pulli mit zum Kuscheln an ihre Wange und für die Nacht, so wie Veronika es ganz oft gemacht hat, als sie noch kleiner war. Damals hat sie sich ein Kleidungsstück aus Gabrielas Schrank geholt und damit gekuschelt, wenn Gabriela unterwegs war. Jetzt ist sie weg, wenn auch nur äußerlich, in ihrer vertrauten körperlichen Erscheinung.

Verstorbene geben Zeichen, um mit uns in Kontakt zu treten. Oft, wenn Gabriela an Veronika denkt oder eine Frage hat, flattert ein weißer Schmetterling an ihr vorbei. Das ist seit Veronikas Tod ein Zeichen von ihr. "Wie schön, dass du immer wieder hier bist. Deine Liebe und deine Präsenz zu fühlen, öffnet mein Herz." Heute Morgen hatte Gabriela das Gefühl "ich kann gar keine Liebe spüren". Jetzt ist sie wieder da, die Liebe. Manchmal ist es wirklich sehr einfach. Danke, Veronika.

Im Traum
Veronika ist sechs Jahre alt, Gabriela und sie sitzen zusammen. Da kommt Sai Baba und streicht Veronika mehrmals liebevoll über ihr Haar.
Einmal, sie ist ungefähr neun Jahre alt, da sagt sie: "Mama, wir beide haben noch eine gemeinsame Aufgabe, wir müssen noch das OM und die Liebe Gottes auf die Erde bringen."

Im Wachzustand
Gabriela sieht Veronikas verstorbene Oma in Veronikas Zimmer. Die Oma sagt zu Gabriela: "Komm mit auf den Gang, ich will dir etwas zeigen". Sie gehen aus dem Zimmer. Unten an der Treppe ist ein kleines Fenster, da sieht Gabriela einen Schatten vorbeihuschen und dann sieht Gabriela auf der Treppe unten Veronika stehen. Es ist, als wenn ein Dia eingeschoben und dann wieder herausgenommen wird. Es ist nur ein kurzer Moment, Veronika hat ihr tatsächliches Alter und sieht so aus, wie sie war, bevor sie gestorben ist.
Freunde von ihr und von Gabriela erzählten, dass sie Begegnungen mit Veronika hatten. Manche Menschen sehen sie.

Der kleine Vogel, der das Fliegen lernte

Eine wahre Geschichte, aufgeschrieben von Eva:
Schon mehrmals dachte ich, als ich auf den Blumentopf in meinem Zimmer schaute: "Da sitzt doch ein Vogel." Jedes Mal verwarf ich den Gedanken, mit der Erklärung: "Das wird wohl ein welkes Blatt sein." Ich konnte mir nicht

vorstellen, wie ein Vogel auf den Rand des Blumentopfs im verschlossenen Zimmer kommen konnte. Es war einige Wochen nach dem Tod meiner Schwester. Ich war in meinem Zimmer und musste kräftig auf das Abitur lernen. An diesem Abend war ich traurig und fühlte mich einsam ohne meine Schwester. Ich ging ins Bett und lernte dort noch etwas Bio, bevor ich schlafen wollte. Immer wieder musste ich auf das welke Blatt schauen, das mich so sehr an einen jungen Vogel erinnerte. Beim Einprägen von biologischen Fachbegriffen und Zusammenhängen starrte ich gedankenverloren in Richtung Blumentopf, bis ich plötzlich wahrnahm: Das vermeintlich welke Blatt hatte sich bewegt. Jetzt musste ich doch aufstehen und nachsehen. Tatsächlich saß auf dem Rand des Topfes ein junger Spatz. Er rührte sich nicht, als ich näher kam. Er schaute mich mit großen schwarzen Knopfaugen an und atmete ganz kräftig. Ich dachte an meine Schwester.

Etwas später fragte ich Stefan, was ich tun sollte, doch er wusste nichts Besseres, als ihn erst mal sitzen zu lassen. Draußen hätte ihn die Katze gefressen. Der Vogel selbst hatte nichts zum Fressen gewollt. Ich setzte mich also zu ihm und redete mit ihm. Er schaute mich groß an, bis ihm die kleinen Augen zufielen und er noch etwas später seinen Kopf unter dem Flügel vergrub. Wieder musste ich an meine Schwester denken. Dann ging auch ich ins Bett.

Am nächsten Morgen saß der Vogel noch genauso da wie am Vorabend und blickte im Zimmer umher. Mein Freund Magnus, der in der Nacht noch gekommen war, blieb noch im Zimmer, während ich schon zum Frühstück ging. Gerade hatten Stefan und ich beschlossen, den Vogel auszusetzen und ihn sich selbst zu überlassen. Da sah ich, wie Magnus mit dem Vogel auf der Kehrschaufel im Garten stand. Der Vogel flog davon. Magnus berichtete mir, der Vogel sei im Zimmer noch etwas unbeholfen herumgeflattert. Da dachte er: "Er will raus." Ich hatte Magnus gebeten, ihn nicht anzufassen, damit ihn seine Artgenossen noch annehmen. Deshalb hatte er ihn auf die Schaufel "gekehrt". Draußen flog er

völlig sicher auf den Balkon und von dort in die Freiheit.
Der kleine Vogel, um den besonders ich mich so gesorgt
hatte, der mir ein Symbol für meine Schwester war, und der
am Abend zuvor ganz offensichtlich nicht fliegen konnte,
war am Morgen aus eigener Kraft in die Freiheit geflogen.

Zweifel

Die meisten Menschen sind viel sensitiver als sie glauben
und als sie bewusst wahrnehmen. So glaube ich, dass viele
ihre Verstorbenen irgendwie wahrnehmen, aber es nicht als
solches bemerken oder ihrer Wahrnehmung nicht
vertrauen. Zum einen ist unsere Kultur medialen Zeichen
oder Fähigkeiten gegenüber eher skeptisch, zum anderen
vertrauen wir uns selbst nicht wirklich. Viele Menschen, die
als Kind Zugang zur geistigen Welt hatten, haben diesen
verloren, weil sie mit niemandem darüber reden konnten
beziehungsweise es für Unsinn gehalten wurde. So passiert
es dann auch häufig, dass, wenn wir etwas von unseren
Verstorbenen wahrnehmen, uns irgendjemand sagt, dass es
doch nur Einbildung sei. Oft sagen wir es uns auch selber.
Dadurch machen wir es uns und auch den Verstorbenen
schwerer, Kontakt zu uns aufzunehmen. Gott sei Dank
ändert sich das in letzter Zeit und immer mehr Menschen
öffnen sich für Zeichen oder Botschaften aus der geistigen
Welt.
So wie wir im Leben oft zweifeln, was der richtige Weg ist
und ob wir "richtig" sind, so zweifeln wir auch an unseren
Wahrnehmungen hinsichtlich des Todes. Vertraue dir,
deinen Wahrnehmungen, deinen Fähigkeiten und habe den
Mut, dich damit zu zeigen. Interessant ist, wenn einer
anfängt sich zu öffnen, tun es andere auch, und plötzlich
haben viele irgendwelche Erfahrungen gemacht, die sie für
sich behalten haben, aus Angst, nicht verstanden oder
abgelehnt zu werden. Es gibt viel mehr, als wir für möglich

halten, und wir haben viel mehr Fähigkeiten, als wir nutzen. Unser Zweifel blockiert uns und wir halten unsere Fähigkeiten zurück. In unserer Zeit geht es darum, die "Unwissenheit" zu durchdringen und Wahrheit ans Licht zu bringen, so dass auf unserer Erde ein neues Bewusst-Sein entstehen darf.

☙

Botschaften

Botschaften erhalten Gabriela und Stefan in unterschiedlichen Formen. Einmal durch plötzlich auftauchende Schwingungen und intuitive Gedanken, bei denen Veronikas Energie spürbar ist. Es ist nicht mehr die Energie ihrer Person, sondern etwas sehr Feines, Lichtes, Leichtes, Formloses. Eine ihrer Botschaften war zum Beispiel, dass sie deshalb zu ihnen gekommen ist, weil sie mit ihrem Tod umgehen können, sie nicht festhalten und das für ihr Sein im Jenseits sehr wichtig ist. Dafür ist sie sehr dankbar.
Weitere Botschaften übermitteln ihnen verschiedene Medien.

☙

Medium

Medium bedeutet im Englischen "in der Mitte, dazwischen". Es ist eine Brücke zwischen unserer und der geistigen Welt. "Ein Medium muss in der Lage sein, sich mit den Schwingungen im aurischen Feld seines Gegenübers zu verbinden, ebenso wie mit dessen Seele [...]."[5]
Ein Medium kann seine eigenen Schwingungen so erhöhen, dass es die Schwingungen des Verstorbenen wahrnehmen kann. Ein gutes Medium erbringt Beweise ohne zu fragen. Das kann zum Beispiel durch ein besonderes Merkmal oder Ereignis sein.

Es wird empfohlen, etwa sechs Wochen bis drei Monate kein Sitting* zu machen, da man davon ausgeht, dass die meisten Seelen sich erst ausruhen und schlafen. Ihnen diese Zeit zu geben, unterstützt ihre Geburt und ihren Prozess auf der anderen Seite.

Gabriela empfindet es für sich als sehr hilfreich, über ein Medium Kontakt zu Veronika zu bekommen. Vieles davon hat sie zwar selber gefühlt, zum Beispiel, dass es Veronika sehr gut geht, aber dennoch ist es für sie immer eine Bestätigung und auch eine Bereicherung. Als Mutter hat Gabriela auch manchmal Zweifel, ob das, was sie fühlt und hört, wirklich von Veronika kommt oder ob sie sich das einredet. So ist es für sie gut, zu völlig neutralen Personen zu gehen, die sie nicht kennen, die Veronika nicht kannten und die auch die Geschichte ihres Todes nicht kennen. Kurzum, die nichts von ihnen wussten. Es ist wichtig, einem Medium nichts zu erzählen, damit es davon nicht beeinflusst ist und wir hinterher nicht sagen: "Das haben Sie ja schon gewusst. Das kam gar nicht von dem Verstorbenen."

Obwohl Gabriela sich absolut sicher ist, dass Veronika in einer anderen Welt weiterlebt, ist es für sie doch sehr, sehr faszinierend, diesen "direkten" Kontakt zu ihr herstellen zu können. Es gibt noch mehr Sicherheit über das Leben in der anderen Welt und es ist für sie jedes Mal ein sehr schönes Erlebnis, Botschaften von Veronika zu bekommen.

** Ich aus meiner Sicht, empfehle das zu tun, wenn du dafür offen bist. Ich glaube, für die allermeisten Menschen ist es wirklich hilfreich, insbesondere, wenn man Zweifel hat, ob der Verstorbene jetzt tatsächlich in einer anderen Wirklichkeit noch lebt, wenn mit dem Verstorbenen noch etwas zu klären oder aufzulösen ist. Ein Missverständnis, ein alter Streit, etwas, was sie unbedingt noch sagen wollten, oder einfach um in Verbindung zu sein. Die Sicht der Verstorbenen ist viel umfassender als sie es war, als sie noch im Körper waren, sie sind in der Lage, die Situationen aus einer höheren Warte zu sehen, und vieles lässt sich klären und auflösen.

Willst du ein Medium in Anspruch nehmen, ist es wichtig zu wissen, dass das Medium nur Durchsagen wahrnehmen kann, die mit seinem Bewusstseinsstand übereinstimmen. Das heißt, es können von verschiedenen Medien verschiedene Durchsagen kommen. Je reiner der Kanal ist, desto reiner sind auch die Durchsagen. Da die Medien das, was sie wahrnehmen, irgendwie in Worte kleiden müssen, kann es manchmal sein, dass etwas nicht verstanden wird oder sie es auf ihre eigene Weise interpretieren. Gute Medien fragen nach, bis sie verstehen und bis auch der Fragende versteht, und interpretieren nicht selber. Das ist natürlich eine große Anforderung. Damit es dir eine Hilfe ist, ist es entscheidend, sich um ein gutes Medium zu bemühen.
(**Anmerkung der Autorin)

Insgesamt wenden sich Stefan und Gabriela an drei verschiedenen Medien. Sie werden hier als Medium 1, 2 und 3 benannt. So ist zu sehen, dass verschiedene Medien verschiedene Zugänge haben und unterschiedliche Schwerpunkte setzen.

Medium Eins

Anfang Mai, sechs Wochen nach Veronikas Tod
Veronika hatte in der ersten Klasse einen Lehrer, den sie sehr mochte. Viele Jahre hat Gabriela ihn nicht gesehen. Einen Tag nach Veronikas Tod begegnet er Gabriela vor der Apotheke. Gabriela erzählt ihm von Veronikas Absturz. Er kommt in ihr Haus, um sich von Veronika zu verabschieden. Beim Gehen gibt er Gabriela die Adresse eines Mediums mit der Bemerkung, die Frau könne Kontakt zur Seele aufnehmen und ihr auch weiterhelfen, falls sie Hilfe braucht. Wieder ein Geschenk des Himmels, wie so viele.

Brief an Lency Spezzano:

Vor zwei Tagen war ich bei einer Frau, die die Fähigkeit hat, Verbindung mit verstorbenen Seelen aufzunehmen. Sie wusste nichts von mir - ich habe ihr nichts erzählt, auch nichts von Veronika.

"Ich sehe etwas ganz zartes Elfenhaftes. Ich nehme Veronika weit weg wahr (normalerweise sind die Seelen ganz nah). Sie strahlt ganz viel Liebe und Glück aus, es gibt überhaupt nichts Negatives. So etwas Schönes sehe ich ganz, ganz selten. Es geht ihr sehr, sehr gut. Sie hat volles Bewusst-Sein, ist ganz rein, voller Licht. Es steht ein großer Engel vor ihr, er spricht jetzt mit mir. Er sagt, wir sollen keinen Kontakt zu Veronika aufnehmen, sie wird geschützt, sie soll nicht mehr in niedrige Sphären gezogen werden.

Es gibt bei ihr keinen Schmerz, kein Leid, sie hat kein irdisches Bewusstsein mehr. Auch wir sollen nicht leiden. Es war ihre Bestimmung zu gehen, sie hat ihr Leben hier vollendet und deshalb ist sie auch so schnell aus dem Leben genommen worden. Sie war ein ganz besonderes Kind, eine sehr weit entwickelte Seele. Sie wird im Neuen Zeitalter wiederkommen, aber nicht als Mensch, sondern als Meister. Der Herr gibt und der Herr nimmt.

Ihr wurde die besondere Gnade zuteil, was äußerst selten ist, gleich ins Reich der glücklichen Seligen einzugehen. Dank dieser Geburt, und dem, was sie bei uns erleben und lernen durfte und der wirklich guten Arbeit, die ich als Mutter mit ihr gemacht habe und der Liebe, die sie bekommen hat, konnte sie den Rest ihres Karmas so schnell aufarbeiten und dadurch war ihre Zeit hier vollendet. Im Moment macht sie den Verklärungsprozess zurück zum Engel durch und deshalb sollen wir sie jetzt nicht stören und Kontakt zu ihr aufnehmen. Sie ist ein Engel auf dem Rückweg und gehört zum Erzengel Gabriel. Ihr beide habt Großes geleistet und so der Seele ermöglicht, wieder nach Hause zu gehen.

Diese 'wahre Spiritualität' soll ich weiter leben und durch das Geleistete und durch den Verklärungsprozess von Veronika wird auch die Mutter erhöht. Die Schatten, hier auf der Erde, sind bald gebrochen. Ich, ihre Mama, werde dazu beitragen und die Kraft von Veronika wird zu mir zurückfließen. Ich werde in diesem Leben ebenfalls Befreiung erfahren."

Der Engel wirft einen riesigen Strauß rosa Rosen über mich zum Zeichen, dass ich gesegnet bin vom Herrn und von der göttlichen Mutter.

Veronika erstrahlt nochmals in einem wunderbaren Lichtgewand und im Engelbewusstsein, jenseits aller Negativität."

Gabriela ist von dieser hohen Energie den restlichen Tag total aufgeladen. Sie ist fröhlich, unbeschwert, glücklich und kann die ganze Nacht nicht schlafen. Seit mindestens zwei Wochen hat sie gefühlt, dass sie nicht mehr ihre Mutter ist, dass nicht ihr Kind gestorben ist, sondern Veronika jetzt weit über Gabriela steht.

Am nächsten Morgen kommen Zweifel. "Und was ist, wenn das alles nicht stimmt? DAS glaubt mir doch keiner!" Gabrielas Gelenke schmerzen wie von Messerstichen durchbohrt. Sie fühlt ihre Zerrissenheit zwischen dem, was sie fühlt und ist und dem, was die anderen erwarten, das sie zu sein und zu fühlen habe. Einerseits ist da ihre Klarheit und Stärke, ein inneres Wissen. Andererseits ihr Nicht-Glauben-Können, ihr Nicht-Verstanden-Werden. Oft erlebte Gabriela schon als Kind, dass sie nicht verstanden wurde, so wie sie war und wie sie etwas erlebte. Das taucht jetzt auch wieder auf, da die meisten Menschen nicht verstehen können, wie sie Veronikas Tod erlebt und damit umgeht.

Da Gabriela weiß, dass Lency eine Meisterin im Fühlen ist, bittet sie sie, ihr ihre Wahrnehmung hierzu mitzuteilen. Lency schreibt Gabriela zurück, sie an ihrer Stelle würde das glauben. Für sie fühlt sich das sehr wahr an.

Medium Zwei

Etwa vier Monate nach Veronikas Tod.

Wieder weiß das Medium nichts von Gabriela und von Veronika:

"Das Schöne ist, dass das Geben bei Gabriela ehrlich ist. Die Fähigkeit, mit Menschen umzugehen und sie aufzufangen, hat sie seit ihrer Geburt.

Sie soll bewusst in die Natur gehen und die Liebe zur Natur spüren und auch den Kontakt zur geistigen Welt genießen.

Sie hat auch ein Kind in der geistigen Welt, ein junges Mädchen, das eigentlich noch zur Schule gehen müsste, von der Seele her aber sehr reif ist. Sie ist dort unglaublich glücklich. Normalerweise darf man das einer Mama nicht sagen, weil sie dann traurig wird, aber Gabriela darf sie es sagen, weil sie es versteht und weil sie einen großen Teil dazu beigetragen hat, dass Veronika so glücklich ist. Natürlich ist es anders, weil Gabriela sie nicht sehen und nicht mit ihr sprechen kann, aber sie ist nur in einem anderen Zimmer. Es ist einfach wichtig, die Liebe zu ihr in uns zu spüren. Sie ist ein sehr starkes Wesen, sie hatte einen sehr schnellen Tod, es war etwas mit der Atmung. Sie ist bewusst gegangen, wusste auch, dass ihre Zeit zu Ende ist.

Sie wusste erst nicht, dass etwas passiert ist. Erst als sie den Schock in Michaels Gesicht sah, wusste sie, dass etwas passiert ist, was sie erst nicht verstand.

Sie zeigt sich zusammen mit Gabrielas Mama, die schon verstorben war. Ihre Oma wusste, dass Veronika gehen muss und meinte, das kann doch nicht sein, dass schon wieder ein Kind gehen muss und sich die Geschichte wiederholt. Aber sie hat sich nicht wiederholt, weil das zwei verschiedene Seelen sind. Die andere Seele ist schon lange gegangen. Mit dem Tod von Veronika ist die andere Seele, Gabrielas Schwester, frei geworden und hat wieder begonnen zu leben.

Veronika sagt zu Gabriela: 'Mama, soviel musst du auch nicht arbeiten. Manchmal übertreibst du es. Und es tut mir

gut zu sehen, dass du noch lachen kannst und so viel lachst.'
Sie fährt auch gerne nach Indien, dort ist die geistige Familie
und die Energie vom lieben Gott. Es kommen Bilder von
indischen Meistern, Jogananda, Sai Baba.
Veronika hat einen sehr engen Bezug zu Jesus und Maria.
'Stell dir vor, Jesus ist tatsächlich für jeden da. Maria ist sehr
beschäftigt, sie ist immer unterwegs. Sie ist die Schirmherrin
für Frauen und Mädchen dieser Welt.'
Veronika lernt sehr viel und entwickelt sich schnell.
Es geht darum, den Kontakt zu Veronika, zu ihrer Liebe
auszuhalten.
Gabriela soll ihren Weg so beibehalten, wie er sich für sie
gut anfühlt.
Seit dem Tod von Veronika ist bei Gabriela eine Geburt
passiert, nur die Freude fehlt Gabriela darüber. Sie soll
spirituell arbeiten. Gabriela erfasse selber ihre eigene Größe
noch nicht. 'Mama, du musst aufhören, den Menschen
helfen zu wollen, damit du ihnen wirklich helfen kannst.
Dies ist kein Angriff, sondern eine Entwicklung, wenn du
den Satz verstehst, wirst du es umsetzen können.'
Gabriela hat noch ein langes Leben vor sich, wird
Großmutter von mehreren Kindern. Keines dieser Kinder
soll Veronika genannt werden, denn sie wird es nicht sein.
Sie hat keine Lust so schnell zu inkarnieren, es ist ihr auf der
Erde zu eng, zu klein, zu winzig. Dort wo sie jetzt ist, kann
sie viel mehr bewirken."

Medium Drei

Die erste Begegnung mit diesem Medium haben Stefan und
Gabriela in einer Gruppe. Eine Bekannte von ihnen hat das
organisiert und beide finden das spannend. Sie sind von
Natur aus interessierte Menschen und durch diese Art sind
sie schon auf viel Gutes gestoßen. So wollen sie das einfach
mal erleben.

Stefan und Gabriela gehen zu dem Treffen. Es sind etwa zwanzig Menschen und ein Medium im Raum. Die Verstorbenen werden eingeladen und es ist völlig unklar, wer auftaucht. Das Medium erzählt, was es wahrnimmt und als Erstes muss herausgefunden werden, zu welcher Person dieser Verstorbene gehört. Gabriela und Stefan haben so etwas noch nie erlebt. Die Verstorbenen melden sich nicht mit: "Hallo, ich bin Franz und gehöre zu Rosa", sondern äußern zum Beispiel: "Mein rechter Fuß tut weh, ich habe Magenbeschwerden, ich bin groß und kräftig." Dies sollen Hilfen sein, damit die Verwandten sie erkennen können. Stefan und Gabriela finden das höchst interessant und erstaunlich faszinierend.

Nach einer Weile kommt die Aussage: "Ich sehe ein etwa drei- bis vierjähriges Kind, das Rad fährt. Ist irgendjemand hier, dessen Kind in dem Alter gestorben ist?" Niemand meldet sich. Stefan erzählt Gabriela später, er habe sofort Veronika auf dem Rad gesehen, obwohl er sie in diesem Alter noch gar nicht gekannt hat. Auch Gabriela kommt eine bestimmte Situation in den Sinn, wo Veronika gerade Radfahren gelernt hatte und mit heller Begeisterung ihre Kurven drehte und rief: "Mama, Mama, ich fühle mich so frei!" Jetzt fühlt sie sich wieder frei. Da sie nicht in dem Alter gestorben war, meldet Gabriela sich nicht. Das Medium, "forscht" weiter und nach einiger Zeit kommt die Aussage: "Es fühlt sich so an, als würde das Kind auf dem Rad in diese Richtung fahren", und er zeigt in unsere Richtung. Er bekommt jetzt Körpersymptome: "Der Körper fühlt sich irgendwie schwer an." Er macht die Haltung, die Gestik und die Stimmung nach. Das ist so klar und gleichzeitig sehr witzig, das muss Veronika sein. Es ist eine ganz typische Haltung von ihr, "wenn sie so ein bisschen am Schmollen war". Unverwechselbar, das ist ein ganz eindeutiges Zeichen. Sie sind fasziniert, dass diese Präzision möglich ist. Das Medium sieht Veronika fallen und meint, es war wohl ein Unfall. Gabriela sagt: "Ja, ein Skiunfall." Er fuhr fort: "Ich sehe aber keine Skier, ich sehe sie nur fallen." Auch das war richtig, Veronika hatte ihre Skier abgeschnallt, bevor sie abrutschte.

Ist das nicht faszinierend, dass Menschen das sehen können, obwohl sie absolut nichts von einem wissen? Viele Durch-sagen tauchen anscheinend auf, so ist es auf alle Fälle an diesem Abend, um den Angehörigen zu beweisen, dass der Verstorbene lebt und mitbekommt, was in unseren Leben geschieht.

So sagt zum Beispiel eine Verstorbene zu ihrer Schwester: "Oh, du trägst ja heute die schöne Unterwäsche von mir, die ich mir da und da gekauft habe." Und es ist so, die Schwester trägt heute diese Unterwäsche.

Veronika macht Aussagen wie:

"Es geht mir sehr gut, es gefällt mir gut, wie ihr das Haus gestrichen habt." Sie wollten alle zusammen an Ostern das Haus streichen. Die Farbe hatte Gabriela noch zusammen mit Veronika ausgesucht. Der Anstrich musste dann ohne Veronika erfolgen, da sie inzwischen gegangen war.

"Danke, dass ihr mich heimgebracht habt. Das war wichtig und nicht so ganz einfach. Ich habe trotz des Absturzes immer noch schön ausgesehen und das war wichtig, damit ihr mich heimholen konntet.

Ich passe gut auf meine Schwester auf und helfe ihr bei allem. Gut, dass sie an dem Sonntag nicht dabei war, sonst hätten wir auch das Sterben zusammen gemacht; wir waren oft wie Zwillinge und hatten so viele Pläne, *aber es war nicht ihre Zeit*.

Das Sterben hat nicht weh getan und ich hatte keine Angst. Es war wie Fliegen. Ich habe sehr interessiert, wie eine medizinische Wissenschaftlerin, zugesehen, was da passiert. Es ging sehr schnell. Ich bin froh, dass bei euch kein Fragezeichen da ist, ob ich vielleicht sterben wollte. Es war keine Absicht von mir. Ich wollte nicht sterben. Es war auch keine Fahrlässigkeit von Michael. Auch ein Seil hätte nichts genutzt. Blöd gelaufen.", sagte sie in ihrer verschmitzten, humorvollen Art, die wir so liebten.

"Es ist schön für mich, dass ihr gar nicht so traurig seid. In

mein Zimmer soll wieder Licht, Leben und Lachen rein. Ich
bin bei euch, alles ist in Ordnung. Ich möchte, dass es euch
gut geht. Es gibt keinen Grund zum Traurigsein. Schön, dass
ihr das wisst und damit umgehen könnt."

Stefan ist sehr überrascht, dass so banale Aussagen wie zum
Beispiel mit dem Anstrich unseres Hauses durch kamen,
ganz irdisches Zeugs. Gabriela hat ein Gefühl wie: "Kriegen
die denn alles mit? Wissen die alles, was hier so passiert? Da
haben wir gar kein Privatleben mehr!" Gleich darauf
bekommt Gabriela die Info, dass die Verstorbenen alles aus
einer höheren Warte sehen und nicht beurteilen. Dass sie
einfach in Liebe an unserem Leben Anteil nehmen. Das
findet sie wieder beruhigend.

Möglicherweise werden in diesem Buch Aussagen gemacht,
die sich zu widersprechen scheinen. Sollte ein Leser dieses
Gefühl haben, möchte ich anmerken, dass unser Leben aus
Paradoxen besteht. Es verläuft nicht immer linear und auch
gegensätzliche Aussagen können wahr sein. Letztendlich
ergeben sie ein Ganzes, höheres Erkennen, als die beiden
Einzelteile vermuten lassen.

Am nächsten Tag gehen Michael und Eva zu einem Sitting,
was Gabriela wie ein Eingreifen von Veronika erschien.
Beide waren erst nicht begeistert, als Gabriela ihnen von
dieser Möglichkeit erzählte. Plötzlich rief Eva an und sagte:
"Mama, wo müssen wir hin? Michael und ich gehen jetzt zu
dem Medium."

Die Kernaussagen sind: "Michael, es ist alles vergeben,
obwohl es nichts zu vergeben gibt. Du hast nichts verkehrt
gemacht, es ist kein Fehler passiert. Lasse alle Gedanken und
Schuldgefühle daran los. Es gibt nichts zu vergeben, alles
musste so geschehen, wie es geschehen ist."

Zu Eva sagt Veronika, dass sie ganz besonders auf sie
aufpassen wird. Ein Zeichen dafür ist, dass Eva achtsam sein
soll, wenn sie sich in der Nähe von Menschen unwohl fühlt
und dabei plötzlich an Veronika denken muss.

Auch meint sie, dass sie Eva sehr liebt und schätzt und auch
bewundert. "Ich – Veronika – bin mehr der Sprinter und du

bist mehr der Marathonläufer und hast sehr viel Geduld und Ausdauer."

Das Medium fragt Veronika, ob sie zum Abschied noch etwas sagen will. Meist sagen die Verstorbenen etwas Spirituelles, meint er. Veronika sagt: "Wieso zum Abschied? Ich bin doch hier!"

&

Veronikas Tod geht um die Welt

Drei Jahre vor Veronikas Tod sagte ein weiser Mann zu Gabriela: "Um Veronika brauchst du dir keine Sorgen zu machen. Sie ist eine 'Prinzessin' und wird mal berühmt werden." Gabriela gab dieser Aussage nicht viel Bedeutung und vergaß sie auch wieder. Nachdem Veronika gestorben war und ihr Tod um die Welt ging, fällt es Gabriela wieder ein und sie denkt: "Eine ungewöhnliche Art, berühmt zu werden."

Die Nachricht vom Tod ihrer Tochter breitet sich schnell aus. Das ganze PoV*-Netzwerk weiß davon und sendet Gabriela seine Anteilnahme. Jeff Allen aus England, Julie Wookey aus Afrika, weitere Kolleginnen und Kollegen aus Japan, Taiwan, Kanada, Europa und Hawaii. Veronikas Tod wird weltweit mitgetragen. Lency Spezzano begleitet Gabriela mit ihrer Liebe.

Durch die große menschliche Anteilnahme und durch das Verbunden-Sein mit dem Göttlichen hat die Familie das Gefühl, als seien Veronika und auch sie selbst vollkommen aufgehoben, geborgen und mit allem verbunden.

Als Lency noch einen Rundbrief schreibt, wissen sehr viele Menschen von Veronikas Tod:

Gabriela
Ich möchte euch von jemand Außergewöhnlichem in unserem Netzwerk erzählen. Es ist Gabriela. Während der vergangenen 18 Jahre hat sie als Familientherapeutin in

einem kleinen Dorf in Deutschland gearbeitet. Viele von euch kennen sie von den Seminaren in Hawaii, Indien, Salisbury, Leuk und München (wo sie für 1 1/2 Jahre in Jeffs Team war). Dieses Jahr schließt sie im Juni das 100-Tage-Programm in Parksville, Canada, ab. Seit vielen Jahren gibt sie Seminare, und seit ihrem ersten "Psychology of Vision"-Seminar durften ihre Kursteilnehmer mehr und mehr davon profitieren, was Gabriela von uns gelernt hat. Schon von ihrem ersten PoV-Seminar an war Gabriela ein "bliss baby – ein Kind der Glückseligkeit". Seither leitet sie in München alle vier Wochen eine "Joining Gruppe".

Ihr könnt euch unseren Schock und unsere Anteilnahme vorstellen, als wir Mitte März hörten, dass Gabrielas wunderschöne 17 Jahre alte Tochter Veronika gestorben ist. Sie war mit ihrem Freund in den Bergen, als sie ausrutschte, einhundertfünfzig Meter in die Tiefe fiel und sofort tot war. Das wirklich Erstaunliche an Veronikas Tod war die Wirkung, die er auf Gabriela hatte.

Obwohl es natürlich eine sehr intensive, machtvolle und ungewöhnliche Zeit für Gabriela, ihre ältere Tochter Eva und ihren frisch angeheirateten zweiten Ehemann Stefan war, war es auch eine außerordentlich gesegnete Zeit. Mit besonderer Erlaubnis durften sie Veronika für zwei Tage und drei Nächte bis zur Beerdigung nach Hause bringen. Es war eine sehr wichtige und auch wunderbare Zeit voller Gnade, Licht, Liebe und Traurigkeit. Sie erhielten viele Zeichen, und sie wurden in jedem Augenblick unterstützt. Gabriela ging viele Schritte mit Veronika und begleitete sie auch, als ihre Seele den Körper durch ihr Kronenchakra verließ. Gabriela und die anderen um sie herum machten die gleiche Erfahrung, als Veronika ins Licht ging. Sie lernten alle viel über den "Tod" und die anschließende Reise. Veronika berührte alle Menschen, die kamen, um sich von ihr zu verabschieden, und sie hat alle eine neue Haltung gegenüber Leben und Tod gelehrt. Der Tod verlor seinen Stachel.

"Veronikas Tod hat mich direkt ins Leben geworfen", sagte

Gabriela den 500 Menschen, die zur Beerdigung gekommen waren. Es war ihre Wahrheit. Alles schien für sie strahlender und lebendiger zu sein – Blumen, Schmetterlinge, Bäche – einfach alles. Sie konnte sogar die Urenergie des Lebens, die göttliche Schwingung in der Luft sehen und fühlen. Ebenso die Leichtigkeit und Freude in und hinter allem. Sie erlebte den gegenwärtigen Augenblick, wie sie ihn nie zuvor erlebt hatte. Sie war vollständig von ihrer Intuition geführt, und sie wusste, was sie zu tun hatte und was sie loslassen musste. Gottes Bewusstsein ist immer in ihr.

Gabriela hatte Zeiten des Schmerzes und der Trauer, die sehr intensiv waren, aber es waren nur kurze Momente und auch erstaunlich wenige. Wir hatten ein paar Sitzungen zusammen, nicht um die Trauer über Veronikas Tod zu bearbeiten, sondern um das Massenbewusstsein zu heilen und die Erwartung an eine Mutter, wie sie sich fühlen sollte, wenn ihr Kind stirbt. Gabriela musste sich mit sozialen Normen befassen, wie sie sich zu fühlen hatte und wie sie sich verhalten sollte. Sie erlaubte sich aber, sie selbst zu sein und sich so zu zeigen.

Ein paar Tage nach Veronikas Beerdigung war Gabriela in München, um wie gewöhnlich ihre Joining Gruppe zu leiten. Ein Teilnehmer berichtete mir, dass es eine unglaubliche Erfahrung war. Alle fühlten so viel Liebe. Kurz danach hielt Gabriela ein Seminar, in dem es darum ging, die Todesangst und den Todeswunsch zu heilen. Gabriela trug als Leiterin der Gruppe durch ihre eigene Heilung ihren Teil dazu bei, und sie wurde dabei noch leichter, kraftvoller und fröhlicher. Manchmal trauert sie noch um Veronika. Es sind kurze Momente der Traurigkeit, doch dann kommt die Freude zurück.

Vor ein paar Tagen bekam ich eine E-Mail von Gabriela, in der sie sagte: "Seit gestern liegt ein Mann in der Leichenhalle unseres Dorfes. Er ist die erste Person, die nach Veronikas Tod starb. Ich kenne ihn nicht, aber Stefan und ich gingen zum Sarg und sangen das Übergangsmantra für ihn. Wir ermutigten ihn, ins Licht zu gehen. Sie fühlten eine riesige

Freude. Vorher war da viel Einsamkeit – er war schizophren gewesen. Es ist großartig; nach dem Tod wird jede Schöpfung des gelebten Lebens erlöst. Das einzig wirklich Wichtige ist, der Liebe und dem Licht zu folgen. Ich hätte nie gedacht, dass ich Menschen in ihrem Übergang begleiten würde, die ich noch nicht einmal kannte. Es ist faszinierend."

In dieser E-Mail erzählte Gabriela auch, dass Eva gerade ihre Prüfungen zum Abitur schreibt. "Sie hatte sehr fleißig gelernt und studiert. Sie geht mit dem Tod ihrer Schwester sehr reif um. Sie ist eine weise Seele. Ich kann viel von ihr lernen."

Wir alle wollen den Bewusstseinszustand erreichen, den Gabriela durch diese unglaubliche Herausforderung erworben hat. Es ist wie Gabriela sagt: "Jemand, der sein geliebtes Kind verloren hat und es gehen lässt, lässt viele Bindungen los und hat nichts mehr zu fürchten." Niemand von uns möchte solchen Herausforderungen in seinem Leben begegnen. Danken wir dem Himmel, dass wir Gabriela als unsere Lehrerin haben, und bitten wir auch darum, dass wir bereit und willens sein mögen, das zu lernen, was wir durch ihr Vorbild lernen sollen.
Lency Spezzano

Aufträge

Veronika fordert Gabriela immer wieder auf, Botschaften in die Welt zu bringen. Das erste Mal war es wohl bei ihrer Beerdigung. Damals war es Gabriela jedoch nicht klar, dass es möglicherweise von Veronika kam. Kam der Impuls aus ihr oder war es schon eine Botschaft von Veronika? Inzwischen kann Gabriela gut erspüren, ob eine Aufforderung von ihr kommt.

Mama, bitte erzähle den Menschen
die Wahrheit über den Tod

Diesem Auftrag soll Gabriela zum Beispiel auch während eines PoV-Seminars mit Dr. Chuck Spezzano in München nachkommen. Es sind etwa einhundertachtzig Teilnehmer. Erstaunlich oft wird das Thema Tod eingebracht. Mit jedem Prozess, der durchlaufen wird, bekommt Gabriela mehr und mehr das Gefühl, dies habe auch eine Bedeutung für sie. Sie wird immer aufmerksamer und fragt nach innen: "Was hat das für mich zu bedeuten?" Es fühlt sich so an, als ob man einen Berg besteigt und sich allmählich dem Gipfel nähert. Sonntagmorgen, am letzten Seminartag, gibt es am Vormittag wieder einen "Todesprozess" und da hört Gabriela zum ersten und bisher letzten Mal ganz deutlich Veronikas Stimme. Normalerweise kommt ihre Botschaft lautlos durch. Ihre Stimme ist sehr eindringlich und bittend-auffordernd:

"Mama, bitte, bitte, Mama,
erzähle den Menschen die Wahrheit über den Tod."

Gabriela ist sehr gerührt und gleichzeitig aufgeregt. Nicht weil sie etwas erzählen soll, sondern weil sie die Stimme ihres Kindes gehört hat. SIE hat zu Gabriela gesprochen – unglaublich! Die Tränen laufen Gabriela über die Wangen. Welch eine Freude, welche eine Überraschung! Sie erzählt Chuck davon. Er gibt ihr das Mikrofon, damit sie zu den Seminarteilnehmern sprechen kann. Als ihr die Tränen kommen, stellt sich der Übersetzer an ihre Seite und legt seinen Arm um ihre Schultern. Dadurch fühlt Gabriela sich unterstützt und sie kann gut weitersprechen. Erst viel später erfährt sie, dass er als Jugendlicher fast seine ganze Familie verloren hatte.

Gabrielas Graduierung in PoV sollte ursprünglich in Kanada sein. Da sie wegen Evas Abiturfeier rechtzeitig zurück musste und das Seminar etwas länger dauerte, wurde die Graduierung ausnahmsweise auf das nächste Seminar in Leuk in der Schweiz verlegt. Es stellt sich heraus, dass es genau Veronikas 18. Geburtstag ist. So nimmt Gabriela die Gelegenheit wahr, über ihren Tod zu sprechen und sich bei allen Freunden, die sie unterstützt hatten, zu bedanken. Gabriela liest auch Veronikas Geschichte über den Schutzengel und die Liebe vor. Viele Menschen sind in ihrem Herzen berührt und fühlen sich dadurch beschenkt und unterstützt.

In PoV-Seminaren werden unter anderem Aufstellungen gemacht. Während Louise in ihrem Aufstellungsprozess symbolisch auf ihr Leben zugeht, hören sie und ihr Mann Veronika das Lied "Für Elise" von Beethoven am Klavier spielen. Veronika war in ihrem letzten Sommer bei ihnen in Frankreich zu Besuch und Louise lehrte sie dieses Lied. Gabriela hört es nicht. Manchmal scheint es so zu sein, dass etwas nur für bestimmte Menschen gedacht ist und nur sie das wahrnehmen können.

Abifeier

Das für Gabriela beeindruckendste Erlebnis in dieser Richtung ist die Abiturfeier von Veronikas Jahrgang. Eva und Gabriela gehen zur Abiturfeier, die mit einem Gottesdienst beginnt. Während des Gottesdienstes spürt Gabriela plötzlich sehr deutlich Veronikas Präsenz und dass sie sie auffordert, etwas zu sagen. In solchen Momenten denkt Gabriela nicht nach und nichts in ihr überlegt, ob es jetzt passt oder nicht, wie es wohl ankommt, was sie sagen wird? Der nächste Gedanke, der auftaucht, ist: "Wenn jetzt jemand etwas über Veronika sagt, dann gehe ich zum Altar vor." Genau in dem Moment spricht Franni, eine Abiturientin, über Veronika. So steht Gabriela auf, geht zum Altar und sagt: "Ich möchte gerne etwas sagen." Die, die den Gottesdienst gestalten, sind etwas überrascht. Gabriela auch, aber sie nicken.

Das Thema des Abi-Gottesdienstes ist "Weg-Bereiter, Weg-Begleiter".

"Ich bin die Mutter von Veronika. Veronika möchte euch sagen, dass es ihr Weg war, so früh zu sterben, dass das völlig in Ordnung ist für sie und auch für mich und uns, auch wenn dieser Weg sehr ungewöhnlich scheint. Es geht ihr sehr gut. Sie bittet mich, euch zu sagen, dass sie jeden Einzelnen von euch ermuntert, seinen Weg zu finden und zu gehen, egal wie er ist, egal wie ungewöhnlich er erscheinen mag. Und sie sagt euch, dass sie bei euch ist und euch unterstützt. Sie bedankt sich für die Liebe, die sie von euch bekommen hat, und betont noch einmal, wie wichtig es gerade auch für euch junge Menschen ist, euren eigenen Weg zu finden und den Mut zu haben, ihn zu gehen. Geht euren Weg, ich ermutige euch dazu, so wie ich meinen Weg gegangen bin und gehe. Und ich bin sehr glücklich."

Gabriela setzt sich wieder in ihre Bank. Erst jetzt kommt ihr der Gedanke, wie die Anwesenden das wohl finden. Wer katholische Gottesdienste kennt, weiß, wie ungewöhnlich es ist, den Ablauf unvorhergesehen zu unterbrechen und dann noch über die Botschaft einer "Toten" zu sprechen.

Mehrere junge Menschen sprechen Gabriela nach dem Gottesdienst an und bedanken sich bei ihr. Freunde von Veronika überreichen ihr noch eine wunderschöne, selbst verzierte Kerze. Sie wird noch zum Abi-Ball am Abend eingeladen. Dann geht sie nach Hause. Die Abiturfeier geht weiter. Eva bleibt noch, sie erzählt Gabriela, als sie nach Hause kommt, dass sie von vielen Menschen angesprochen wurde, auch von einigen, die mit Veronika nichts zu tun hatten. Alle fanden es sehr gut, dass Gabriela etwas gesagt habe und auch das, was Gabriela gesagt habe. Sie fühlten sich dadurch ermutigt und mit Veronika verbunden.

Stefan und Gabriela entschließen sich spät abends, doch noch zum Abi-Ball zu gehen. Sie genießen es, die jungen, wunderschön gekleideten Menschen bei ihrem Fest zu sehen, die jetzt auch soweit sind, in die Welt zu ziehen. Stefan und Gabriela tanzen mit ihnen und Veronika hat ihre Freude daran, so scheint es ihnen.

Veronikas Plan war es, nach dem Abitur nach Brasilien in ein Waisenhaus zu gehen und dort armen Kindern zu helfen. Dann wollte sie Sprachen studieren, viel im Ausland sein und sie sagte: "Mama, wenn du dann im Ausland Kurse gibst, übersetze ich für dich." Ja, sie übersetzt manchmal für Gabriela, nur anders als sie sich das vorgestellt hat und aus einer anderen Welt, als sie damals dachten. Veronika ist weiter ins "Ausland" gegangen, als sie geglaubt haben.

Seminar in Kanada

Etwa drei Monate nach Veronikas Tod ist Gabriela bei einem PoV-Seminar in Kanada. Lency hatte einen Rundbrief über sie geschrieben, so dass die meisten Menschen ihre Geschichte kannten. Lency wird von einigen Seminarteilnehmern gefragt, ob es denn richtig ist, dass eine Mutter nicht um ihr Kind trauert? Ihre Antwort ist: "Glaubt mir, sie hat getrauert, aber weil sie so sehr in der Akzeptanz und in der Hingabe war, deshalb gingen die Emotionen sehr schnell durch." Gabriela hätte das in diesem Moment nicht so ausdrücken können, aber das ist genau, wie es war.

Natürlich ist Gabriela nicht glücklich, dass ihr Kind gestorben ist, aber Gabriela ist damit in Frieden, von Anfang an, von der Minute an, wo sie es erfuhr. Diese Akzeptanz, aus der der Frieden entstanden ist, war einerseits eine große Gnade, andererseits eine bewusste Entscheidung.

Gabriela erlebte, dass tiefe Traurigkeit durch den Körper ging, so als ob der ganze Körper trauerte. Sie tauchte auf, wurde ohne jeglichen Widerstand gefühlt und verschwand wieder. Gabriela war sehr, sehr überrascht, wie schnell das ging und wie selten Traurigkeit überhaupt aufgetaucht ist. Ein wesentlicher Bestandteil dabei war, dass Gabriela sich auf keinerlei negative Gedanken einließ und dass sie ihre Aufmerksamkeit bewusst auf das Licht richtete. Ihr tiefer Glaube an das Licht jenseits des Körpers und ihr "Sehen" dieses Lichts erleichterte ihr das.

Fangen wir an, negative Gedanken zuzulassen, zum Beispiel Schuld, Vorwürfe gegenüber uns oder anderen Menschen, Ablehnung dessen, was geschehen ist, so sind wir schon verloren. Schmerz und Leid werden die Folgen sein.

Menschen fragen natürlich auch Gabriela: "Hast du den Schmerz, das Leid nicht verdrängt?" Interessanterweise wurde Gabriela das nie am Anfang gefragt, als Menschen sie unmittelbar nach Veronikas Tod erlebten, erst viel später, als Gabriela die Geschichte erzählte. Diejenigen, die sie in der Situation gesehen haben, spürten sehr genau, dass sie authentisch ist. Natürlich hat Gabriela sich diese Frage auch gestellt, da sie so überrascht war, wie es war. Aber es kam immer wieder die gleiche Klarheit: Nein, sie hat nichts verdrängt. Auch Lency, die sehr gut fühlt, was ist, und sich nicht täuschen lässt, sagt zu Gabriela: "Du verdrängst nichts, du hast es transformiert. Verdrängung fühlt sich komplett anders an und macht chronischen Schmerz."

ॐ

Gute Reise

Mit Veronikas Tod ist Gabriela sehr im Frieden. Ist sie jedoch unterwegs und sieht junge Leute reisen, überkommt sie manchmal ein Gefühl des Bedauerns, dass Veronika das nicht mehr erleben kann. Sie hatte so einen Spaß am Reisen und hatte gerade erst damit begonnen, ohne Eltern zu reisen. So wollte sie an Pfingsten mit einer Freundin eine Radtour nach Wien machen und im Sommer an einem

Workcamp teilnehmen. Sie war gerade im Aufbruch, allein oder mit Freunden in die Welt zu ziehen. Gabriela bedauert, dass ihr das nicht mehr möglich ist, solange, bis sie eines Besseren belehrt wird. Veronika erzählt ihr durch ein Medium, dass sie sehr viel reist, besonders gerne nach Indien, weil dort ihre geistige Familie und die Energie vom lieben Gott ist, nach Japan und in andere Länder. "Ich liebe es, in Gedanken zu reisen", sagt sie, und "alles ist gut, Mama, ich habe hier keine Begrenzung und kann überall hin- reisen." Es scheint so zu sein, dass in der geistigen Welt die Begrenzungen des Körpers aufgehoben sind und sich die Gedanken sofort manifestieren. Der Gedanke "Ich möchte jetzt nach Indien reisen" bewirkt, dass man sich schon dort befindet. Wie viel einfacher ist das als unser Reisen hier.

Sechs Tage nach Veronikas Tod schreibt Gabriela in ihr Tagebuch:

"Unsere Veronika ist jetzt überall."

Einmal erzählt sie durch ein Medium: "Ich habe hier viel Pulverschnee, Massen von Pulverschnee." Das klingt für unsere Ohren und unsere Vorstellung erst einmal ziemlich ungewöhnlich. Aber möglicherweise hat Veronika weiterhin Freude an Skitouren. Welch eine ungewöhnliche Vorstellung.

Wenn Gabriela reist, fühlt sie, dass Veronika immer mal wieder mit ihr reist. Sie kann sie wahrnehmen in sich, in den jungen Menschen, die ihr begegnen, in der Natur, in allem, was ist.

Und dennoch, wie schön wäre es, ihrem Klavierspiel zu lauschen, sie für ein Gespräch, einen Ausflug, ein herzhaftes Lachen, einen Scherz an ihrer Seite zu haben. So, wie sie war in ihrem menschlichen Körper, mit ihrer Lebendigkeit, ihrer Ausgelassenheit, ihrem Humor und auch ihrer Verzweiflung. Mit allem, was sie war und was sie in Gabrielas Leben brachte.

Viele Menschen vermissen das Zusammensein im Alltag sehr schnell und oft auch sehr schmerzhaft. Gabriela denkt und empfindet erst nach längerer Zeit: "Ach, wäre doch schön, jetzt Veronika besuchen zu können und einige Stunden mit ihr zu verbringen … schade, dass das nicht möglich ist. Schade, dass Gott sie nicht bei uns gelassen hat." Stefan erlebt plötzlich aufsteigende Wellen von Schwermut und tiefer Traurigkeit, in denen er das alltägliche Leben und den ganz normalen Kontakt mit Veronika vermisst, das, was ihm vertraut war, die alltäglichen Kleinigkeiten. Eva bedauert, wenn sie darüber nachdenkt, dass sie jetzt das einzige Kind in der Familie ist, dass sie kein Geschwister mehr an ihrer Seite hat, mit dem sie sich in der Familie auf gleicher Ebene befindet, das ihr eine stabile Zusammengehörigkeit und Sicherheit gibt und mit dem sie vieles teilen kann.

Grabstein

Zu Allerheiligen will die Familie einen Grabstein setzen lassen. So sehen sie sich um, was zu Veronika passen könnte. Der erste Stein, der ihnen ganz gut gefällt, ist schon verkauft, als sie ihn kaufen wollen. Das ist gut so, er ist noch nicht der richtige. Irgendwie führt es sie alle zusammen zu einem anderen Steinmetz. Dort steht Veronikas Stein. Sie alle wissen es sofort. Er sieht aus wie ein Felsen, grün wie Smaragd, mit Glitzer darin, genau richtig, ein ungewöhnlicher Stein, sein Handelsname ist Atlantis. Er erinnert Gabriela an das Theaterstück "Der Zauberer von Oz", Veronikas Lieblingsstück. Auch denkt Gabriela schon einige Zeit darüber nach, wie die Inschrift wohl lauten soll. Bisher ist ihr nichts eingefallen, was wirklich passt. Gabriela sieht den Stein und weiß es sofort:

"Gott hat dich vollendet."

Gabrielas erster Vortrag

Den ersten Vortrag über Veronikas Tod hält Gabriela etwa ein halbes Jahr danach. Ein Freund organisiert ihn. Bei der Vorbereitung denkt sie: "Es ist ein heikles Thema. Ich will vorsichtig sein, dass ich niemanden verletze." Gabriela weiß, dass viele der Teilnehmer selber ein Kind verloren haben. Letztendlich entscheidet sie sich, sich nicht vorzubereiten. Sie ist erstaunt, wie viele Menschen gekommen sind, es ist in einem kleinen Dorf.

Gabriela stellt das Bild von Veronika auf, das ihre Freunde ihnen geschenkt hatten, zündet eine Kerze an und fängt an zu sprechen. Etwa eine Stunde erzählt sie, was gerade in ihr auftaucht. Sie spürt genau den Punkt, als nichts mehr durchkommt. Jetzt ist die Zeit für die Beiträge der Teilnehmer.

Eine Mutter hat vor zwei Wochen ihren fünfzehnjährigen Sohn verloren. Sie vergewisserte sich vorher, dass sie den Raum verlassen kann, wenn sie sich nicht wohl fühlt. Normalerweise ist sie eher zurückhaltend und teilt ihre Gefühle nicht mit anderen. Es ist für Gabriela und für sie erstaunlich, wie viel sie erzählt und wie sie damit die Gruppe bereichert. Sie hat ähnliche Erfahrungen wie Gabriela gemacht. Sie ist völlig in der Akzeptanz und fühlt sehr klar, dass ihr Sohn ins Licht gegangen ist. Ein Geschenk für uns alle.

Was Gabriela tief berührt, fast "umgeworfen" hat, ist die hohe Energie im Raum. Niemand fühlt sich im geringsten verletzt. Es ist eine unglaubliche Liebe im Raum, die muss vom Jenseits kommen. Gabriela spürt Veronika sehr, sehr deutlich und sicher sind noch andere verstorbene Kinder oder Angehörige mit ihrer Liebe im Raum. Die Luft ist erfüllt von Liebe, alle sind davon getragen und sehr berührt. Fast jeder der Teilnehmer kommt nach dem Vortrag zu Gabriela, um sich nochmals zu bedanken. Ohne die Unterstützung und die große Liebe aus der geistigen Welt wäre das wohl nicht möglich gewesen.

§

Veronikas Hilfe

Alle ihre Seminare nach Veronikas Tod sind sehr gut besucht. Gabriela hat das Gefühl, dass Veronika sie unterstützt und sie ein Vielfaches von dem, was sie ihr gegeben hatte, zurückgibt. Sicherlich war auch Gabrielas Energie durch ihre Erfahrungen anders, präsent, friedlich, erfüllt, was die Menschen anscheinend anzieht.

Öfters hat Gabriela bei schwierigen Sitzungen das Gefühl, dass Veronika anwesend ist und die Prozesse vorwärts bringt. Ab und zu gibt sie Gabriela einen ganz konkreten Hinweis, und sie setzt ihn genau so um. Auch andere Menschen können Veronikas Präsenz spüren. Einmal sagt sie zu Gabriela: "Mama, wenn du mich brauchst, sag es mir einige Tage vorher, ich bin nicht immer bei dir und ich habe auch noch anderes zu tun, was mich sehr glücklich macht."

Einige Zeit nach Veronikas Tod hält Gabriela besonders gerne Seminare zum Thema "Über den Tod und das Leben". Dort fühlt sie stärker als sonst im Alltag die Präsenz, die Liebe und Unterstützung des Jenseits, die göttliche Schwingung, in der Gabriela sich vollkommen geliebt und aufgehoben fühlt. Ein Glücksgefühl, das einfach da ist, ohne dass man etwas dazu tun müsste. Das macht für sie diese Arbeit zur wahren Freude.

Die Seminare und auch die Einzelarbeit zum Thema Tod sind von dieser leichten, freudigen Stimmung begleitet und machen sie dadurch, auch für die Betroffenen, sehr viel einfacher, heilend und erlösend. Immer wieder geschieht es, wenn Gabriela zu Hause ein Seminar gibt, dass Menschen, die Veronika nicht gekannt haben, plötzlich an ihrem Grab stehen und dort Hilfe, Botschaften oder Einsichten und Erkenntnisse bekommen. Auch Stefan bittet Veronika manchmal, etwas zu übernehmen, ihn zu unterstützen, zum Beispiel, wenn in seiner Arbeit etwas nicht vorwärts geht. Und er bekommt Hilfe.

So wie sie zu Lebzeiten ein fleißiges Mädel war und gerne half, so ist sie auch in der geistigen Welt eine Unterstützung für viele.

∞

Evas Indien-Reise

Eva reist etwa ein halbes Jahr nach Veronikas Tod für drei Monate durch Indien. Oft hört Gabriela längere Zeit nichts von ihr. Selbst Weihnachten ruft sie nicht an. Gabriela hat nie Angst um sie. Eva ist frei und darf ihr Leben leben. Ebenso Stefan, er geht leidenschaftlich gerne Skitouren. Das hat sich auch nach Veronikas Tod nicht geändert. Hätte Gabriela bei jeder Tour um ihn Angst, wäre ihr Leben dadurch sehr eingeschränkt und ihre Partnerschaft sehr belastet.

Eva erzählt Gabriela, dass Veronika auf ihrer Indien-Reise sehr, sehr oft bei ihr ist. So träumt sie fast jede Nacht von ihr. Im Traum machen sie "normale" Sachen zusammen, so wie früher. Veronika meint einmal: "Zu Eva komme ich nachts, weil sie am Tage so beschäftigt ist." Eva erzählt: "Immer wenn es mir auf dieser Reise nicht gut geht oder ich traurig bin, kommt meine liebe Schwester und tröstet mich. Schön, eine Schwester im Himmel zu haben."

∞

Den Bergen vergeben

Als Gabriela aus Liebe zu ihrem Mann Stefan wieder beginnt, Skitouren zu gehen, bemerkt sie eine gewisse Befangenheit. Ihr wird klar, sie muss den Bergen vergeben, dass sie ihr ihr Kind "genommen" haben. Erst dann fühlt

Gabriela sich wieder völlig frei und hat wieder unbeschwerte Freude daran.

Besonders wenn es schönen, leichten Pulverschnee gibt, fühlt Gabriela sich sehr mit Veronika verbunden. Durch ein Medium teilte Veronika freudig mit: "Ich habe hier viel Pulverschnee, Massen von Pulverschnee."

Zu Hause angekommen, nach einer Skitour, hört Gabriela oft das Klavierstück "Für Elise". Veronika hat es Gabriela nahezu täglich vorgespielt, seitdem sie selbst ein Klavier bekommen hatte. Skitour, Pulverschnee und das Lied "Für Elise" verbinden sie innig, freudig, leicht und glücklich mit Veronika. Es ist als ob ihre Herzen weit offen und im gemeinsamen Glück verbunden sind.

Die Jahre nach ihrem Tod

Ihr erster "Geburtstag"

Es ist etwas seltsam für Gabriela, dass ihr Hochzeitstag und Veronikas Todestag so nahe zusammen liegen, nur ein Tag ist dazwischen. Sollen sie jetzt feiern oder sollen sie traurig sein? Sie entscheiden sich für das Feiern, laden einige Freunde und die engsten Freundinnen von Veronika ein und kochen ein schönes Essen. Stefan hat sich frei genommen, Eva auch. Michael kann leider nicht kommen.

Gabriela ist total überrascht, als die ganze junge Crew kommt. Sie dachte, dass vielleicht zwei oder drei enge Freunde von Veronika kommen würden. Welch freudige Überraschung, dass selbst nach einem Jahr die Anteilnahme der "Jugend" so groß ist! Eine Feier zu Veronikas erstem Geburtstag in der anderen Welt – es ist ein sehr gemütliches Zusammensein und Veronika ist sicher dabei und hat ihre Freude daran.

Ihr Grab ist an diesem Tag unglaublich schön. So viele junge Menschen haben Blumen hingestellt. Ringsherum stehen Blumen und das Grab ist voll davon. Unglaublich, so ein schöner Tag.

Eine Freundin, die nicht kommen konnte, tanzt am Abend für Veronika, andere führen andere Rituale für sie durch.

Die Blumen an ihrem Grab blühen hervorragend. Das ganze Grab ist übersät mit Frühlingsblumen, sehr bunt, vielfältig und wunderschön. Auffallend ist, dass die Blumen an ihrem Grab sehr viel länger blühen und teilweise größer wachsen als zu Hause, obwohl am Grab viel schlechtere Erde ist. Jetzt hat sie ihren schönen Garten mit vielen verschiedenen Blumen, etwas wild, so wie sie es gerne mochte.

Ein älterer Mann aus unserem Dorf steht eines Tages vor ihrem Grab und meint: "Das sieht so wunderschön aus, das Paradies könnte nicht schöner sein."

Veronika hatte zu ihrer Geburt von einer Freundin eine Rose geschenkt bekommen. Jedes Jahr blühte sie an ihrem Geburtstag, Mitte Juli. Dieses Jahr blüht sie an Gabrielas Geburtstag, Ende Juli, obwohl es ein sehr heißes Jahr ist und alle Pflanzen früher blühen. Veronikas Geburtstag ist jetzt wohl nicht mehr im Juli, sondern im März.

Ihr Zimmer

Lange Zeit hat Gabriela überhaupt keinen Impuls, irgendetwas an Veronikas Zimmer zu verändern.

Eva und Gabriela sortieren wohl ihre Kleider aus, und da sie alle in etwa die gleiche Größe haben, nehmen Eva und Gabriela viele Kleider zu sich und tragen sie bis zum heutigen Tag. Gabriela freut sich jedes Mal, wenn sie etwas von Veronika anzieht.

Während eines Aufenthalts in Indien trägt sie einen Punjabi*, den sie vor mehreren Jahren auf einer gemein-

samen Indien-Reise mit den Mädchen für Veronika gekauft
hat. Es ist erstaunlich, wie viele Menschen sie ansprechen
"wie schön er ist und wie gut er Gabriela steht". Das ist nicht
der Punjabi, er ist nicht schöner als die anderen Sachen, die
sie trägt, es muss wohl Veronikas Energie sein.

Alles andere in ihrem Zimmer lässt Gabriela etwa elf
Monate lang so, wie Veronika es hinterließ. Eines Tages hat
sie das Gefühl, es ist Zeit, das Zimmer zu verändern.
Gabriela fragt Veronika, ob jetzt der richtige Zeitpunkt ist,
und augenblicklich flattert ein weißer Schmetterling ins
Zimmer, obwohl es Februar ist. Gabriela wundert sich
gerade, ob sie die Türe zum Balkon offen hatte. Ja, sie glaubt
schon, es ist ein warmer Februartag. Schmetterlinge gibt es
um diese Jahreszeit allerdings noch keine.

Die Familie räumt das Zimmer aus und Gabriela zieht
wieder in das Zimmer ein. Früher war es ihr Zimmer
gewesen. Was für sie erstaunlich ist: Veronikas Zimmer
fühlt sich NIE leer an, nicht in dem Jahr, als es leer stand
und auch jetzt nicht. Es war die ganze Zeit so und ist immer
noch so, als ob sie darin wohnen würde, als wäre die Zeit
stehen geblieben, und sie alle sagen noch lange "Veronikas
Zimmer". Besonders klar wurde das noch einmal, als Eva
ausgezogen ist, um ihre Ausbildung zu beginnen. Sie packte
ihre Sachen – einiges blieb zu Hause – zog aus und das
Zimmer fühlte sich sofort leer an. Völlig anders als
Veronikas Zimmer. Gabriela erzählt es Magnus und auch er
empfindet es genauso. Evas Zimmer ist leer, Veronikas nicht.
Inzwischen wird das Zimmer viel von Gabriela und ihren
Enkelkindern genutzt und Eva und Jonathan haben es "Om
Shanti Zimmer" getauft. Gabriela ist sehr gerne in diesem
Zimmer, fühlt sich dort sehr geborgen und verbunden – mit
Veronika, aber auch mit göttlicher Energie, Kraft und Liebe.
Auch fühlt Gabriela Veronika dort besonders stark. Es ist
tatsächlich so, als wäre ein Teil von ihr noch bei ihnen.
Interessanterweise hatte Gabriela auch bei ihren Eltern nie
das Gefühl, dass sie gestorben sind. Wenn sie es nicht
wüsste, könnte sie sagen: "Ich fahre nach Hause und

besuche sie." Ist das nicht seltsam? Ebenso weiß sie, dass Veronikas Opa eine sehr starke Verbindung zu seiner verstorbenen Frau hat und sich nicht einsam fühlt.

Dafür scheint ein offenes Herz sehr wichtig zu sein. Übermäßige Trauer macht es unseren Verstorbenen schwerer, in Kontakt mit uns zu treten. Wir sind dann zu sehr mit uns selbst beschäftigt und wir können schwerer oder gar nicht mehr wahrnehmen, was um uns herum geschieht. Dadurch wird auch der Kontakt zu den anderen Menschen hier schwieriger, wodurch wir uns oft noch einsamer fühlen.

Zwei Jahre später

Am Grab

Etwa zweieinviertel Jahre später.

Gabriela macht sich wegen irgendetwas Sorgen – vielleicht über ihre Arbeit oder ob sie ihr Erleben von Veronikas Tod der Öffentlichkeit zugänglich machen soll und ob sie das überhaupt kann? Gabriela geht an Veronikas Grab. Dort hat sie Cosmea ausgesät und diese sind doppelt so hoch gewachsen wie die in ihrem Garten. Sie wiegen sich in ihrer Leichtigkeit ganz anmutig im Wind. Gabriela hört Veronika: "Fühle die Blumen, Mama, sie machen sich keine Sorgen." Sofort spürt Gabriela Leichtigkeit, die Schwere weicht. Nach einer kurzen Weile: "Und jetzt fühle mich, Mama, ich mache mir auch keine Sorgen. Fühle meine Energie." Sofort ist ihr Herz frei und fühlt sich ebenso leicht und beschwingt an wie die Blumen und Veronika.

So ist Veronika Gabriela immer wieder eine Hilfe, ein Schutzengel, der sie begleitet. Einmal sagt sie ihr: "Die Schatten werden fallen, die Schleier sich lichten. Wenn das der Fall ist, komme ich wieder auf die Erde."

Heute ist Gabriela bei einem geistigen Heiler, den sie persönlich kennt. Sie macht eine Sitzung, da sie sehr neugierig ist und verschiedene Methoden kennen lernen will. Er sagt zu ihr: "Irgendetwas ist mit deinem Herzen." Ja, das stimmt, es ist ab und zu so, als täte ihr ihr Herz weh, und es stolpert immer mal wieder. Er sagte: "Es fühlt sich an wie ein tiefer Schmerz in deinem Herzen, der zwischen zwei und zehn Jahren alt ist." Gabriela denkt an Veronika. Als der Schmerz erlöst ist, nimmt der Heiler jemanden wahr, der sehr zufrieden ist, und er sieht langes blondes Haar.

Veronika hatte langes blondes Haar. Gabriela liebt diese langen blonden Haare und fühlt eine besondere Verbindung zu ihr, wenn ihre langen blonden Haare in der Sonne glänzen und sie Räder schlägt. So wie in einem Urlaub in Frankreich, am Meer, in der Abendsonne.

Gabriela fühlt, dass "ihr Kind" glücklich ist und auch sie fühlt das Glück wieder in ihrem Herzen. Jetzt sieht Gabriela ihr Strahlen, jetzt spürt sie die Freude, jetzt fühlt sie sich ganz leicht. In der letzten Zeit war Gabriela öfter angestrengt und müde. Jetzt spürt sie wieder ihre Kraft und ihr Mitgefühl und kann so andere Menschen wieder gut begleiten. Ihr Herz ist wieder weit offen. Sie fühlt sich leicht, die Freude ist zurückgekehrt.

"Der Tod deiner Tochter war für dich eine Geburt, aber die Freude darüber fehlt." Das war eine Aussage eines Mediums kurz nach Veronikas Tod. Jetzt allmählich spürt Gabriela die Wirkung "ihrer Geburt" und auch die Freude und Dankbarkeit darüber. Ihr Kind ist glücklich und sie ist es auch, es ist deutlich spürbar, alles ist in göttlicher Ordnung. Sie ist sehr dankbar für all die zahlreichen Helfer.

Der Schmerz, der in Gabriela erlöst wurde, bezog sich nicht auf Veronikas Tod, sondern auf die letzten Jahre ihres Lebens. Dazu soll Gabriela noch bald mehr in der Session mit Arnold erfahren.

Zweieinhalb Jahre nach Veronikas Tod.

Es fängt gerade an zu dämmern. Es schneit in ganz dicken Flocken auf die geschlossene Schneedecke. Es ist wunderschön, friedlich, ruhig, fast heilig. Gabrielas Augen und ihre Seele folgen den tanzenden, fallenden Schneeflocken. Wie Weihnachten, Frieden, Stille, ein Traum.

Sie kommt gerade von einem weiteren Kontakt mit "ehemals Veronika" bei Medium Eins:

"Es geht ihr sehr, sehr gut. Sie hat ihr wahres Wesen erreicht. Sie war eine Inkarnation eines Engels. Sie ist überhaupt nicht mehr an die Erde gebunden, es ist sehr, sehr schön dort, wo sie jetzt ist, im Licht, und sie genießt das sehr.

Sie hilft auch gerne bei diesem Buch, es berührt viele und hilft ihnen.

'Schreibe über Bindungen in deinem Buch.

Mach deinen Geist frei und gib mich frei. Du bist noch zu sehr gebunden an das, als ich dein Kind war. Wir sind nicht mehr Mutter-Kind, wir sind geistig aneinander gebunden, aber in Freiheit. Die Freiheit ist mir sehr wichtig. Ich bin frei und ich diene in der Heilung. Ich bin ein Heilungsengel.

Der Kontakt mit dir ist aus All-Liebe, weil du meine irdische Mutter warst und mich das aus dem irdischen Dasein erlöst hat. Ich befinde mich auf einer ganz anderen Ebene.

Für dich, Mama, werden sich die irdischen Bindungen auch lösen, wenn die Zeit reif ist. Bereite deinen Geist darauf vor.

Michael soll sich keine Sorgen mehr um die Vergangenheit machen und es als Fügung anerkennen. Ich bin bei meinem geistigen Vater im Himmel.'

Sie, Veronika, ist sehr froh, dass sie die schicksalhaften Bindungen hinter sich hat.

'Verstehe, ich bin so fernab von irdischen Bindungen. Mein Bewusstsein ist nur auf mein wahres Sein ausgerichtet, nicht mehr auf mein ehemaliges irdisches Dasein.

Ich wünsche dir, dass das Heil zu dir kommt und dein Geist

Heilung und Ruhe findet. Dass deine Seele Frieden hat von ganzem Herzen. Wir sind verbunden über die Quelle des Lichts. Komm zu mir in die Lichterquelle, meditiere dorthin, bete mit uns und du bekommst die Kraft zum Leben. Du wirst deine geistige Urheimat immer mehr erkennen. Verbinde dich mit der Lichterquelle, mit reinster Liebe und Licht, das hilft dir, frei und rein im Geist zu werden.'

Sie, Veronika, ist nur Liebe, Licht und Harmonie. Sie hat keine Sorgen und keine Wünsche und das wünscht sie Gabriela auch.

'Du bist auf dem richtigen Weg. Die Ergänzungen kommen, wenn die Zeit reif ist. Mache dir keine Sorgen, der göttliche Plan sorgt dafür.

Höre Engelsmusik, Händel, Bach, dann bist du mit mir verbunden.

Mein Leben ist licht und schön, das wünsche ich dir auch.

Mama, du bist im Geistigen meine Schwester, deshalb war ich auch bei dir. Deine Arbeit ist sehr, sehr wichtig, weil ich jetzt gelernt habe, dass die Menschen mit dem Bewusstsein, mit dem sie sterben, auch drüben ankommen.

Wahre Heilung liegt im Geist.

Die Engel heilen aus der Intelligenz der Lichterquelle, durch die Urmutter des Lichts, dessen Bewusstseinsplan und die Intelligenz der Strahlen.

Heilung ist dein Beruf. Verstehe, alle Heilung kommt von der Lichterquelle.

Ich bin nicht immer bei dir und weiß deshalb nicht alles von dir. Wenn du mich oder uns Engel der Heilung brauchst, musst du uns rechtzeitig Bescheid sagen, dann können wir dir beistehen. Wir beide, du und ich, sind nicht wirklich getrennt, aber gehe nicht davon aus, dass ich täglich bei dir bin. Ich habe hier meine Arbeit, und die mache ich sehr, sehr gerne.

Ich hatte das große Glück, dass mein Ur-Sein sehr schnell aufgebaut wurde, aber ich kann auch das Jammertal der Seelen sehen, die im Alltagsbewusstsein gestorben sind. Das bisherige Bewusstsein, Leid und Qualen können über den

Tod hinausgehen. Die Engel steigen oft hinab zu bedrückten Menschenseelen, um Heilungslicht zu bringen, damit sie es ertragen können, auf dass sie neue Hoffnung bekommen, um in einem neuen Leben ihr Bewusstsein lichtwärts bilden zu können. Denn der Himmel, in den du nach diesem Leben eingehst, ist *der Stand deines Geistes.*

Was ihr sät, werdet ihr ernten, vergiss das nicht.

Ich sehe öfters Jesus, an ihn kannst du glauben. Er ist ein schöner Mann.' Sie schmunzelt.

'Anfangs hatte ich Kontakt zu meinen Großeltern, jetzt nicht mehr. Sie sind im Sommerland. Es geht ihnen gut. Ihr Bewusstsein war nicht so hoch, dass sie gleich aufgestiegen sind, aber ihr Glaube hat ihnen geholfen. Halte dein Bewusstsein hoch, das ist das Beste, was du für sie tun kannst. Auch deine verstorbenen Geschwister sind dort.

Lass dich nicht in diese Welt verstricken, identifiziere dich nicht mit ihr, auch wenn du in dieser Welt lebst.'"

Das Medium erzählt, Veronika ist wunderschön. Sie hat ein weißes Kleid an und Lichtenergieflügel. Sie hat ein rosa Band mit einem rosa Stein um die Stirn und ist für den rosa Strahl zuständig. Sie ist sehr dankbar und ganz licht-durchflutet.

Gewissheit

Zweidreiviertel Jahre nach Veronikas Tod weiß Gabriela mit großer Gewissheit, dass alles, ja alles, was in ihrem Leben geschehen ist, absolut richtig war und ist, auch wenn ihr Verstand versucht, ihr manchmal etwas anderes vorzugaukeln und dabei ist, irgendwelche Probleme zu erschaffen, um sie abzulenken. Abzulenken von der Göttlichkeit in allem, abzulenken vom vollkommenen inneren und äußeren Frieden. Sie bekommt eine Ahnung davon, wie es ist, mit allem dauerhaft im Reinen, im Frieden zu sein, und so auf dieser Welt zu sein, zu wandeln, mühelos, friedvoll, ohne Kampf.

Eine ihrer Aufgaben scheint es zu sein, eine Brücke zwischen Himmel und Erde zu sein, so dass der Himmel auf diese Erde kommen kann. Das ist natürlich eine Metapher. Wahre Heilung geschieht im Geist, im Bewusstsein. Das Bewusstsein der Menschen entscheidet, ob wir uns im Himmel oder in der Hölle befinden. Vollkommene Akzeptanz, Friede und Hingabe, das fühlt sich wie der Himmel an. Urteile, Ablehnung, Kampf fühlt sich wie die Hölle an.

Ihr begegnet ein Gebet, das sie sehr berührt:

> *"Jesus, ich brauche dich,*
> *ich öffne die Türe des Lebens und mein Herz für dich,*
> *bitte übernimm Du die Führung in meinem Leben*
> *und mache mich zu der Person, die DU willst, dass ich bin."*

Etwa zwei Wochen vor Veronikas Tod gab Gabriela sich das Versprechen, dass sie alles, was in ihrem Leben geschieht, annehmen und akzeptieren werde. Diese Haltung hat Gabriela seither mehrmals erneuert. Es geht darum, sich immer wieder daran zu erinnern und es im Alltag umzusetzen. Heute erhält es noch einmal eine neue Ebene, und zwar die Ebene der Vergangenheit. Alles, was in der Vergangenheit war, anzunehmen, in Frieden damit zu sein und mit Gewissheit zu wissen, alles war perfekt und genau richtig. Und das wird auch in Zukunft so sein.

Session mit Arnold

Während eines Aufenthalts in Indien erzählt eine Frau, die ebenfalls ein Kind verloren hat, Gabriela von einem Mann, mit dessen Hilfe sie Begegnungen mit ihrer verstorbenen

Tochter und ihren verstorbenen Eltern hatte.

Für Gabriela ist mit Veronika nichts offen. Sie hat kein spezielles Bedürfnis und dennoch hat sie die Intuition, sie soll mit diesem Mann Verbindung aufnehmen. Seit vielen Jahren hat Gabriela gelernt, ihrer Intuition zu vertrauen, auch wenn es keinen erkennbaren Grund dafür gibt. So macht sie sich auf den Weg, sein Haus zu suchen, was gar nicht so einfach ist. Sie weiß, wenn es wichtig ist, wird sie ihm begegnen. Schließlich findet sie sein Haus, er aber ist verreist. "Zufällig" hat Gabriela einen Stift und Papier eingesteckt und sie begegnet seiner Vermieterin. Sie hinterlässt eine Nachricht und denkt nicht mehr daran.

Tage später erzählt der Wachmann des Hauses Gabriela, ein Freund von ihr habe sie besucht. Sie hat keine Ahnung, wer das gewesen sein könnte. Es war Arnold. Am nächsten Tag kommt er noch einmal vorbei und Gabriela weiß immer noch nicht, wieso sie das Gefühl hat, sie solle mit ihm Verbindung aufnehmen. Als die Sprache auf Veronika kommt, sagt er: "Sie hat dieses Treffen arrangiert. Sie will dir noch etwas sagen, was zwischen euch noch unausgesprochen ist." Das fühlt sich für Gabriela sofort wahr an. Also verabreden sie sich.

Durch Arnold teilt Veronika Gabriela mit, wie sehr sie sie geliebt hat und immer noch liebt und wie stolz sie immer auf sie war. Das konnte sie zu Lebzeiten oft nicht richtig ausdrücken.

Außerdem will sie noch zwei wichtige Punkte aussprechen: "Gabriela fühlt sich noch für irgendetwas schuldig, und das ist nicht nötig." Alle Schuld sei vorbei, sie brauche sich für absolut nichts mehr schuldig fühlen. Veronika ist sehr dankbar, dass Gabriela sie geboren habe und dass sie bei ihnen war. "Fühle dich frei und geh deinen Weg, Mama."

Schuldgefühle können sich auf den Tod oder auch auf das Leben des Verstorbenen beziehen. Oft tauchen Schuldgefühle auf, die darauf hindeuten, dass wir das Gefühl haben, etwas versäumt zu haben, etwas hätten besser machen können, mehr Liebe geben, jemanden liebevoller behandeln, mehr Zeit mit ihm verbringen, ihn besser begleiten und ähnliches.

Als Gabriela nachspürt, wird ihr bewusst, dass sie keinerlei Schuld in Bezug auf Veronikas Tod fühlt, aber in Bezug auf ihr Leben. Ab und zu tauchen Gedanken auf, ob Gabriela genügend für sie da gewesen ist, ob sie sie zu viel allein gelassen habe, ob sie sie bei Themen, die für Veronika schwierig waren, genügend unterstützt habe und ähnliches. Diese Fragen stellte sich Gabriela auch schon ab und zu, als Veronika noch lebte, obwohl Veronika nie wollte, dass Gabriela ihretwegen zu Hause bliebe, und sich oft bei ihr bedankt hat, dass sie so eine gute Mama für sie ist. Ebenso fragte Gabriela sich, ob es nötig war, Veronika die Trennung ihrer Eltern zuzumuten. Veronika hing sehr an ihrer Familie und konnte das nur schwer akzeptieren. Gabriela hatte zeitweise die Vorstellung, sie gebe ihr nicht genug. Dies schuf für kurze Momente eine gewisse Distanz zwischen den beiden, in denen ihre Liebe nicht frei fließen konnte.

Schuld steht IMMER dazwischen und blockiert die Verbindung der Liebe zwischen den Menschen, egal ob sie leben oder gestorben sind.

Neben diesen Gedanken, die ab und zu auftauchen, weiß Gabriela aber sehr tief, dass alles, was in unserem Leben geschieht, richtig ist. So erkennt Gabriela eines Tages mit absoluter Klarheit: Veronikas Seele wusste immer, dass sie früh gehen würde. Da sie ein sehr anhängliches Kind war, dem die Familie und ihr Zuhause sehr wichtig waren, brauchte sie ein Übungsfeld, um mit Trennungen umgehen zu können. Andernfalls hätte sie nicht so leicht sterben können, ihr Tod war sehr leicht. Immer wieder gibt es Berichte von Seelen, die sich nicht trennen können. Die Trennungen, die Veronika in ihrem Leben erlebt hat, dienten ihr alle als Übungsfeld, um die Todestrennung so leicht zu meistern, wie sie sie gemeistert hat. Diese Erkenntnis erlöst Gabriela von jeglicher Schuld, auch in Bezug auf Veronikas Leben mit ihnen.

So zeigt Veronika ihr, dass es nicht nur wichtig ist, die

Schuldgefühle über den Tod, sondern auch über das Leben vollkommen loszulassen, sonst bleiben wir gebunden und können nicht in reiner, bedingungsloser Liebe, von Herz zu Herz die Verbindung aufrecht erhalten. Das gilt nicht nur für unsere Verbindung zu den Verstorbenen, sondern auch zu den Menschen, mit denen wir leben.

Der zweite Punkt, den Veronika noch anspricht, ist: "Gabriela muss sie noch ganz frei lassen, es gibt noch die geistige Nabelschnur zwischen ihnen. Gabriela braucht sich keinerlei Sorgen zu machen, sie bekommt alles, was sie braucht von den Engeln und von Sai Baba. Sai Baba kann viel besser für sie sorgen. Gabriela soll das Bedürfnis, noch irgendetwas von Veronika zu bekommen, völlig loslassen. Es ist auch nicht Veronikas Aufgabe, ihre Lehrerin zu sein. Gabriela werde alles bekommen, was sie braucht, um ihren Weg zu gehen. Das, was immer bleibt, ist die Herzens-verbindung, ist die Liebe zwischen ihnen, von Herz zu Herz. Diese Liebe ist völlig frei von Bindung, von Erwartung und von Schuld."

So wie die göttliche Liebe nicht mit der menschlichen Liebe zu vergleichen ist, so ist möglicherweise unsere menschliche Vorstellung von Loslassen, insbesondere Erwartungen loszulassen, auch nicht vergleichbar mit dem, was Veronika aus der höheren Warte des Jenseits damit meint. Deshalb gilt es, über einen längeren Zeitraum den Prozess zu beobachten und zu reflektieren, ob sich noch eine weitere Schicht, eine verborgene Ebene von Erwartungen versteckt hat. Dies kann immer wieder neue Aufmerksamkeit benötigen, um erneut auftauchende, bisher unbewusste Schichten aufzulösen.

Gabriela fragt sie, wieso sie gegangen ist und sie selbst noch hier ist. Veronikas Antwort ist: "Sie ist gekommen, um Gabriela auf die Sprünge zu helfen, um ihr beim Erwachen zu helfen. Das hat sie aus Liebe zu Gabriela getan. Für sie würde ein längeres Verbleiben auf der Erde keinen Sinn mehr machen, da diese Aufgabe jetzt erfüllt ist."

Am Schluss erwähnt sie noch: "Sie hat mit Sai Baba

abgemacht, dass Baba und sie Gabriela empfangen und nach Hause begleiten werden, wenn Gabriela zustimme und ihre Zeit hier zu Ende ist."

Mit dieser Begegnung kann Gabriela den letzten Rest der Vorstellung, etwas sei nicht richtig gewesen, gehen lassen. Veronikas Botschaft, dass es aus ihrem Leben nichts, aber auch gar nichts gibt, worüber sie sich noch Gedanken machen müsste und woran sie noch gebunden ist, befreit Gabriela.

Zu sehen, zu erkennen, dass wir uns immer wieder viel zu viele Gedanken, Sorgen und Ängste machen, hat etwas Erlösendes. Wenn wir immer mehr lernen, zu vertrauen und alles zu akzeptieren, was ist oder war, nehmen die Sorgen und Ängste automatisch ab. Die Qualität unseres Lebens verbessert sich dadurch enorm, es wird leichter, freudiger, reicher, erfüllender und glücklicher. Wir erkennen mehr und mehr die Weisheit des Lebens, jedes einzelnen Ereignisses und erfahren mit Wertschätzung, Dankbarkeit und Gelassenheit unsere Reise auf dieser Erde. Das ist wieder ein erlösendes Geschenk für Gabriela.

Dritter Todestag

Am dritten Todestag wird Gabriela noch einmal sehr klar, dass Veronika nicht gestorben ist, dass sie lebt, wie du und ich – nur auf einer anderen Ebene. Gabriela fühlt keinerlei Trauer.

Jetzt, drei Jahre nach Veronikas Tod, ist wieder einmal das Glück in ihr Herz eingekehrt. Gabriela ist sich der Essenz des Lebens bewusst und dessen, was wir sind und was wir nicht sind.

Die Seele, die ihr Kind war, lebt und Gabriela lebt. Sie sind nicht getrennt, sie sind nur in verschiedenen Zimmern, ihre Liebe fließt ungehindert zwischen diesen Zimmern hin und her. Veronika ist glücklich und Gabriela ist glücklich.

Veronikas Strahlen erwärmt Gabrielas Herz und Gabrielas Glück erwärmt Veronikas Herz.

Der physische Tod gehört in die Welt der Erscheinungen und er wird von unserem Verstand und unserer Wahrnehmung als wahr angesehen. Während Gabriela das erzählt, spürt sie Veronikas Gegenwart und ihre Freude darüber. Sie kennt die Wahrheit und auch wir alle kennen sie in unserem tiefsten Inneren.

Das größte Geschenk, das wir uns und anderen machen können, ebenso unseren lieben Verstorbenen, ist zu wissen, zu erfahren, was wir sind. Dadurch beeinflussen wir unser Leben und unseren Tod auf ganz wunderbare Weise.

Es gibt niemanden mehr, dessen Kind gestorben ist.
Und es gibt kein Kind mehr, das gestorben ist.
Dies ist das Ende einer persönlichen Geschichte.

Drei Jahre später

Inzwischen ist die irdische Veronika immer mehr ver- schwunden. Gabriela weiß nicht genau, wie sie das erzählen soll. Das was sie hier miteinander erlebt haben, ist weit, weit weg. Auch wenn Gabriela Bilder von ihr anschaut, hat das keine Realität mehr. Gabriela spürt, Veronika hat sich in der anderen Welt eingerichtet und sie haben sich in ihrer Welt, ohne Veronika, eingerichtet. Und wiederum stimmt es nicht, weil Veronika doch immer wieder sehr präsent ist, aber völlig anders, als in ihrem physischen Körper. Lange hat Gabriela immer noch gesagt "mein Kind" oder "meine Veronika". Das passt so nicht mehr. Sie ist nicht mehr ihr Kind, ihre Verbindung ist eine andere.

"In der geistigen Welt bist du meine Schwester", hat Veronika einmal gesagt. Aber auch das trifft es nicht wirklich. Gabriela hat mehr das Gefühl, sie steht über ihr, vielleicht so wie ein ganz persönlicher Schutzengel, zu dem Gabriela eine besondere Beziehung hat, weil der Engel einmal ihr Kind war.

Vielleicht kann man es so beschreiben, dass Veronika ihr eigenes Leben im Jenseits lebt, und die Familie ihr eigenes Leben hier. Und dass es dennoch eine Verbindung, etwas Gemeinsames gibt, wo sie sich immer wieder begegnen. Von Zeit zu Zeit spürt Gabriela Veronikas Präsenz und ab und zu kommen Botschaften, von denen Gabriela weiß, sie kommen von ihr.

Auch ist Veronika weiterhin in der Familie präsent. Sie denken oft in Liebe an sie, sprechen viel und ungezwungen über sie und erzählen Geschichten aus ihrem Leben. So wissen zum Beispiel heute die kleinen Kinder von Eva, dass sie eine Tante haben, die jetzt "im Himmel« wohnt.

ॐ

Dreieinviertel Jahre später

Gabriela ist wieder in Puttaparthi (Indien). Heute Nacht ist dieses tiefe Wissen, dass wir nicht sterben und auch Veronika nicht gestorben ist, noch tiefer in sie ein-gedrungen. Das, was lebt, lebt ewig. Leben stirbt nicht. Das Einzige, was sich aufgelöst hat, ist der physische Körper. Veronikas Essenz ist unverändert und völlig existent.

ॐ

Die Liebe erfahren

In den Jahren nach Veronikas Tod ist Gabriela die meiste Zeit in reiner Liebe mit ihr verbunden. Manchmal jedoch tauchen in ihr Zweifel auf, ob sie Veronika vielleicht in irgendeiner Art und Weise festhält, ob sie Erwartungen an sie hat und ob sie dadurch Veronikas Fortschreiten in der anderen Welt behindert? Sie hört auch immer wieder den

Satz, dass wir unsere Verstorbenen in Ruhe lassen müssen. Was bedeutet dieser Satz, überlegt sie sich manchmal ... Durch diese Zweifel und Gedanken hat Gabriela sich und ihr Fühlen zeitweise von Veronika und vom Leben getrennt und die Liebe konnte nicht mehr frei fließen.

Schneiden wir die Liebe in einem Bereich ab, hat das Auswirkungen auf alle anderen Bereiche unseres Lebens. Dies führt dazu, dass Gabriela zeitweise in ihrem Leben wenig Freude verspürt und sich vom Leben abgeschnitten fühlt. Sie empfindet eine Art Gleichgültigkeit und Ablehnung der Welt gegenüber.

Wo kommt diese Idee her, wir sollen die Toten in Ruhe lassen? Sie sind gar nicht tot, nur der Körper ist gestorben. Das Liebesband und der gegenseitige Austausch dürfen weiterhin bestehen. Wir sind im Kontakt, mit dem was lebt. Die Verstorbenen entscheiden selber, ob sie das möchten oder nicht. Wie kommen wir dazu, den Kontakt abzubrechen und sie als nicht existent zu betrachten? Die Existenz im physischen Körper ging zu Ende, das Leben nicht. Das Leben hat kein Ende. Veronika ist nicht tot und es besteht keinerlei Veranlassung, sie als tot zu betrachten und sie in Ruhe zu lassen. Was für ein Irrglaube. Sie lebt und darf auch in Gabrielas Welt weiterleben, nicht als die Person Veronika, aber als das, was sie immer war und immer sein wird.

Diese LIEBE nicht mehr zu spüren, weil es nicht sein darf, macht Gabrielas Welt grau und anstrengend und ist einfach ein Irrtum. Sie erkennt, es gibt überhaupt keinen Grund, die Liebe nicht zu fühlen, sie zu reduzieren, sie aus unserem Herzen zu verbannen, egal ob ein physischer Körper existiert oder nicht. So entdeckt und fühlt Gabriela die Liebe zu "ihrem Kind" wieder und ebenso die Freude an ihrem Da-Sein.

Immer wieder nimmt sie sich Zeit, um bewusst die Liebe zu fühlen, zu Veronika, zu sich, zu den Menschen, der Natur, zu allem. Die Sonne scheint bedingungslos, die Liebe ist bedingungslos. Gabrielas Tag ist dadurch erfüllter, ihr Leben reicher. Ihr Herz bleibt offen für die Geschenke, die das Leben für sie bereithält, und für das, was sie geben darf. Angesichts der Liebe ist der Tod machtlos.

ॐ

Vierter Geburtstag

Heute vor vier Jahren hat Veronika ihren Körper abgelegt, um ihre Reise in einer anderen Dimension, in einer größeren Liebe fortzusetzen.

An diesem heutigen Tag fühlt Gabriela ganz besonders die Schönheit und die Gnade der anderen Seite, ebenso die Leichtigkeit, die Freude und das Glück von Veronika. Ihre Herzen sind weit offen, eng miteinander verbunden und Gabriela fühlt in ihrem Herzen Veronikas Glück, ihre freudige Leichtigkeit. Es ist ein wunderschönes, tiefes Glücksgefühl, das Leben ist einfach und es ist in Harmonie. Veronika ist Gabriela heute besonders nahe, Gabriela ist ihr für ihre strahlende Liebe und für diese Erfahrung sehr dankbar.

Veronikas Vermächtnis ist das Erkennen der Liebe, das ist heute für Gabriela wieder sehr deutlich und stark fühlbar. Ihr geht den ganzen Tag das Lied "I walk in beauty" (Indianisches Gebet) durch den Kopf. Sie fühlt sich leicht, unbeschwert, geliebt und frei wie ein Vogel. Ist das nicht erstaunlich? Kein Problem, keine Traurigkeit, kein Bedauern, nur Freiheit, Liebe, Glück. Leichtigkeit, die Energie der anderen Seite, die Energie, in der Veronika jetzt immer ist.

Wenn wir den Tod verstehen und uns den Zugang zu der Schönheit bewahren, die jenseits der Form ist, verstehen wir auch die Tiefe des Lebens völlig anders. Wir haben Zugang zu der Gnade des Himmels und Zugang zu der Liebe unserer Lieben. Es gibt keine Trennung. Jedes Getrenntsein ist Illusion. Das zeigt Veronika Gabriela heute wieder einmal sehr, sehr klar.

Stefan und Gabriela sitzen zu ihrer Todeszeit am See. Die

Sonne scheint, der Wind weht über das Wasser. Veronikas Energie spielt mit dem Wasser und der Sonne, vollkommen leicht, fröhlich, übermütig, so wie sie es auch öfter zu "Lebzeiten" gemacht hat, als sie am Meer in strahlender Sonne ein Rad nach dem anderen geschlagen hat und ihr blondes, langes Haar im Wind wehte. Sie beide können ihre Energie überall spüren und fragen sich, wieso wir Menschen uns das Leben oft so schwer machen, wo es doch so leicht und schön ist.

Der weiße Vogel

Gabriela ist in der Küche. Mit einem Mal wird ihre Aufmerksamkeit ganz stark zu einem Fenster gezogen. Sie sieht hinaus und auf einem Strauch einen strahlend weißen Vogel sitzen. Er leuchtet richtig. So einen Vogel hat sie noch nie gesehen. Sein Kopf und sein Hals sind strahlend weiß, die Brust ist weiß mit kleinen schwarzen Flecken drauf. Er ist etwa zwanzig Zentimeter groß und rundlich, so wie ein Buddha mit einem Buddha-Bauch. Er hat eine unglaublich starke Lichtenergie in sich. Gabriela ist wie gebannt, kann ihn einfach nur betrachten. Dann ist er weg, sie kann sich gar nicht erinnern, dass er weg geflogen ist. Er ist einfach weg. Sie geht in ihr Büro, setzt sich an ihren Computer. Wieder zieht es ihre Aufmerksamkeit zur Balkontüre, da ist er wieder, er sitzt auf der Balkonbrüstung. Gabriela denkt an Veronika, ob er wohl von ihr kommt und Gabriela eine Botschaft bringt. Ein drittes Mal zieht es in der Küche ihre Aufmerksamkeit zu einem anderen Fenster, da ist er wieder. Gabriela fragt ihn: "Welche Botschaft bringst du mir?" Die Antwort, die Gabriela wahrnimmt, ist: "Der Geist muss vollkommen rein sein und auch die Kommunikation. Der Körper hat nach wie vor seine Bedürfnisse und das ist in Ordnung. Deshalb sind der Kopf (Geist) und der Hals (Kommunikation) ganz weiß und die Brust (Körper) weiß mit schwarzen Flecken."

Gabriela möchte den Vogel so gerne Stefan zeigen und holt einen Fotoapparat mit dem Gedanken: "Wenn er sich nicht fotografieren lässt, kommt er von Veronika, sie wollte sich die letzte Zeit auch nicht fotografieren lassen." Als Gabriela mit dem Fotoapparat wieder in die Küche kommt, ist er weg und diesmal kommt er nicht wieder. Sie hat die Botschaft verstanden.

Gabriela ist erfüllt von dem strahlenden Licht, das von diesem Vogel ausging. Irgendwie ist sie sich schon fast sicher, dass er aus der anderen Welt kam. Bis heute sieht sie ihn vor sich und erinnert sich immer wieder an seine Botschaft.

Wie gesegnet Gabriela ist

Durch Gabriela wurden zwei Mädchen in diese Welt geboren.

Evas Geschenk ist, dass sie ihr Leben hier mit Gabriela teilt und durch sie ein Schwiegersohn und Enkelkinder in ihr Leben kamen. Sie ist begeisterte Oma und genießt ihre wunder-vollen "Engelkinder" mit ganzem Herzen und voller Freude. Das Wunder des Lebens, das unbegreiflich bleibt. Liebe, die sich manifestiert.

Veronikas Geschenk ist, dass sich durch ihr Leben und ihren Tod Gabrielas Bewusstsein um ein Vielfaches erweitert hat. Während der Zeit, die sie hier zusammen verbrachten, zeigte sie ihr die Lebendigkeit und die Intensität des Lebens. Mit ihrem Tod lehrte sie Gabriela, dass Leben unsterblich ist. Dies ermöglicht Gabriela ein erfülltes Leben. Ebenso zu sein, was sie ist und zu tun, wozu sie gekommen ist. Daneben erlebt Gabriela Veronika wie einen persönlichen Schutzengel, mit dem sie von Herzen in Liebe verbunden ist. Sie war ihre Hebamme.

Gabriela ist aus tiefsten Herzen dankbar für alle Geschenke, die das Leben ihr bis jetzt beschert hat und weiterhin für sie bereithält.

સ્

Danke

Danke liebe Veronika,
dass du bei uns warst und immer noch bist.
Danke für alles, was wir durch dich lernen durften.
Dein Tod motiviert mich noch mehr,
vorwärts zu gehen, zu wachsen und das Göttliche zu
verwirklichen, als dein Leben es schon getan hat.
"Schreib, Mama!", hast du oft gesagt, "schreib, Mama!"
Ja, Veronika, ich schreibe.
Du hast mich, ich bin auf deiner Seite,
ich erzähle den Menschen vom Tod.
Wir sind ein Team, du drüben, ich hier.
Wir sind ein Team,
getragen und geführt von Gottes Gnade.
Du warst für mich immer eine Lehrerin
und ich liebe dich sehr.
Ich sehe dein Strahlen und ich fühle
deine Liebe und meine Liebe .
Ich fühle dein Lächeln, meine Seele.
Du hast mir immer vertraut.
Du hast immer an meine Kraft geglaubt, ich nicht.
Ich habe immer an dich geglaubt, du nicht.
"Gehe deinen Weg, Mama, egal wie ungewöhnlich er ist,
egal, ob dich die Welt versteht oder nicht.
Finde heraus, was für dich richtig ist,
und habe den Mut diesen Weg auch zu gehen."

So gibt sie Gabriela zurück, was sie ihr an ihrem Todestag zu Hause sagen wollte. Und was sie an der Abiturfeier ihren Freunden durch Gabriela mitteilte.

Ich fühle, Gott glaubt an mich
und du glaubst an mich.
Das ist genug.
Es gibt mir Kraft.
So glaube ich auch an mich und meinen Weg.
Veronika, ich habe immer an dich geglaubt.
Du bist mutig und entschlossen deinen Weg gegangen.
Ich liebe dich, ich fühle dein Sein, deine Kraft, dein Lachen
und deine ausgelassene Freude, deinen Frieden.
Wie gut, dass es dich gibt!
Kein Kommen, kein Gehen, du bist mit uns.
In Liebe und Dankbarkeit für immer,
die Seele, die deine Mama war

Gabrielas Weg der Heilung

Liebe Leserin, lieber Leser,
möglicherweise ist in dir während des Lesens der Eindruck
entstanden, dass die Geschichte zu positiv beschrieben ist
und zu wenig über den Schmerz erzählt.
Deshalb ist es mir wichtig, zusammenzufassen, wieso
meiner Meinung nach Gabriela tatsächlich sehr wenig
Trauer und Leid erfahren hat.
Es gibt den großen Mythos, dass Kinder nicht sterben sollen,
und dennoch sterben immer wieder Kinder und nicht nur in
armen, sondern auch in reichen Ländern. Der Tod lässt sich
davon nicht beeindrucken. Wenn er ruft, muss jedermann
diesem Ruf folgen. Ist ein Leben hier in diesem Körper zu
Ende, ist es zu Ende.
Da es in unseren Vorstellungen viele Dinge gibt, die nicht
geschehen sollten, lehnen wir diese Erfahrungen katego-
risch ab. Geschehen sie dennoch, führt unsere Ablehnung
dazu, dass wir inneren Widerstand aufbauen und nicht

mehr fühlen – den Schmerz, die Trauer, den Verlust ...
Nicht-Fühlen verursacht chronisches Leid. So verschließen
wir uns immer mehr, sind nicht mehr offen. Dadurch
nehmen wir uns die Chance, zu fühlen, zu erfahren, was
wirklich geschieht, und wie dieses Erleben zu unserem
Wachstum und zu unserer Reife beiträgt. Da Gabriela vom
ersten Moment an in der Lage war, zu fühlen, auch ihr
"totes" Kind und ihren für sie bestimmten Weg, und dem
auftauchenden Schmerz standhielt, machte sie völlig andere
Erfahrungen.
Von Anfang an war sie in Akzeptanz, das heißt ihr Geist war
mit dem, was geschehen ist, im Frieden. Frieden entsteht im
Geist. Akzeptanz ist das Gegenteil von Widerstand. So
entstanden kein Leid und kein Sich-Verschließen. Es gab in
ihr ein Ja zu dem, was geschehen war. Egal was im Außen
geschieht, Akzeptanz ist der Hauptfaktor für Glücklich-Sein.
Durch Akzeptanz entsteht keine Frage nach der Schuld, ein
Hauptkriterium für quälende Gedanken nach einem
Todesfall. So blieb auch diese Frage Gabriela erspart und
dadurch sehr viel Bedauern, Anklage und Kritik.
Gabriela fühlte sich nicht von Veronika getrennt, ihr Körper
war gegangen, nicht sie. "Unsere Veronika ist jetzt überall",
war ein Satz, den sie sechs Tage nach Veronikas Tod in ihr
Tagebuch schrieb.
"I`m just going everywhere", ist eine Aussage von Sai Baba
nach seinem physischen Tod.

Gabriela und ihre Familie hatten lange vor Veronikas Tod
ihre spirituelle Reise begonnen. So wussten sie von der
Endlichkeit des Körpers und der Essenz jenseits des Körpers.
Der feste Glaube daran, dass mit dem Tod nur der Körper
stirbt und das Ewige, Unvergängliche in jedem von uns
davon nicht betroffen ist. Dadurch gab es auch keine
Notwendigkeit zu glauben, Veronika sei tot und müsste aus
ihrem Leben verschwinden. Dieses Wissen verband die
Familie und so konnten sie sich gegenseitig durch diese Zeit
tragen.

Der tief verwurzelte Glaube an eine göttliche Kraft, die ihren Weg in Liebe führt und begleitet, das Gespräch und die Beziehung mit dieser Kraft – beides für Gabriela seit ihrer Kindheit vertraut – ließen in ihr keine Zweifel an der Richtigkeit von Veronikas Tod entstehen. So wie in der Erzählung beschrieben, konnte sie auch in diesen Tagen und anschließend sehr deutlich wahrnehmen und fühlen, dass Gottes unendliche Liebe die Familie begleitet und beschützt.

Der unerschütterliche Glaube an Gottes perfekten Plan und seine unendliche Güte ließen sie, wie schon öfters in schwierigen Zeiten, Gottes Gegenwart erfahren. Diese Gegenwart eröffnet den Raum vollständiger Akzeptanz, in der alle Wunden heilen oder erst gar nicht entstehen.

Von Gottes Liebe getragen und geführt, war die Familie im Stande, sich dem Tod zu stellen, ihm ins Auge zu blicken. Kein Weglaufen, kein sich Ablenken, kein Verdrängen, kein Wegräumen von irgendetwas, keine Medikamente. Stattdessen Präsenz, Da-Sein, Frieden, Veronika nach Hause holen, das Licht hinter dem toten Körper wahrnehmen, alle Schritte sehr bewusst gehen, den Abschied mit allen Sinnen und allem Fühlen *erfahren*, Schritt für Schritt, nichts auslassend. Tiefer Frieden erfüllt sie.

Alles, dem wir uns bedingungslos stellen, erhält eine neue, tiefere Dimension der Erfahrung dessen, was es ist. Kommt zu dem Wissen die gelebte Erfahrung und das Fühlen, ist der Kreis vollendet und eine neue Bewusstseinsebene öffnet sich. Jede bedingungslos gefühlte Erfahrung endet in der Liebe.

Menschen fragen manchmal:
"Aber die Wunde bleibt?" *"Es gibt keine Wunde",* ist Gabrielas Antwort.

Wunden entstehen durch Nicht-Annehmen dessen, was geschehen ist. Bedingungsloses Annehmen, Einlassen, Sich-Hingeben schließt eine Erfahrung ab. Sie ist integriert und lässt den Menschen reifen, ohne dass Wunden – das heißt andauerndes Leid – zurückbleiben.

All diese Faktoren haben dazu beigetragen, dass Gabriela und ihre Familie eine sehr wenig schmerzhafte Erfahrung mit dem Tod ihrer geliebten Veronika erleben durften. Ihre Dankbarkeit darüber ist sehr groß und ihr Vertrauen in die göttliche Ordnung ist noch tiefer und umfassender geworden.

MÖGEST AUCH DU
IN GOTTES VOLLKOMMENEN PLAN VERTRAUEN,
AUCH WENN ER FÜR UNS OFT UNERGRÜNDLICH IST.
LIEBE BEGLEITET DICH!

Buch Zwei

– Psychologische Sichtweise –

In Buch Zwei und Buch Drei beziehe ich mich auf meine eigenen Erfahrungen und Erkenntnisse aus meiner persönlichen Geschichte mit dem plötzlichen Tod meiner Tochter Christina, die im Kern mit der vorher geschilderten Erzählung übereinstimmt.

In Buch Zwei betone ich eher die psychologischen Aspekte und in Buch Drei die spirituellen, wobei sie nicht immer klar zu trennen sind.
Die Inhalte gelten nicht nur für den Tod, sondern auch für das Leben. Der Tod gehört zum Leben, die Gesetzmäßigkeiten sind die gleichen.

Einleitung

Unter Psychologie verstehe ich hier die Sichtweise, die sich mit der Person, ihren mentalen und emotionalen Prozessen und ihren Schwierigkeiten in dieser Welt beschäftigt. Unter Spiritualität verstehe ich eine Sichtweise, die sich aus dem übergeordneten Standpunkt des Göttlichen ableitet. Mit spiritueller Psychologie meine ich die verbindende Brücke zwischen diesen beiden Betrachtungsweisen. Wir sind in dieser Welt, aber nicht von dieser Welt. Es ist das Bewusstsein, dass es noch etwas gibt, was über unsere Welt hinausgeht.

Das einzig Sichere, wenn du diesen Planeten betrittst, ist, dass du ihn auch wieder verlassen wirst. Es ist unabdingbar mit dem Leben auf der Erde verknüpft, dass wir die Form, die wir hier annehmen, den Körper, wieder ablegen werden. Das müssen wir akzeptieren. Wie lange die Zeitspanne sein wird, in der wir diesen Körper bewohnen, wissen wir nicht.

Wer den Tod versteht, versteht auch das Leben.
Wer das Leben versteht, versteht auch den Tod.

Es ist nicht möglich, den Tod aus unserem Leben vollständig auszublenden, ihm zu entgehen. Überall in der Natur können wir den Tod ständig beobachten und ebenso das Erwachen neuen Lebens.

Wir sind ein Teil der Natur. Wieso fällt es uns so schwer, Vergänglichkeit zu akzeptieren?

Tun wir so, als wäre es möglich,
den Tod auszublenden,
begreifen wir die Tiefe des Lebens nicht
und es ist möglich,
dass wir "böse Überraschungen" erleben.

Es ist sehr sinnvoll, sich während des Lebens mit dem Tod zu beschäftigen. Dies führt in der Regel zu mehr Bewusstheit im Leben und zu einem weniger schmerz- und angstvollen Umgang mit dem Tod.

Der Tod in unserer Gesellschaft

In unserer Kultur haben die Menschen überwiegend die Vorstellung, der Tod sei etwas Schreckliches, eine Tragödie, ein Schock. Dadurch entsteht schon im "Vorfeld" Angst und keiner möchte etwas mit ihm zu tun haben. Etwas in uns hält an der Hoffnung fest, vielleicht trifft es *mich nicht*, vielleicht habe ich Glück. Doch alles, was geboren wird, stirbt auch wieder. Dieses "Schreckliche" erfahren zu müssen, ist bereits in unserer Vorstellung mit schmerzlichen Emotionen und Leid verbunden. So können wir vor dem erwarteten Schmerz eine so große Angst entwickeln, dass wir fürchten, wir könnten diesen Schmerz nicht aushalten. Dies führt dazu, dass wir das Fühlen vermeiden wollen und stattdessen ins verstandesmäßige Denken ausweichen. Wir lassen das Fühlen nicht mehr zu. Wir spalten es ab, vergraben es, sperren es weg. Dieses Verhalten hat weitreichende Folgen. Wir sind nicht mehr offen für das, was tatsächlich geschieht. Wir sind so mit unserem ver- meintlichen Schutz beschäftigt, dass wir nicht wahrnehmen können, was ist. Sind wir dagegen in der Lage, uns ins Fühlen einzulassen, offen wahrzunehmen, was tatsächlich ist, dann erleben wir etwas völlig anderes, etwas völlig Unerwartetes. Du hast die Chance im Tod einen tiefen Frieden, Leichtigkeit und so etwas wie Freude zu erleben.
Doch unser Verstand ist in seinen konditionierten Vor- stellungen gefangen, er kann das nicht be-greifen. Seine Gedanken sagen gewohnheitsmäßig etwas anderes und

wenn wir ihm glauben, verpassen wir die Chance, uns auch im Tod dem bedingungslosen Fühlen zu öffnen und zu erfahren, welch heiliger und gesegneter Frieden den Tod begleitet.

Jedes in seiner Tiefe gefühlte, erlebte Gefühl endet in Liebe. Dazu muss es sofort, unmittelbar gefühlt werden, es darf weder abgelehnt noch ausgelebt werden. Das heißt, du gibst dem Fühlen deine ungeteilte Aufmerksamkeit, du fühlst es, sobald es auftaucht allumfassend, nichts sonst – der Verstand ist *still*. So fühlst du es, bis das Gefühl zu seinem Ende kommt und sich von selbst auflöst. Sobald der Verstand anfängt, dazu eine Geschichte zu erzählen, warum es so ist, wer dafür verantwortlich ist, wer wem etwas angetan hat oder an etwas schuld ist, kannst du nicht mehr unmittelbar fühlen. Die Gedanken, die die Geschichte erzählen, stehen dazwischen, die Bewertungen, die aus dem Verstand kommen, stehen dazwischen. So entsteht aus dem Gefühl eine Emotion, die die Tendenz hat, sich zu inten- sivieren, weiterzuspinnen, einzuhängen, die wir festhalten als unsere Geschichte und die sich schließlich zu unserer Identität verdichtet. Unmittelbares Fühlen wird durch Ausleben, Verdrängung oder Denken ersetzt.

ℬ

Gefühle und Emotionen

Fühlen ist eine menschliche Fähigkeit, die zu unserem Wesen gehört, wir sind fühlende Wesen. Fühlen macht uns lebendig, mitfühlend, inspirierend und intuitiv. Es eröffnet uns die Tiefe des Seins. Es geschieht spontan, gegenwärtig, ohne Interpretation und ohne Bewertung. Gefühle tauchen auf, wollen wahrgenommen, zugelassen und voll und ganz gefühlt werden. Sie sind ehrlich, angemessen, authentisch und schaffen Verbindung. Erlauben wir sie, fühlen wir sie bereitwillig ohne Widerstand, wirken sie heilend und schaffen keine behindernde Vergangenheit. Gefühle sind die Sprache der Seele.

Im Gegensatz zum Fühlen sind Emotionen Reaktionen auf Bewertungen, die der Verstand erzeugt. Das Erlebte wird bewertet und je nachdem angenommen oder abgelehnt. Emotionen interpretieren, behaupten, haben Recht, halten fest und schaffen dadurch unsere Geschichte, unsere Vergangenheit, wie auch unser Opferbewusstsein. Sie sind das Wiederauftauchen alter angestauter, unterdrückter, nicht gefühlter Gefühle. Deshalb sind sie oft übersteigert und unangemessen. Meist sind sie mit Kritik, Vorwürfen sich selbst und anderen gegenüber gekoppelt. Dadurch trennen sie uns von uns selbst und von anderen.

Wahrnehmen, Erfahren ohne zu bewerten ist Fühlen.
Wahrnehmen mit Bewertung erzeugt Emotion.

Der Tod eines geliebten Menschen

"Der ist der glücklichste Mensch, der das Ende seines Lebens mit dem Anfang in Verbindung setzen kann."
Johann Wolfgang von Goethe

Der Tod eines geliebten Menschen, mit dem unser Leben so sehr verbunden ist, ist wohl die extremste Form des Loslassens und in der Regel am schwierigsten zu akzeptieren. Doch genau in solchen unannehmbaren Situationen haben wir die größte Chance zur Transformation. Das ist die Gnade, die uns angesichts des Todes geboten wird.

Wenn uns ein geliebter Mensch verlässt, ist von einem Moment auf den anderen nichts mehr, wie es war. Wir können nicht an dem Platz stehen bleiben, an dem wir vorher waren. Entweder wir stürzen ins Leid ab, oder wir steigen auf in die Gnade und Transformation. *Beide Wege stehen uns offen.*

Schon vor Christinas Tod und seitdem noch intensiver habe ich mich mit dem physischen Tod vieler Menschen, auch mit dem von Kindern, beschäftigt. Es ist erstaunlich, wie viele Spielarten der Tod hat und wie kreativ er ist. Immer wieder wurde mir klar, dass der Tod nie ein Zufall oder ein Versehen ist. Er geschieht nicht durch einfache Unachtsamkeit oder weil jemand – zum Beispiel die Eltern – etwas falsch gemacht hat. Dies wurde mir durch den Tod meiner Tochter sehr bewusst, und ich fühle mich immer wieder darin bestätigt.

In meinem Glaubenssystem und nach meiner eigenen Erfahrung ist der Tod nicht die Domäne des Menschen. Er tritt ein oder er tritt nicht ein. Wie viele Menschen geraten immer wieder in haarsträubende Situationen und bleiben hier, während andere Menschen ganz schnell gehen. Unsere Christina war während ihres Lebens nicht ein Mal in Gefahr geraten, sie war nicht einmal im Krankenhaus. Sie hatte sich nie etwas gebrochen oder dergleichen. Mein Mann dagegen war, ebenso wie ich auch, schon mehrfach in Situationen, in denen wir leicht hätten sterben können. So hatte er beispielsweise vor Jahren einen schweren Unfall. Er wusste nichts mehr von sich, noch nicht einmal seinen Namen. Alles war sehr friedlich, er sah das Licht und er wurde wieder "zurückgeschickt". Ebenso gibt es Menschen, die sich selbst töten wollen, die Situationen überleben, welche man nach medizinischem oder logischem Ermessen eigentlich gar nicht überleben kann.

Vielleicht ist es so, dass wir eine Erlaubnis brauchen zu gehen? Und dass wir gleichzeitig nichts dagegen tun können, wenn unsere Zeit gekommen ist, egal wie sehr zum Beispiel die Eltern aufpassen?

Für mich hat sich diese Ansicht immer wieder bestätigt und ist inzwischen fest in mir verankert. Kurz bevor Christina starb, hörte ich von Mutter Meera*, dass der Tod und die Geburt nicht in der Hand des Menschen liegen. Dieses Wissen war später eine große Hilfe für mich.

Wenn der physische Tod nicht in der Hand des Menschen liegt, bedeutet dies, dass niemand von uns daran schuld sein kann. Das ist eine radikale Ansicht, denn die meisten "Hinterbliebenen" quälen sich mit Selbstvorwürfen oder Vorwürfen gegenüber anderen. Wenn wir glauben, dass Gott gemeinsam mit der Seele des Betroffenen bestimmt, wann jemand geht, und dass es für jeden genau der richtige Zeitpunkt ist, hören wir auf, uns dafür schuldig zu fühlen. Wir sind Mitspieler in einem individuellen Plan und in Gottes Plan, so wie die anderen Menschen Mitspieler in unserem Plan sind. Uns von Schuld freizusprechen hat eine enorme transformierende Kraft. Es befreit uns, die anderen und ebenso die Seelen, die von uns gegangen sind.

In meiner langjährigen Berufstätigkeit als Therapeutin und Seminarleiterin habe ich viele Menschen begleitet, die sich über Jahre und Jahrzehnte unbewusst für ihre vermeintliche Schuld in Bezug auf einen Todesfall bestraften. Dies hat enorme Konsequenzen für den betreffenden Menschen und sein gesamtes Umfeld. Nehmen wir einmal an, ein Kind stirbt, und den Eltern gelingt es nicht, über den Verlust und die vermeintliche Schuld hinweg zu kommen. Dadurch gerät die ganze Familie in die "Todesfalle". Jedes Familienmitglied gibt einen Teil von sich auf, was eine ähnliche Wirkung hat, als wäre ein Teil von ihm gestorben. Die Menschen in dieser Familie erlauben sich bewusst oder unbewusst nicht länger, ein erfülltes Leben zu leben.

Ich habe mit Menschen gearbeitet, die in ihrer Kindheit einen Bruder oder eine Schwester verloren und im Erwachsenenalter ihr Leben und ihr Recht auf ein gutes Leben noch nicht wieder zurückgewonnen haben. Dies hat wiederum enorme Auswirkungen auf ihre eigenen Kinder. Es ist ein Kreislauf, ein Teufelskreis. Wenn wir unser Leben nicht wieder in Besitz nehmen, geben wir den Schmerz an unsere Kinder weiter. Dies passiert in der Regel unbewusst, so dass wir keine Ahnung haben, dass dies geschieht. Wenn Eltern zu sehr um ein verstorbenes Kind trauern und sich schuldig fühlen, bekommen die anderen Kinder nicht mehr die Aufmerksamkeit, die sie für ihr gesundes seelisches Wachstum brauchen. Die noch lebenden Geschwister fühlen sich unter Umständen schuldig, dass sie noch leben. Da Schuld und Leid distanzieren, leiden alle in der Familie.

Das Drama um den Verlust eines Verstorbenen kann sich zu einem Familienmuster entwickeln, das über mehrere Generationen unbewusst weitergegeben wird.
Schuld ist eines der wichtigsten Themen, wenn jemand stirbt und wir diesen Tod nicht akzeptieren. Fühlen wir uns schuldig, vertrauen wir weder Gott noch dem Weg desjenigen, der gegangen ist.

Tod und Geburt sind natürliche Prozesse.
Jeder ist davon betroffen.

Die Auseinandersetzung mit dem Tod und der Wahrheit über ihn gibt uns ein anderes Bewusstsein. Dann können wir, wenn wir oder andere in unserer Nähe von einem Todesfall betroffen sind, anders damit umgehen, als es in unserer Kultur üblich ist.

Wir dürfen trauern und uns schuldig, wütend, enttäuscht ... usw. fühlen, wenn diese Gefühle auftauchen, aber wir sollten sie nicht festhalten. Sie wollen einfach wahrgenommen und gefühlt werden. Es empfiehlt sich, den Prozess des Fühlens nicht zu unterbrechen, sich nicht abzulenken, sondern mit dem Geschehenem und dem, was es in dir auslöst, zu sein. Dem Fühlen die Zeit zu geben, die es braucht, bewahrt uns vor langanhaltenden negativen Emotionen.

Bei den meisten Menschen gehören Trauer, Schmerz, Wut, Schuld, Nicht-Verstehen-Können und Nicht-Akzeptieren-Wollen zum Prozess. Es ist wichtig sie zu fühlen, wenn sie auftauchen, ohne sie zu unterdrücken beziehungsweise sofort loswerden zu wollen. Lassen wir sie zu, akzeptieren wir sie, so integrieren sie sich und gehen von selbst wieder. Die andere Seite ist, dass wir sie übermäßig lange festhalten. Darunter liegt bei vielen Menschen der Glaubenssatz, je mehr wir um einen Menschen trauern, desto mehr bestätigt das unsere Liebe. Dies ist ein Irrtum. Anhaltende Trauer und Schmerz sind keine Liebesbeweise. Wahre Liebe gibt frei. Du hast den Menschen geliebt und bleibst weiterhin in Liebe mit ihm verbunden. Liebe ist unsterblich.

****

Zum Nachspüren

Erlaube dir deinen Prozess, erlaube dir deine Gefühle.
Richte deine Aufmerksamkeit auf sie, fühle sie allumfassend, ohne jeglichen Widerstand, lasse zu, dass sie wieder gehen.
Gib den Verstorbenen frei, gib ihn in Gottes Hände und nimm dein Leben wieder in Besitz. Wenn du magst, kannst du auch deine Gefühle in Gottes Hände geben und um Unterstützung und Transformation bitten.
Das Leben ist ein Geschenk Gottes. Es zu leben, ehrt dich, das Göttliche und die Verstorbenen.

****

Ich habe oft gehört: "Ich vertraue Gott nicht mehr: Er hat mein Kind - meinen Mann, meine Frau, meine Mutter, meinen Vater und so weiter - sterben lassen, obwohl ich so gebetet habe, dass es nicht passiert." Natürlich wollen wir nicht, dass das geschieht, aber wir kennen das Gesamtbild und die übergeordneten Zusammenhänge nicht. In solchen

Situationen können wir oft nicht glauben, dass alles, was geschieht, letztendlich zu unserem Besten ist. Dieser Grundgedanke wird im folgenden Text und der anschließenden Geschichte genauer verdeutlicht.

Alles, was geschieht, geschieht zu deinem Besten

Ein Jahr vor Christinas Tod hat ihre Schwester auf unserer Hochzeit den folgenden Text vorgelesen. Für mich ist es integrierte Wahrheit, dass es tatsächlich so ist. Alles, was geschieht, geschieht zu unserem Besten. Manchmal können wir das nicht verstehen. Es gibt so vieles, was wir nicht verstehen können und auch gar nicht verstehen müssen.

"Wisse stets, dass alles, was du erlebst und was dir passiert, nur zu deinem Besten ist. Natürlich wird dir im Laufe deines Lebens einiges widerfahren, von dem du meinst, mit Bestimmtheit sagen zu können, dies sei sicherlich nicht gut für dich, sondern eine wahre Katastrophe. Das, was ihr unter Katastrophen versteht, gibt es nicht. Es gibt nur Ereignisse, die Ich dir schicke, um deinen Weg grundlegend zu verändern oder um dir endlich die Augen zu öffnen.
Auf lange Sicht gibt es wirklich nichts, das zu deinem Nachteil gereichen könnte. Alles hat seinen Sinn. Und dieser Sinn kann nur positiv sein, denn hinter allem steht Meine unteilbare Liebe für dich.
Denk einmal über die vielen Ereignisse nach, die du bisher erlebtest und die dir im ersten Augenblick schrecklich und unerträglich erschienen. Wie viele sind es heute noch? Wie viele stellten sich als Segen heraus? Wie viele, die du als Katastrophe ansahst, haben dich vor einer wirklichen Katastrophe bewahrt!
Vieles im Leben fügt sich nicht nach deinem Willen. Störe dich nicht daran, sondern bedenke, wie häufig dies dein Glück war und ist. Sei versichert, dass Meine unum-

schränkte Liebe dich stets umhüllt und dass Ich alles tue, um dein Glück zu sichern.

Ginge es nur nach deinem Willen, dein bleibendes Unglück wäre gewiss. Das, was du eine Katastrophe nennst, ist Mein Herumreißen des Ruders, um dieses endgültige Unglück vermeiden zu können.

Heute musst du Mir all dies glauben. Eines Tages wirst du selbst die Zusammenhänge sehen."[6]

Auch die folgende Geschichte verdeutlicht auf anschauliche Weise das Prinzip, dass alles nur zu unserem Besten ist.

Der sonderbare Minister

Es war einmal ein König, der hatte einen sehr sonderbaren Minister. Jener gab auf alles, was geschah, stets die gleiche Antwort: "Das ist das Beste, was passieren konnte." Der König ließ seinen Minister gewähren und schaute großmütig über diesen kleinen Tick hinweg.

Eines Tages verlor der König durch einen Unfall mit dem Schwert seinen Daumen. Wieder reagierte der Minister mit seinem üblichen Kommentar: "Das ist das Beste, was dir passieren konnte." Jetzt aber wurde der König wütend und er ließ den Minister auf der Stelle ins Gefängnis werfen. Als der Minister abgeführt wurde, sagte er: "Das ist das Beste, was mir passieren konnte."

Nun ergab es sich, dass der König mit seinem Gefolge auf die Jagd ging. Plötzlich brach ein heftiges Gewitter aus. Ein jeder suchte sich einen geeigneten Unterschlupf. Als das Gewitter vorüber war, fand sich der König völlig allein gelassen unter einem Baum. Da er müde geworden war, schlief er sofort ein.

Als er wieder aufwachte, sah er sich umringt von einer Horde wilder Männer. Diese betrachteten ihn neugierig von allen Seiten und beschlossen, den König zu Ihrem Häuptling zu bringen, da er sich als Opfergabe für Ihre Götter eigne. Der König protestierte und versuchte den wilden Männern zu erklären, dass er der König des Landes sei. Sie ließen sich aber nicht beeindrucken und nahmen ihn mit zu ihrem Stammeshäuptling.

Wieder wurde der König von allen Seiten kritisch betrachtet. Hierbei entdeckte der Häuptling, dass dem König der Daumen fehlte. "Bringt ihn wieder dorthin, wo ihr ihn gefunden habt", befahl der Stammesführer seinen Männern. "Beschädigte und unvollkommene Opfergaben nehmen unsere Götter nicht an."

Der König konnte die rasche Wende seines Schicksals kaum fassen und rannte so schnell er konnte zum Palast zurück. Dort angekommen, ließ er seinen Minister sofort aus dem Gefängnis holen. "Minister", so sagte er zu ihm, "jetzt habe ich deine Worte, dass immer alles das Beste ist, was passiert, endlich verstanden." Und er erzählte ihm, wie es ihm mit den wilden Männern ergangen war. "Aber sage mir", fragte der König den Minister, "warum war es für dich das Beste, ins Gefängnis geworfen zu werden?"

"Hättest du das nicht getan", antwortete er, "wäre ich mit dir auf die Jagd gegangen, und weil ich dein oberster Minister bin, hätte ich dich niemals allein gelassen. So hätten die willden Männer dann mich anstatt dich ihren Göttern geopfert."

(Quelle unbekannt)

Loslassen und verbunden bleiben

Das Größte und Schwerste, was Liebe neben dem Verzeihen zu schenken vermag, ist das Loslassen. Loslassen ist eine Fähigkeit der Liebe, anzunehmen, was ist.

Es ist kein Widerspruch, jemanden loszulassen und dennoch mit ihm verbunden zu bleiben. Erst wenn wir unsere Lieben loslassen und sie ihren Weg gehen lassen, werden sie immer mit uns verbunden sein. Lassen wir sie nicht los, das heißt akzeptieren wir nicht, dass sie gegangen sind, bleiben dagegen wir und möglicherweise auch sie gebunden. Wir werden sie ewig vermissen, im Schmerz sein und unser Leben nicht wahrhaftig leben. Wir halten an Vergangenem fest und lassen uns nicht auf das Neue, die Veränderung ein. Dies bedeutet immer Schmerz.

Man kann dies ein bisschen mit der Situation vergleichen, wenn Kinder erwachsen werden und das Haus verlassen. Gestatten wir Eltern ihnen, ihr eigenes Leben zu leben, ohne ihnen unsere Vorstellungen aufzudrängen, werden sie weiterhin eine innige Beziehung zu uns aufrecht erhalten. Lassen wir sie aber nicht gehen, werden sie sich auf die eine oder andere Weise innerlich von uns abwenden.

Das Nicht-Zulassen von Veränderung oder dem Neuen bedeutet immer Stagnation. Wir sind dann nicht mehr offen für das Leben, sondern verschließen uns in unseren Konzepten und Vorstellungen. So versperren wir sowohl unseren Zugang zu den Menschen, die noch in einem Körper sind, als auch zu den Seelen, die nicht mehr in einem Körper sind.

Die Seelen, die gehen, brauchen ihren Raum und unsere Akzeptanz für ihren Weg, um weiterzugehen und sich optimal weiterzuentwickeln, genauso wie auch wir hier unseren Raum brauchen, um zu wachsen und uns zu entwickeln. Die Seelen wollen nicht, dass wir unser Leben aufgeben und mit ihnen sterben, denn es ist noch nicht unsere Zeit. Jede Seele hat ihre eigene Zeit. Übermäßiges, chronisches Trauern und Festhalten behindert die Seele ebenso wie uns selbst.

Mir wurde klar, dass dies eine Form von Egoismus ist: "Meine Tochter darf nicht sterben, nur, damit ich nicht traurig bin." Jede Seele hat ihren eigenen Weg, und was wir oft nicht wissen oder in solch schweren Momenten als Mensch oft nicht erfassen können und wahrhaben wollen, ist der Aspekt, dass wir dieser Situation einst zugestimmt haben. Es ist kein Zufall, dass wir genau diese Erfahrung machen. Wir haben auf der Seelenebene zugestimmt, genau diese Erfahrung zu machen und diese Lektion zu lernen.

Bei mir geht es unter anderem darum, den Menschen zu helfen, die Wahrheit über den Tod zu erfahren, um besser damit umgehen zu können. Dies ist Teil des Versprechens, das ich gegeben habe. Es gibt mir die Kraft und Motivation, dieses Buch zu schreiben. Würde ich es nicht tun, wäre ein Teil meines Versprechens nicht eingelöst. Es ist nicht wichtig, wie viel Zeit und Mühe es kostet oder ob es Angst macht. Das Einzige, was wichtig ist, ist es zu tun und somit den Auftrag zu erfüllen.

****

Fühle
Wann immer du möchtest, kannst du dich an die Schönheit im Leben des Verstorbenen und an die Liebe zu ihm erinnern.
So fühlst du ihn und bist mit ihm verbunden. Seine Liebe und seine Kraft sind mit dir und das wiederum gibt dir Kraft. Um diese Verbindung zu erfahren, musst du daran glauben und dafür offen sein.

****

ဆၣ

Ein plötzlicher Tod

Wird jemand in deinem Umfeld von einem plötzlichen Tod überrascht, ist es sehr wichtig, ihm zur Seite zu stehen.

Selbst bei Menschen, die sich bereits mit dem Tod auseinander gesetzt haben, kann die Nachricht eines plötzlichen Todes eine Art Verwirrung oder Lähmung auslösen. Dann braucht es eine Person im Außen, die sehr klar die Situation überblicken und Hinweise geben kann, was jetzt zu tun ist, und die mit Liebe und Mitgefühl die Situation mitträgt.

Ebenso kannst du dir prophylaktisch überlegen, welche Personen dir am besten zur Seite stehen könnten, wenn du von einem unerwarteten Tod betroffen bist. Dich dann zu erinnern, wen du als Erstes bittest bei dir zu sein, fällt leichter, wenn du dir schon einmal darüber Gedanken gemacht und auch mit den Personen darüber gesprochen hast.

Bewusst Abschied nehmen

Ich möchte alle Menschen ermutigen, so bewusst wie möglich von ihren geliebten Verstorbenen Abschied zu nehmen. Die Tage vom Eintreten des physischen Todes bis zur Beerdigung oder Verbrennung können dafür genutzt werden. Jeder wird seine eigene Form dafür finden. Vor allem, wenn Angehörige von einem plötzlichen Tod überrascht werden, sind der Schock und die Betroffenheit oft so groß, dass sie gar nicht wissen, was sie jetzt brauchen und was ihnen und dem Verstorbenen helfen könnte. Gerade deshalb ist es mir so wichtig, in diesem Buch eine von mehreren Möglichkeiten aufzuzeigen, damit wir besser auf einen möglichen Tod vorbereitet sind.

Auch das Wissen, dass wir nach dem Eintreten ihres physischen Todes sehr wohl noch etwas für unsere Lieben tun können, ist mir sehr wichtig weiterzugeben. Ich wusste es selbst nicht, obwohl meine beiden Eltern bereits verstorben waren und ich dort schon eine Menge gelernt hatte. Die Betroffenheit und die Gnade – und vermutlich auch mein Bewusstsein – waren bei Christinas Tod sehr viel höher.

Trauerprozess

In der Arbeit mit vielen Menschen, die einen Verlust erlitten haben, zeigt sich, dass der Trauerprozess meist in mehreren Schritten verläuft.

1. Nicht glauben, Schock, Gefühls-Starre
Es ist hilfreich, als Begleiter einfach da zu sein, körperliche, emotionale und praktische Unterstützung zu geben. Gib dem Trauernden körperlichen Halt, lasse ihn sich anlehnen, halte ihn. Unterstütze ihn, die praktischen Dinge zu regeln und auch Entscheidungen zu treffen, zum Beispiel ermutige ihn, zu dem Verstorbenen zu gehen und Abschied zu nehmen, bevor die Beerdigung oder Verbrennung stattfindet. Nimm ihm einige alltägliche Notwendigkeiten ab, kaufe ein und koche für ihn, entlaste ihn durch diese Dienste.

2. Nicht annehmen wollen
Begleitet von starken Emotionen wie Trauer, Ohnmacht, Schuldgefühlen, Schuldzuweisungen, sich im Stich gelassen fühlen, Wut, innere Unruhe, aber auch Freude über das Geschenk der Beziehung, der Zeit mit diesem Menschen.

In dieser Phase ist es sehr wichtig, ebenso als Begleiter einfach da zu sein und zuzuhören, nicht ablenken zu wollen, nicht zu beurteilen, Emotionen zuzulassen, geduldig zu sein, Zeit zu geben, den Trauernden über den Verstorbenen und seine Emotionen sprechen zu lassen. Das klärt die Gefühle und erleichtert die Aufarbeitung des Erlebten. Dadurch kann sich auch bereinigen, was noch offen, unausgesprochen geblieben ist.

Vielen Menschen hilft das Hören von Musik oder Singen, dies kann ein Kanal sein, um Trauer zu öffnen und zu verarbeiten. Immer wieder hat das Singen in der Geschichte Menschen geholfen, schwere Ereignisse besser zu tragen. Ein Beispiel dafür sind die Gospels der schwarzen Sklaven.

3. Sich in der neuen Situation orientieren

Sein Leben wieder in Besitz nehmen, die eigene Kraft und Möglichkeiten wieder mit Freude für sich nutzen, für sich integrieren, was vorher in der Beziehung war.

Hier ist es wichtig, dass die Helfer den Trauernden nicht in Trauer und Bedürftigkeit festhalten, sondern ihn ermuntern, einen Neubeginn zu wagen.

4. Akzeptanz und Loslassen

Frieden schließen, in freier, liebender Verbindung mit dem Verstorbenen sein, mehr Verständnis vom Mysterium des Lebens, Wachstum und Transformation.

In der Regel verläuft der Trauerprozess in Wellen, wir tauchen auf aus der Welle und tauchen wieder ein. Er hat verschiedene Schichten. Die Zeit, die es braucht, kann sehr unterschiedlich lang sein. Gib dir die Zeit, die du brauchst, ohne die Trauer festzuhalten und in ihr stecken zu bleiben. Aus Beobachtungen zeigt sich, dass Schuldgefühle den Trauerprozess verlängern. Möglicherweise erzeugen wir Schuldgefühle, um die Idee aufrecht zu erhalten, wir oder andere hätten den Tod verhindern können. Dieser Gedanke schützt uns scheinbar davor, die Hilflosigkeit und Ohnmacht gegenüber dem Tod zu fühlen und zu akzeptieren. Es bringt uns schneller durch die Trauer, wenn wir akzeptieren, dass wir hilflos sind, und wir uns dieser Realität stellen, ohne Schuld und Versagen zu erschaffen.

Das Gleiche gilt für dich, wenn du jemanden begleitest. Gib ihm die Zeit, aber halte ihn nicht fest. Dein Da-Sein ist die größte Hilfe. Die einzelnen Phasen können sehr kurz oder auch länger sein. Achte darauf, auftretende Schuldzuweisungen nicht zu unterstützen.

Mache dir bewusst, dass der Betroffene möglicherweise mit einem Verlust völlig anders umgeht, als es hier beschrieben ist. Es ist möglich, den Tod sehr schnell für die eigene Transformation zu nutzen und ein tiefgreifendes Verständnis der Wirklichkeiten zu bekommen. Der Tod kann zum entscheidenden Faktor für deine eigene Wandlung werden, wenn du ihm erlaubst, dich völlig in die Gegenwart, in die Hingabe und in die Akzeptanz zu zwingen. Die Energie für die Transformation kommt dann aus dem sogenannten "schrecklichen Ereignis".

Bei den meisten Menschen ist Trauern auch ein körperlicher Vorgang. Es geht durch den Körper. Es ist schwer zu beschreiben. Bei mir fühlte sich das so an, als würde jede Zelle mittrauern, als ginge eine Bewegung durch den Körper, die den Körper einerseits erschöpft und andererseits transformiert. Viele Menschen sind erschöpft oder werden krank. Das ist ein Weg, wie der Körper Trauer verarbeitet. Gib ihm seine Zeit und gönne ihm Ruhe.

Gib dir ebenfalls die Zeit, die du brauchst, um den Verlust zu bewältigen.

Begleitest du jemanden, achte darauf, ihm ebenfalls die nötige Zeit zu geben. Dein Da-Sein ist die größte Hilfe.

Obwohl ich mit Christinas Tod von Anfang an in Frieden war, stimmte es mich ab und zu traurig, dass sie nicht mehr in ihrem Körper bei uns war. Ich musste meinen Wunsch loslassen, dass sie hier in einem langen Leben ihr Glück findet, ihre vielfältigen Fähigkeiten und ihr großes Potenzial leben darf. Dass wir den Weg zusammen weitergehen und ich als Mutter sie begleiten darf und sehen kann, wie sich ihr Leben und ihr Weg hier entwickeln.

Daneben gibt es viele Momente, in denen ich es als Gnade erlebe, dass Christina sterben durfte. Sie durfte nach Hause gehen und muss sich nicht mehr mit den Herausforderungen und Unwegsamkeiten des Hier-Seins auseinandersetzen. Ihre Lernaufgabe hier war zu Ende. Jetzt unterstützt sie die Menschen und die Erde als Lichtwesen. Vom Jenseits aus kann sie mehr bewirken, als sie das hier konnte und sie ist dort, wo sie ist, glücklich.

Eine Aufgabe von ihr ist es, den Menschen die Angst vor dem Tod zu nehmen und das OM wieder auf die Erde zu bringen. "Jetzt ist die Zeit, Mama, wo wir das OM und die Liebe wieder auf die Erde bringen müssen."
Das OM ist eines der umfassendsten und bedeutendsten Symbole. Es ist der Ton der Urschwingung, der Ton Gottes. Es existiert als ewige Schwingung und ist sozusagen der Knotenpunkt zwischen der absoluten und der relativen Welt.

Schuld

Viele Menschen geraten beim Tod eines geliebten Menschen in die sogenannte "Schuldfalle". Sie fühlen sich irgendwie schuldig, so als hätten sie den Tod verhindern können oder müssen. Ich habe erlebt, dass Geschwister noch nach dreißig Jahren ihr Recht auf ein gutes Leben nicht wieder in Besitz genommen hatten, weil damals ein Geschwisterchen starb und sie sich immer noch dafür schuldig fühlten. Oft denken Geschwister, die ihre Eltern sehr leiden sehen, es wäre besser gewesen, wenn sie anstelle des anderen gestorben wären, denn sie fühlen sich schuldig, dass sie noch leben.

Dieses Denken und die daraus folgende Haltung prägt dann sehr wesentlich ihr gesamtes weiteres Leben. Es gibt viele Menschen, die sich schuldig dafür fühlen, dass sie leben, während ein anderer gestorben ist.

Die meisten Mitglieder einer Familie, insbesondere die Eltern, wären bereit, anstelle ihres Kindes zu sterben. Nur diese Frage stellt sich nicht, denn wir werden nicht gefragt: "Einer aus der Familie muss sterben, wer will das sein?" Im göttlichen Plan steht fest, wer es sein wird, wessen Weg hier in diesem Körper zu Ende ist. Wir können nicht einfach von hier nach dort wechseln, sondern müssen hier unsere Lektionen lernen und unsere Aufgaben erfüllen.

Die Frage lautet nicht:
"Wärst du bereit, für dein Kind zu *sterben?*"
Die Frage lautet:
"Bist du bereit, für dein Kind zu *leben?*"

Der Tod vollendet das Leben. Aber wie kann er es vollenden, wenn du – aus welchen Gründen auch immer – dein Leben nicht gelebt hast?
Bist du bereit zu leben – obwohl oder gerade weil ein Nahestehender gestorben ist?
Bist du bereit, du selbst zu sein? Deshalb bist du hier.
Bist du bereit, dass der Tod eines Tages dein Leben vollenden darf, weil du es gelebt hast?
Stell dir vor, der Verstorbene sieht, dass du ein glückliches Leben führst. Glaubst du, es macht ihn glücklich oder traurig? Und jetzt stell dir vor, der Verstorbene sieht, dass du leidest, dich quälst, dein Leben "wegwirfst". Glaubst du, es macht ihn glücklich oder traurig?

****

Zum Nachspüren
Verbinde dich mit dem Verstorbenen – mit seiner Seele – und frage, was er sich für dich wünscht.

Bist du bereit, die Antwort zu hören und ihm diesen
Gefallen zu tun, ihm diesen Wunsch zu erfüllen?
Bist du bereit zu leben – aus Liebe zu dem Verstorbenen und
aus Liebe zu dir?

****

Gott will nicht, dass wir leiden. Gott ist glücklich, wenn wir
glücklich sind. Verstehe diese Metapher so: Wenn du Kinder
hast – macht es dich glücklich, wenn sie leiden? Ich
vermute nicht. Wieso sollte es dann Gott glücklich machen,
wenn wir leiden, wo wir doch seine Kinder sind? Es ist
unser aller Geburtsrecht, hier in Liebe glücklich zu sein.
Wie weit sind wir davon entfernt und was tun wir alles, es
nicht zu sein?

Schuld, sich schuldig fühlen, ist immer eine Falle. Es
distanziert dich von deinen Mitmenschen, von dir selbst und
von der Liebe Gottes. Schuld ist ein wesentlicher Faktor für
das Entstehen von Gewalt, sowohl gegen dich selbst als auch
gegen andere.

****

Zum Nachspüren
Erkenne, dass du unschuldig bist –
du hast den Tod NICHT in deiner Hand.
Du musst dich nicht für etwas schuldig fühlen, was Gottes
Domäne ist.
Erlaube dir, dich und andere als unschuldig zu erkennen,
und lebe dein Leben weiter.

****

Kommt jemand lange Zeit nicht über die Trauer hinweg, hat
dies oft mit Schuldgefühlen zu tun. Stirbt jemand, mit dem
wir in unausgesprochenen und nicht geklärten Konflikten

waren, die wir jetzt nicht mehr bereinigen können, erzeugt das oft Bedauern und Schuldgefühle in uns. Die unbewusste Idee, durch lange und intensive Trauer könnten wir die vermeintliche Schuld abtragen, hält uns gefangen. Sie ist ein Irrtum. Es ist wesentlich effektiver, sich mit der Schuld auseinander zu setzen, für sich innerlich in Frieden zu kommen und zu erkennen, dass Schuldgefühle ein Irrtum sind, niemanden helfen und nicht zu Lösungen beitragen.

****

Zum Nachspüren
Stelle dir eine Welt vor,
in der wir Menschen bestimmen könnten,
wann ein anderer stirbt!

****

Es ist ratsam, Zeit seines Lebens dem inneren und äußeren Frieden große Bedeutung zu geben. Wir wissen nie, wann unsere Zeit hier zu Ende ist und ob wir dann noch die Möglichkeit haben, Konflikte und Streitereien aufzulösen. Ein friedvolles Leben dient dem Leben und dem Sterben.

Wie geraten wir in die Schuldfalle?

Bevor wir in diese Welt geboren werden, entscheidet sich unsere Seele, was sie hier tun und beitragen will. Von der geistigen Ebene aus gesehen – wo ein viel höheres Bewusstsein herrscht – erscheint jede Aufgabe leicht. Besonders ehrgeizige Seelen nehmen sich schwierige Aufgaben vor. Wenn wir dann hier angekommen sind, wo die Energie viel dichter ist und wir an die Gesetze der Materie gebunden sind, erscheinen uns diese Aufgaben dann oft viel zu schwierig. Meist vergessen wir sie sogar. Unbewusst fühlen wir uns jedoch als Versager und schuldig, weil wir unsere Aufgabe nicht erfüllen. Wir identifizieren uns mit den Problemen der Welt und verlieren den Zugang zu unserer ursprünglichen Kraft und Entscheidung.

Selbstbestrafung

Selbstbestrafung ist eine Folge der Schuldfalle, auf die wir alle immer wieder hereinfallen. Der Glaube an Schuld und Bestrafung ist seit Jahrtausenden in uns verwurzelt und tief in unserem Unbewussten beheimatet. Derzeit erhöht sich unser Bewusstsein auf globaler Ebene, so dass wir vielleicht erstmals die Chance haben, immer weniger, und eines Tages vielleicht gar nicht mehr, in diese Falle zu gehen.

Fühlen wir uns schuldig, glauben wir bewusst oder unbewusst, dass wir Strafe verdienen. Aus diesem Glauben heraus bestrafen wir uns selbst. Selbstbestrafung kann sehr viele verschiedene Formen annehmen. Jede Art von Mangel, jedes Problem in deinem Leben kann einen Aspekt von Selbstbestrafung beinhalten. Oft kehrt die Strafe scheinbar durch Bewertungen und Handlungen unserer Mitmenschen zu uns zurück und wir glauben dann, dass sie oder Gott uns bestrafen.

Sich schuldig zu fühlen ist unangenehm. Deshalb verdrängen wir es lieber und projizieren unsere eigenen Schuldgefühle auf andere.
Projektion meint, dass wir etwas, was wir an uns nicht mögen oder nicht fühlen wollen, verdrängen, verleugnen und es draußen in unseren Mitmenschen sehen. Wir alle haben bestimmte Bilder, wie wir sein wollen. Die Seiten, die wir nicht wollen, aber wie wir dennoch sind, die Eigenschaften, Gewohnheiten oder Muster, die wir bewusst oder unbewusst an uns ablehnen, projizieren wir auf unsere

Mitmenschen, auf das Leben oder auf Gott. Sie sind dann die Bösen, die uns etwas antun. Wir erkennen nicht, dass Heilung darin besteht, ehrlich zu erkennen, dass diese Seiten und Emotionen zu uns gehören und wir aufgefordert sind, damit in uns Frieden zu schließen.

Die Einzigen, die sich bestrafen, sind wir selbst. Das heißt allerdings auch, dass wir damit aufhören können. Bemerke, dass du es tust und stelle dir die Frage, ob du es weiter tun willst.

Jahrtausendelang haben wir an das Konzept von Schuld und Strafe geglaubt und es genährt. Die Erhöhung unseres Bewusstseins, das Erkennen der Wahrheit, dass Schuld und Strafe niemand dient, kann uns von diesem Irrglauben befreien.

Lernprozess einer ehrgeizigen Seele

Christina war eine sehr ehrgeizige Seele. Sie hatte sich für ihr Leben hier viel vorgenommen. Deshalb fühlte sie sich manchmal übermäßig verantwortlich für das, was in ihrer Familie und in der Welt geschah, und litt darunter, es nicht so ändern zu können, wie sie es von sich erwartete. In ihrer Jugendzeit fing sie an, sich dafür zu kritisieren. Dies belastete ihr junges Leben und dämpfte ihre ursprüngliche Unbeschwertheit, Ausgelassenheit und Freude.

Das Einzige, was ich tun konnte, war, sie noch mehr zu lieben, bei ihr zu sein, ihr zuzuhören, sie in meine Arme zu schließen, wenn sie es zuließ, ihr zu versichern, dass ich sie nie im Stich lassen würde, egal was passierte, dass ich immer an ihrer Seite sein würde und sie sich auf mich – als ihre Mama – verlassen könnte. Das wusste sie, das hat sie in Krisenzeiten getragen, und sie hat sich oft dafür bei mir bedankt. Ich konnte bei ihr und mit ihr sein, aber ich konnte sie nicht davor bewahren. Sie musste diese Erfahrungen machen, es war ihr Weg, ihr Lernprozess, und für mich war es nicht immer einfach, ihr das nicht abnehmen zu können.

Die Liebe zwischen uns, unsere innige Verbindung, wuchs in dieser Zeit besonders stark, wofür ich heute sehr dankbar bin. So hatten wir sehr intensive Jahre zusammen, und ich habe Christina nicht verpasst. Durch unsere innige Verbindung lebten wir, was zu leben war. Dadurch fiel es mir leichter, sie loszulassen, als ihre Zeit gekommen war. Unsere Verbindung zueinander und zum Göttlichen wurde sehr gestärkt.

Wir sangen oft zusammen, manchmal mehrmals täglich, das Gayatri-Mantra:

> *oṃ bhūr bhuvaḥ svaḥ*
> *tát savitúr váreniyaṃ*
> *bhárgo devásya dhūmahi*
> *dhíyo yó naḥ pracodáyāt*

> *Om, wir meditieren über den Glanz*
> *des verehrungswürdigen Göttlichen,*
> *den Urgrund der drei Welten, Erde, Luftraum*
> *und himmlische Regionen.*
> *Möge das Höchste Göttliche uns erleuchten,*
> *auf dass wir die höchste Wahrheit erkennen.*

Wir sprachen viel darüber, dass der Körper und die Sorgen nur die äußere Form sind und ihre Seele ganz heil ist.

Ein Jahr vor ihrem Tod sah ich einmal ihre Seele vor Gott tanzen, sie war ganz heil und wunderschön. Als ich ihr dies erzählte, war sie sehr glücklich darüber. Wir sprachen darüber, dass Krisen eine gute Möglichkeit sind, um Gott näher zu kommen, und so erlebte sie es auch. Christina hatte gelernt, sich an Gott zu wenden und ihn um Kraft, Führung und Heilung zu bitten. Sie hatte eine sehr enge Beziehung zu Gott. Ich bin sicher, dass dadurch auch ihr Tod, ihr Übergang, erleichtert wurde.

Etwa ein Dreivierteljahr vor ihrem Tod änderte sich Christinas Energie. Sie kehrte ins Leben zurück, war wieder fröhlicher, machte Pläne, und ihr ausgelassenes Lachen war wieder zu hören. Sie war nicht mehr so streng mit sich, und wir verbrachten viele schöne Stunden miteinander.

Tod und Leiden

Seit dem Tod meiner Tochter glaube ich nicht mehr an das Leid. Leid ist eine Illusion, und immer mehr Menschen sind derzeit dabei, dies zu lernen. Wir sind nicht auf der Erde um zu leiden, sondern um das Leid als Illusion zu erkennen, zu überwinden und die Liebe zu leben. Nur so können wir aus dem Traum aufwachen und wieder zu Gott, zum ursprünglichen, natürlichen Bewusstsein zurückkehren.

Solange wir an einer negativen Einstellung zu dem, was geschieht, festhalten, erschaffen wir Leid. Wenn es uns jedoch gelingt, das scheinbar Unannehmbare zu akzeptieren, in Übereinstimmung mit dem zu sein, was JETZT ist, kommen wir sehr schnell durch das Leid hindurch. Das Leid verbrennt dabei sozusagen im heiligen Feuer der Akzeptanz.

Halten wir es für möglich, dass wir einst dem zugestimmt haben, was jetzt in unserem Leben ist, fällt uns die Akzeptanz in der Regel leichter. Nicht die äußere Situation an sich erzeugt unser Leid, sondern lediglich unsere Sichtweise darauf, das heißt unser Urteil und unsere Interpretation der Situation. Bezeichnen wir in unseren Gedanken eine Situation als schlecht, erzeugen wir damit unser eigenes Leid. In unserer Kultur, unserem kollektiven Bewusstsein gibt es eine Übereinstimmung darüber, dass es etwas sehr Schlimmes, ein großes Unglück ist, wenn ein gesunder, junger Mensch mitten aus dem Leben gerissen wird.

Wie oft habe ich Aussagen gehört wie: "So etwas zu erleben ist das Schlimmste, was einer Mutter passieren kann." Dies entsprach jedoch nicht meinem Empfinden. Natürlich war ich nicht glücklich darüber und natürlich hatte ich es mir nicht gewünscht, aber es gab eine Zustimmung in mir sowie eine Reihe wundervollster, erleuchtender Erfahrungen und Erkenntnisse. Niemals würde ich jemandem wünschen, dass sein Kind stirbt, aber diese Erfahrungen, die wir machen durften, wünsche ich jedem.

Wenn wir einmal in der Tiefe erfahren haben, dass wir kein Leid benötigen, können wir es loslassen beziehungsweise brauchen es erst gar nicht zu erschaffen. Wenn uns dies nicht gelingt und wir trotzdem leiden, ist es sehr hilfreich, das Leid bewusst anzunehmen, zu fühlen und damit so bewusst wie möglich in der Gegenwart zu bleiben.

In der Tiefe jeder Katastrophe schlummert etwas Gutes, etwas Wunderbares, das sich uns eröffnet, wenn wir uns dem, was ist, hingeben und es akzeptieren, ohne in Gut oder Schlecht einzuteilen.

****

Zum Nachspüren
Akzeptiere Leid, solange es da ist, ohne es zu bewerten,
erzeuge keinen Widerstand dagegen,
fühle es bewusst, nimm es an.

So wird es sich mit der Zeit innerlich von dir ablösen und dich auf eine höhere Stufe des Verstehens und der Akzeptanz bringen.
Bejahe deine Erfahrung innerlich, nimm dich liebevoll an, mit dem, was in dir ist.
Habe Mitgefühl mit dir, habe nichts gegen das, was du fühlst und wie du bist.
So eröffnet sich der Zugang zur Transzendenz, das Tor zu dem Raum jenseits von Leid.

****

Dies ist meine persönliche Erfahrung.

Zwei Arten, mit Leid umzugehen

Ich beobachte bei Menschen zwei verschiedene Arten, mit Leid umzugehen. Zum einen gibt es Menschen, die sich das Wissen und die Wahrheit über den Tod erhalten oder wieder erworben haben und dadurch fähig sind, dem Tod natürlich und ehrfurchtsvoll zu begegnen. Sie erkennen den Tod als natürlichen Bestandteil des Lebens an und können die Begegnung mit dem Tod in ihr Leben integrieren.

Zum anderen gibt es Menschen, die auf ihrem Leid bestehen. Jeder hat eine andere Geschichte. Natürlich kann jemand sagen: "Ihr hattet es einfach, ihr hattet ja euer Kind zu Hause. Ich aber habe mein Kind nie wieder gesehen." Dies ist einerseits richtig. Jedoch passt jede Geschichte exakt zu uns beziehungsweise zu unserem Leben, und wir könnten keine andere Geschichte haben. Es konnte nicht anders geschehen, als es geschehen ist. Somit ist jede Geschichte für den, der sie erlebt, genau richtig.
Wer an seinem Schmerz festhält, versäumt die Ebene der Gnade. Das in unserer Gesellschaft vorherrschende

Bewusstsein besteht derzeit noch auf Schmerz und Leid. Im Einzelfall jedoch ist ein Mensch entweder bereit, das Leid aufzugeben und die Lektion der Wahrheit und der Transformation zu lernen, oder er ist es nicht. Dies gilt unabhängig davon, was das äußere Ereignis ist.

Eckhart Tolle formuliert diesen Zusammenhang wie folgt: "Wir brauchen das Leid so lange, bis wir verstehen, dass wir es nicht mehr brauchen."

Es steht jedem von uns frei zu leiden und es steht uns frei damit aufzuhören. Sich dem Leid bewusst zu stellen und dann bewusst damit aufzuhören, ist unsere Wahl. Niemand sonst kann das für uns entscheiden. Das eine ist nicht besser als das andere, es gibt kein besser oder schlechter. Es gibt verschiedene Formen des Todes, der Trauer, des Seins, des Lernens, und jeder Mensch ist genau da, wo er ist. Wenn du dies akzeptierst und Mitgefühl dafür hast, befindest du dich auf dem richtigen Weg. Deshalb ist es nicht sinnvoll und nicht wichtig, deine Geschichte oder deine Form der Verarbeitung mit irgendjemand anderem zu vergleichen oder dich zu bewerten, denn du bist nicht jemand anders.

Das Wichtigste, was Menschen brauchen, ist unsere Liebe, unser Mitgefühl, unser Verständnis und unsere Unterstützung. Was sie auf keinen Fall brauchen, ist unser Urteil. Und genauso gehst du am besten auch mit dir selbst um, wenn du einen Verlust erlitten hast.

****

Zum Fühlen
Sei still. Wisse und fühle: "GOTT IST."
Er ist, und er ist in vollkommenem Frieden mit allem, was ist.

****

Übermäßiges Leid ist Egoismus, wie zum Beispiel die Haltung: "Mein Kind darf nicht sterben, es darf seinen Weg nicht gehen, nur damit ich nicht leide". Dieses Recht haben wir nicht, jeder hat seinen eigenen Weg und auch das Recht auf seinen eigenen Weg. Das war für mich sehr schnell sehr klar.

&

Abiturfeier: Geht euren Weg

Etwa ein Jahr nach Christinas Tod gingen ihre Schwester Barbara und ich zum Gottesdienst anlässlich der Abiturfeier von Christinas Jahrgangsstufe. Bei dieser Gelegenheit spürte ich plötzlich deutlich Christinas Gegenwart und den Impuls, in ihrem Auftrag das Wort an die anwesenden Schüler und Eltern zu richten. Ihre Botschaft war sehr klar und eindeutig. Sie ermutigte ihre ehemaligen Mitschüler, ihren ureigenen Weg im Leben zu finden und diesen Weg unbeirrt und mutig zu gehen – so wie sie es getan hatte.

Jeder Mensch hat hier auf dieser Erde eine Bestimmung, und diese Bestimmung wird sich erfüllen. Wenn wir in der Lage sind, dies zu akzeptieren – auch wenn diese Bestimmung anders ist, als wir uns das vorstellen – ersparen wir uns viel Leid und fließen mit dem Sinn unseres Lebens. Diese Akzeptanz öffnete mir das Tor zur göttlichen Präsenz, dem "Im Hier und Jetzt"-Sein, ohne störende Gedanken klar und tief im Frieden zu ruhen, im Frieden Gottes zu SEIN. Es ist sehr schwer, dies mit Worten zu beschreiben, denn Worte treffen nur die Oberfläche.

Als ich nach und nach wieder mehr in die irdische Schwingung eintauchte, fühlte ich so etwas wie Verständnislosigkeit und auch manchmal Wut über diese Welt. Diese Welt so zu akzeptieren, wie sie ist, mit all ihrer Ignoranz und Unachtsamkeit, fiel mir bedeutend schwerer, als den Tod von Christina zu akzeptieren. Zeitweise entstand ein Gefühl von Sinnlosigkeit und auch Ablehnung, hier zu sein.

Doch meine Aufgabe hier ist noch nicht zu Ende. Insofern gilt für das Leben das gleiche wie für den Tod: Solange wir hier sind, besteht der Weg heraus aus Leid und Resignation in der vollständigen Akzeptanz der Tatsache, dass wir hier sind, und ebenso der vollständigen Akzeptanz dessen, wie sich unser Leben entfaltet.

****

Akzeptanz
Sei, so gut du kannst, gegenwärtig in dem, was jetzt ist.
Gib deine Aufmerksamkeit jeden Moment in das, was du gerade tust.
Akzeptiere den Moment so, wie er ist,
erlaube ihm sein So-Sein.
Sei wachsam, beobachte die Bewertungen, die aus dem Verstand kommen und das, was geschieht, in "gut" oder "schlecht" einteilen.
Die Bewertungen erzeugen Widerstand, und Widerstand erzeugt Leid.
Öffne dein Herz für dich, für dein Leben
und für das, was jetzt ist.

****

ॐ

Erwartungen

Ist es nicht so, dass, wenn jemand stirbt und wir über die Trauer, die Wut, den Schmerz nicht hinwegkommen, dies mit Erwartungen zu tun hat? Erwartungen, die derjenige, der gegangen ist, nicht erfüllt hat beziehungsweise jetzt nicht mehr erfüllen kann? Dass wir Erwartungen, die wir an uns selbst haben, nicht erfüllt haben und jetzt nicht mehr erfüllen können? Oder auch, dass Gott unsere Erwartungen enttäuscht hat? So zum Beispiel der Gedanke: "Ich habe so viel gebetet, und der Mensch ist trotzdem gestorben. Wieso geschieht mir das? Wieso lässt Gott das zu?"

Wenn wir lange nicht loslassen können, kann dies mit unseren Erwartungen zu tun haben, dass wir noch etwas bekommen wollen, was nicht mehr zu bekommen ist, oder dass wir das Gefühl haben, noch etwas geben zu müssen, was wir versäumt haben, obwohl die Person nicht mehr da ist. Oder wir haben das Gefühl, uns steht noch etwas zu beziehungsweise uns wird durch den Tod etwas vorenthalten.

Die Erfahrung, die du mit diesem Menschen machen wolltest, ist unvollständig, da ihr etwas von der Liebe, der Tiefe, nicht miteinander gelebt habt. Jetzt ist es zu spät es zu tun, ihm noch zu sagen, wie wichtig er für dich war, wie sehr du ihn geliebt hast. Jetzt ist es zu spät, all das noch zu leben. Jetzt bist du gefangen in Bedauern und Schuld.

****

Erwartungen
Überprüfe deine Erwartungen, die nicht gelebt wurden,
die du an dich,
den Verstorbenen,
an das Leben
und an Gott hast.

****

Erwartungen erzeugen viel Stress und Enttäuschung. Im wahrsten Sinne des Wortes – Ent-Täuschung: Die Täuschung wird sichtbar.

Vervollständige deine Erfahrung

Vervollständige, so gut du kannst, deine Erfahrung. Sprich mit dem Verstorbenen, was du ihm noch sagen wolltest, sprich alles aus, was zwischen euch steht und du noch erleben wolltest. Reinige dein Inneres und verabschiede dich sehr bewusst. Wenn du magst, gib den Verstorbenen und dich in Gottes Hände. Durch Loslassen von Erwartungen entsteht innere Freiheit für euch beide. Ist die Erfahrung in deinem Bewusstsein vervollständigt, fällt Abschied nehmen leichter.

****

Nimm dich an

Fühle dich frei, so zu sein, wie du JETZT gerade bist.
Nimm dich bedingungslos an,
so, wie du bist, und mit allem, was ist.

****

෮

Festhalten

Können wir nicht loslassen, geht es manchmal gar nicht primär um die verstorbene Person, sondern um einen früheren Verlust, den wir nicht verstanden und noch nicht verarbeitet, losgelassen oder vergeben haben. Oft handelt es sich um etwas im Zusammenhang mit unseren Eltern. Wenn du selber nicht fündig wirst, kannst du die Universelle Kraft bitten, dir zu helfen, beziehungsweise du kannst dich - auch zusätzlich - an einen Therapeuten wenden.

Alles, was wir festhalten, hält uns fest. Hältst du einen Zustand aus der Vergangenheit fest, der nicht mehr dem entspricht was JETZT ist, versperrt dir das den Zugang zu dem, was jetzt in dein Leben kommen will. Die Vergangenheit ist schon vorbei, du kannst sie nicht zurückholen. Alles, was wir loslassen, bringt unser Leben wieder zum Fließen und wir sind wieder offen für das, was JETZT in unser Leben treten will. Erfahrungsgemäß verbessert sich jede Situation durch Loslassen und dadurch, sich wieder für Neues zu öffnen.

****

Zum Nachspüren
Wenn du das nicht kannst oder nicht möchtest,
kritisiere dich nicht dafür.
Sei dir einfach bewusst,
dass du es derzeit nicht kannst oder möchtest,
und akzeptiere das.

****

Allein durch deine Bewusstheit darüber wird es sich verändern.

Sobald du bewusst bist, bist du kein Opfer mehr.

Selbst wenn du dich als Opfer fühlst, sei dir dessen bewusst und akzeptiere, dass du dich so fühlst. Versuche nicht, es zu verdrängen oder loszuwerden. Sei einfach damit und sei dir dessen bewusst.

Leiden blockiert den Kontakt

Bei einem Abschied zu trauern, ist natürlich. Diese Trauer zuzulassen und zu fühlen, bringt dich durch die Trauer hindurch. Leid entsteht durch Festhalten. So kann nicht gefühlte oder übermäßige Trauer sich chronifizieren und sich in Leid verwandeln. Vielleicht hilft es dir zu wissen, dass unsere Verstorbenen nicht wollen, dass wir übermäßig trauern und leiden. Oft haben wir einen bewussten oder unbewussten Glaubenssatz, dass wir durch Trauer unsere Liebe beweisen können. Doch wenn wir es genau betrachten und in sie hinein spüren, wissen doch die meisten Menschen, dass unsere Lieben gut aufgehoben sind, dass sie von Licht und Liebe umgeben sind und genau die Hilfe in der geistigen Welt bekommen, die sie brauchen.

Ihretwillen brauchen wir nicht zu leiden. Jeder, der Kontakt zu einem Verstorbenen gehabt hat, weiß das. Wir weinen mehr um uns selbst, um den Verlust in unserem Leben. Wir hadern damit, uns neu orientieren zu müssen, und wollen stattdessen den alten Zustand wieder herstellen, was aber nicht möglich ist.

Die Verstorbenen "können uns sehen, berühren uns und können uns sehr nahe kommen, wenn sie es möchten. Sie kennen keine Sehnsucht, kein Verlangen, da sie nicht wirklich fortgegangen sind."[7]

Die Verstorbenen können Kontakt zu uns aufnehmen und oft wollen sie uns Zeichen für ihre Gegenwart und ihre Weiterexistenz geben. Sie kennen unsere Sehnsucht nicht, da sie nicht die Idee haben, von uns getrennt zu sein. Wir können mit den Verstorbenen in Verbindung bleiben und die Vorstellung, dass sie weg und unerreichbar sind, aufgeben. Wir können lernen, ihre Präsenz zu fühlen. Dazu braucht es den Glauben an ihre Gegenwart, ein offenes Herz und die Bereitschaft, ihre Besuche zu erlauben. Christina teilte uns mit, dass sie bei uns ist, wenn wir an sie denken und uns traurig fühlen. Dann sind wir von ihrer Liebe berührt und interpretieren das als Trauer, obwohl es ihre Liebe ist. Diese liebende Präsenz wahrzunehmen und wertzuschätzen ist ein großes Geschenk der Verbundenheit, die über den Tod hinausgeht. Erlaube nicht, dass die Freude, die du mit diesem Menschen hattest, mit seinem Körper stirbt. Wenn du würdigst, was du an ihm besonders geschätzt, besonders gemocht hast, kannst du das auch jetzt weiterhin fühlen und dadurch seine und deine Liebe spüren. Alles, was du würdigst und liebst, kannst du in dir fühlen, es ist in dir. Feiere das Leben des Verstorbenen, fühle das Schöne jetzt, so leben unsere Lieben durch uns weiter.

"Wir wissen, dass sie weiterhin über uns wachen und an unserem Erdenleben teilnehmen werden. [...] Wir müssen auch wissen, dass sie unsere Tränen, unsere tiefe Sorge spüren, was sie ein wenig traurig machen kann. Tiefe Sorge erzeugt eine dichte, düstere Aura, und man kann sich vorstellen, dass dies wie ein dichtes, dunkles Tuch aussieht, das uns bedeckt und wie eine Barriere oder Blockade wirkt. Jene aus der Dimension des Lichtes nehmen dies als dichten Nebel war, der sie weiter von uns entfernt. Bemühen wir uns, unsere Lieben nicht durch zu viel irdisches Leiden und durch unsere Sehnsucht zurückzuhalten."[8]

Es scheint so zu sein, dass unsere Lieben uns nicht erreichen können, wenn wir zu sehr in Trauer, Leid und Angst verstrickt sind. Ich habe erlebt, dass Menschen sich sehnsüchtig wünschten, Kontakt zu den Verstorbenen zu bekommen, aber sie waren so sehr mit ihrer Trauer und ihrem Leid beschäftigt, dass es nicht möglich war. Die Verstorbenen haben es dann schwerer, uns zu erreichen, und wir können sie viel weniger wahrnehmen, weil unsere Aufmerksamkeit zu sehr auf unserem Leid ist.

Ich möchte noch einmal betonen, dass es *nicht* darum geht, nicht traurig zu sein, wenn du traurig bist. So zu tun als ob, bringt dich nicht weiter. Wenn du die Trauer bewusst zulässt und annimmst, kommt ein Punkt, an dem du dich anders entscheiden kannst. Vielleicht hilft es dir, wenn du weißt, dass du damit den Verstorbenen hilfst und so der Kontakt zwischen euch leichter möglich ist. Wir, die wir zurückbleiben, haben hier noch etwas zu erfahren. Deshalb sind wir noch hier.

Verleugnung und Ausgrenzung

Jugendlichkeit, Schönheit, Leistung, Erfolg und Profit sind in unserer Gesellschaft sehr begehrte Werte. Das, was dem nicht entspricht, wird ausgegrenzt: Krankheit, Behinderung, Alter, Leiden und Tod. Ebenso werden Lebenserfahrung und die Weisheit des Alters bei uns wenig geschätzt. Am liebsten ist es uns, wenn der Alterungsprozess des Körpers möglichst wenig sichtbar ist. Wir wollen ewig jung bleiben, altern erinnert uns an die Vergänglichkeit.

Tod, Sterben und Vergänglichkeit kommen in Verruf. Was darauf hinweist, wird ins Abseits gedrängt. Wir wollen nur eine Seite der Medaille, doch das ist nicht das Leben. In unserer dualen Welt bewegt sich das Leben immer von einem Pol zum anderen, von der Geburt zum Tod, vom Tod zur Geburt. Das ist ein natürlicher Vorgang. Körper entstehen, wachsen, entwickeln sich wieder zurück und vergehen. In der Natur können wir das durch die Jahreszeiten sehr schön beobachten. Dort gibt es Zeiten des Aufblühens, des Wachstums, der Reife und der Ruhe.
Unsere menschlichen Körper gehören ebenfalls zur Natur. Sie entstehen, wachsen, reifen und begeben sich wieder zur Ruhe. Das Leben hier kann als die aktive Phase betrachtet werden und der Tod als Ruhezeit, das Hineingleiten in eine tiefe Ruhe, in der du nach nichts mehr im Außen strebst. Ohne Ruhe ist keine Aktivität möglich. Das sehen wir an den Rhythmen von Tag und Nacht. In der Nacht erholen wir uns für den nächsten Tag. Lassen wir den Tag nicht los, leidet unser Schlaf und wir sind am nächsten Morgen müde.

An Pflanzen können wir beobachten, dass sie verschwinden, wenn die Bedingungen nicht passen. Lässt die Kälte nach oder fällt in trockenen Gebieten der notwendige Regen, sind sie wieder da. Sie sind nicht gestorben, sie waren nur verborgen, sie waren in Ruhe.

Spätestens wenn unser Körper altert und seine Schönheit und Leistungsfähigkeit nachlässt, sind wir aufgefordert, uns mehr dem zuzuwenden, was jenseits des Körpers ist: unserem wahren Wesen, unserer spirituellen Natur. Legen wir zu viel Gewicht auf das Körperliche, versäumen wir möglicherweise diesen Aspekt und Vergänglichkeit und Sterben werden zum Problem, sie werden ausgegrenzt. Kaum jemand bekommt einen Sterbenden oder einen Verstorbenen zu Gesicht. Ebenso fühlen sich viele einem trauernden Menschen gegenüber hilflos. So wie wir den Tod nicht wahrhaben wollen, haben wir auch das Trauern verlernt. Trauernde Menschen wirken auf andere oft störend und beklemmend. Sie machen uns Angst. Deshalb werden sie oft isoliert und sind einsam. So lange wie möglich verleugnen wir die Vergänglichkeit und den Tod. Trauer wird durch Ablenkung überspielt. Das macht es nicht einfacher, sondern schwieriger. Der Vergänglichkeit und den damit verbundenen Gefühlen zeitlebens ins Auge zu blicken, lässt dich bewusster leben und bewusster sterben.

Zeiten der Ruhe, so auch der Tod, sind unpopulär. Wir werden in unserer Gesellschaft immer schneller, hektischer und wollen immer noch mehr erreichen. Meist leidet unsere innere Zufriedenheit und Ausgeglichenheit darunter. Wir entwickeln uns zu einer "Burnout-Gesellschaft", wenn wir nicht innehalten und uns auf die Tiefe des Lebens besinnen.

Angst

Viele Menschen klagen nach einem Todesfall über Angst, besonders dann, wenn es ein schneller, völlig unerwarteter Tod war. Es kann ein Gefühl: "Ich bin nie sicher, ich weiß nie, wann wieder etwas Schlimmes passiert", aufkommen. Die Vergänglichkeit alles Irdischen wird uns möglicherweise sehr bewusst und ebenso unsere begrenzte Möglichkeit zu steuern, was geschieht. Wir fühlen uns ohnmächtig, ausgeliefert. Dieses Gefühl wollen wir nicht erleben, wir haben Angst davor. Das führt dazu, bestimmte Erfahrungen vermeiden zu wollen. Da wir nie sicher sein können, ob uns das gelingt, entsteht noch mehr Angst. Diese Angst wird oft nicht akzeptiert und gefühlt, sondern verdrängt. Wir wollen sie nicht haben, so wird sie in unserer Vorstellung übermächtig und unberechenbar. Widerstand entsteht – durch den Wunsch, die Angst los zu werden, wird sie verstärkt. Dies kann so weit gehen, dass sich "Angst vor der Angst" entwickelt. Wir glauben, uns übermäßig schützen zu müssen, und nehmen eine defensive Lebenshaltung ein.

Stattdessen könntest du dich entscheiden, der Angst zu begegnen, ihr ins Gesicht zu schauen. Sie ist ein Gefühl und wie jedes Gefühl kommt und geht sie. Das kannst du wahrnehmen. Wenn du dich entscheidest, negativen Gedanken über die Zukunft keine Macht zu geben, sondern sich dem zu stellen, was jetzt da ist, und dies ohne Vorbehalt fühlst, wirst du feststellen, dass die Angst keine Substanz hat. Du lebst, du atmest. Du bist da.

****

Stelle dich deiner Angst
Du nimmst wahr: Angst taucht auf.
Bleib da und fühle sie, ohne irgendeinem Gedanken zu folgen. Lass dich in die Mitte dieses Gefühls hineinsinken,

akzeptiere vollkommen, dass Angst da ist.
Umhülle sie mit Liebe.
Du wirst wahrnehmen, dass sich dieses Gefühl wandelt
und schließlich auflöst.
Das was bleibt, ist Liebe.

****

Beobachte

Angst entsteht durch unsere Gedanken.
Beobachte deine Gedanken.
Du wirst merken, dass du automatisch Angst bekommst,
wenn du dir etwas Schlimmes vorstellst.
Achte auf deine Gedanken und lasse nicht zu, dass sie die
Herrschaft über dich übernehmen.
Du bist größer als deine Gedanken – DU entscheidest, ob du
ihnen Macht gibst oder nicht.
Du bist nicht deine Gedanken.

****

Jeder Angst liegt die Überzeugung zugrunde, dass wir von
etwas oder von jemandem abhängig sind, und ebenso, dass
etwas geschehen könnte, mit dem wir nicht fertig werden.
Wir fühlen uns unzulänglich, das Leben zu meistern.
Aus Angst vermeiden wir zu fühlen. Wir fangen an zu
beschützen. Dadurch engen wir unsere Lebendigkeit und
unser Leben ein. Wir vermeiden, verdrängen und fangen an,
das Leben eher intellektuell zu betrachten. Fühlen wird
durch Denken ersetzt. Doch das Leben ist lebendig und
kann nur über Fühlen und Erfahren berührt werden.
Öffnen wir uns der Sichtweise, dass alles zu unserem Besten
geschieht, öffnen wir uns auch dem Leben. Wir sind bereit,
das Leben mit allem, was zu uns gehört, anzunehmen, es zu
leben, zu fühlen und daraus zu lernen.

Angst ist immer auf die Zukunft gerichtet. In der Zukunft
könnte dieses oder jenes eintreten. Damit kannst du jetzt

nicht umgehen, weil die Zukunft jetzt noch nicht da ist. Da du nicht in der Zukunft bist, kannst du etwas, das möglicherweise in der Zukunft geschehen könnte, jetzt noch nicht handhaben. Deshalb entsteht das Gefühl, der Angst ausgeliefert zu sein.

****

Hole die Angst ins Hier und Jetzt
Nimm die Gedanken wahr, die dir Angst machen,
du wirst merken, sie beziehen sich auf die Zukunft.
Nimm wahr, was jetzt da ist, und fühle es,
lass dich darauf ein. Sei vollkommen in dem, was jetzt ist.

****

Die Erfahrung zeigt, dass beispielsweise Menschen in Not oder lebensbedrohlichen Situationen plötzlich sehr genau wissen, was zu tun ist. Wenn wir in die Präsenz des gegenwärtigen Moments eintauchen, entsteht aus dieser Tiefe das intuitive Wissen, was in diesem Moment die richtige Handlung ist. Solange du nicht in der Situation bist, kannst du nichts tun - außer dir selbst Angst zu machen, indem du dir etwas Schlimmes vorstellst.

****

Angst und Sorgen
Fühle, wie du dich mit sorgen- und angstvollen Gedanken fühlst, wo führt dich das hin?
Kannst du durch Angst und Sorgen einen Tod oder etwas anderes vermeiden?
Oder machen sie dir nur das Leben schwer?
Was wärst du ohne diese Gedanken?
Fühle jetzt, wie du dich ohne sie fühlst.

****

Die Angst vor dem Tod behindert unsere Lebendigkeit und unsere Offenheit. Vor Sorge und Angst lässt du dich nicht voll auf das Leben ein und schneidest dich so von wichtigen Erfahrungen ab. Es ist, als ob wir die Zeit, die wir haben, verpassen würden. Begibst du dich in den Fluss des Lebens, wirst du getragen, du kannst dich entspannen und dich an dem, was dir begegnet, freuen. Du begegnest dennoch Steinen, Strudeln, Hindernissen, die im Weg liegen, doch all das gehört zu dir und lässt dich wachsen und reifen.

Es scheint so zu sein, dass wir weder verhindern noch kontrollieren können, wann unsere Zeit hier abgelaufen ist. Der Tod ist sehr kreativ, er findet seinen Weg und seine Zeit. Ein längeres Leben ist nicht unbedingt ein besseres Leben. Eine lange Lebenszeit hilft uns nicht, wenn wir sie nicht nutzen, um unser wahres Selbst zu erkennen, und stattdessen in Unwissenheit und Angst stecken bleiben.

****

Gegenwärtige Präsenz
Beobachte deine Gedanken und wisse, es sind nur Gedanken. Betrachte sie nicht als Realität.

Lebe dein Leben so gut du kannst in Gegenwärtigkeit. Angst ist immer auf die Zukunft gerichtet, Schuld in die Vergangenheit. Nutze die Zeit für das, was dir wirklich wichtig ist. Was möchtest du am Ende deiner Tage gelebt haben?

Erkenne, was der Tod ist: das Ablegen eines Körpers. Lerne mit Verlust umzugehen und ihn als unvermeidlichen Bestandteil des Lebens zu akzeptieren.

****

Ängstigende Gedanken
Wenn dich wieder ängstigende Gedanken einholen, nimm sie einfach wahr. Beobachte sie.

Versuche nicht, sie wegzuschieben, das verstärkt sie nur. Du beobachtest sie einfach.

Oder du denkst sie bewusst weiter bis du erkennst, dass es diese Gedanken sind, die dir gerade Angst machen.

Wenn du das, wovor du in deinen Gedanken Angst hast, vollkommen akzeptierst, verschwindet die Angst. Nimm etwas, was dir Angst macht und akzeptiere vollständig, dass es eintreten könnte. Gib jeglichen Widerstand dagegen auf. Dann hat die Angst keine Basis mehr.

****

Achtsame Atmung

Eine weitere einfache Möglichkeit, Angst zu verringern Und dich zu stabilisieren, ist die achtsame Atmung. Angst braucht Vergangenheit oder Zukunft. Der Atem ist Immer gegenwärtig, er findet immer jetzt statt: Atme bewusst in den Bauch unterhalb des Nabels, dort ist deine Mitte, dein Zentrum, deine Stabilität. Folge mit deiner Aufmerksamkeit nur dem Atem, sowohl beim Ein- als auch beim Ausatmen. Du kannst deine Hand auf deinen Bauch legen und den Atem in der Bewegung fühlen.

Wenn du das regelmäßig machst, am besten täglich für etwa zehn Minuten, wirst du merken, dass Angst sich vermindert und du mehr Stabilität, Stärke und inneren Frieden bekommst.

****

Gehe liebevoll mit dir um

Du bist niemals allein, auch wenn die Nacht noch so dunkel ist. Auch ich schicke dir all meine Liebe für das, was du bist und für deinen Weg, wie ungewöhnlich er auch sein mag.

Einen schwerwiegenden Verlust verarbeiten zu müssen, ist meist eine schwierige Herausforderung und kann dich in eine echte Krise stürzen. Es kann eine der schmerzhaftesten Erfahrungen deines Lebens sein. Deshalb ist es sehr, sehr wichtig, dass du gut für dich sorgst, besonders liebevoll und gütig mit dir umgehst und bereit bist, die Liebe anderer Menschen anzunehmen.

Achte besonders in schwierigen Zeiten darauf, dein Herz offen zu halten, vor allem für dich selbst. Als Allererstes liebe dich selbst und sei gnädig mit dir. Das ist das, was der Himmel für dich will und was die Verstorbenen für uns wollen.
Je weniger du dich zwingst, irgendwie sein zu müssen oder dass dein Leben irgendwie sein muss, umso freier bist du, mit dem Verlust so umzugehen, wie es dir entspricht. Setze dich nicht unter Druck, gib dir die Zeit, die du brauchst. Erlaube dir, dich mit Menschen zu umgeben, die dir gut tun, und lasse dich unterstützen. Fühle, wann du Zeiten des Für-dich-Seins und Zeiten des Kontakts brauchst.

Wenn starke Emotionen auftauchen, hilft es den meisten Menschen, sich zu bewegen. Dies unterstützt, den emotionalen Stau in deinem Körper wieder ins Fließen zu bringen. Nach draußen in die Natur zu gehen, sich zu bewegen und mit der Schönheit und Stille der Natur zu verbinden, kann dich innerlich ruhiger werden lassen. Ist dir das nicht möglich, atme bewusst achtsam in den Bauch unterhalb des Nabels. Gehe mit deiner Aufmerksamkeit in deinen Körper.

Je weniger bestimmte Vorstellungen sein müssen und du "mit dem, was ist" sein darfst, desto mehr eröffnet sich die Schönheit und innere Weisheit jenseits des Verlustes und Heilung kann geschehen.

Umgang mit dem Verlust

Unsere Art des Umgangs mit Christinas Tod war für uns sehr natürlich und selbstverständlich: "Ah, so ist das für uns, wenn ein Kind stirbt, völlig anders, als ich es mir vorgestellt hätte."

In meiner Arbeit mit vielen Menschen, die jemanden verloren hatten, stellte ich fest, es gibt so viele verschiedene Wege des Umgangs mit dem Tod, wie es Menschen gibt. Das, was ich erlebt habe, ist nicht für jeden gültig, es ist eine Möglichkeit von vielen. Dennoch ist es mir eine Freude, sowohl unsere Erfahrungen zu teilen als auch die Erkenntnis, dass der Tod nichts Schreckliches sein muss.

Egal wie du den Verlust verarbeitest, wichtig ist, dass du ihn verarbeitest. Nimm dich damit wichtig und setze dich für deine Heilung ein. Jeder unverarbeitete Verlust aus der Vergangenheit potenziert sich mit einem neuen Verlust, das heißt, wir reagieren heftiger, betroffener, untröstlicher als es dem neuen Verlust angemessen ist. Die alte Wunde wird aktualisiert, die alten Emotionen werden wachgerufen und zu dem jetzigen Erleben hinzugefügt. Dadurch verschließt du dich immer mehr dem Leben, möglicherweise fühlst du dich hilflos, abgeschnitten und lässt dich nicht mehr darauf ein. Du kannst die Geschenke der Gegenwart nicht mehr sehen, sie gehen an dir vorbei.

Die Leere, die Sehnsucht nach einem Verlust

Wir erleben, dass Christina die ersten Monate nach ihrem Tod sehr viel und sehr präsent bei uns ist. Vermutlich halten die Seelen anfangs die Verbindung verstärkt aufrecht und schauen nach den Angehörigen. Später widmen sie sich möglicherweise mehr ihrer eigenen Entwicklung und ihren neuen Aufgaben. Lang anhaltende schwere und tiefe Trauer kann sich auf den Kontakt hinderlich auswirken. Dich zu öffnen für eine andere Art der Begegnung, kann Trost für dich sein. Es ist gut, wenn wir den Tod akzeptieren, die Verstorbenen gehen lassen und sie nicht mehr in unser weltliches Bewusstsein hineinziehen. Der Leere standzuhalten und ihnen zu erlauben, ihren Weg in ihrer Welt zu gehen, hilft ihnen und uns. Die Verbindung des Herzens bleibt bestehen.

Es wäre schön und hilfreich, wenn die Menschen, die hier geblieben sind, das verstünden. Für jene, die gegangen sind, hat es keine Bedeutung, denn dort, wo sie sind, vermissen sie nichts, und sie können jederzeit Kontakt zu uns aufnehmen. Wir können uns ebenfalls öffnen für die Begegnungen, die jetzt möglich sind.

Hast du das Bedürfnis, noch etwas für den Verstorbenen zu tun, kannst du Anregungen in Teil I "Was wir noch tun können" bekommen.

Bisher dachte ich immer, Freude und Leid gehören zu unserem Erdendasein. Jetzt hat sich mein Bewusstsein erweitert. Das Austreten aus der Illusion der Trennung ist das Ende allen Leidens. Das Erkennen der Illusion kann mit dem Tod des Körpers geschehen, aber es ist auch zu Lebzeiten möglich, das eröffnet sich mir JETZT.

Der physische Tod von Christina hatte mich NICHT ins Leid gezwungen. Das fand ich sehr erstaunlich: in so einer extremen Situation nicht zu leiden. Es war sogar so, dass ich erkannte, dass alles Leiden in Bezug auf Tod Illusion, Nicht-Wissen und Nicht-Verstehen ist.

Für sechs Wochen war ich in diesem Raum von absoluter Präsenz, wo in allem Gewöhnlichen (Materie) das Außergewöhnliche (Göttliche) wahrgenommen wurde. Dann wurde sie langsam schwächer, als ich mich mehr und mehr wieder in die Welt einbrachte. Nach zwei Wochen begann ich meine Arbeit in meiner Praxis wieder. Nach etwa vier Wochen hielt ich mein erstes Seminar. Nach ungefähr einem halben Jahr hatte die irdische Schwingung mich wieder erreicht, und dieser göttliche Zustand war nicht mehr dauerhaft fühlbar. Es war wie ein allmähliches Herausgleiten oder -fallen aus dem Einflussbereich einer "Sphäre" in den einer anderen. Das Zurückfallen in die weltliche Schwingung war eine ernüchternde Herausforderung für mich. Nach wie vor war ich sehr klar und im Reinen mit Christinas Tod. Das ist bis zum heutigen Tag so geblieben. Worüber ich öfters traurig und auch wütend war, war dieses Leben.

Angesichts der Erfahrung dieser Leichtigkeit, Unbeschwertheit und Freude - ich hatte zeitlebens eine Erinnerung an den Himmel und ebenso eine große Sehnsucht danach, so wie Christina auch - fiel es mir manchmal schwer, in dieser Welt hier zu sein, mit all unseren Streitereien, Unachtsamkeiten, Rechthabereien, Trennungen von lieben Menschen und von unserer Göttlichkeit. Das Hier-Sein in dieser Welt und mit all dem in Frieden zu sein, forderte mich bedeutend mehr als die Tatsache, dass Christina gegangen war. Sie wusste ich im Frieden, sie wusste ich im Glück, sie wusste ich in der Einheit, und das machte auch mich glücklich.

Auf der anderen Seite hatte ich meine Angst verloren. Wenn das das Schlimmste war, was einem passieren konnte, wie die Leute sagten, dann brauchte ich mich vor nichts mehr zu fürchten. Auch habe ich erlebt, wie schnell das Loslassen ging, sehr beeindruckend. Angesichts des Todes war das für mich nicht schwierig, weil der Tod für mich und meine Familie seinen Schrecken verloren hatte. Es gibt nichts daran, was schrecklich ist, außer unserem Nicht-Wissen und unserem Festhalten. Ich habe überhaupt nicht mehr verstanden, wieso wir Menschen um jeden Preis so lange an diesem Leben festhalten. Stattdessen habe ich verstanden, dass Loslassen und Veränderung annehmen auch die Lektion des Lebens ist, immer und immer wieder. War es beim Tod so einfach, ist es für mich im Leben oft schwieriger, das Leben so sein zu lassen, wie es sich zeigt, und ihm nicht meine Vorstellungen und Konzepte aufzwingen zu wollen.

Sich täglich an Gegenwärtigkeit und Annehmen zu erinnern, wach und bewusst wahrzunehmen, was jetzt ist, den Moment so sein zu lassen, wie er ist, ist sehr heilsam und befreiend. Das Jetzt ist das Einzige, was existiert, und es ist schon so, wie es ist.

So wie ich jetzt hier einfach sitze, in Süd-Indien auf der Terrasse vor meinem Zimmer, im Schatten bei strahlendem Sonnenschein, und in meinen Laptop tippe, die Worte, die auftauchen, ohne zu überlegen und ohne mich um das Ergebnis zu kümmern. Jetzt in diesem Moment sitze ich hier und tippe. Nichts weiter. Das ist alles, was jetzt ist, und dennoch ist es viel, viel mehr.

Gegenwärtigkeit und Akzeptanz gelingen nicht immer und nicht so selbstverständlich wie in der Zeit nach Christinas Tod. Ebenso die klare Bewusstheit über das, was wir sind. Und dennoch geht diese Erfahrung mir nie mehr verloren. Sie ist unauslöschlich in mein Sein eingeprägt. Christinas Tod eröffnete mir diese Pforte, in meinem Bewusstsein existierte kein einziges Problem. Was für eine Erlösung!

Kommst du lange Zeit nicht über einen Tod hinweg, fällt dir die notwendige Neuorientierung sehr schwer oder schränkst du dein Leben sehr ein, dann kann es für dich hilfreich sein, dich an einen dafür ausgebildeten Thera-peuten zu wenden und dich unterstützen zu lassen. Du kannst davon ausgehen, dass lang andauernde, nicht überwindbare Schmerzen von früheren Verlusten, die du noch nicht verarbeitet hast, reaktiviert werden und dir jetzt das Abschiednehmen erschweren. Lass dich unterstützen und erlaube, dass dir jemand Kompetenter zur Seite steht, wenn du dazu bereit bist.

੪

Dein Leben ist DEIN

Angesichts der Vergänglichkeit und angesichts des Todes wird noch einmal sehr deutlich, welch wertvolles Geschenk dieses Leben hier ist. Übernimm Verantwortung für dein Leben. Nutze es, um zu lachen, zu singen, Freude zu empfinden und zu bereiten, Liebe zu geben und zu empfangen. Du hast jetzt die Chance dazu. Nutze sie, dann gibt es am Ende deiner Tage kein Bedauern, es zu wenig getan zu haben. Wenn du magst, beginne heute damit.

Das Maß unserer Fähigkeit, in Freude und Liebe zu leben, verändert uns und die Welt. Dies bereichert, es ist inspirierend und es dient den Lebenden und ehrt die Verstorbenen. Freude, Frieden, Lachen und Liebe sind hoch schwingende Energien, sie verändern die Welt und geben deinem Sein einen Sinn. Die Verstorbenen können wahrnehmen, in welcher Energie wir weiterleben. Wenn wir noch etwas für sie tun wollen, sind Kampf, Verbitterung und ein achtloser Umgang mit uns selbst nicht die richtige Wahl.

Unsere Bestimmung ist NICHT, zu leiden und unglücklich

zu sein.

Unsere Bestimmung ist, unser Leben zu leben, unseren Weg zu gehen, zu erkennen, was wir sind, und uns einzubringen, wofür wir gekommen sind.

Christina erinnert mich immer wieder daran, das Leben, mich und andere zu achten.

ॐ

Glücklich sein ist deine Bestimmung

Glückseligkeit ist unsere Natur.
"Wahres Glück ist spontan und ohne Anstrengung."[9]
"Was immer in Glückseligkeit wahrgenommen wird, ist schön. Glückseligkeit ist die Essenz von Schönheit."[10]

Unsere Vorstellungen und Konzepte, wie wir, andere und das Leben zu sein haben, halten uns in engen Grenzen gefangen. Selbstkritik, Kritik an anderen und Schuldzuweisungen sind besonders geeignet, innere Freude und inneres Glück zu verdunkeln.

Wenn wir uns aufmerksam beobachten, werden wir feststellen, dass Kritik, Schuld, negative Gedanken in unserem Bewusstsein sind, wenn wir uns unglücklich fühlen. Dabei spielt es keine Rolle, ob es dich oder andere betrifft. Dies erzeugt inneren Unfrieden und stört unser Glücklichsein. Wir können nicht erwarten, dass wir, die anderen und die Welt immer so sind, wie wir das wollen. Sobald wir in Kritik und Schuldzuschreibungen gehen, stört es ganz besonders unseren eigenen Frieden und unser inneres Gleichgewicht.

Du bist ein Kind Gottes und Gott will, dass du glücklich bist. Glücklich ist derjenige, der gelernt hat, das Leben so zu nehmen, wie es ist, keinem daran die Schuld zu geben und fest darauf zu vertrauen, dass alles dem göttlichen Willen entspricht. Besonders wenn wir es nicht verstehen können, hilft es uns umso mehr, dies unumstößlich zu glauben und darauf zu vertrauen.

Nimm dich und andere und das Leben, wie es sich zeigt, vollkommen an. Sei wach, wann immer du glaubst, du oder jemand anderer habe einen Fehler gemacht und sei schuldig. Dann erinnere dich: Schuld dient niemand. Sei gütig mit dir und anderen. Übernimm Verantwortung für deine Gedanken, deine Emotionen, deine Handlungen und für deine Heilung. Wenn du magst, lege die gesamte Situation in Gottes Hände und bitte, dass dir die Wahrheit gezeigt wird.

Je weniger du dich und andere dazu zwingst, "irgendwie" zu sein, je weniger dein Leben deinen genauen Vorstellungen entsprechen muss, je mehr du vertraust, um so einfacher ist es. Die Schönheit und innere Weisheit öffnet sich dir.

****

Dein Weg
Fühle dich frei, so zu sein, wie du bist,
und greife dich dafür nicht an.
Verarbeite den Verlust, so wie du es tust,
und greife dich dafür nicht an.
Erlaube dir deinen individuellen Weg, respektiere ihn.
Glaube an deine Weisheit und an deinen Weg.
Glaube an die Richtigkeit dessen, was geschieht.
Gott glaubt an dich – glaub auch du an dich,
und wenn du nicht an Gott glaubst,
glaub dennoch an dich,
an dich SELBST, an dein SELBST.

****

"Es gibt nur richtige Schritte, nur richtige Bemühungen. Das Selbst weiß hundertprozentig, was das Selbst braucht, um zu sich selbst zu finden. In jedem Moment weiß es das hundertprozentig und macht immer den richtigen Schritt zu sich selbst."[11]

Wenn du dazu bereit bist, kannst du dich entscheiden, negative Gedanken und negative Emotionen, wenn sie auftauchen, sterben zu lassen. "Ich lasse meine Angst sterben, ich lasse meinen Ärger sterben, ich lasse meinen Angriff und meine Schuldgedanken sterben. Ich lasse sie JETZT sterben, anstatt ihnen zu folgen." Das ist eine Entscheidung.

Ebenso ist Glücklichsein eine Entscheidung. Du kannst nur jetzt glücklich sein, die Zukunft wird kein Glück bringen, bestimmte Ereignisse werden das Glück nicht bringen. Aber du kannst jetzt beschließen, in diesem Moment glücklich, zufrieden zu sein, in Übereinstimmung und Harmonie mit dem, was ist. Nutze deinen Willen dazu, konzentriere dich jetzt auf das Glücklichsein in dir, erlaube dir, es jetzt zu fühlen und zu sein. Dieser Zustand ist unabhängig von äußeren Umständen. Darin liegt deine Freiheit. Erschaffst du den Zustand der Zufriedenheit, der Harmonie und des Glücks immer wieder neu in dir, wird er sich stabilisieren und sich auch im Äußeren zeigen.

Das Glück findest du nur in dir und in der Gegenwärtigkeit.

Christina schenkte mir kurz vor ihrem Tod eine Karte, auf der stand:

> *"Das Glück beruht oft nur auf dem Entschluss,*
> *glücklich zu sein."*
>
> Lawrence George Durrell

Vergebung

Vergebung ist ein machtvoller Weg
zu einem gesegneten Leben.

Solange wir an Schuld glauben, ist Vergebung der Weg der Heilung und die Erlösung aus der Schuld. Der Glaube an Schuld erzeugt sehr viel Leid und Gewalt in unseren Gedanken, Worten, Handlungen, in unseren Herzen und auf unserem Planeten.

Du musst wissen, dass du immer dein Bestes gegeben hast. Das Beste, was du jetzt tun kannst, ist, dir und dem Verstorbenen und allen anderen zu vergeben, für das, was deiner Meinung nach nicht gut gelaufen ist.

Wir alle sind hier auf der Erde, um zu lernen. Keiner von uns ist auf der menschlichen, persönlichen Ebene vollkommen. Dies anzuerkennen bringt Befreiung, Güte und Mitgefühl. Wir können aus unseren Fehlern lernen, anstatt uns dafür anzugreifen, zu bestrafen und zu quälen. In der jeweiligen Situation konnten wir nicht anders handeln, als wir gehandelt haben. Hätten wir es gekonnt, hätten wir es getan.
So ist es auch mit den Verstorbenen. Auch sie waren nicht vollkommen, waren hier, um zu lernen und zu wachsen. Jeder hat seine eigene Geschichte und wir haben nicht das Recht darüber zu urteilen.

Vergebung ist ein Akt der Selbstliebe, der Reinigung, um dich wieder mit deinem wahren Wesen zu verbinden. Vergebung bringt dich wieder zurück in deine Integrität und den Fluss des Lebens. Vergebung ist kein Gnadenakt für jemand anderen. Sie ist etwas, was du für dich tust. Denn alles, was du nicht vergeben hast, beschwert und vergiftet dein Leben; DU musst es tragen.

Fällt es dir schwer zu vergeben, bitte den Himmel, seine Vergebung durch dich fließen zu lassen. Verbinde dich mit dem Göttlichen in dir, nimm den anderen durch die Form, das heißt den Körper, die Persönlichkeit, hindurch in seiner Essenz, in seinem Licht wahr und verbinde dein Licht mit seinem Licht. Du kannst auch eine göttliche Kraft, wie Christus, Maria, Buddha, Sai Baba oder andere bitten, Vergebung durch dich fließen zu lassen, und du leitest sie weiter zu der betreffenden Person oder Situation.

Vergebung geschieht nicht intellektuell, sondern mit dem Herzen. Die Vergangenheit mit ihren Wunden und Verletzungen muss nicht weiter aufrechterhalten und in der Gegenwart gelebt werden. Von ganzem Herzen zu vergeben, reinigt, befreit und erlöst dich.

****

Vergebung
Lasse den Schmerz, das Gefühl von Verlust, Ärger, Trauer zu, erlaube jedes Gefühl.
Dann verzeihe dir und dem Verstorbenen,
egal was zwischen euch war,
egal was du in deiner Wahrnehmung glaubst, versäumt oder falsch gemacht zu haben,
egal was du glaubst, dass der Verstorbene falsch gemacht hat.
Verzeih alles, was mit dem Tod
und alles, was mit eurem gemeinsamen Leben zu tun hatte.
Gehe davon aus, dass alles genau richtig war,
weil deine und seine Seele dies lernen mussten, und lerne weiter, anstatt dich durch das Festhalten von Groll, Schuld und so weiter in deiner Entwicklung zu behindern.

****

Vergebung ist ein Akt der Liebe, am wichtigsten ist es, dir zu vergeben. Vergebung lässt dich lernen und wieder am Leben teilhaben.

Unsere Gedanken, unsere Bewertungen erzeugen unsere Emotionen. Hegen wir negative Gedanken, fühlen wir uns dementsprechend. Wir entscheiden über unsere Gedanken und somit auch über unsere Emotionen. Wir haben Macht über unsere Gedanken, nicht die Gedanken über uns. Wie wir bewerten, hängt mit unserer individuellen Wahrnehmung zusammen. So können verschiedene Menschen auf ein Ereignis vollkommen verschieden reagieren und agieren. Unsere Gedanken machen uns unglücklich oder glücklich.

****

Wähle
Sei bereit, dich als Ursprung von jedem lieblosen, schmerzhaften und zerstörerischen Gedanken zu erkennen. Schau ihn dir an, fühle ihn, vergib ihn dir und lasse ihn los. Du kannst deine Meinung jederzeit ändern, DU wählst deine Meinung.

****

Vergebung ist ein Geschenk, das uns jederzeit zur Verfügung steht, das jedem gegeben ist, ob er daran glaubt oder nicht. Ob du es annimmst und nutzt oder nicht, ist deine Entscheidung. (In diesem Moment fliegt ein riesengroßer, wunderschöner Schmetterling an mir vorbei.) "Es ist immer da, und es ist das einzige Geschenk, das du brauchst, um über die Erfahrung von Schmerz und Leid hinauszugehen. Vergebung wirkt in dieser Welt, aber sie ist nicht von dieser Welt. Sie kommt aus der geistigen Welt und kann ihre Quelle nicht vergessen."[12]

Du hast die Wahl, dieses Geschenk zu empfangen und zu

geben. Gelingt es dir nicht, voll und ganz zu vergeben, kannst du darum bitten, dass die göttliche Kraft und Liebe durch dich fließt und das Empfangen und Geben deiner Vergebung vollkommen macht.

Schuld erzeugt sehr viel Leid auf unserer Erde und hält dich in der Vergangenheit fest, Vergebung befreit dich und andere davon. Egal was in deinem Leben bisher geschehen ist, welche Fehler du oder jemand anders gemacht haben, Vergebung ist immer die Lösung. Sie bringt dich zurück in deine Integrität und zum Jetzt.

****

Vergebung heilt
Bitte die göttliche Kraft, dich dafür bereit zu machen, entscheide dich dafür und du wirst frei von jeder Fessel.

Solange du das Ewige in dir nicht erfahren hast,
du deine und die Schuldlosigkeit des anderen nicht erkannt hast, musst du vergeben, dir und den anderen.
Vergib dir, vergib den anderen, immer wieder.
Nutze die Vergebung für dein Heil und das Heil der Erde.

****

Die Macht der Entscheidung

"Der freie Wille und das Schicksal bleiben solange erhalten, wie der Körper andauert."[13]

Folgenden Artikel habe ich nach Christinas Tod für den Newsletter von PoV geschrieben:

Die meisten Menschen glauben, dass das, wie wir in uns fühlen und wie wir reagieren, mit den Ereignissen im Außen zu tun hat. Und so ist es nicht verwunderlich, dass wir uns meist bei Ereignissen, die wir als gut bewerten, gut fühlen und bei solchen, die wir als schlecht bewerten, schlecht fühlen.

Doch was ist mit unserem freien Willen zu entscheiden, welche Reaktionen und Gefühle die äußeren Umstände bei uns auslösen?

Als ich vom Tod meiner Tochter erfahren habe, war mir sehr schnell klar, dass ich jetzt die Wahl habe, meine Aufmerksamkeit auf das Licht, auf Gott, zu richten oder auf das unermessliche Leid. Welchen Unterschied das macht, könnt ihr euch sicher vorstellen. Ich war echt überrascht, dass ich tatsächlich in so einer extremen Situation die Wahl hatte und dass es so mühelos ging.

Am zweiten Tag nach ihrem Tod merkte ich, wie meine Energie kippte und ich mich in Richtung Abgrund, Leid und Schmerz bewegte. Irgendetwas in mir – es war wie eine Stimme – erinnerte sich an einen Ausspruch, den ich in einem anderen Zusammenhang von Chuck Spezzano gehört hatte: "Wenn du bereit bist, sofort loszulassen, kannst du dir sehr viel Leid ersparen." Und es war wie eine Entscheidung in mir, die sagte: "Warum machst du das nicht JETZT SOFORT?" Und wieder war ich sehr erstaunt. Mit dieser Entscheidung hatte ich es schon getan und noch ehe ich in den Abgrund gefallen bin, war meine Aufmerksamkeit wieder auf Gnade und Licht gerichtet.

Ich habe noch oft erfahren dürfen, dass ich die Wahl habe, sogar in solch extremen Situationen wie dem Tod eines Kindes. Die Situation, die uns zustößt, ist immer das, was wir aus ihr machen. Es kann die Hölle sein und es kann Gnade und Transformation sein.

Sobald wir in einer Situation bewusst sind, können wir bewusst entscheiden. Wenn wir unbewusst bleiben, über-

nehmen automatische Reaktionen und die Vergangenheit das Steuer.

Nach dem Tod meiner Tochter habe ich die absolute Gewissheit, dass alles, was ich bisher gelernt hatte, und die Kraft meiner Entscheidung mich über die Klippen des großen Leides und der Verzweiflung getragen haben und immer noch tragen.
Ich bin dafür sehr dankbar und möchte jeden Einzelnen ermutigen, diese Fähigkeit in sich zu stärken, zu nutzen und bewusst zum Wohle für sich und der gesamten Menschheit einzusetzen. Danke!

In Liebe und Verbundenheit
Monika Redl-Janßen

Die Gedanken, denen wir bewusst oder unbewusst Macht geben, entscheiden, wie wir wahrnehmen, was wir fühlen und wie wir handeln. Nicht die Ereignisse im Außen bestimmen unsere Befindlichkeit, sondern unsere Interpretation dieser Ereignisse. Anders ausgedrückt: unsere Wahrnehmung, unser Urteil, unsere Gedanken, denen wir Energie geben und die wir für wahr halten, bestimmen unser Erleben. Beurteilen wir etwas als erwünscht, gut oder schön, haben wir dazu andere Gefühle, als wenn wir etwas als schrecklich, schmerzhaft, böse oder ungerecht beurteilen. Unsere Interpretation, unser Urteil bestimmt, welche Wirkung eine Situation auf uns hat.

Es gibt ein individuelles Bewusstsein, das deine persönlichen Überzeugungen, Wahrnehmungen und Muster enthält, und ein kollektives Bewusstsein. Kollektives Bewusstsein bedeutet Übereinstimmung von vielen Menschen in dem, was sie glauben und wie sie etwas beurteilen.
Der Tod wird in unserer Gesellschaft kollektiv als negativ bewertet, ganz besonders der Tod von jungen Menschen. Das hat zur Folge, dass diese Einschätzung von den meisten

Menschen gar nicht hinterfragt wird, sondern als Realität angenommen wird.

Es gibt auch Kulturen, in denen mit dem Tod völlig anders umgegangen wird. So hat zum Beispiel Konfuzius* den Tod seiner Frau gefeiert. Sokrates* ging völlig unberührt – ohne Widerstand – in den Tod, weil er wusste, was ihn auf der anderen Seite erwartet.

Die Aborigines, die Ureinwohner Australiens, fragen nach einem langen Leben den Großen Geist, ob sie gehen dürfen. Wenn die Antwort "ja" ist, feiert der ganze Stamm mit demjenigen ein Abschiedsfest, wünscht ihm eine gute Reise und versichert ihm, dass sie ihn begleiten. Der "Sterbende" setzt sich an einen ruhigen Ort und hört einfach auf zu atmen.

Angaangaq aus Grönland beschreibt in seinem Buch "Schmelzt das Eis in eurem Herzen" Folgendes: "Als [sein Vater] auf dem Sterbebett lag, fragte er die Familie, die sich um ihn versammelt hatte: 'Geht es euch gut?' Wir hielten uns alle an den Händen und meine Mutter antwortete ihm: 'Liebster, allen hier geht es gut.' Mein Vater öffnete nicht mehr die Augen. Er sagte nur: 'Ich bin glücklich, das zu hören.' Und meine Mutter sagte: 'Nun bist du bereit.' Mein Vater lächelte. Das war das Ende. Er ging aufrecht in die andere Welt – so wie er sein ganzes Leben gegangen war. Und wir alle bezeugten sein Gehen.

Genauso meine Mutter. Als sie auf dem Sterbebett lag, öffnete sie noch einmal die Augen und sagte: 'Ah, ihr seid alle da.' Dann fragte sie: 'Geht es euch allen gut?' Nun war es an meinem älteren Bruder zu antworten. Er sagte: 'Ja, Mutter. Allen geht es gut.' Sie antwortete: 'Danke.' Das war ihr letztes Wort.

[…] Wir Eskimos feiern eine Zeremonie, wenn ein Mensch gestorben ist. Wir feiern ein Fest. Wir lachen, wir singen und tanzen. Vor allem aber erzählen wir Geschichten aus dem Leben des Verstorbenen. Es ist dabei egal, unter welchen Umständen er gegangen ist – ob seine Familie zugegen war oder ob er bei der Jagd verunglückt ist. Wir feiern und gedenken seiner. Und freuen uns darüber, dass wir ihn kannten. Bis dann der Älteste in der Runde sagt: 'Hab eine gute Reise!' Das ist die Zeremonie, mit der wir unsere Toten ehren."

Otmar Jenner beschreibt, wie sich die Einstellung zum Tod im Laufe der europäischen Geschichte verändert hat: "Ganz früher, im ersten Jahrhundert nach Christus hätten die Gläubigen den Tod voller Freude und in Ruhe erwartet. Bei Totenmessen wurde das Halleluja gesungen, der Jubelgesang der Christen. Man bejubelte den Tod, weil er die Seele dem Paradies und der Auferstehung von den Toten am Jüngsten Tag näher brachte. [...] Mit dem Bevölkerungswachstum in den Metropolen kam es in Europa zu Epidemien. Im fünfzehnten Jahrhundert bekam der Tod ein hässliches Gesicht. Wo die Pest zuschlug, mussten in kurzer Zeit Unmengen von Leichen bestattet werden. Sie landeten in Massengräbern, zu Hunderten aufgeschichtet. [...] Die Ruhe war dahin [...]. Alles musste schnell gehen. Die Pest verpestete das Sterben, und jede Vertrautheit mit dem Tod war tödlich. [...] Plötzlich hieß es, im Moment des Ablebens entscheide sich das Schicksal der Seele. Ob Himmel oder Hölle, erweise sich da und ein für alle Mal. [...] Sterben war auf einmal also ein wahnsinniger Stress [...]. In den Jahrhunderten davor hatten die Menschen ihre Scheu vor dem Tod überwunden und ihn immer mehr an sich herangelassen. Ruhe, Frieden, Tod, das gehörte irgendwie zusammen und ergab das Ideal vom schönen Sterben. [...]"[14]

Aber auch jenseits der kollektiven Meinung gibt es den Raum der eigenen Entscheidung. Es erfordert Bewusstheit, zu erkennen, dass wir diese Wahl haben, egal um welches Ereignis es sich handelt. Immer wieder stehen wir an einer Kreuzung. Sind wir unbewusst, übernehmen die alten Muster und die Vergangenheit die Entscheidung. Bist du dir bewusst, dass du eine Wahl hast, kannst du entscheiden, in welche Richtung du gehst.

Elf Tage vor Christinas Tod habe ich für mich die Entscheidung getroffen, dass ich alles, was in meinem Leben geschieht, annehme. Hatte ich eine Vorahnung? Im Nachhinein wurde mir klar, dass diese bewusste Entscheidung den Weg geebnet hat für das Annehmen dessen, was geschehen ist. Ebenso half uns das tiefe Wissen und Vertrauen in die Aussage "Alles, was geschieht, geschieht zu deinem Besten".
So konnte ich bereits im ersten Moment – als Barbara es mir erzählte – in der Akzeptanz sein. Während der nächsten Tage habe ich diese Entscheidung bewusst und unbewusst mehrere Male getroffen, ebenso die folgenden Monate und Jahre.

Dies ist keine Entscheidung, die nur auf den Tod von Christina zutrifft. Aber dort hat es sich mir sehr, sehr deutlich eröffnet, dass dieses Prinzip immer wirkt, unabhängig davon, ob es sich um ein bedeutendes oder weniger bedeutendes Ereignis handelt.

Wir sind die Schöpfer dessen, was wir aus einer Situation, die in unser Leben tritt, machen. Wir sind nicht die Opfer der äußeren Realität, unsere innere Realität ist entscheidend. Wir leben in der Dualität, dort sind Licht und Schatten, Schmerz und Freude, Kräfte, die uns angreifen und Kräfte, die uns unterstützen. Beides ist vorhanden. Die entscheidende Frage ist: Wo ist unsere Aufmerksamkeit, welche Kraft füttern wir? Wir haben die Macht zu entscheiden, welchem Pfad wir Energie geben, ob wir leiden oder annehmen, ob wir das Schöne oder das Schreckliche sehen. Es gibt keine Situation, in der diese Wahl nicht zur Verfügung steht. Dies ist unsere ureigene Fähigkeit. Viele Menschen haben dieses Wissen verloren, haben kein Bewusstsein davon, dass alles, was in unserem Leben geschieht, unserer subjektiven Wahrnehmung und unserer Bewertung unterliegt. Ohne dieses Wissen fühlen wir uns als hilflose Opfer. Doch wir sind keine Opfer. Je bewusster wir werden, dass wir durch unsere Wahrnehmung unsere eigene Wirklichkeit erschaffen, desto mehr bekommen wir wieder Zugang zu dieser Fähigkeit.

Dies ist meine Kraft und meine Macht: Ich entscheide, welche Gedanken und welche daraus folgenden Gefühle und Handlungen ich nähre. Das gilt auch bei einem Todesfall.

Wenn ich es bin, die meine innere Realität erschafft, unabhängig von dem, was im Außen geschieht, dann fällt das Prinzip der Schuld weg und wird durch das Prinzip der Verantwortlichkeit, des Verstehens, der Heilung und des Mitgefühls ersetzt.

Das Täter- und Opferspiel findet hier sein Ende und wir erinnern uns, dass wir machtvolle Schöpfer sind.

&

Trauer und Freude

In jedem Ereignis, in jeder Lebenssituation, so auch beim Tod, sind beide Polaritäten enthalten und verfügbar: Die Trauer, der Schmerz, der Widerstand, der Unfriede (Groll, Ärger, Wut, Enttäuschung) und die Freude, das Annehmen und innerer Friede. Es liegt an unserer Interpretation dessen, was geschehen ist, was wir nähren: Leid oder Freude, Stagnation oder Wachstum, Unbewusstheit oder Transformation.

Ein Verlust löst natürlicherweise Trauer und fast immer Leere aus. Wenn du die Wunde, die der Verlust bei dir erzeugt, verleugnest, kann sie nicht heilen. Sie wird chronisch, erzeugt zusätzliches Leid bei dir und anderen und schränkt deine Lebensfreude ein. Sie heilt, wenn du anerkennst, dass sie da ist, wenn du bereit bist, sie zu fühlen, zu akzeptieren und du dennoch nicht auf ihr beharrst und sie nicht festhältst. Dann wirst du durch sie stärker und weiser. Du nimmst dein Leben reifer wieder in Besitz.

****

Begleitung

Wenn du einen Menschen begleitest, der einen großen Verlust erlitten hat, halte seinem Schmerz stand, er darf da sein.
Sei wachsam, dass du ihn nicht in Richtung Trauer und Leid drängst. Es ist möglich, dass er Zugang zur Freude des Jenseits hat und sie fühlt, ohne dass dies eine Verdrängung ist. Lasse dem anderen die Freiheit, sowohl das eine als auch das andere zu fühlen. Danke.

****

Beim Tod meines Vaters war einer meiner ersten Gedanken: "Er hat sein Leben gelebt und jetzt hat er seine Ruhe, seinen Frieden. Er darf sich ausruhen von einem arbeitsreichen und erfüllten Leben." Ich empfand tiefe Trauer, aber keinen Schmerz und auch kein Bedauern. Diese Trauer hatte eine stille Schönheit, einen tiefen Frieden in sich. Der Tod bringt diese Schönheit, diesen Frieden, er ist die Tür zum Jenseits. Es hat mich in der Tiefe meiner Seele, meines Seins, berührt, geborgen in tiefer Trauer, ohne dass sich etwas ändern musste, ohne Nachtrauern und ohne Kummer.

☙

Dankbarkeit und Wertschätzung

Angesichts des Todes können wir in große Trauer und Schmerz fallen oder uns für Dankbarkeit und Wertschätzung entscheiden. Dankbar für die Zeit, die wir mit diesem Menschen verbringen durften. Ebenso für das, was wir durch sein Leben und seinen Tod erleben und lernen durften. Durch Dankbarkeit würdigen wir die Verstorbenen. Dankbar zu sein gibt Personen und Situationen Wert. Sie entspringt dem Wissen, dass alles, was geschieht, einen Wert hat. Sie lässt dich die Geschenke des Lebens und des Lernens empfangen und eröffnet dir den Weg zu innerem Frieden, zu Wachstum und Heilung. Wertschätzung für das, was ist und gewesen ist, zieht gute Energie in dein Leben und lässt dich begreifen und mit dem Herzen verstehen, dass alles der universellen Ordnung unterliegt und so geschehen musste, wie es geschehen ist.

Groll, Ärger, Jammern, Frustration und Schuld halten dich in negativer Energie fest, lassen dich das, was zu lernen ist, nicht lernen und bilden eine Spirale von Stagnation, Verbitterung und Leblosigkeit. Die Mechanismen, die alten Muster, die unser Leben erschweren, bekommen dadurch weitere Energie und verfestigen sich. All diese negativen Emotionen verbergen einen Zweck, den du möglicherweise nicht kennst, da er dir nicht bewusst ist. Dein Unbewusstes kennt ihn. Sie verengen dein Bewusstsein, machen es starr und erschweren Transformation, die in jedem Verlust enthalten ist. Dies kann ein Abwehrmechanismus des Egos sein, der verhindert, auf die nächste Ebene zu gelangen, die Heilung und inneren Frieden für dich bereithält.

Sich für Dankbarkeit und Wertschätzung zu entscheiden ist eine Möglichkeit, Angst und darauf aufbauende Sorgen zu heilen. Sie führen dich schnell durch schmerzhafte Themen und Verluste und durch negative Emotionen hindurch. Dadurch wirst du eine Inspiration für andere. Du zeigst, es gibt einen anderen, einen besseren Weg und du bist kompetent, andere durch ihren Schmerz, der durch Verlust entstanden ist, zu begleiten. Dies ist ein sehr wertvolles Geschenk und ein Liebesdienst für alle, die leiden.

Dankbarkeit und Wertschätzung erhöhen dein Mitgefühl. Da du es selber kennst, wie es ist, einem Verlust zu begegnen, und wieder ins Leben zurückgefunden hast, ist dein Herz und dein Verständnis offen für Menschen, die noch leiden.

"Wir sind dankbar erfüllt von der Zeit, die Christina mit uns gelebt hat."

Dankbar sein für alles, was in dein Leben tritt, ist die radikale Entscheidung, die Liebe Gottes in allem zu sehen, auch wenn wir so manches nicht verstehen. Alles ist vergänglich. Alles ist eine Leihgabe Gottes für eine bestimmte Zeit. Wertschätze es, freue dich daran und sei dankbar, solange es bei dir ist. Achte es. Lasse es wieder los, wenn es von dir geht. Dein Schmerz und dein Bedauern werden kleiner sein, wenn Dankbarkeit deine innere Haltung ist.

****

Zum Nachspüren
Wie sehr bist du dankbar für das, was in deinem Leben ist?
Fühle, was Dankbarkeit für dich bedeutet.
Welche Auswirkung hat diese innere Haltung?

****

Dankbarkeit ist eine innere Haltung, ein bewusstes Steuern deines Geistes. Alles in deinem Leben hat seine Bedeutung, nichts geschieht umsonst. Entscheidend ist, als was du es wahrnimmst. Wenn du magst, beginne heute mit Wertschätzung und Dankbarkeit für das, was in deinem Leben ist, und ebenso für das, was nicht in deinem Leben ist.

Ich bin sehr glücklich, dass ich mir sehr viel Zeit für meine Kinder genommen und die Jahre mit ihnen sehr genossen habe. Obwohl ich gearbeitet habe, hatten Barbara und

Christina in meinem Herzen vor meiner Arbeit immer die erste Priorität. Das fühlten sie und das wussten sie. So entstand bei Christinas Tod in mir nicht das Gefühl, ich habe sie verpasst und ich müsste noch dies und jenes mit ihr nachholen. Dies hat es mir sehr erleichtert, ihr Gehen anzunehmen.

Lebe dein Leben so, dass die Prioritäten für dich die richtige Reihenfolge haben. Wir wissen nie, wann etwas oder jemand aus unserem Leben geht. Verschiebe die Liebe und das, was dir wirklich wichtig ist, nicht auf später. Du kennst nicht die Zeit, die dir dafür bleibt. Lebe so, dass du im Augenblick des Abschieds von etwas oder jemandem nicht bedauern musst, nicht das gelebt zu haben, was du eigentlich wolltest. Solange jemand oder etwas bei dir ist, wertschätze es, achte es, freue dich daran und lebe die Liebe.

****

Erforsche
Wie viel Unachtsamkeit und Unzufriedenheit
ist in deinem Leben?
Wie viel Dankbarkeit und Wertschätzung
ist in deinem Leben?

****

Liebe Mama,
danke für mein Leben.
Danke für deinen Segen.
Danke für die Freiheit, die du mir gibst.
Danke, dass du mich liebst.
Danke für deine Zuverlässigkeit.
Danke für deine Zeit.
Danke für dein Licht.
Danke für dich, danke für mich.
Barbara

"Glück kommt in ein lachendes Haus" (japanisches Sprich-
wort) Dankbarkeit, Wertschätzung und Lachen gehören
zusammen.

❧

Selbstliebe

Als Allererstes liebe dich selbst. Eine der Ursachen eines
jeden Problems ist das Bedürfnis, geliebt zu werden, und der
Glaube, zu wenig Liebe zu bekommen.

❧

Christinas Tagebucheintrag

Sieben Monate vor ihrem Tod:
"Die Lösung für jedes Problem ist, sich selbst zu lieben."
Ich empfinde es wie ein Vermächtnis, das sie uns hinter-
lassen hat, sich immer daran zu erinnern, was wir in
Wahrheit sind: *Liebe.*

❧

Selbstliebe statt Selbstsabotage

Selbstannahme statt Selbstzerstörung

Eine der Wurzeln von jedem Problem, jedem Schmerz,
jedem Leid ist die Vorstellung eines Mangels an Liebe. Dies
betrifft sowohl die Selbstliebe als auch die Idee, von anderen
nicht genug geliebt zu werden. Fast alle Menschen leiden
immer wieder an dieser Wunde, diesem Irrtum. Dies macht
uns unglücklich und erzeugt Angst und Rückzug. Besonders, wenn ein geliebter Mensch uns verlässt oder wir etwas

für uns Wichtiges verlieren, entstehen Angst und eine schmerzhafte Leere. Möglicherweise fallen wir aus der Liebe und aus dem Vertrauen, dass alles, was geschieht, richtig ist und für uns gesorgt ist. Angst ist die Abwesenheit von Liebe, von Sich-Geliebt-Fühlen. Beides kann nicht gleichzeitig existieren. Entweder du bist in der Liebe oder du bist in der Angst.

Wir verbinden Selbstliebe oft mit Egoismus, aber es ist egoistisch, sich nicht zu lieben, sich selbst nicht anzunehmen. Liebst du dich nicht, bleibst du verletzbar, getrennt, selbstbezogen, im Kampf mit dir und der Welt. In Wahrheit bist du nicht getrennt von anderen Wesen. So wie du dich behandelst, so behandelst du auch andere.

Wie Chuck Spezzano in seinem Vorwort für dieses Buch schreibt, ist der Tod eines eigenen Kindes eine der größten Fallen für Selbstangriff.
"Der Verlust eines geliebten Menschen, insbesondere des eigenen Kindes, ist von allem, was ich in fast vierzig Jahren an Heilungsarbeit erlebt habe, die größte Falle mit dem stärksten Selbstzerstörungspotenzial. Wenn es uns gelingt, das Leben und die Liebe derer, die uns verlassen haben, zu ehren und sie in Gottes Hände zu übergeben, können sie uns mit ihrer Liebe zur Seite stehen und uns ermächtigen."

Gerade in schwierigen Zeiten ist es sehr wichtig, dass du achtsam, sanft, gütig und mitfühlend mit dir umgehst. Dass du nichts tust, was dir schadet und dich quält, dass du nicht in Selbstangriff gehst und dich damit zusätzlich schwächst.

Gib dir die Zeit, die du brauchst, mit dir zu sein, zu fühlen und zu verarbeiten. Gib, so gut du kannst, jede Vorstellung auf, wie du zu sein hast oder wie du nicht sein darfst. Sei mit dem, was in dir ist, bereit, es zu fühlen, und akzeptiere dich damit vollkommen. Nutze die Kraft der Entscheidung *für* dich, nicht gegen dich. Behandle dich so, wie du ein kleines

Kind in Not behandeln würdest und tröste dich liebevoll. Auch ich schicke dir all meine Liebe, mein Mitgefühl und mein Verständnis.

Sei wachsam, wann immer du dich selbst kritisierst oder dich kritisieren willst. Kehre zurück zu Mitgefühl für dich, deine Situation, deine Gefühle. Erlaube die Gefühle, sei freundlich mit ihnen und umarme dich mit allem, was in dir ist. Ob du dich oder andere angreifst, beschuldigst oder aber liebevoll gütig mit dir umgehst, macht den Unterschied, ob du in Frieden oder im Schmerz lebst.

Entwickle, so gut du kannst, Selbstliebe für dich. Das beginnt mit liebevollen, verständnisvollen Gedanken über dich und deine Situation. Selbstliebe wird dich nähren und dich durch schwierige Zeiten hindurchtragen. Sie wird dir helfen, dich und andere nicht zu beschuldigen, sondern mitfühlend zu sein.

Heftiger Schmerz ist ein Zeichen, dass du in der Vergangenheit in einer oder mehreren Situationen warst, in der du nicht die nötige Begleitung bekommen hast, die du gebraucht hättest, um das Erlebte zu verarbeiten und zu integrieren. Jetzt potenziert sich das Alte mit dem Aktuellen. Und jetzt ist die Chance, beides zu heilen. Starke Emotionen kommen aus verzweifelten Kindern *in uns*, die nicht wachsen konnten, weil sie niemanden hatten, der ihnen die Liebe und das Verständnis gegeben hat, die sie gebraucht hätten. Heute kannst du dein inneres Kind nähren und lieben, damit es Vertrauen lernen, heilen und wachsen kann.

****

Verbinde dich
Wenn du zum Beispiel traurig oder verzweifelt, ärgerlich oder wütend, enttäuscht oder resigniert bist, nimm Verbindung zu deinem inneren Kind auf.

Frage es, wie alt es ist, frage es, was es braucht.
Gib ihm all deine Liebe und dein Verständnis,
halte es im Arm, bis es sich besser fühlt.
Mache das immer wieder, wenn starke Emotionen
auftauchen.
Lerne, dich mit allem, was in dir ist, zu lieben.
Deine Liebe ist Heilung,
egal welche Wunde der Heilung bedarf.

****

Wenn du magst und es dir möglich ist, nimm den Standpunkt ein, dass dieser Tod, dieser Verlust eine Wachstumschance für dich ist. Sei bereit, das Risiko des Wachstumsschmerzes einzugehen und zu heilen.

Ein essenzieller Schritt zur Selbstliebe ist die Selbstakzeptanz. Sind wir *fest* in der Selbstannahme verwurzelt, sind wir weder angreifbar noch verletzbar, noch sind wir im Kampf, weder im Außen noch im Inneren. Wir erzeugen keine Konflikte. Selbstannahme hat wesentlich damit zu tun, ob du dich als wertvoll anerkennst oder dich von deinem Ego verleiten lässt zu glauben, dass du wertlos seist. Selbstangriff, Selbsthass, Schuldgefühle, Versagen, Rückzug, Aufopferung und Selbstbestrafung sind mögliche Folgen. Die von dir geglaubte Wertlosigkeit erschafft ebenso die Idee: "Ich bin nicht liebenswert. Ich habe kein gutes Leben verdient." Du verschließt dich der Gelegenheit, Gutes zu empfangen. Möglicherweise ist Selbstannahme, Selbstwert und Selbstliebe eine unserer größten Aufgaben. Nehmen wir uns selbst an, nehmen wir andere, die Welt, die Ereignisse an. Uns selbst wertvoll zu fühlen und zu lieben, gibt uns die Kraft, andere zu lieben, anstatt uns und andere zu verurteilen. Auf dieser Ebene spielt es keine Rolle, ob wir zum Beispiel arm oder reich, erfolgreich oder erfolglos, hübsch oder weniger hübsch sind. Mit allem, was du bist, mit allen Stärken und Schwächen, Selbstliebe verbindet dich mit dir, mit anderen und mit allem, was ist, mit dem Göttlichen. In dieser Hinsicht können wir uns alle noch weiterentwickeln. Bitte darum, dass es dir gelingt.

****

Nimm Dir Zeit
Beginne jetzt damit, mit dir so umzugehen, wie du es dir von einer idealen Mutter, einem idealen Vater wünschst.
Nimm dir immer wieder Zeit, den Verlust, die Leere, den Schmerz zu fühlen, nimm Trost an, anstatt dich und andere zu beurteilen.
Lass Liebe zu dir fließen, achte darauf, was du brauchst, was dir Freude macht.
Nimm dir im Laufe eines Tages immer wieder ein paar Minuten dafür Zeit, bis du Aufgehoben-Sein und Frieden in dir fühlst.

****

Gott – die universelle Liebe – will, dass du glücklich bist. Unsere verstorbenen Lieben wollen das Gleiche und wir wollen das Gleiche. Wie kommt es, dass es so schwierig ist, wenn es doch jeder will?

Bist du bereit, dich voll und ganz anzunehmen, wirst du auch das Leben und den Tod annehmen. Indem du dich vollständig akzeptierst, widerstehst du eher den Fallen der Schuld, der Selbstbestrafung und der Verzweiflung. Sollte es dennoch geschehen, kommst du mit Selbstannahme relativ schnell wieder heraus. Sollte auch das nicht gelingen, dann nimm das Nicht-Gelingen vollkommen an. Du beurteilst dich nicht, sondern erkennst einfach an, was es ist: Eine Erfahrung, die du gerade machst und die dir schmerzliche Gefühle bereitet. Nimm dich damit vollkommen an. Es ist eine der Erfahrungen, die wir spirituelle Wesen hier auf dieser Erde machen.

Wir brauchen uns nicht zu verurteilen, zu kritisieren, wir können mit Verständnis, Liebe und Mitgefühl mit uns und unseren Erfahrungen sein. Welch eine Erleichterung. Dies gilt natürlich insbesondere, wenn wir wirklich Fehler gemacht haben, was wir alle tun. Gütig und liebevoll mit deinen Fehlern umzugehen, eröffnet dir und anderen eine neue Ebene der Liebe. Du übernimmst Verantwortung. Dadurch ist meist eine schnelle Korrektur des Fehlers und dein Lernschritt möglich. Wir alle sind hier, um zu lernen. Könnten wir bereits alles, wären wir nicht hier. Wir können uns dafür verurteilen oder wir können bereitwillig und in Liebe und Dankbarkeit lernen.

****

Dich annehmen

Wenn du magst, probiere es aus.
Nimm dich an, so wie du bist, jeden Moment, immer wieder,
nimm deine Gefühle so, wie sie jetzt sind.
Egal welches Urteil dein Verstand über dich hat,
Gott liebt dich und du darfst es ihm gleichtun.
Es wird dein Leben, das Leben deiner Lieben
und deine Welt verändern.

****

Jeder, der glücklich ist,
ist ein Geschenk für das gesamte Universum.

Willst du das Glück in deinem Leben und in der Welt vermehren oder das Leid?

Erlaubst du dir glücklich zu sein, erlaubst du auch anderen glücklich zu sein. Es war für mich eine erstaunliche Erfahrung, trotz Christinas Tod in Frieden zu sein und weiterhin, oder sogar bewusster, die Dankbarkeit und das Glück in meinem Leben zu fühlen.

Stell dir vor, es ist jemand in deiner Familie gestorben und du findest keinen Weg aus der Trauer, dem Schmerz, dem Leid und der Schuld. So gibst du ein Beispiel für die restliche Familie und sogar für die Welt. Die anderen Familienmitglieder, insbesondere Kinder, werden lernen: "Es ist nicht in Ordnung, glücklich zu sein."
Welchen Gefallen tust du ihnen damit?
Welchen Gefallen tust du dem Verstorben damit?
Und welchen Gefallen tust du dir selbst damit?

****

Lass es sein, wie es ist
Ist es dir nicht möglich, das Leid zu verlassen,
dann nimm dich darin vollkommen an.
Kritisiere dich nicht dafür.
Bist du nicht traurig, denke nicht: "Ich sollte aber doch traurig sein und leiden."
Lass es einfach sein, wie es ist.
Damit gibst du ein Beispiel für Selbstannahme in jeder Situation.
Dies ist ein sehr, sehr wertvolles Geschenk für die Welt.

****

Es ist unmöglich, andere zu lieben, wenn wir uns selbst nicht annehmen. Alles, was wir uns antun, tun wir auch anderen an und alles, was uns andere antun, haben wir uns schon angetan.

Angesichts des Todes können wir uns die essenziellen Fragen des Lebens stellen und darauf Antworten finden. Sterbende Menschen betonen immer wieder, dass das Wichtigste in ihrem Leben war, wie sehr sie geliebt haben und wie sehr sie sich erlaubt haben, Liebe anzunehmen. Liebe und Glück sind eins.

243

****

Dich annehmen

Du kannst jetzt damit anfangen, dich und dein Leben anzunehmen,
egal wie du bist, egal wie deine Lebensumstände sind.
Deine Sichtweise und damit deine Welt werden sich schlagartig verbessern.

****

Du machst damit nicht nur dich, sondern alle Menschen, die mit dir leben und auch die Verstorbenen glücklicher. Das Band der Liebe zwischen dir und den Verstorbenen bleibt immer erhalten. Du kannst es fühlen, wenn du bereit bist, die Liebe an die erste Stelle zu stellen, sie wichtiger zu nehmen als dein Leid.

Ich wünsche dir alle Liebe und alle Kraft dazu.

Die Auseinandersetzung mit dem Tod meiner Tochter hat mehr Glück in mein Leben gebracht. Ich bin bewusster geworden, was Leben bedeutet und was die Essenz unseres Da-Seins und von allem ist. Ich bin gegenwärtiger, mehr in der Hingabe und im Vertrauen, dass alles richtig ist, wie es ist. So kannst auch du im größten "Unglück" ein Zeichen setzen, das dich und die Welt bereichert.

Es ist eine besondere Herausforderung, glücklich zu sein, dem Glück mehr Gewicht als dem Leid zu geben, wenn ein eigenes Kind gestorben ist. Es scheint so zu sein, dass egal, was in unserem Leben passiert, es immer eine Möglichkeit für uns ist, sich zu entscheiden, glücklich zu sein.

"Ich glaube, der Zweck unserer Existenz ist Glücklichsein."
Dalai Lama*[15]

Das individuelle und auch das kollektive Bewusstsein suggeriert uns: „Das ist unmöglich, ja, das ist lieblos, das ist Verrat." In Wahrheit ist es das Gegenteil. Es ist Liebe, den anderen seinen Weg gehen zu lassen und dir selbst ebenso deinen eigenen Weg zu erlauben.

Natürlich war ich nicht glücklich, als mein Kind gestorben ist, aber ich war von Anfang an damit im Frieden. Lange war ich in dieser hohen göttlichen Energie. Als ich wieder herausgefallen bin und die irdische Schwingung mich wieder hatte, bin ich manchmal fast verzweifelt an dieser Welt. Sie erschien mir so sinnlos. Ich hatte den Geschmack der göttlichen Liebe gekostet. Es wurde eine Aufgabe für mich, der Welt Akzeptanz zu schenken und sie zu segnen dafür, wie sie ist.

Später, als ich anfing dieses Buch zu schreiben und mich dadurch noch einmal sehr intensiv mit dem Tod aus-einander setzte, gewann ich mehr und mehr Zugang zu der Essenz unseres Da-Seins. Es eröffnete sich mir der Raum jenseits unserer Lebensgeschichte, jenseits unserer Persön-lichkeit und jenseits unserer Themen, Probleme, Ängste und Sorgen, der Raum unseres wahren Wesens.

Sorgen

"Ich habe keine Wünsche und keine Sorgen und das wünsche ich dir auch." Christina

Manchmal, wenn ich niedergeschlagen bin darüber, wie wenig achtsam wir Menschen miteinander und mit der Natur umgehen, setze ich mich vor Veronikas Bild und fühle einfach ihre Energie. Dadurch verfliegen meine Sorgen, mein Kummer, meine Schwere. Ich fühle Leichtigkeit, Befreiung und Freude. Mein Herz öffnet sich wieder. Danke Christina, für dein Sein, für das Glück, das du mit mir teilst und für das Geschenk, das du bist.

Einmal stehe ich am Grab und fühle mich wegen irgendetwas bedrückt. Da höre ich: "Schau die Blumen auf dem
Grab an, sie haben keine Sorgen." Ich fühle die Energie der
Blumen, wie sie sich leicht, schwerelos im Wind bewegen,
mein Herz wird leichter. Dann höre ich: "Und jetzt fühle
mich, Mama, ich habe auch keine Sorgen". Sofort fühle ich
die Leichtigkeit, die Freude und alle Schwere ist verflogen.

Machst du dir viele Sorgen, ist deine Aufmerksamkeit darin
gebunden. Das bedeutet, du kannst dich in deinem Sein, die
anderen und das Leben nur wenig wahrnehmen. So werden
wir blind für uns und andere. Die Liebe, die du für dich und
andere empfindest, bleibt in den Sorgen hängen und kommt
nicht beim Empfänger an. Dadurch wird die Verbindung
zwischen euch schwächer, was wiederum die Sorgen nährt.
Sorgen beziehen sich auf die Vergangenheit und auf die
Zukunft, der gegenwärtige Augenblick wird versäumt.
Sorgen finden im Denken statt, du kannst dir jederzeit jede
Sorge ausdenken. Sie schneiden dich vom Fühlen dessen,
was jetzt ist, ab. Sorgen machen dich und andere klein und
hilflos, sie entmächtigen anstatt zu ermächtigen. Sie
schmälern die Kraft und den Handlungsspielraum. Sie
neigen dazu, Opfergeschichten zu schreiben und reduzieren
das Vertrauen in denjenigen, um den sich Sorgen gemacht
werden, und das Vertrauen ins Leben. Sorgen schwächen
alle. Vertrauen und Liebe stärken und verbessern jede
Situation.

"[...] wer von euch kann mit all seiner Sorge sein Leben auch
nur um eine kleine Zeitspanne verlängern?" Mt 6,27
(Bergpredigt)

Woran hängt dein Herz?

Einige Tage nach Christinas Tod brachte Barbara mir eine Sparbüchse von Christina. Sie war ein sparsames Mädchen und hatte manchmal etwas Sorge, dass wir zu wenig Geld haben. Diese Sorge konnte ich ihr auch nicht wirklich nehmen. Auch wollte sie von mir nicht mehr Taschengeld, weil sie sagte: "Mama, du arbeitest eh so viel und du sollst nicht noch mehr arbeiten müssen." Sie hatte sich angewöhnt, möglichst nichts Unnützes zu kaufen. Derzeit sparte sie für ihren Führerschein. Wir öffneten die Sparbüchse, sie enthielt etwa 200 Euro. Als ich ihr erspartes Geld in der Hand hatte, war das ein äußerst seltsames Gefühl. Sie machte sich unnötige Sorgen um Geld und jetzt brauchte sie keines mehr – überhaupt keines mehr. Nichts brauchte sie mehr: Kein Geld, keine Kleider, nichts mehr. Tief in meinem Inneren realisierte ich: Es ist einfach alles zurückgeblieben, alles ist in ihrem Zimmer, ist vorhanden, und nichts davon braucht sie mehr. Sie braucht keinerlei Geld mehr, keinen einzigen Euro und auch sonst nichts. Die Begriffe "Haben", "Besitz", lösten sich mit einem Schlag in Nichts auf. Alles was sie besaß, wurde jetzt nicht mehr benötigt. Im Vergleich zu anderen Jugendlichen hatte sie relativ wenig Kleidung und dennoch, jetzt schien es, als wäre es ganz schön viel. Ein tiefes Erkennen hat sich in dieser Situation in mein Bewusstsein eingegraben, eine beeindruckende Erkenntnis.

Ja, solange wir hier sind, brauchen wir Geld, Kleider, Nahrung und andere Dinge. Aber der Stellenwert, den diese Dinge in unserer Gesellschaft haben, ist völlig überzogen. Wie viele Sorgen, wie viele Ängste ranken sich um Materielles, und mit einem Schlag hat es angesichts des Todes keinerlei Bedeutung mehr. Sind die Wichtigkeit, die Sorgen, die Ängste, die übersteigerte Aufmerksamkeit darum das, womit wir unsere Lebenszeit verbringen wollen?

Übertreiben wir da nicht immer wieder? Erschweren oder erleichtern wir dadurch unser Da-Sein? Verlieren wir dadurch nicht viel zu oft den Fokus von dem, was wirklich wichtig ist? Ist es das, was uns und andere glücklich macht?

****

Erforsche
Worin siehst du deine Sicherheit, was ist dein Sicherheitsnetz, worauf hast du hauptsächlich deine Aufmerksamkeit?
Ist es Geld? Ist es Eigentum?
Ist es deine Arbeit?
Ist es deine Gesundheit?
Sind es Kontakte zur Familie, Freundschaften und anderen Menschen?
Ist es Bewusstheit?
Ist es Liebe?
Ist es Gott?
Was ist das, was in deinem Leben wichtig ist, für dich Bedeutung hat?
Was möchtest du leben und was möchtest du loslassen?
Wie viel Zeit möchtest du in das investieren, was dir wirklich wichtig ist, und wie viel Zeit in Nebensächliches?

****

Es ist gut, sich immer wieder diese Fragen zu stellen und bewusst zu sein, dass dein Leben dir gehört und wertvoll ist.
Womit möchtest du es füllen?
Fange noch heute damit an!

Schmerz oder Freude

"Freude und Schmerz kommen vom Verstand. Unsere wahre Natur ist glücklich zu sein." Ramana Maharshi

"Schmerz oder Freude [...] beruhen nicht auf der Gegenwart, sie wechseln einander ab, [...] tauchen immer wieder auf, doch lass dich nicht von ihnen beherrschen. Nur ein Mensch, der Schmerz und Freude gleichermaßen annimmt, kann glücklich sein."[16]

Entpuppt eine Raupe sich zum Schmetterling, muss sie sich mit Anstrengung vom Kokon befreien. Wird ein Kind geboren, braucht es Kraft und Entschlossenheit sich durch den Geburtskanal zu "arbeiten". Dies stärkt seine Energie für das Leben. Wollen Mutter und Kind diese schmerzhafte Erfahrung vermeiden, kann das Kind nicht natürlich geboren werden.

Wenn es für ein kleines Kind Zeit ist, laufen zu lernen, benötigt es dafür Anstrengung und Ausdauer. Wird es in dieser Zeit immer getragen, verzögert sich seine Entwicklung. Im Laufe dieses Lernprozess wird es immer wieder hinfallen, sich möglicherweise wehtun und weinen. Dies ist Teil seiner Entwicklung, seines Lernens. Wir können es nicht davor bewahren. Der Schmerz wird jedoch bald wieder vergessen sein und die Entwicklung, der Fortschritt, der neue Lernschritt wird mit Freude gemacht. Das Selbst-Bewusstsein des Kindes ist gestärkt.

So ist es auch bei uns: Hinfallen, Schmerzen gehören zum Lernprozess. Wenn wir uns nicht aufhalten lassen, wieder aufstehen und weitergehen, werden wir wachsen, Schritt für Schritt. Deshalb ist es wichtig, dass wir auch den Schmerz akzeptieren, sonst behindern wir unser Wachstum. Wachstum und Heilung bedeutet, durch Angst, Widerstand,

Schmerz, Enttäuschung zu gehen, um so zum anderen Ufer, wo Freude, Stille, Frieden, Glück auf uns warten, zu gelangen, anstatt zu flüchten und zu vermeiden. Die Stärke liegt nicht darin, nicht hinzufallen. Wenn wir hinfallen, stehen wir wieder auf und gehen weiter, darin liegt die Stärke.

Jede "Geburt" ist mit "Geburtswehen" verbunden.

Schmerz entsteht aus Bedürftigkeit

Das Leben ist, wie es ist.

Liebe und Bedürftigkeit sind zwei unterschiedliche Qualitäten und es ist hilfreich, das zu unterscheiden.

Bedürftigkeit entsteht oft durch Erfahrungen, in denen wir uns allein gelassen, schutzlos, nicht gesehen, wertlos und nicht geliebt fühlten. In der Bedürftigkeit fühlst du dich unzulänglich, du hast das Gefühl, abhängig zu sein, das "Loch" in dir muss von außen aufgefüllt werden. Wir beurteilen andere danach, was wir von ihnen bekommen können, und wir erwarten, dass unsere unerfüllten Bedürfnisse aus der Vergangenheit durch sie erfüllt werden. Wir "brauchen" die anderen, ohne sie fühlen wir uns nicht ganz. Ebenso neigen wir dazu, eine Opferidentität anzunehmen. Diese bestätigt sich immer wieder in dem, wie wir die Welt und die Mitmenschen erleben. Werden unsere Bedürfnisse von anderen nicht erfüllt, fühlen wir uns nicht geliebt, zurückgewiesen, und wir leiden. Oft beginnen wir ihre Erfüllung einzufordern, was beim Gegenüber Druck erzeugt. Obwohl wir also erwarten und fordern, dass unsere Bedürfnisse erfüllt werden, erleben wir allenfalls für kurze Zeit Erfüllung, da es uns gleichzeitig an der Fähigkeit zu empfangen mangelt.

Liebe dagegen ist frei und lässt frei. Der andere wird nicht als Mittel zum Zweck gesehen. Er wird akzeptiert, respektiert und geliebt als jemand, der seinen Weg mit mir teilt. Ich achte seine Bedürfnisse ebenso wie meine.

Wir alle haben Bedürfnisse und das ist völlig in Ordnung. Verstecke sie nicht und unterdrücke sie nicht, sonst zeigen sie sich in einem anderen Gewand. Aber beginne selbst die Verantwortung für ihre Erfüllung zu übernehmen, anstatt das vom anderen zu fordern. Öffne dich dafür zu empfangen. Sei bereit, deine Fähigkeiten und Talente zu erkennen und zu verwirklichen. Sei bereit, dich zu ermächtigen, Meister deines Lebens zu sein. Das ist der Raum, in dem Liebe sich entfalten darf.

Was du tun kannst

Beten

Was dir und dem Verstorbenen hilft, wenn du dazu Zugang hast, ist Beten. Hülle dich und den Verstorbenen in die Liebe und die Kraft des Gebets ein. Beten kann ein spontaner Gefühlsausdruck sein, sprich von Herz zu Herz. Dabei gibst du die Verstorbenen und dich in Gottes Hände. Lass dein Gebet eine lebendige Beziehung zu Gott sein, sprich alles aus, was dich bewegt. Deine Worte sind nicht entscheidend, ein reines Herz, gefüllt mit Liebe und Mitgefühl und dem aufrichtigen Wunsch zu helfen, trägt deine Gebete "zum Himmel". Sie werden gehört. Auch die Verstorbenen nehmen die Gebete wahr und freuen sich darüber.

In den USA wurde bei einem wissenschaftlichen Experiment von Dr. N. J. Stowell die Wellenlänge und Stärke der menschlichen Hirnstrahlung beim Beten gemessen. Sie erwies sich als 55-mal stärker als eine weltweite Ausstrahlung einer Rundfunksendung. Dies zeigt, wir haben die Möglichkeit, die Welt durch unser Beten zu unterstützen. Kein Gebet geht verloren. Seine positive Kraft kreist um die Erde und erhöht unsere Schwingung. (Nachzulesen im Internet unter Dr. N.J. Stowell, Die Kraft des Betens)

Persönliche Ergänzung von Johann Graßer*:

Beten gibt es meines Wissens nach in allen Religionen. Oft in sehr unterschiedlicher Art und Weise. Aber auch mit mehreren Ähnlichkeiten.
Für mich ist Beten eine der schönsten täglichen "Tätigkeiten" überhaupt. Ich empfinde es als Atmen der Seele in der Gegenwart Gottes. Zum Beten kann ich immer Zeit aufbringen. Wie im täglichen Leben habe ich immer Zeit für das, was mir gut tut und was ich liebe. Es geht mir beim Beten nicht um ein bestimmtes Pensum oder um bestimmte Formeln. Auch in der Bibel gehört Beten ganz selbstverständlich zum Leben. Bei Jesus erfahren wir das in ganz besonderer Weise.
Gott braucht mein Gebet nicht, aber ich brauche das Gebet. Und es kann mich und die anderen betenden Menschen verändern. Veränderte Menschen können die Welt zum Positiven ändern.
Beten kann ein Rufen, Jubeln, Klagen, Bitten, Flehen, Danken und so weiter sein. Für mich ist Danken immer mehr zum Inhalt des Gebetes geworden. So bete ich jetzt zum Beispiel nicht mehr: "Gott, ich bitte dich, begleite mich auf meinem Weg." Ich bete jetzt: "Gott, ich danke dir, dass du mich auf meinem Weg begleitest." Ich danke Gott für alles und auch schon im Voraus. Gemäß dem Bibeltext "Glaubt nur, dass ihr es schon empfangen habt und ihr werdet es empfangen." (Mk 11, 23-24). Hier hat Gott in meinem Leben schon sehr viel, teils Außergewöhnliches, bewirkt. Gott weiß im Voraus,

was ich brauche und was für mich gut ist. Deshalb kann ich ihm vertrauensvoll für alles danken. Er gibt mir nichts Schlechtes. Wenn ich hier sage: "Dein Reich komme, dein Wille geschehe", dann passt es. Ansonsten stelle ich meinen Willen in den Vordergrund. Und das ist nicht immer im Sinne Gottes und nicht immer das Beste für mich.

In meiner langen Gebetspraxis sind die Worte immer weniger geworden und ich wurde immer stiller. Das heißt ein auf Gott Hörender. Was mir beim Beten sehr, sehr wichtig ist, ich rede mit Gott ganz persönlich, ganz vertraut und ohne Angst.

Getragen und gestärkt haben mich auch verschiedene Psalmtexte. So zum Beispiel Psalm 27, Vers 1: "Der Herr ist mein Licht und mein Heil: Vor wem sollte ich mich fürchten? Der Herr ist die Kraft meines Lebens: Vor wem sollte mir bangen?"

Sehr stark geprägt hat mein Gebetsleben das sogenannte Herzensgebet. Anfangs betete ich, wie es allseits bekannt ist: "Herr Jesus Christus, erbarme dich meiner." Jetzt weiß ich, dass Gott mich immer so liebt, wie ich bin. So kann ich jetzt voller Vertrauen sagen: "Gott, ich danke dir, dass du mich unendlich und vorbehaltlos liebst." Das Herzensgebet ist für mich ein Weg zu innerer Freiheit geworden. Es bewirkt bei mir die Empfindung von Frieden und Versöhnlichkeit gegenüber allen Menschen und es fördert die Gelassenheit. Durch das Beten habe ich ein unerschütterliches Vertrauen zu Gott bekommen. Das empfinde ich als ein Leben in Fülle aus der Liebe Gottes. (Johann Graßer)

Bleib, wenn dir das möglich ist, in Liebe verbunden. Schicke den Verstorbenen Licht und Liebe, fülle sie in deiner Vorstellung ganz mit Licht und Liebe an. Du kannst sie auffordern, sich dem Licht zuzuwenden, und dir vorstellen und daran glauben, dass sie dich hören. Wenn du magst, bitte den Himmel um Unterstützung.

Sei dir bewusst, dass die Art und Weise, wie du mit dem Tod

umgehst, sich auf dich, auf deine Lieben, auf die Verstorbenen und auf alle anderen auswirkt.

Mit allem, was wir sagen und tun, geben wir ein Beispiel.

Welches Beispiel willst du geben?

Begleitung nach dem Tod

Bei einem plötzlichen Tod ist dem Verstorbenen möglicherweise noch nicht bewusst, dass er gestorben ist. Er wundert sich, dass keiner mehr mit ihm spricht oder ihm zuhört. Deshalb ist es sehr hilfreich, ihm Orientierung zu geben. Du kannst die Geburt auf der anderen Seite begleiten. Im Folgenden einige Möglichkeiten aus unserer persönlichen Erfahrung:

Erzähle dem Verstorbenen, dass er seinen Körper verlassen hat und weise ihn darauf hin, dass er sich der hellsten Lichtquelle zuwendet.

Gib ihn in die Hände der göttlichen Kraft, die dem Verstorbenen auch zu Lebzeiten Kraft und Zuversicht gegeben hat. Weise ihn auf diese Kraft hin.

Mache ihn aufmerksam, dass schon verstorbene Verwandte und Freunde auf ihn warten.

Sag ihm, dass du ihn aus diesem Leben entlässt und ihn mit deiner Liebe auf seiner neuen Reise begleitest.

Singe das Übergangsmantra Om Asatoma.

Bete für den Verstorbenen.

Manche Seelen sind orientierungslos. Sie wissen nicht, wo sie hingehen sollen. Deshalb ist es eine große Hilfe, ihnen Orientierung zu geben. Sag ihnen, dass es jetzt wichtig ist, ihr irdisches Zuhause loszulassen und heimzugehen, in das geistige Zuhause. "Konzentriere dich auf dein geistiges Zuhause, dort ist es schön, dort scheint die Sonne, dort bist du aufgehoben und geborgen. Gehe heim in dein geistiges Zuhause."

∞

Mamas Heilung

Episode: Während ich schreibe, werde ich plötzlich ohne ersichtlichen Grund total wütend. Es ist so ein Gefühl: "Alles muss ich alleine machen! Keiner kümmert sich um mich, den anderen ist es völlig egal, wie es mir geht. Hey, ich schreibe die Geschichte vom Tod meiner Tochter. Das ist doch wohl nicht so einfach und keiner kümmert sich, keiner fragt, wie es mir damit geht."
Als Erstes beschließe ich, diese Gefühle und meine Wut zu fühlen. Nach einiger Zeit bitte ich darum, dass mir gezeigt wird, um was es hier geht und dass es für mich aufgelöst wird.
Ich spiele mit meinem Computer, was ich sonst nie tue und entdecke eine Musik-Datei, die Magnus für mich auf-genommen hat. Es sind wohl an die fünfhundert Titel darauf, bei manchen steht kein Titel dabei. So klicke ich "per Zufall" auf "Titel 1" irgendwo in der Mitte und bin nicht wenig überrascht, als ich Chuck Spezzanos Meditation "Zentrierung, die eigene Mitte finden" höre. Ich lasse mich durch diese Meditation führen.

Sofort wird mir klar, um was es hier geht: Meine Mama hatte drei Kinder verloren. Sie muss sich damit ziemlich alleine gefühlt haben. Niemand kümmerte sich um sie, keiner fragte sie, wie es ihr damit ging. Wütend war sie nicht, das war nicht ihre Art, aber verzweifelt, allein gelas-sen. Ich habe all diese Gefühle, ebenso ihre Schuldgefühle, gefühlt und auch die Wut, die sie nicht fühlte.

Das, was wir fühlen, können wir heilen. Das, was wir nicht fühlen und verdrängen, müssen wir mit uns tragen. Und es vererbt sich ungefragt an unsere Kinder weiter.

Durch die Meditation erkannte ich das Thema, durch das Fühlen konnte ich Mamas Thema erlösen. Ich war das siebte Kind. Meine Mutter hatte bereits fünf Söhne geboren. Das Kind vor mir war endlich ein Mädchen, aber eine Totgeburt. Meine Mutter sagte damals: "Jetzt brauche ich auch kein Mädchen mehr." Diese Totgeburt war für sie sehr schmerzhaft. War das meine Schwester oder war das schon ich? Habe ich damals schon versucht, auf die Welt zu kommen, und mich dann doch nochmals zurückgezogen? Als Kind wusste ich nicht, wo mein Platz ist. Später fragte ich mich, ob ich meiner Schwester den Platz weggenommen oder mich nochmal zurückgezogen habe, um einen geeigneteren Zeitpunkt abzuwarten. Ich kam eineinhalb Jahre nach der Totgeburt zur Welt. Jetzt wusste ich, ich musste noch kommen, um meine Mama zu unterstützen. Dieses Wissen fühlte sich kraftvoll, richtig und liebend an.
An diesem Abend hatte ich "per Zufall" ein Gespräch mit einer Ärztin, die auch ein Kind verloren hat, und sie konnte mir aus medizinischer Sicht die Todesursache meiner Geschwister erklären, was wiederum die Schuldgefühle meiner Mama erlöst hat. Mama ist 1993 gestorben. Ich konnte so deutlich fühlen, wie sie durch "meine Arbeit" von dieser Last befreit wurde. Meine Wut war total verflogen, ich war wach, konnte wieder sehr gut schreiben und war dankbar für Mamas Erlösung.

So können wir durch unsere Offenheit, unsere Bereitschaft zur Heilung und unsere eigene Bewusstseinsentwicklung noch sehr viel für unsere Eltern und andere Menschen bewirken, auch wenn sie schon im Jenseits sind.

Keiner stirbt allein
und keiner bleibt allein zurück

Mein Papa ist allein gestorben, meine Mama ist allein gestorben, meine Tochter ist allein gestorben.

Papas Tod

Bei meinem Papa bin ich vom Tod überrascht worden, und ich bin in eine tiefe Trauer gefallen. Ich war damals 29 Jahre alt und mit Barbara schwanger. Er starb sehr unerwartet am Herzinfarkt. Ich liebte meinen Papa sehr und fand es sehr schade, dass er sein Enkelkind nicht mehr kennen lernen würde. Diese Trauer war ganz natürlich für mich. Sie hatte etwas Selbstverständliches und ich empfand sie nicht als schlimm, ich war einfach tief traurig.
Bis zur Beerdigung blieb ich bei meiner Mama. Als Familie haben wir alle Wege zusammen gemacht. Wir waren uns auch einig, dass Papa aufgebahrt wurde. So hatte ich die Möglichkeit, jeden Tag zu ihm ins Leichenhaus zu gehen, bei ihm zu sein und mich von ihm zu verabschieden. Ich berührte ihn und streichelte ihn, er war und blieb mein Papa. Da ich schwanger war, meinten manche Leute, ich müsste aufpassen wegen des Leichengifts. Mir kam das albern vor. Er war auf der Straße zusammengebrochen und dann im Krankenhaus gestorben. Im Krankenhaus fragte ich nach seiner Zimmernummer und ich bekam zur Antwort: Ich brauche ihn nicht mehr besuchen, er ist schon gestorben. Natürlich ging ich trotzdem zu ihm, meine Mama und mein Bruder waren auch schon da. Lange standen wir bei ihm und nahmen Abschied. Ich war in den drei Tagen an jedem Platz, wo er tätig gewesen ist, auch an seiner Arbeitsstelle, und verabschiedete mich vom ihm.
Damals schon habe ich verstanden, dass die drei Tage bis zur Beerdigung nicht zufällig drei Tage sind. Am Tag der Beerdigung war ich bereit, ihn gehen zu lassen und stimmte

dem auch innerlich zu. Die Zeit vorher habe ich gebraucht, um mich von ihm zu verabschieden, so dass ich ihn dann in Frieden loslassen konnte. Er hatte dieses Leben gelebt und nun war es zu Ende.

Nach Papas Tod hatte ich nachts im Traum sehr viele Begegnungen mit ihm. Ich träumte, er kommt zurück und darf noch drei Wochen leben. Wir kosteten diese drei Wochen intensiv aus, verbrachten sehr viel Zeit miteinander, führten wichtige Gespräche und wir unternahmen viel zusammen. Ich weiß noch, dass ich oft gedacht habe, die drei Wochen sind längst vorbei, aber mein Papa lebte immer noch. Eine Zeitlang dachte ich, jetzt wird er bald wieder sterben, aber er ist nicht mehr gestorben. Er lebt immer noch. Ich hatte nie das Gefühl, ihn verloren zu haben. Er ist bei mir und in mir. Heute weiß ich nicht mehr, wie lange die Begegnungen mit Papa dauerten, aber ich weiß, dass unsere Eltern und Kinder stets in uns lebendig sind.
Auch Christina lebt in mir und ich in ihr. Ein Gefühl, dass sie gestorben ist und ich von ihr getrennt bin, habe ich nicht. Schwer zu beschreiben.

Ein weiteres Beispiel ist meine Schwiegermutter Gudrun. Ihre Mutter starb, als sie sechs Monate alt war. Danach war ihr Vater ihre einzige Bezugsperson, zu der sie eine enge Herzensverbindung hatte. Als Gudrun elf Jahre alt war, wurde ihr Papa von Faschisten erschossen. Sie war sehr, sehr traurig, völlig verzweifelt und sie fühlte sich sehr einsam. Eines Nachts erschien ihr ihr Papa, er tröstete sie und sagte zu ihr: "Ich bin immer für dich da, solange du mich brauchst." Nach dieser Nacht merkte Gudrun, dass sie nicht mehr traurig und nicht mehr verzweifelt war. Sie empfand es als Gnade, ihren Papa weiterhin bei sich zu haben. Sie fühlte, dass er da war, und seither sagt sie zu allen Leuten: "Wenn jemand stirbt, ist er nicht weg." Kinder haben dazu oft noch einen besseren Zugang als Erwachsene. Gudrun war ein Leben lang getröstet und meisterte mit diesem Gefühl der Unterstützung mehrere sehr schwierige Situationen. Noch heute, sie ist jetzt 91, ist sie voller Humor, Witz und Lebensfreude.

Die göttliche Hilfe ist nicht auf eine bestimmte Person beschränkt. Wenn du Hilfe brauchst, darum bittest und offen bist, wirst du sie bekommen. Steht dir jemand in deinem Leben nicht mehr zur Verfügung, schickt dir das Göttliche Unterstützung aus der geistigen Welt oder eine andere Person, die genau das geben kann oder wird, das du jetzt brauchst. Das habe ich genau so mehrmals in meinem Leben erfahren.

Mamas Tod

Ich war zehn Tage zur Fortbildung. Als ich heimkam, rief mich meine Schwägerin an: Meine Mama ist im Krankenhaus, ihr geht es nicht gut. Da es schon Abend war und ich Christina noch vom Landschulheim abholen sollte, beschloss ich, meine Mama nächsten Morgen zu besuchen. Aber dann fühlte es sich nicht richtig an und ich besuchte meine Mama sofort. Auf der Fahrt fühlte ich mich in sie ein und ich wusste, sie wird sterben. Jahre zuvor hatte sie eine schwere Operation, lag drei Wochen auf der Intensivstation. Damals meinten die Ärzte, sie wird es wohl nicht überleben. Und ich fühlte immer, sie überlebt es. Dieses Mal hatte sie "nur" eine Lungenentzündung und es sah nicht gefährlich aus. Als ich im Krankenhaus ankam, war sie wach und ich konnte gut mit ihr reden. Sie meinte unter anderem, sie will kein Pflegefall werden. Mental arbeitete ich mit ihr, dass sie gehen kann, bevor sie ein Pflegfall wird. Bald kam mein Bruder Hans. Mama schien es ganz gut zu gehen, das Fieber war gesunken. Damals wusste ich noch nicht, dass das bei einer Lungenentzündung die kritische Phase ist.
Ich nahm mein Wissen, "sie wird sterben", nicht mehr ernst,

irgendwie war es weg. Sowohl mein Bruder als auch ich hatten beide den Impuls, bei ihr zu bleiben, doch gingen wir beide. Es war, als würde Mama uns wegschicken. Ich redete mit der Krankenschwester und es war sehr klar, dass sie mich auf alle Fälle anrufen muss, wenn irgendetwas mit Mama ist, auch in der Nacht. Ich wohnte nur zehn Minuten vom Krankenhaus entfernt. Damit ging ich beruhigt nach Hause.

Um sechs Uhr früh läutete das Telefon, es war das Krankenhaus: "Ihre Mutter ist soeben verstorben und es ging so schnell, dass wir Sie nicht mehr verständigen konnten!" Da saß ich nun und dachte: "Wieso bist du nicht geblieben? Wieso hast du Mama allein sterben lassen? Papa war schon allein gestorben, ich wollte doch so gerne dabei sein und sie begleiten."

Aber es half nichts. Ich konnte es nicht mehr ändern. Ich fuhr ins Krankenhaus. Meine drei Brüder kamen auch. Als ich sah, wie sehr Thomas und Simon betroffen und tieftraurig waren, eröffnete sich mir das Geheimnis, wieso Mama ohne uns gestorben ist.

Mir war klar: Wäre ich bei ihr geblieben, wäre vermutlich auch Hans geblieben und ich hätte meine beiden anderen Brüder benachrichtigt und auch sie wären gekommen. Die Energie, die dann im Raum gewesen wäre, Mama festhalten zu wollen, hätte sie nicht gehen lassen. Die Ärzte sagten mir noch: "Wäre sie nicht gestorben, wäre sie ein Pflegefall geworden."

Ich hatte tiefen Respekt vor meiner Mama, dass sie so mutig war, uns wegzuschicken. Und so mutig war zu sterben, diesen Schritt so problemlos zu tun. Sowohl Hans als auch ich hatten das Gefühl, dass sie uns wegschickte, deshalb sind wir auch gegangen. So wurde ihr großer Wunsch erfüllt, dass sie kein Pflegefall wird, und ich war sehr dankbar, dass ich sie in diesem Schritt noch unterstützen konnte, indem ich mental mit ihr daran arbeitete: "Ich kann gehen, bevor ich ein Pflegefall werde." Gottes Gnade und eine mutige Entscheidung meiner Mama?

Später habe ich von mehreren Menschen gehört, dass sie fast ständig bei ihren Angehörigen waren und in dem Moment, als sie aus dem Zimmer gingen, der Tod eintrat. Wenn die Angehörigen den Sterbenden nicht gehen lassen wollen, kann das sein Sterben sehr erschweren. Weiß der Sterbende, dass wir mit seinem Gehen einverstanden und mit ihm in Frieden sind, kann das für ihn eine große Hilfe sein.

Manchmal ist es sogar so, dass Menschen, die bald sterben, sich noch zu Lebzeiten zurückziehen und sich schon innerlich von anderen verabschieden. Möglicherweise aus der Idee heraus, für die anderen nicht so ein großes Loch entstehen zu lassen, möglicherweise, um sich ganz auf Gott und den Sterbeprozess zu konzentrieren.

Unsere Christina machte ihre Sachen immer sehr klar, deshalb passte auch der klare Tod zu ihr. Wäre sie nach dem Unfall noch am Leben gewesen, hätte ich dann versucht, sie festzuhalten? Ich weiß es nicht.

Wir hatten den Eindruck, dass sie den Aufprall ihres Körpers am Boden nicht mehr mitbekommen hat. Für uns hat es sich so angefühlt, als hätten Engel ihre Seele während des Falls aufgefangen und nur der Körper wäre weiter gefallen. Vermutlich hatte sie sich auch schon gleich zu Anfang des Falls die Halswirbelsäule gebrochen und somit war das Atemzentrum lahmgelegt. "Es war etwas mit der Atmung", hörten wir später.

Einige Zeit danach habe ich in einem Buch von Paul Meek gelesen, keiner stirbt alleine, der Schutzengel ist immer dabei. Manchmal auch der Geistführer, wenn der Verstorbene einen hatte. Und die Angehörigen, die schon gegangen sind und die der Verstorbene am meisten liebte, warten auf der anderen Seite und nehmen ihn in Empfang. Auch das Licht und die Liebe empfängt den Sterbenden.

Ich erinnere mich an eine Erzählung meiner Mama, dass mein damals vierjähriger Bruder Anton, kurz bevor er gestorben ist, gesagt hat: "Mama, geh' auf die Seite, jetzt kommen die Engel und holen mich."

Ich will damit sagen, dass sich niemand Vorwürfe zu machen braucht, wenn er beim Eintreten des Todes, aus welchem Grund auch immer, nicht anwesend sein kann. Wenn wir davon ausgehen, dass der Sterbende, sein Schutzengel und Gott die Situation genau so einrichten, wie es am besten ist, dann müssen wir uns nicht mit Vorwürfen quälen.

Dies spricht natürlich nicht gegen eine Sterbebegleitung. Es ist für die Betroffenen auf beiden Seiten in der Regel ein Geschenk, den Tod im Kreise ihrer Lieben zu erleben. Und dennoch ist es wichtig zu verstehen, dass manchmal ein anderer Weg vorgesehen ist.

Der Tod – unser Begleiter

Der Tod, so wie wir ihn uns vorstellen, existiert nicht. Wie kommt es, dass wir so viel Angst haben vor etwas, das so gar nicht existiert? Unsere falschen Annahmen erzeugen das Leid, das mit dem Tod verbunden ist. Der Tod selbst kreiert kein Leid. Es ist unsere Vorstellung, die aus unserem Denken, dem Nicht-Wissen kommt, und die damit verbundenen Emotionen, es ist ein Festhalten an etwas, was gegangen ist oder gehen wird. Es ist Widerstand gegen etwas, was geschehen ist oder geschehen wird. Es ist Unwissenheit über unsere wahre Existenz, darüber, dass wir vergessen haben, was wir sind.

Der Tod ist allgegenwärtig. Sterben geschieht ständig. In

unserer Gesellschaft verdrängen wir den Tod und sperren ihn aus. Nur selten bekommen wir einen Toten zu sehen, außer wir sind selber betroffen. Und dann ist es noch nicht sicher, ob wir unseren Angehörigen begegnen, wenn ihr Körper aufgehört hat zu leben. Obwohl jeder, absolut jeder, davon betroffen ist, tun wir die meiste Zeit so, als würde der Tod nicht existieren. Als könnten gerade wir ihm entgehen. Doch eines ist absolut sicher: Wenn du – in einem Körper – diesen Planeten betrittst, wird der Körper diesen Planeten auch wieder verlassen. Wie lange die Zeitspanne dazwischen ist, wissen wir nicht.

Es ist also absolut sicher, dass jeder von uns mit dem Tod konfrontiert wird. Sehr wahrscheinlich mit dem Tod eines nahestehenden Menschen, sicher aber mit dem eigenen Tod. Möglicherweise mit dem Tod von Haustieren, sicher mit dem von Beziehungen, von Situationen, von Ideen, Träumen, Wünschen und Vorstellungen. Niemand ist davon frei – absolut niemand.

Dennoch herrscht in unseren westlichen Ländern eine Haltung, als wäre der Tod ein Unglück, ein Versagen, ein schweres Schicksal, als sollte das nicht passieren. Das, was uns akzeptabel erscheint, ist, wenn alte Menschen sterben. Und selbst da habe ich sehr oft gesehen, dass dies nicht akzeptiert und dadurch unendlich viel Leid erschaffen wurde, oft über viele Jahre. Menschen, die einen Verlust nicht akzeptieren und unverarbeitet lassen, schränken, meist unbewusst, ihr eigenes Leben ein, quälen sich jahrelang mit Schuldgefühlen, depressiven Verstimmungen oder anderen psychischen und körperlichen Belastungen.

Das Leben ist ein Geschenk Gottes. Es zu leben ehrt das Göttliche, dich und die Verstorbenen.

Solange du hier bist, hast du die Aufgabe, hier zu sein. Der Körper wurde uns gegeben, um bewusst mit allen Sinnen zu leben, die Vollkommenheit und Schönheit wahrzunehmen, zu lieben, zu lernen und unsere Fähigkeiten und Begabungen wertschätzend für die Gemeinschaft einzubringen. Wenn es Zeit ist zu gehen, ist es Zeit zum Gehen.

"Du kannst dem Leben nicht mehr Tage geben,
aber den Tagen mehr Leben."

Schön, wenn du auf ein erfülltes Leben zurückblicken und glücklich sterben kannst, am besten mit dem Namen Gottes in deinem Bewusstsein. Christina ist vermutlich mit Sai Babas Namen auf ihren Lippen gestorben. Schon zu Lebzeiten hat sie sich an ihn gewandt, wenn sie beschützt werden wollte oder Hilfe gebraucht hat. Oft haben wir zusammen das Gayatri Mantra gesungen, manchmal wollte sie es für sich alleine singen, um sich Kraft für ihr Leben zu holen und sich mit dem Göttlichen zu verbinden.

****

Zum Nachspüren
Angesichts des Todes können wir uns die berechtigte Frage stellen:
Womit verbringst du die dir gegebene Lebenszeit?
Verbringst du deine Zeit mit Streit, Ärger, Sorgen, oder
ist da noch etwas anderes, was mit dem Leben gemeint ist?
Ist das, was du tust, das, was dich erfüllt?
Bist du in Harmonie mit dem Leben oder bist du im Kampf?
Ist dein Leben und dein Tun in Harmonie mit dem,
was du bist?
Ist dein Leben auf das Göttliche ausgerichtet?

****

Sterbebegleitung

Es sprengt den Rahmen dieses Buches, ausführlich auf Sterbebegleitung einzugehen. Daher beschränke ich mich auf einige wenige wichtige Hinweise:

Sterben ist sowohl für den Sterbenden als auch für alle anderen Betroffenen ein intensiver Prozess. Wie selten sonst im Leben geht es um Klärung, Loslassen und darum, dem, was geschieht, ins Auge zu blicken. Erlauben wir das Sterben und ebenso die dazu auftauchenden Gefühle, ist dies für alle sehr hilfreich. Bleib gegenwärtig, lasse zu, was du jetzt fühlst. Sei mit dem Fühlen. Das Sterben anzunehmen, damit zu sein, sich dem hinzugeben, unterstützt einen friedlichen Geisteszustand des Sterbenden und der Angehörigen. So kann der Sterbende ohne Leugnung und Widerstand begleitet werden.

Als Begleiter können wir darauf hinweisen, dass keiner alleine stirbt, dass auf der anderen Seite sowohl unsere Lieben, die vor uns gegangen sind, als auch geistige Helfer uns empfangen und uns zur Seite stehen. Manchmal zeigen sich verstorbene Angehörige schon vor dem Zeitpunkt des Todes, wenn wir sie darum bitten und offen sind. Sterbende erfahren oft schon vor dem Eintreten des Todes einen höheren Bewusstseinszustand. So können sie schon Verstorbene und geistige Helfer sehen. Wenn wir sie achtsam und respektvoll ihre Wahrnehmungen aussprechen lassen, ist dies ein großes Geschenk.

Sterbende sehnen sich in der Regel nach Aussöhnung und Vergebung. So ist dies ein guter Moment, mitfühlend zuzuhören, Unstimmigkeiten anzusprechen und aufzulösen. Dies befreit dich und den Sterbenden.

Es hilft, verständnisvoll darauf hinzuweisen, dass es jetzt wichtig ist, weltliche Bindungen gehen zu lassen, dass der

Körper stirbt, aber seine Essenz von Gott empfangen, ins Licht eingehen wird und nicht sterben kann. Unser Körper zerfällt in die Bestandteile, aus denen er entstanden ist. Das, was wir jenseits des Körpers sind, lebt weiter, ist ewig.

Eine sehr große Hilfe ist es, den Sterbenden dabei zu unterstützen, sich in seiner Sterbestunde auf Gott auszurichten. Oft treten noch unverarbeitete Themen mit Macht ins Bewusstsein. Sei ein guter Zuhörer, lasse den Sterbenden darüber sprechen und hilf ihm seine Aufmerksamkeit immer wieder auf Gott, auf das Licht zu richten. Sei einfühlsam und achtsam, halte Stille und Emotionen aus. Begib dich in Gottes Hände, damit du ein hilfreicher Begleiter sein kannst. Dabei ist es gut zu wissen, zu welcher Kraft der Sterbende Vertrauen hat, welche göttliche Kraft ihn auch im Leben begleitet hat. Wer zeitlebens schon praktiziert hat, seine Aufmerksamkeit auf das Göttliche zu richten, wird sich auch in der Sterbestunde damit leichter tun. Sich konsequent auf das göttliche Licht auszurichten, zeigt den Weg.

Es gibt verschiedene Gesänge, die zur Begleitung vor, während und nach dem Sterben hilfreich sind. Jede Phase des Sterbeprozesses hat eigene Gesänge. Ich zitiere als Beispiel einen Gesang aus dem "Buch des Übergangs" von Otmar Jenner:

"III. Gesang – Die Pforte

Ich befinde mich nun an der Pforte zur geistigen Welt. Um einzutreten, werde ich meinen physischen Körper zurücklassen. Ich werde auch meine Familie zurücklassen, meine Freunde, meinen Besitz, meine weltlichen Vorlieben, meine weltlichen Laster und meine menschlichen Eigenschaften. Das will ich mit Freuden tun, denn bei meiner Vereinigung mit dem Licht der einen Quelle brauche ich all dies nicht mehr.

Frei von jeder Körperlichkeit erkenne ich, dass jegliche Trennung, wie ich sie in meiner menschlichen Inkarnation erlebt habe, eine Illusion ist.

Frei von jeder Illusion erkenne ich, dass meine wahre Heimat das grenzenlose Licht der einen Quelle ist. Mutig wende ich mich dorthin.
Ich bin auf den Übergang in die geistige Welt gut vorbereitet. Für diese Reise habe ich alle menschlichen Begrenzungen abgelegt.
Sollte ich während meiner Reise ins Licht unangenehme Erlebnisse haben, so erkenne ich, was sie in Wahrheit sind. Vorspiegelungen meines Bewusstseins, denn wirklich real ist nur das Licht.
Solange ich Visionen habe, Bilder sehe und Wesen, wie lieb und freundlich sie auch immer geartet sein mögen, weiß ich, dass ich durch das Labyrinth des Todes reise.
Solange ich Erfahrungen mache und sinnliche Eindrücke spüre, weiß ich, dass ich das Labyrinth des Todes noch nicht verlassen habe.
Dann halte ich Ausschau nach dem Licht der einen Quelle.
Denn alles, was ich sonst sehe, ist ein Traum. Nur das Licht der einen Quelle ist Realität."[17]

Thich Nhat Hanh beschreibt in seinem Buch "Kein Werden, kein Vergehen" folgende Geschichte. Möglicherweise hilft sie, das Sterben als das zu begreifen, was es ist.
"[…] erfuhr ich, dass […] ein alter Freund im Sterben lag. [...] 1966 und 1967 hatten wir gemeinsam zahlreiche Länder bereist, um Initiativen für eine Beendigung des Vietnamkriegs zu organisieren [...]. Als Schwester Chan Khong und ich im Krankenhaus eintrafen, lag Alfred bereits im Koma. [...] Seine Frau Dorothee und seine Tochter Laura freuten sich sehr, dass wir gekommen waren. Laura gab sich größte Mühe, Alfred aus dem Koma zu holen: 'Daddy, Daddy, Thay ist da! Schwester Chan Khong ist da!', sagte sie. Aber Alfred befand sich in einem sehr tiefen Koma. Ich bat Schwester Chan Khong für ihn zu singen. Ein Sterbender kann uns hören, auch wenn wir uns darüber vielleicht nicht im Klaren sind. Schwester Chan Khong sang also das Lied, dessen Anfangszeilen lauten: 'Dieser Körper bin nicht ich;

ich bin nicht an diesen Körper gebunden, ich bin Leben ohne Grenzen, ich bin niemals geboren worden und bin niemals gestorben.' Sie hat es ein zweites Mal gesungen, und anschließend noch ein drittes Mal. Während sie es zum dritten Mal sang, wachte Alfred auf und öffnete die Augen.

Laura war überglücklich. 'Daddy' sagte sie, 'weißt du, dass Thay da ist? Weißt du, dass Schwester Chan Khong da ist?' Alfred konnte nichts sagen. Doch beim Blick in seine Augen spürten wir: Er wusste, dass wir da waren.

Schwester Chan Khong sprach ihn an. Sie redete über die Erfahrungen, die wir bei unserem gemeinsamen Einsatz für den Frieden in Vietnam gesammelt hatten [...].

[Sie erzählte] ihm von den glücklichen Momenten, die wir in der Zeit unserer Friedensarbeit erlebt hatten. Das wirkte wahre Wunder. [...] Sie goss die ihm innewohnenden Samen des Glücks. Alfreds Glück beruhte auf seinem Bestreben, dem Frieden zu dienen und dem Leid der anderen ein Ende zu setzen. Durch das Gießen dieser Glückssamen wurde in ihm ein Gleichgewicht zwischen Freude und Schmerz hergestellt. Er litt nun viel weniger.

Zur gleichen Zeit massierte ich seine Füße, geleitet von dem Gedanken, dass ein Sterbender unter Umständen kein ausgeprägtes Körpergewahrsein hat, weil der Körper sich etwas taub anfühlt [...]. Als wir ihm in die Augen schauten, waren wir sicher, dass er von unserer Anwesenheit wusste. Plötzlich öffnete er den Mund und sagte: 'Wunderbar, wunderbar!' Danach sank er wieder ins Koma und kehrte nie mehr zurück.

An jenem Abend musste ich für die Teilnehmer des Retreats im Omega-Institut einige einführende Worte sagen. Als wir uns verabschiedeten, um dorthin zu fahren, erklärten wir Dorothee und Laura, sie sollten mit Alfred sprechen und für ihn singen, wie Schwester Chan Khong und ich dies getan hatten. Am nächsten Morgen erhielt ich eine Nachricht von Dorothee, die besagte, dass Alfred einige Stunden, nachdem wir aufgebrochen waren, ganz friedlich gestorben war. Bewusstlose Menschen verfügen über die Möglichkeit, uns zu hören, wenn wir wirklich präsent und friedvoll sind, während wir an ihrem Bett sitzen. Vor zehn Jahren erfuhr ein in Bordeaux lebender Student, dass in Kalifornien seine Mutter im Sterben lag. Er weinte sehr. Er wusste ja nicht, ob seine Mutter noch leben würde, wenn er jetzt nach Kalifornien heimkehrte. Schwester Chan Khong forderte ihn auf, unverzüglich nach Kalifornien zu fliegen und, falls die Mutter bei seiner Ankunft noch lebte, die gleiche Praxis auszuüben [...]. Sie forderte ihn auf, über die beglückenden Erlebnisse zu sprechen, die Mutter und Sohn miteinander geteilt hatten. Er solle ihr von schönen Erfahrungen aus jener Zeit berichten, als sie mit seinem Vater noch jung verheiratet war. Er möge ihr diese Geschichten erzählen, weil sie ihr Freude machen würden, selbst wenn sie nicht bei Bewusstsein sein sollte.

Bei seiner Ankunft im Krankenhaus hatte sie bereits das Bewusstsein verloren. Zwar glaubte er nicht so recht daran, dass ein besinnungsloser Mensch noch etwas hören könnte; trotzdem tat er, wie Schwester Chan Khong ihm aufgetragen hatte. Die Ärzte teilten ihm mit, seine Mutter sei seit einer Woche nicht mehr bei Bewusstsein und sie hätten keine Hoffnung, dass sie vor ihrem Tod noch einmal das Bewusstsein wiedererlangen werde. Nachdem er eineinhalb Stunden lang liebevoll mit ihr gesprochen hatte, erwachte sie.

Wenn Sie am Bett eines Sterbenden sitzen und dabei körperlich, geistig und seelisch ruhig und vollkommen präsent sind, werden Sie dem oder der Betreffenden helfen können, in Frieden und Freiheit dahinzuscheiden [...].

Falls Sie einen Sterbenden begleiten, sollten Sie auf diejenigen Klänge und Bilder aus dem Leben der betreffenden Person zurückgreifen, mit denen Sie die Samen ihres größten Glücks gießen können. Die Samen des Reinen Landes, die Samen von Nirvana, dem Reich Gottes und dem Paradies sind im Bewusstsein jedes Menschen vorhanden.

Wenn wir zu praktizieren und zur Wirklichkeit von Nicht-Geburt und Nicht-Tod vorzudringen vermögen, wenn uns wirklich klar wird, dass Kommen und Gehen lediglich

Vorstellungen sind, und wenn unsere Präsenz gefestigt und friedvoll ist, können wir dem Sterbenden helfen. Wir können dem Sterbenden helfen, keine Angst zu haben und keine besonders leidvollen Erfahrungen zu durchlaufen. Wir können dem oder der Betreffenden helfen, in Frieden zu sterben. Wir können uns selbst dazu verhelfen, ohne Angst zu leben und friedvoll zu sterben. Wir können uns selbst dazu verhelfen, zu verstehen, dass es kein Sterben gibt; zu erkennen, dass es keinen Tod gibt und keine Angst. Es gibt nur Fortdauer."[18]

"Erinnere dich daran, wenn du bei einem Sterbenden sitzt. Es ist ein großes Privileg und etwas Heiliges beim Tod eines Menschen zugegen sein zu dürfen, als Zeuge und Gefährte. [...] Wenn du bei einem Sterbenden sitzt, solltest du keinen Aspekt dieser Erfahrung verdrängen. Verleugne nichts von dem, was geschieht, und lehne auch deine Gefühle nicht ab. Die Einsicht, dass du nichts machen kannst, weckt vielleicht Empfindungen der Hilflosigkeit, Trauer oder Wut bei dir. Akzeptiere das, was du fühlst. Und dann geh noch einen Schritt weiter. Akzeptiere es, dass du nichts machen kannst und akzeptiere es voll und ganz. Du hast keinerlei Kontrollmöglichkeit. Nimm jeden Aspekt dieser Erfahrung bereitwillig an, sowohl deine eigenen Gefühle als auch die Schmerzen und Qualen, die der Sterbende vielleicht leidet. Dein Bewusstseinszustand der Widerstandslosigkeit und die Stille, die ihn begleitet, wird dem Sterbenden ein großer Beistand sein und ihm den Übergang erleichtern. Wenn Worte nötig sind, werden sie aus der Stille in dir hervorkommen. Aber sie werden zweitrangig sein. [...] Die Stille bringt den Segen mit sich: Frieden."[19]

Sterbende, selbst wenn sie im Koma liegen, bekommen genau mit, was um sie herum gesprochen wird und geschieht.

Der eigene Tod

Der Tod ist eine Einladung, jetzt bewusst zu leben.

Er vollendet das Leben. Wenn wir den Tod wegsperren, verdrängen, tabuisieren, nehmen wir dem Leben die Tiefe. Den Tod nicht einzukalkulieren, heißt das Leben nicht vollends auszuschöpfen. Jede ungelebte Erfahrung, jede unvollständige Erfahrung, das Gefühl, dein Leben nicht gelebt zu haben, kann das Sterben schwerer machen. Auch wenn unser Erleben auf der körperlichen Ebene schon extrem eingeschränkt ist, halten wir dennoch fest in der unbewussten Hoffnung, unser Leben noch vollständig machen zu können. Ein ungelebtes Leben bewirkt sehr viel mehr Festhalten als ein gelebtes Leben. Das Leben intensiv gelebt zu haben, erleichtert einen friedlichen Tod. Eine lebensbejahende Haltung erleichtert das Leben und den Tod.

Ich möchte dich ermuntern, dich beizeiten mit deiner Todesangst auseinander zu setzen, dich dieser Angst zu stellen. Den eigenen Tod anzunehmen ermöglicht dir, frei zu leben und frei zu sterben. Die Angst vor dem Tod erlaubt dir nicht, dein Leben voll in Besitz zu nehmen. Du begrenzt das Leben. Angst macht eng. Das Leben will in Liebe und in Fülle und nicht in Enge gelebt werden. Gegenwärtig präsent zu sein, bedeutet Leben. Im Hier und Jetzt offenbart sich das Leben, offenbart sich das Göttliche. Ist die Zeit für deinen Körper zu Ende, bist du frei zu gehen.

Leben und Tod sind gleichzeitig vorhanden. Ab dem Moment deiner Geburt stirbt jeden Moment etwas in dir und etwas Neues wird geboren. Heißt du das Sterben in deinem Leben willkommen, begreifst du das Leben in seinem Wesen, seiner Tiefe, seiner Vielfalt und Schönheit. Es ist in jedem Moment neu. Du lebst das Leben, indem du den Tod akzeptierst. Sammelst du auf deinem Lebensweg alles an, ohne etwas sterben zu lassen, ist bald kein Platz mehr für Leben. Ohne Sterben kein Leben.

Die meisten Menschen in unserer Kultur setzen sich nicht oder nur sehr wenig mit ihrem eigenen Tod und ihrer Todesangst auseinander. Zu sehr sind wir an das Leben gebunden und zu sehr damit beschäftigt, die Dinge im Alltag zu arrangieren und gut zu machen. Das Wissen, dass jeder hier mit einem Rückfahrschein ankommt, wird ins Abseits gedrängt. Bei jeder Zeugung ist der physische Tod schon mit im Gepäck. Das soll nicht beunruhigend oder ängstigend wirken, es ist einfach eine Tatsache, die völlig natürlich und normal ist und die wir gerne verdrängen. Das hat Konsequenzen, zum Beispiel dass wir uns im Leben oft auf Dinge ausrichten, die nicht unsere Essenz betreffen, die nicht die Essenz des Lebens betreffen. Viel Mühe, Zeit und Geld investieren wir, um dann festzustellen: "Das war es auch nicht, was mich dauerhaft glücklich macht."

Wer den Tod und unser wahres Sein außen vor lässt, wird in dieser Welt nie dauerhaft glücklich sein, weil er das Leben nicht begriffen hat. Wie können wir den Tag begreifen, ohne die Nacht, die uns Ruhe und andere Perspektiven gibt? Wie können wir das Licht genießen, wenn wir nie Dunkelheit gesehen haben? Wie können wir das Männliche ohne das Weibliche vervollkommnen und umgekehrt? Unser Leben hier besteht aus Polaritäten, der Tod ist der Gegenpol zur Geburt. Ohne Tod keine Geburt. Ewig zu leben oder ewig tot zu sein funktioniert nicht. Wir brauchen nur die Natur zu beobachten, um das zu begreifen.
Auf einem abgestorbenen, liegen gelassenen Baum entsteht neues Leben, die Samen setzen sich fest und kleine Pflanzlinge sprießen hervor.

Im Universum geht nichts verloren, auch wenn es für das Auge nicht wahrnehmbar ist, es nicht da zu sein scheint.

Das Sichtbare und das Unsichtbare, die Form und das Formlose, beides ist vorhanden.

Betrachten wir einen Fluss. Das Wasser fließt und dennoch ist es da. Versiegt der Fluss, ist unterirdisch Wasser vorhanden. Verdampft es, ist es in einer anderen Form vorhanden und kommt als Regen zurück. Wasser ist ständig in Bewegung und dennoch ist es immer existent.

Während ich diese Passage schreibe, höre ich eine Rede von Sai Baba, in der er sagt:
"Alles ist eine Leihgabe Gottes. Genieße es, solange es bei dir ist und lass es gehen, wenn es wieder von dir geht."
In anderen Worten, alles in der Welt der Formen ist vergänglich, es kommt und geht. Wenn wir das verstanden und akzeptiert haben, fällt es uns leichter, wieder loszulassen, was zu uns gekommen ist, ohne ein Gefühl von Verlust und Schmerz wieder Abschied zu nehmen. Dann ist das Leid zu Ende und wir leben frei und gegenwärtig. Gegenwärtigkeit ist frei von Erwartungen und Werturteilen.

"Trauere nicht dem Gestern nach, es gibt kein Gestern, es gibt auch kein Morgen, das Einzige, das ist, ist das Jetzt."
Sai Baba

Durch kraftvolle Gegenwärtigkeit wird Leid beendet und das Wesen des Lebens be-griffen.

Die Angst, jemanden zurückzulassen oder jemanden zu verlieren, kommt aus der gleichen Quelle. Wir verlieren dadurch unsere weltlichen Bindungen und das macht uns Angst, denn wir sehen darin unser Sicherheitsnetz. Wir wollen uns nicht der Ungewissheit, dem Unbekannten stellen. Zu wissen, dass die einzige wahre Sicherheit im Göttlichen liegt und wir immer genau in der Situation sind, die unserer Lernaufgabe entspricht und unserem Wachstum dient, kann dir etwas von dieser Angst nehmen.

So hat es für Eltern und Kinder und alle anderen Menschen, die mit einem frühzeitigen Tod konfrontiert werden, eine Bedeutung auf ihrem Weg. Diese Lernaufgabe anzunehmen, auch wenn es manchmal sehr schwer erscheint, lässt dich als Mensch und als Seele reifen. Dieses Wachstum dient dir und anderen. Sich zu weigern zu lernen, erzeugt Leid, Schuld und Verbitterung und dient niemandem.

Musst du als Mutter oder als Vater dein Kind zurücklassen, akzeptiere es, so gut du kannst. Wisse, es ist nicht deine Schuld, wisse, dass weiterhin für das Kind gesorgt ist. Die Seele deines Kindes wird diese Aufgabe bewältigen. Gib dein Kind in Gottes Hände, konzentriere dich im Sterben auf Gott, auf das Licht, nicht auf Festhalten, nicht auf Sorgen.

Wisse, dass auch du vom Jenseits dein Kind unterstützen kannst und erlaube dir, in Frieden zu gehen. Du kannst nichts tun, du bist ohnmächtig, du kannst dich nur hingeben und erlauben, was geschieht. Ist deine Zeit hier zu Ende, kannst du dem Tod nicht entkommen. Wehrst du dich dagegen, wird er schmerzhaft für dich sein, gibst du dich hin, gleitest du friedlich in den Tod hinein.

Lesen wir Berichte aus früheren Zeiten über das Sterben, wird dort öfter erwähnt, dass zum Beispiel der Vater all seine Kinder ruft, um zu klären, was noch zu klären ist, um das Erbe zu verteilen, den Kindern noch eine wichtige Botschaft oder Lebensweisheit mitzugeben, um seinen letzten Wunsch zu äußern und um sich zu verabschieden. Es stellt sich uns die Frage, konnten die Menschen früher mit dem Tod besser umgehen? Alles was geklärt und bereinigt ist, erleichtert das Loslassen.

Sich beim Sterben auf Gott, auf das Licht auszurichten und die Aufmerksamkeit von den weltlichen Dingen und der Angst abzuziehen, ist für die meisten Menschen sehr schwer. So habe ich beim Sterben meiner besten Freundin gelernt, dass es eine sehr große Hilfe ist, wenn du beim Sterben jemand an deiner Seite hast, der dir hilft, deine Aufmerksamkeit immer wieder auf Gott, auf das Licht zu lenken und alle Sorgen, Ängste und Wünsche des Weltlichen gehen zu lassen. Möglicherweise taucht das, woran wir während unseres Lebens am meisten hingen, beim Sterben nochmal auf und fordert uns sehr klar auf, es auch gehen zu lassen. Diese Dinge sind nicht mehr wichtig. Sanft und friedlich mit der Aufmerksamkeit auf dem Licht ins Sterben zu gehen, ist jetzt der nächste Schritt.

Übst du bereits während deines Lebens, deine Aufmerksamkeit immer wieder auf Gott, auf das Licht, auf die Liebe auszurichten, wird es dir leichter fallen, dies auch in der Stunde deines Todes zu tun.

Akzeptiert eine Seele nicht, dass der Körper gestorben ist, kann sie weiterhin an das Irdische gebunden bleiben. Dadurch werden ihre Schritte in der geistigen Welt erschwert und verlangsamt. So ist es möglich, dass sie durch Ärger, Zorn, Enttäuschung und so weiter an die Erde gebunden bleibt, was eine Behinderung für sie und die Angehörigen darstellt.

Haben wir eine klare, geklärte Haltung zum Tod, werden wir merken, dass sich die Angst, jemanden zu verlieren, weitgehend aufhebt. Ebenso, wenn wir den Tod einmal begriffen und "bewältigt" haben. So habe ich kurz nach Christinas Tod an Lency Spezzano geschrieben: "Wer sein geliebtes Kind verloren und losgelassen hat, hat keine Angst mehr und muss nichts mehr festhalten." Erst dann können wir befreit leben.

Mit Gewissheit zu wissen und zu akzeptieren, dass auch dir der Tod begegnen wird, lässt dich tiefer vordringen in die Essenz dessen, was vom Tod unberührt bleibt. Je eher du verstanden und akzeptiert hast, dass auch dein Körper unwiderruflich sterben wird, desto eher hast du die Chance zu erfahren, was du jenseits des Körpers bist.

DANN BIST DU FREI ZU LEBEN.

&

Die Liebe zu "meinem Kind"

Die Liebe zu der Seele, die mein Kind war

Wo keine Verbindung, da ist Leere,
wo keine Liebe, da ist auch kein Sinn.
Wo keine Liebe, da ist auch keine Freude.

Liebe bringt Freude, Verbundenheit in unser Sein,
sich davon zu trennen, schränkt das Fühlen
und damit die Lebendigkeit ein.

Mit allem verbunden zu sein,
ist kein Festhalten, ist kein Trauern,
das ist ewig während Verbindung in Liebe,
das ist die Wahrheit dessen, was wir wirklich sind:
Immerwährende, bedingungslose Liebe,
unabhängig von physischen Körpern.

Jeder Tag ist gefüllt von Liebe,
jedes Tun ist gefüllt und getragen von Liebe.
Die Welt, sie leuchtet.
Mein Herz fühlt die Liebe und schenkt sie weiter.

Die Liebe ist ewig,
es gibt keinen einzigen Grund, sie nicht zu fühlen,
sie zu reduzieren,
sie aus unserem Herzen zu verbannen.
Egal ob ein Mensch in seinem physischen Körper ist
oder nicht.
Angesichts der Liebe ist der Tod machtlos.

In dieser Liebe gibt es kein Bedauern,
keine Sorgen, keine Schuld, keine Anstrengung.
Es ist diese Freude, die alles verbindet und trägt,
aus der das ganze Universum besteht
und von der alles getragen wird.

Lass mich deine Energie spüren, Christina,
lass mich mit dir verbunden sein.
Die Schönheit und der Friede des Jenseits
verbindet sich mit unserer Erde.

All meine Liebe, für immer
Deine Mama

Buch 3

– Spirituelle Sichtweise –

Buch Drei – Spirituelle Sichtweise gibt einen Einblick in die spirituelle Dimension des Todes. Die Autorin beschreibt, wie sich ihr durch Standhalten der durch den Tod entstandenen Leere eine neue Bewusstseinsebene eröffnete, in der sie in die Tiefendimension des Seins eintauchte. Hier weichen Leid, Verlust und Schuld, die in Wirklichkeit nur von unserem Verstand erschaffen werden, einem natürlichen Zustand von Frieden und Leichtigkeit. Der Schlüssel zu dieser Transformation, die für jeden Betroffenen möglich ist, ist die Annahme dessen, was ist – die Akzeptanz des Lebens in genau der Form, in der es sich in jedem Moment zeigt.

Worte sind Wegweiser

Worte können immer nur ein Wegweiser auf das Eigentliche sein. Sie sind nur Hinweise auf das, was hinter den Worten liegt, ein Versuch, das Unerklärliche zu erklären. Das Entscheidende ist die Praxis, das konsequente Erforschen und Umsetzen. Lies die Worte, aber halte dich nicht an ihnen fest. Lies mit deinem Herzen, der Verstand kann es nicht verstehen. Fühle zwischen den Zeilen, ob du das Sein erfassen kannst, aus dem die Worte kommen.

Der Prozess des Schreibens

Mir wurde im Prozess des Schreibens bewusst, dass all unsere Themen auf die Identifikation mit dem Körper-Mind-System* begründet sind. Welch eine Begrenzung. Welch eine Illusion.

Ich habe mich sieben Wochen ausschließlich mit dem Tod, das heißt mit der Auflösung des Körper-Mind-Systems beschäftigt, als ich begann, die Begebenheiten um Christinas Tod niederzuschreiben. Dadurch ist mein Glaube, dass ich dieses Körper-Mind-System bin, verschwunden. Ich hatte keinerlei Vorstellung, dass das passieren könnte.

Der Prozess des Schreibens hat mich in einen Raum gebracht, wo die Person, die ich glaubte zu sein, sich auflöste. Das geschah nach sechs bis sieben Wochen des Schreibens – der Auseinandersetzung mit dem Tod – und einer Nacht der Meditation. In dieser Nacht meditierte ich über einen Satz von Nisargadatta Maharaj, der mir "per Zufall" begegnete :

"Es geschieht niemals dir etwas, es geschieht einfach."

Erst fühlte sich mein Körper sehr leicht, schwebend an. Am nächsten Morgen wurde ICH* gewahr, dass meine Person verschwunden und Gewahrsein präsent war.

Ich bekam ein Bild, das einem Regenschirm glich. An diesem Regenschirm hingen alle Themen, Ängste, Sorgen der Person. Der Regenschirm war außerhalb von mir, ich konnte ihn sehen und gleichzeitig war kristallklar, dass all unsere Themen, Ängste, Sorgen, Mangel und so weiter nur mit der Person, die wir glauben zu sein, zusammenhängen, ihr anhaften. Jenseits der Person, das heißt ohne die Identifikation mit dem Körper und dem Mind, ist dies alles nicht existent. So nahm ICH (das ICH jenseits der Person) kein einziges Thema mehr wahr. Alle Themen waren mit der Person verschwunden. Was blieb, war Reines Gewahrsein, jenseits von allem, wach, präsent, klar, Reines Sein ohne Definition und ohne Form. Alle Fragen und möglichen Antworten haben sich aufgelöst. Gewahrsein ist in sich vollkommen, es muss nichts von außen hinzugefügt werden und es bedarf keiner Verbesserung.

Dies ist das größte Geschenk, das mir jemals zuteilwurde. Jenseits von Worten, nicht zu beschreiben. Alles war, wie es ist, ohne das geringste Bedürfnis nach Veränderung oder auch nur einen einzigen Gedanken daran. Es gibt noch nicht mal die Idee, dass es Probleme oder Leid geben könnte. All das hat sich aufgelöst, als hätte es nie existiert. Wach-Sein.

Dieser "Zustand" dauerte drei Monate. In dieser Zeit führte ich mein ganz normales Leben. Ich lebte mit meiner Familie, gab Seminare. Alles war wie immer und doch war alles völlig anders. Ich sah die Dinge sehr, sehr klar, ohne den Schleier, den der Mind erzeugt. Nichts im Außen rief irgendeine Reaktion in mir hervor, die vom Mind erzeugt wurde, jegliches Handeln war völlig spontan oder unterblieb. Keinerlei Zweifel, Ängste, keinerlei Stress.

Etwa einen Monat nach "diesem Ereignis", ich saß zu Hause

mit meinem Mann auf dem Balkon, kam aus "heiterem Himmel" der Auftrag, ein Modultraining mit dem Titel "Steps to Enlightenment®* – Schritte in ein erwachtes Leben" zu schreiben. Obwohl ich keinerlei Ahnung hatte, was das bedeutete, stimmte ich spontan zu. Es war eines der Dinge, die so klar sind, dass weder Fragen noch Zweifel auftauchten.

Die Module wurden geschrieben und gleichzeitig gelehrt. Es ist für mich ein Herzenswunsch, diese Inhalte in die Welt zu bringen, und deshalb seit 2006 ein wesentlicher Bestandteil meiner Tätigkeit.

Nach drei Monaten gab es einen sogenannten "Fall". Ich saß mit meinem Mann im Auto. Wir sprachen über einen Freund und ein bestimmtes Thema, das auch lange Zeit unser Thema war. Andreas sagte etwas, was in mir eine Reaktion auslöste und mich aus dem Zustand des Reinen Seins zurück in die Welt der Person schleuderte. Die Person Monika war zurückgekehrt und wieder in die Welt eingetaucht. Dieser Fall war sehr schmerzhaft, die Welt wieder so zu sehen, wie wir das normalerweise tun. Wieder fühlte ich die Schmerzen und die Sorgen der Welt, nur diesmal heftiger, da ich den Raum jenseits davon kannte, da ich wusste, die Illusion, der Traum, hat mich wieder. Es dauerte etwa ein halbes Jahr, dann gab es einen erneuten Wandel.

Seit dieser Zeit kenne ich beides: Den Reinen Seins-Zustand, der jenseits von allem ist, und das Sein in dieser Welt, mit all ihren Sorgen, Ängsten und Freuden.

Ich bewege mich in der Welt, bin immer mal wieder in etwas verwickelt, aber sehenden Auges. Ich falle nicht mehr ins Unbewusste ohne wahrzunehmen, dass es das ist, was gerade geschieht, ohne wahrzunehmen, dass es nicht die Wahrheit ist. Verstricke ich mich in die Welt, nimmt etwas in mir wahr, dass das gerade geschieht. ICH bleibe wach und nehme es nicht persönlich. Das macht mein Leben spielerisch. Oft muss ich, zusammen mit meinem Mann, darüber lachen, wenn es wieder geschieht. Der Ernst des Lebens ist gegangen. Gnade und Dankbarkeit erfüllen mich.

❧

Begriffe

Es gibt verschiedene Worte, für die EINE QUELLE, aus der alles entsteht.

Da sie jenseits aller Worte ist, trifft kein Wort das, was sie ist. Worte können das EINE nicht beschreiben.

Dennoch benutzen wir Worte, um auszudrücken, was nicht auszudrücken ist.

Das EINE, DAS, die Quelle allen Seins, Gott, Atman, Gewahrsein, der Urgrund, das Formlose, das Absolute, die Höchste Realität sind Worte, die wir benutzen.

❧

Atman

"ist die unsichtbare Grundlage, das wirkliche Selbst, die dem Menschen innewohnende Göttlichkeit, […]. Er ist der göttliche Funke im Inneren, die allerinnerste dem Menschen ureigene Realität. Er ist die eigentliche Substanz der gesamten 'objektiven' Welt, die Wirklichkeit hinter dem Schein und jedem Wesen innewohnend. Er ist von Natur aus frei von jeglicher Bindung. Er handelt nicht, noch besitzt er eigene Bedürfnisse oder Besitztümer, kennt kein 'Ich' oder 'mein'. Der Atman ist unsterblich. Er vergeht nicht, er stirbt nicht wie der Körper oder der relative Geist. Er ist die wesenhafte Wirklichkeit des Individuums, der Zeuge, unberührt von allem Wandel in Zeit und Raum, der dem Körperlichen innewohnende Geist, das Geheimnis jenseits dessen, was sich durch Körperliches fassen lässt, die wahre Triebkraft, die hinter den Impulsen und Zielen der körperlichen Ebene steht."[20]

∞

Gewahrsein

Gewahrsein befindet sich jenseits von Zeit und Raum, jenseits aller Dimensionen. Es ist formlos, undefinierbar, eigenschaftslos, unvorstellbar, unveränderbar, der Urgrund allen Seins.

∞

Der Traum – die Realität

Das, was wir normalerweise als real wahrnehmen, unsere Person und die Erscheinungen in der Welt, ist vergänglich, nicht dauerhaft, ist auf der Illusion begründet, dass wir getrennte individuelle Wesen sind, getrennt von Gott, getrennt von allem.
Das Absolute, Gewahrsein, Gott (wie immer du es nennst) ist die Essenz aus der alles kommt und in die alles wieder zurückfällt. Sie ist ewig, unveränderbar, jenseits von Raum und Zeit, jenseits von Worten. Sie ist in allem enthalten. Es existiert nichts, in dem sie nicht enthalten ist. Sie ist in uns allen vollkommen gleich, ist das Eine, das Göttliche in allem, das alles durchdringt.

Es scheint zwei Wirklichkeiten zu geben, das Ewige und das Vergängliche. Deine Essenz ist ewig, die Person ist vergänglich. In der spirituellen Terminologie wird das Vergängliche oft als der Traum, das Spiel bezeichnet und das Ewige als die Realität, das Absolute. Bei genauer

Erforschung stellt sich heraus, dass sie eins sind. Das Vergängliche ist eine Manifestation, eine Widerspiegelung des Ewigen.

Das Absolute kann durch Worte nicht ausgedrückt werden, deshalb können Worte nur auf die Wahrheit hinweisen, sind aber nicht die Wahrheit. Ebenso kann unser Verstand, unser Denken die Wahrheit nicht erfassen. Sie ist jenseits davon, was begreifbar ist. Sie ist.

Nehmen wir zum Beispiel das Meer. An seiner Oberfläche mag es mal ruhig, mal unruhig und manchmal stürmisch sein. Das sind die Wellen, die wir auch in unserem Leben kennen. Mal erscheint es uns ruhig und manchmal schlagen die Wellen hoch. Das sind die Situationen im Leben, wenn etwas geschieht, mit dem wir nicht gerechnet haben und das uns möglicherweise zum Straucheln bringt, wo wir unsere Mitte, unsere Ruhe und Gelassenheit verlieren und überwältigt werden von dem, was geschehen ist.
Jenseits davon gibt es die Tiefe im Meer. Dort ist es immer ruhig, still, egal wie hoch die Wellen an der Oberfläche schlagen. Auch in uns gibt es diese Tiefe, diese Stille, die immer vorhanden ist, egal was in unserem Leben geschieht. Sich darauf auszurichten, ist sowohl in ruhigen als auch in stürmischen Zeiten sehr heilsam und tragend.

Ein anderes Bild, eine andere Metapher, ist die Sonnen-finsternis: Der Mond schiebt sich vor die Sonne, verdeckt die Sonne und es wird dunkel. Wüssten wir nicht, was vor sich geht, könnte es sein, dass wir glaubten, das Licht, die Sonne sei verschwunden. Möglicherweise würden wir Angst bekommen und die Dunkelheit für die Wahrheit halten. Die Sonne, das Licht, ist unverändert, eben nur verdeckt. Das Einzige, was notwendig ist, damit wir das Licht wieder wahrnehmen, ist, dass der Mond weiterzieht und die Sonne wieder freigibt. Für die Sonne hat sich jeweils nichts verändert. Egal ob der Mond sie verdeckt oder nicht, ihr Licht scheint unverändert. Für uns jedoch macht es einen großen Unterschied, ob wir das Licht wahrnehmen können oder nicht. In unserer Wahrnehmung herrscht Dunkelheit, obwohl die Sonne unverändert scheint.

In jedem von uns ist dieses Licht, diese Sonne, sie ist immer da und sie scheint immer. DAS (Atman) ist die Kraft, die alles Leben durchdringt und erhält.
Meistens nehmen wir sie nicht wahr, denn sie ist verdeckt von der Identifikation mit dem Körper-Mind-System, von der Person, die wir glauben zu sein. Wir glauben, wir sind dieser Körper, diese Person, und begrenzen uns darauf. Die Person, die wir zu sein glauben, verdeckt Atman. Sie ist wie ein Schatten, wie der Mond, der das Licht in uns verdeckt. Das Licht, die göttliche Essenz, Atman, ist immer in uns, sie ist ewig, unzerstörbar, unveränderbar, ob wir es wahr-nehmen, uns dessen bewusst sind oder nicht.

Auf der Ebene der Person beschäftigen wir uns mit dem Schatten, da wir glauben der Schatten zu sein. All unsere Probleme entstehen auf dieser persönlichen Ebene. So gleicht unser Leben einem Schattenboxen. Und dennoch weist der Schatten auf das Licht hin, nur wo Licht ist, ist auch Schatten.

Die Person, die wir glauben zu sein, verdeckt das Licht, so wie der Mond die Sonne verdeckt. Erkennen wir, dass wir nicht die begrenzte Person sind, die wir glauben zu sein, sondern Gewahrsein, Atman jenseits der Form, erstrahlt das Licht ganz von allein. Das Licht in uns hat nie aufgehört, Licht zu sein, und es wird nie aufhören. Das, was du jenseits der Person bist, ist ewig, unvergänglich, unveränderbar. Das Absolute wird vom Schatten nicht berührt.

Das, was wir für die Realität halten, ist der Traum, den wir träumen. Der Traum: getrennte Individuen zu sein, getrennt vom Gewahrsein, eben diese Person, die einen Namen, einen Beruf, bestimmte Lebensumstände hat. Das ist der Traum, der geträumt wird, Gewahrsein träumt sich als getrenntes Wesen. Der Träumer träumt die dazu gehörige Welt, so wie er sie wahrnimmt. Das ist der Traum, in dem Geburt und Tod erscheinen, das Kommen und Gehen von Formen, in dem die permanente Veränderung stattfindet, in dem alles vergänglich ist.

Bei einem Film wissen wir, dass es ein Film ist und er ein Ende hat. So ist auch der Traum, eine von Gott getrennte Person zu sein, an Zeit und Raum gebunden. Es genügt, den Traum als Traum zu erkennen. Er geht weiter, aber jetzt kannst du durch ihn hindurch sehen. Er wird als das gesehen, was er ist. Damit verschiebt sich der Ernst, die Tragik im Bewusstsein zu einer Geschichte, durch die hindurch gesehen werden kann, zu einem Spiel. Das unpersönliche Spiel des Gewahrseins, um sich selbst zu erfahren.

Morgenlied an meine unsterbliche Seele

Erwache, erwache aus dem dunklen Schlaf der Trägheit,
erwache aus dem dunklen Schlaf der Dunkelheit,
erwache aus dem dunklen Schlaf der Täuschung.
Erhebe dich, Kind des Lichtes,
erhebe dich, du unsterbliche Seele,
erhebe dich, du göttlicher Keim in allen Dingen.
Zerreiße die Fesseln der Wünsche,
zerreiße die Bande der Ängste,
zerreiße die Schleier der Unwissenheit.
Erwecke die leuchtende Flamme der Gottesliebe,
erwecke die leuchtende Flamme
von grenzenlosem Mitgefühl,
erwecke die leuchtende Flamme von weltweitem Frieden.
Erkenne meine Seele, dass es nur Eins gibt,
erkenne meine Seele, dass du ein Teil des Einen bist,
erkenne meine Seele, dass du das Eine bist.

Du bist frei von Gedanken, du bist frei von Wünschen,
du bist frei von Täuschung und Illusion.
Du bist unendlicher grenzenloser Friede,
du bist ein unendliches Meer von Licht,
du bist Eins mit allen Wesen,
du bist Sat-Chit-Ananda –
unendliches Sein, umfassendes Gewahrsein,
grenzenlose göttliche Glückseligkeit!

Sathya Sai Baba

Unsere Bestimmung ist das Erwachen in Gott

Wir kommen vom Göttlichen und unsere Bestimmung ist es, wieder zum Göttlichen zurückzukehren. Letztendlich ist es der Sinn unserer Lebensreise, hier unser wahres Wesen wieder zu erkennen, Gott in uns zu verwirklichen, eins mit Gott zu sein. Unser wahres Wesen ist vollkommen, nichts muss hinzugefügt werden. Jede Identifikation mit etwas anderem müssen wir früher oder später loslassen, als Nicht-Ich erkennen. Unsere Vorstellung, dass es etwas im Außen gibt, das uns vollständig machen und uns dauerhaft glücklich machen wird, erzeugt ein Gefühl von Mangel, Leere und Verlust.

Meistens sind wir so mit unseren Lebensumständen beschäftigt, dass wir diesem ursprünglichen Ziel unseres Da-Seins wenig Raum und Aufmerksamkeit geben. Das Ziel zu verfehlen, lässt ein unruhiges, unzufriedenes Gefühl in uns entstehen. Wir versuchen, das im Außen zu kompensieren. Dies wird uns dauerhaft nicht gelingen. Auch angesichts des Todes können viele unserer Bemühungen und Anstrengungen unwichtig erscheinen. So kann der Tod ein Lebenshelfer sein, indem wir uns immer wieder an das eigentliche Ziel des Lebens erinnern und unsere Aufmerksamkeit darauf richten. Weil wir das allzu oft vergessen und ebenso, was wir in Wahrheit sind, wird der physische Tod oft als Katastrophe empfunden.

Was auch immer sich ereignet, ist richtig so, wie es ist

Wenn wir uns nur mit der Oberfläche, der Welt der Formen, identifizieren, werden wir früher oder später enttäuscht, eher früher als später. Das Leben ist uns nicht gegeben, damit alles so läuft, wie wir uns das vorstellen. Jeder von uns ist auf der Erde, um die Liebe zu lernen, um Gott zu verwirklichen. Dazu bekommt jeder die für ihn angemessene Aufgabe. Verstehen wir das und nehmen bereitwillig an, was das Leben uns gibt, werden Schmerz und Leid schnell transformiert und Wachstum, Freude und Friede erfüllen unser Dasein.

Bestehen wir darauf, dass das Leben sich nach unseren Vorstellungen und Erwartungen richtet, ist "Ent-täuschung" unausweichlich. Unser Wachstum stagniert, negative Denk-muster und negative Emotionen entstehen, wir ermüden. Wenn wir jedoch unsere Meinung ändern und bereitwillig annehmen, was die Weisheit des Lebens uns schenkt, entwickeln wir immer mehr Verstehen, Mitgefühl und Liebe in unseren Herzen.

"Wenn man seine Lektionen lernt, verschwindet der Schmerz."[21]

Hingabe, Anerkennen des göttlichen, universellen Willens bedeutet, alles, was in dein Leben tritt, als Geschenk der Liebe Gottes zu sehen und anzunehmen. Je eher du deine Erfahrung nicht mehr ablehnst, sondern annimmst und umarmst, desto mehr Gnade steht dir zur Verfügung, die deine Transformation unterstützt. Alles, was geschieht, bereitwillig anzunehmen, vermehrt die Liebe in deinem Herzen. Dich dem Leben hinzugeben, so wie es sich zeigt, und ihm zu vertrauen, ist eine permanente Übung. Annehmen, wie es ist, lädt Gnade in dein Leben ein und du wirst in allem, was du brauchst, unterstützt.

Leben ist unsterblich

Das ewige Leben, das EINE, nimmt zahllose vergängliche Formen an.

In Wahrheit wirst du weder geboren, noch stirbst DU. Das, was geboren wird und stirbt, ist der Körper. Der Körper und die in diesem Körper gemachten Erfahrungen lösen sich auf. Gewahrsein wird weder geboren noch stirbt es.

Es gibt kein Kind, das gestorben ist, und es gibt keine Mutter, deren Kind gestorben ist.
Die Rollen Mutter-Kind haben sich aufgelöst, unsere Verbindung ist wieder die, die sie war, bevor wir Mutter und Kind waren. Das, was gestorben ist, ist der Körper und die Rolle Christina.

Du bist nicht die Person, die du glaubst zu sein. Du bist nicht dein Körper.

Das Ewige in dir ist formloses Gewahrsein. Dieses Gewahrsein nimmt für eine begrenzte Zeit die Form eines bestimmten Körpers und einer bestimmten Person an. Die Person nimmt verschiedene Rollen ein, zum Beispiel die einer Mutter oder die eines Kindes. Das ist die Oberfläche, es ist die Welt der Formen, in der wir Bindungen als Mutter, Tochter, Mann, Frau und so weiter eingehen. Jenseits dieser

Form sind und bleiben wir formloses, reines, ewiges Gewahrsein. Löst sich beim Tod die Form auf, bist du, was du immer warst und immer sein wirst: Gewahrsein – nur jetzt ohne die Form des Körpers.

Du gießt Wasser in eine Tasse. Die Tasse zerbricht. Was geschieht mit dem Wasser? Das Wasser bleibt Wasser, egal in welcher Tasse es ist, egal ob es in einer Tasse ist oder nicht. Vielleicht fließt es auf den Tisch, ein Teil auf den Boden, einen Teil nimmt das Tuch auf, mit dem du es aufwischst. Und dennoch: Es bleibt immer Wasser. So bleibt auch Gewahrsein oder Atman, das was es ist, wenn das Gefäß, der Körper zerbricht. Gewahrsein, Atman gibt dem Körper Leben. Weicht das Leben aus dem Körper, ist Gewahrsein, Atman – Gewahrsein ohne Körper.

Körper entstehen, Körper vergehen. Dein Körper zerfällt und geht wieder in seine Ursprungsform, die Elemente, zurück. Doch du bist nicht dein Körper. Deine Essenz geht dorthin, wo sie herkommt, zur Quelle allen Seins, zu Gott.

"Staub bist du und zum Staub kehrst du zurück. Der Herr aber wird dich auferwecken." (Aus der kirchlichen Begräbnisfeier)

Das Leben ist ewig, es beginnt nicht, es endet nicht. Es war schon immer und wird immer sein, in den verschiedensten Formen oder formlos.

"At death, one goes back to where one came from – Home."[22]
"Der Tod bringt uns dahin zurück, wo wir herkommen. – Nach Hause."

Geburt eines Kindes

Wie wäre es, wenn wir bei der Geburt eines Kindes das Bewusstsein hätten:

Du bist ein göttliches Wesen, das jetzt hier auf die Erde gekommen ist. Gewahrsein, das einen Körper angenommen hat. Wir empfangen dich mit großer Freude und unserer ganzen Liebe. Gemeinsam gehen wir ein Stück deines Weges. Wir begleiten dich mit Freude. Dieser Körper wird, wenn die ihm zugedachte Zeit zu Ende ist, die Erde wieder verlassen. Für die Zeit, die du hier bist, wünschen wir dir eine wundervolle Reise auf diesem Planeten. Wir behüten dich sorgsam, wir lieben und pflegen dich, wir begleiten dich und lassen dich gedeihen, mit allem, was deine Bestimmung ist. Wir wünschen dir, dass du alles erfährst und lernst, was zu erfahren und zu lernen du gekommen bist, dass du Herausforderungen meisterst und daran wächst, dass du vollendest, was du vollenden möchtest, dass du Glück und Liebe erfahren mögest, indem du nie vergisst, was du wirklich bist: Licht und Liebe. Nutze die Zeit, die dir hier gegeben ist, als Meister deines Lebens, um zu erkennen, was du jenseits deiner Lebensumstände bist. Und dass du eines Tages, wenn es so weit ist, in Liebe und Frieden diesen Planten wieder verlassen darfst. Die Menschen, die dir dann nahestehen, feiern diesen Abschied mit dir, lassen dich in Liebe gehen und begleiten dich mit all ihrer Liebe auf deiner neuen Reise. Wir sind sicher, wir begegnen uns wieder, in dieser Welt oder im Jenseits.

Mir wurden bisher drei Enkelkinder geschenkt. Ihnen in dieser Haltung zu begegnen, erfreut meinen Tag und macht unser Zusammensein leicht und froh.

Das Geschenk des Lebens wird durch dieses Bewusstsein erkannt und geachtet. Ich glaube, dass wir dadurch unsere Lebenszeit tiefer wertschätzen und besser nutzen können, anstatt sie zu vergeuden oder uns damit zu quälen. Das Wissen: "Ich bin eine begrenzte Zeit hier", lässt uns vermutlich mehr auf das Wesentliche achten. Das hätte für uns und unsere Kinder wohltuende Konsequenzen. Dein Hier-Sein hat einen Sinn, nutze die Zeit, die dir gegeben ist. Dann kannst du auch in Frieden gehen, wenn deine Zeit hier zu Ende ist.

Würden unsere Kinder in diesem Bewusstsein aufwachsen, würde der Tod seine Rolle als "Schreckgespenst" verlieren, er wäre einfach das, was er ist: Das Auflösen einer Manifestation, deren Zeit hier zu Ende ist, der Übergang von einer Form in eine andere, eine Transformation. Dadurch könnten wir das Leben einerseits in seiner Vergänglichkeit und andererseits in seiner Essenz, seiner Unvergänglichkeit tiefgreifender verstehen und erfahren.

Kinder mit der Vergänglichkeit vertraut machen

Geburt und Tod gehören untrennbar zusammen. Wird ein Kind geboren, herrscht meist Freude und auch die Kinder werden in diese Freude mit einbezogen. Anders beim Tod.
Viele Menschen haben die Vorstellung, Kinder sollten vom Tod und von Verstorbenen fern gehalten werden. Dadurch versperren wir ihnen allerdings einen sehr wesentlichen Teil des Daseins. Werden sie dann irgendwann mit dem Tod konfrontiert, ist dies für sie oft ein Schock.
Meiner Meinung nach ist es natürlich und sehr wichtig, mit Kindern über die Wahrheiten des Lebens zu sprechen, ihnen nichts vorzuenthalten, was wesentlich zum Leben gehört. Mit unseren Kindern wahrhaftig zu sein und nichts auszublenden, erleichtert ihnen das Leben. Das Kind spürt die Wahrheit und findet Trost in der Ehrlichkeit und der Verbundenheit. Kinder fühlen sich ernst- und angenommen, wenn sie nicht ausgegrenzt werden. Verschweigst du

hingegen die Wirklichkeit, fühlen sie eine Unsicherheit, ein Nicht-Dazu-Gehören, das sie nicht zuordnen können.

Mit Barbara und Christina haben wir Eltern schon sehr früh über den Tod gesprochen. Dabei wurde schnell klar, wie weise Kinderseelen sind. Insbesondere kleine Kinder sind noch sehr unschuldig und haben noch nicht die behindernden, Angst machenden Überzeugungen über den Tod verinnerlicht. Sie haben noch einen natürlichen Zugang zu der Wahrheit des Sterbens und des Todes.

So war es damals für uns Eltern selbstverständlich, die kleine Christina (zwei Jahre) und Barbara (vier Jahre) mit in die Leichenhalle zu ihrer verstorbenen Oma zu nehmen, wo sie aufgebahrt war. Auch zur Beerdigung kamen sie mit. Die beiden haben völlig natürlich reagiert. Ebenso als ihre andere Oma gestorben ist, Christina war acht Jahre alt, Barbara zehn Jahre.

Als die Katze der Kinder gestorben ist (Barbara war elf, Christina neun), fand Barbara sie tot in unserer Einfahrt liegen. Völlig selbstverständlich nahm Barbara sie in den Arm, streichelte sie, hielt sie lange auf dem Arm, redete mit ihr und verabschiedete sich von ihr. Nach einiger Zeit meinte sie: "Ich glaube, wir sollen sie beerdigen." Christina war überrascht und traurig. Für sie war die Situation schwieriger und sie äußerte, dass sie noch nicht sterben möchte, weil ihr das Leben so gut gefällt. Lange saß sie schweigend auf meinem Schoß und fühlte ihren Schmerz. Körperliche Nähe bringt Sicherheit, ich hielt sie fest im Arm. Nachdem sie traurig sein durfte und in ihrer Trauer von uns begleitet und getröstet wurde, konnte auch sie den Tod ihrer geliebten Katze akzeptieren. Gemeinsam begruben wir sie in unserem Garten.

Beide Kinder haben sich die Liebe zu ihrer Katze in ihrem Herzen bewahrt. Wir sprachen noch oft von unserer Flecki. Als unsere Töchter einige Zeit später eine neue Katze bekamen, haben sie ihre Liebe an diese Katze weitergegeben und Flecki dennoch in ihren Herzen bewahrt.

Der kleine Jonathan, unser erstes Enkelkind, war bereits mit vier Monaten auf der Beerdigung meines Bruders. Erst war er etwas unruhig. Sicherlich hatte er die gedrückte Stimmung einiger Trauergäste aufgenommen. Als Barbara ihm erklärte, dass eine Beerdigung nichts Schlimmes ist, wurde er ganz ruhig und friedlich.

Jonathan war gerade zwei Jahre alt, als unsere Katze gestorben ist.

Ich erzählte es ihm. Er zeigte mit dem Finger zum Himmel: "Cheetah, Himmel oben is." Am Grab sagte er: "Cheetah Gab" Ein kleiner Anflug von Trauer war in seinem Gesicht, aber sehr schnell zeigte er wieder nach oben: "Cheetah, Himmel oben is." Und etwas später: "Cheetah wieder runterkommen soll zu Oma."

Folgenden Dialog gab es zwischen meinem Mann, Lucian und Selina:

Lucian (4): "Das ist aber traurig, dass der Cheetah gestorben ist."

Selina (9): "Das ist doch nicht traurig, der ist doch nicht überfahren worden, sondern er war schon sehr alt."

Andreas: "Er ist einfach eingeschlafen."

Damit war auch Lucian zufrieden und es beschäftigte ihn nicht weiter.

Als Jonathan zweieinhalb war, starb der Alo-Opa, ein Nachbar. Jonathan wollte mit zu den Nachbarn gehen und ihm "Pfiat di" (Behüt' dich Gott, auf Wiedersehen) sagen. Er hat ihn eine Weile angeguckt, dann ging er wieder. Als Barbara ihm erklärte, was eine Beerdigung ist, machte er große erstaunte Augen. Auf der Beerdigung selber war Jonathan ganz ruhig und wach. Tage später sagte er: "Der eine Körper vom Alo-Opa wohnt im Himmel beim lieben Gott und der andere Körper vom Alo-Opa wohnt in der Erde." Und dann fragt er noch weiter, wer noch beim lieben Gott wohnt und was der liebe Gott so alles macht.

Jonathan, drei Jahre, sagte am Grab von Christina völlig unvermittelt: "Gell, Mama, auf dem Bild ist deine Schwester noch in ihrem Körper. Und jetzt wohnt sie im Himmel. Ich habe auch mal im Himmel gewohnt, wir alle haben mal im Himmel gewohnt." Christina ist gestorben, bevor Jonathan geboren wurde.

Als der Vater eines Freundes von mir starb, fragte ihn sein fünfeinhalbjähriger Sohn am nächsten Tag beim Frühstück sitzend und seine Cornflakes kauend: "Papa – bist du traurig, dass Opi gestorben ist?" Erstaunt über die Frage antwortete er: "Natürlich bin ich traurig", worauf sein kleiner Sohn in einem Tonfall tiefsten Selbstverständnisses weitersprach: "Aber du brauchst nicht traurig zu sein! Opi ist jetzt im Himmel. Er ist ein Engel. Er sitzt immer auf deiner Schulter!" Sterben und Tod sind natürliche Prozesse. Sie sind überall zu sehen und Kinder wissen, dass sie zum Leben gehören. So können wir unsere Kinder mit dieser Wahrheit vertraut machen, ohne dass wir ihnen Angst machen.

Im Herbst fallen die Blätter von den Bäumen und auch das Obst verfault, wenn wir es liegen lassen. Tiere sterben, Katzen fressen Vögel, Bienen sterben, wenn sie jemanden gestochen haben. Menschen sterben, wenn auch nicht in der eigenen Familie, aber im weiteren Umfeld. Sterben ist immer anwesend. In jedem Moment geschieht Sterben von Körpern, ebenso von Gedanken und Emotionen. Kinder verstehen das leicht, gerade haben sie noch geweint und jetzt lachen sie wieder. Das Weinen wurde geboren und soeben ist es wieder gestorben.

Wieso sollten wir Kindern das, was zum Leben gehört, vorenthalten? Lehren wir sie das ganz natürlich, ist der Tod nichts Unbekanntes, kein schreckliches Schicksal. Halten wir sie fern, ist es für sie viel schwieriger, einen Tod zu verarbeiten, als wenn sie vorbereitet sind und sich ein natürliches Verständnis vom Tod bewahrt haben. Die Angst vor dem Unbekannten wird in unserer menschlichen Psyche als Bedrohung erlebt. Diese Angst hindert uns am Leben.

Kleine Kinder haben oft Zugang zur geistigen Welt, dadurch sind sie der Wahrheit und der Verbindung, auch mit Verstorbenen, viel näher als die meisten Erwachsenen. Es ängstigt sie erst, wenn Erwachsene ihnen sagen, das sei nicht normal oder es sei Quatsch oder Fantasie.

Kindern zu vermitteln, dass nichts wirklich verschwindet, sondern sich einfach verwandelt, ist ebenfalls natürlich und hilfreich. So wie ich Christina nach ihrem Tod überall, in jeder Blume, in jedem Schmetterling, in jeder Biene, sogar in der Luft fühlen konnte, so umgibt uns die Energie dessen, was angeblich gestorben ist, wenn wir wachsam und offen sind.

Betrachten wir Wasser, zum Beispiel in einer Gießkanne im Garten: Es ist flüssig, und wir können die Blumen damit gießen. Im Winter ist es nicht sichtbar, es scheint verschwunden zu sein, doch es hat nur seine Form verändert, es ist zu fester Materie, zu Eis geworden. Im Sommer, wenn es sehr heiß ist und in der Sonne steht, werden wir beobachten, dass es weniger wird oder sogar ganz verschwindet. Es ist verdampft, zu den Wolken aufgestiegen und es wird als Regen wieder zu uns kommen. Können wir in dem Regen, der auf die Erde fällt, das Wasser in unserer Gießkanne erkennen oder glauben wir, das Wasser sei einfach verschwunden, gestorben? Die Formen ändern sich, keine Form lebt ewig und dennoch geht nichts verloren.

Besonders kleine Kinder sind ihrer Essenz der Liebe noch sehr viel näher als die meisten Erwachsenen. Wenn wir also mit Kindern über den Tod sprechen oder ihn erleben, ist es sehr hilfreich, ihnen gleichzeitig zu sagen, dass die Liebe, die wir sind und empfinden, durch den Tod *nicht* vergeht. Bei jedem Sterben auch zu lehren, dass die Liebe im Herzen bleibt und niemals verloren geht, nimmt unserer Vergänglichkeit die Tragik. Öffnen wir uns bei jedem Tod für die Liebe in unserem Herzen, nehmen Schmerz, Angst und Leid ab. Unsere Liebe zum Verstorbenen bleibt und das, was bleibt, wenn der Körper stirbt, ist das Ewige, ist die Liebe, die wir in Wahrheit sind.

Die Kinder zu lehren, dass alles und jede Liebe vom Göttlichen, vom Gewahrsein kommt, wieder dorthin zurück geht und von dort wieder zu uns Lebenden fließt, erleichtert die Erfahrung des Todes.

Meine ganz persönliche Erfahrung in der therapeutischen Arbeit ist, dass Kinder und Erwachsene sehr viel mehr Mühe mit der Verarbeitung eines Todes haben, wenn sie ferngehalten und ausgeschlossen werden. Wenn sie nicht sehen und nicht be-greifen, dass Körper vergehen und dennoch die Essenz, die Liebe, das Ewige erhalten bleibt.

Erlauben wir, die Liebe im Herzen für die Verstorbenen weiter lebendig sein zu lassen, bleiben wir mit ihnen verbunden.
Die Liebe können wir fühlen, sie ist in uns lebendig, auch ohne Form, ohne Körper. Wir denken nicht im Schmerz an sie, wir lieben sie weiterhin. Je mehr wir versuchen, Kinder und uns vor der Auseinandersetzung mit dem Tod zu schützen, desto mehr Angst entsteht in ihnen und uns vor dem Unbekannten, dem Unberechenbaren. Es trifft dann alle, die plötzlich mit dem Tod konfrontiert werden, um so härter. Angst macht eng, sie reduziert unser Leben. Angst ist das Gegenteil von Liebe, die Abwesenheit von Liebe. Die Liebe nicht mehr zu fühlen, erschwert alles im Leben. Dadurch wird die Fähigkeit unserer Kinder, das Leben zu erforschen, zu entdecken und zu lieben, eingeschränkt. Damit tun wir ihnen keinen Gefallen.
Wenn wir Erwachsene uns mit dem Tod auseinander setzen, ein natürliches Verhältnis zu ihm finden, ist das ein großes Geschenk an das Leben unserer Kinder.

Der Tod – eine Chance zur Transformation

Einige Menschen sind in der Lage, den Tod sofort als Transformation zu begreifen. Möglicherweise hängt es von der Bereitschaft zur Akzeptanz, der Fähigkeit, Gnade zu empfangen, dem Verhältnis zum Tod und der Bewusstheit ab, die dir gerade zur Verfügung steht. Wir haben erlebt, dass durch völlige Akzeptanz Gnade und Transformation sofort zur Verfügung stehen. Nicht-Akzeptanz erzeugt Leid. Akzeptanz löst Leid auf, oder lässt es erst gar nicht entstehen.

Ich glaube, dass derzeit immer mehr Menschen lernen, mit weniger Leid auf den Tod zu antworten. Auch erlebe ich immer wieder, dass Menschen sich einen natürlichen Umgang mit dem Tod bewahrt haben, oder dass sie durch das Beispiel von jemand anderem ebenfalls freier und weniger leidvoll mit dem Tod umgehen können.

"Das Unannehmbare anzunehmen, ist die höchste Gnadenquelle der Welt." Eckhart Tolle

Aus Freud und Leid dauerhaft auszusteigen, ist nur dann möglich, wenn wir unsere Aufmerksamkeit vom Vergänglichen und den damit verbundenen Problemen auf das Göttliche, das Ewige in uns ausrichten und danach handeln. Richten wir all unsere Aufmerksamkeit auf die Welt, auf das, was kommt und geht, was vergänglich ist, und erwarten uns davon dauerhafte Erfüllung, werden wir immer wieder ent-täuscht werden.
Die Täuschung beruht auf dem Irrtum, dass uns Vergängliches im Außen dauerhaft glücklich machen kann. Wir verstricken uns in die Probleme der Welt und unterliegen dem Kreislauf von Freud und Leid, Vergnügen und Schmerz. Nichts was vergeht, kann uns dauerhaft glücklich machen. Dauerhaftes Glück liegt in unserer wahren Natur, die unvergänglich ist, und nicht in der Welt der Formen.

"Das, was hinter dir liegt und das, was vor dir legt, ist unwesentlich im Vergleich zu dem, was in dir liegt." Sai Baba
"Was ist Befreiung? Zu wissen, dass man jenseits von Geburt

und Tod ist. Indem sie vergessen haben, wer sie sind und sich selber für ein sterbliches Wesen halten, haben sie sich in unglaubliche Schwierigkeiten gebracht, und nun geht es darum, wie von einem schlechten Traum aufzuwachen."[23]

Gewahrsein, das den Körper verlässt, ist sich des Traumes bewusst, den es gelebt hat. Du – als Person – bist nicht der Handelnde, deine Person ist nicht der Handelnde. Gewahrsein, das du bist, handelt durch die Person, die du zu sein glaubst.
"Gewahrsein besitzt mich und führt durch mich die Handlungen aus, die es ausführen will." Ramesh Balsekar

Es war Christinas Zeit zu gehen, ihre Zeit hier war abgelaufen. So hat das Göttliche eine Situation geschaffen, durch die sie gehen konnte. Dass dieses Wissen in mir so klar war und immer wieder bestätigt wurde, ersparte mir viele Umwege und viel Leid. Der Wille Gottes war geschehen und ich konnte das mühelos akzeptieren.
Du bist nicht der Handelnde, das Göttliche handelt durch dich. Alles ist Ausdruck des Göttlichen Willens. Alles geschieht, wie es geschieht, weil es so geschehen muss. Auf der relativen Ebene erscheint es so, als wäre die individuelle Person der Handelnde, doch das ist eine Täuschung. In Wahrheit gibt es nur die EINE Quelle, aus der alles entsteht und in die alles wieder zurückkehrt. So kann alles, was geschieht, als Gottes Wille betrachtet werden, Gewahrsein handelt durch uns.

Es war für mich eine große Gnade, die Bewusstheit zu haben, niemandem Schuld zu geben und Christinas und Gottes Plan völlig zu akzeptieren. Barbara und mein Mann Andreas haben das gleiche Verständnis, was eine große Stütze war und ist.

Der Tod meiner Tochter hat mich
direkt ins Leben geworfen

Durch das innere Wissen und die völlige Akzeptanz dessen, was geschehen war, stellte ich fest, dass meine Trauer und mein Schmerz über den riesigen Verlust - Christina und ich hatten eine sehr enge, liebevolle, unterstützende Beziehung - erstaunlich gering waren. Es war ein Gefühl von "Der Tod meiner Tochter hat mich direkt ins Leben geworfen". Das Leben fühlte sich intensiver, lebendiger an, so als könnte ich es mehr erfahren, stärker fühlen und tiefer verstehen. So als könnte ich die Ewigkeit, die Unsterblichkeit des Lebens erfühlen. Es ist schwer in Worten zu beschreiben, was ich erlebt habe, es ist schwer, das Unbeschreibliche zu beschreiben. Worte berühren nur die Oberfläche. Dennoch hoffe ich, du kannst erfassen, was zwischen den Zeilen fühlbar ist.

Der physische Tod von Christina hatte mich nicht ins Leid gezwungen - das fand ich sehr erstaunlich, in so einer extremen Situation nicht zu leiden. Vielmehr erkannte ich, dass alles Leiden in Bezug auf Tod Illusion, Nicht-Wissen, Nicht-Verstehen ist. Seither glaube ich nicht mehr an Leid. Leid ist eine Illusion und wir Menschen sind dabei, das zu begreifen. Wir sind nicht auf der Erde um zu leiden, sondern das Leid als Illusion zu erkennen, zu überwinden und uns an unsere wahre Herkunft zu erinnern. So können wir aus dem Traum aufwachen und in voller Bewusstheit wieder zu Gott, zu unserem Ursprung zurückkehren.

ॐ

Bestimmung

"Wir kommen zu einem bestimmten Zweck auf die Welt. Dieser Zweck wird sich erfüllen, ganz gleich, ob man sich für den Handelnden hält oder nicht."[24]

Christina durfte nach Hause gehen. Ihre Zeit hier war zu Ende. Soviel ich weiß, unterstützt sie jetzt als Lichtwesen die Menschen und die Erde. Als Schutzengel kümmert sie sich insbesondere um Kinder.

Ihr Tod hat auch in meinem Lebensplan eine Bedeutung. So scheint es eine Aufgabe für mich zu sein, die Menschen an ihr wahres Wesen zu erinnern und dadurch auch die vermeintliche Bedrohung durch den Tod zu relativieren. Die Erfahrungen um Christinas Tod haben mich Wesentliches gelehrt, das ich benötige, um diese Aufgabe erfüllen zu können. So sind ihr "Bei-uns-Sein" und ihr früher Tod für mich zu einer Geburt in meine wesentliche Lebensaufgabe geworden. Ich glaube, dass Christina mir diesen Dienst aus Liebe erwiesen hat, und ich bin ihr dafür sehr dankbar.

Wir sind unter anderem hier verkörpert, um unsere unge-lösten Themen aufzuarbeiten. Ein solches Thema könnte sein, den Tod zu verstehen.

Ein Medium sagte zu mir: "Der Tod deiner Tochter ist für dich eine Geburt."

Der Tod meiner Tochter hat mir Räume geöffnet, die ich bisher nicht kannte. Es scheint so zu sein, als wäre das Teil der Abmachung und des Plans, meine "Ent-wicklung" und meine Fähigkeit, andere zu begleiten, zu stärken. Manchmal frage ich mich, wie mein Leben ohne diese Erfahrung jetzt aussehen würde und große Dankbarkeit erfüllt mein Herz. Dankbarkeit an Christina, dass sie mir das ermöglicht hat, und Dankbarkeit an die Weisheit und Güte des Lebens.

Spiritualität und Alltag

Jeder echte spirituelle Weg ist auch ein Weg des Herzens, der Liebe und der Selbstliebe und führt uns zurück in unseren Alltag, in unsere Familie, unsere Arbeit, zu unseren Mitmenschen, dorthin, wo unser Lebensmittelpunkt ist. Dort hat die mystische Erfahrung sich zu bewähren. Es scheint eine Herausforderung unserer Zeit zu sein, dass wir damit nicht mehr in eine Einsiedelei oder in ein Kloster gehen, sondern das Mystische in unseren ganz normalen Alltag integrieren.

In meinen Seminaren zum Thema Tod ist das für mich sehr einfach. Dort steht mir die hohe Energie des Jenseits sehr stark zur Verfügung. Ebenso, wenn ich in Einzelsitzungen mit jemandem über einen erlebten Tod arbeite. Dabei spielt es keine Rolle, ob dieser Tod nur kurze Zeit oder länger zurückliegt.

In meinem Alltag fühle ich mich meist eins mit Göttlicher Energie. Und es gibt auch Zeiten, in denen sie für mich weniger spürbar ist. So ist das auch mit Christina. Manchmal spüre ich sie sehr häufig, sehr präsent, und dann wieder längere Zeit nicht. Alles, was ich ihr in ihrem Leben gegeben habe, habe ich um ein Vielfaches zurückbekommen. Ich glaube, mein Sein wird auch in Zukunft durch sie immer wieder in unterschiedlichster Weise berührt und bereichert werden.

Die mystische Erfahrung in meinem Leben ist nicht ausschließlich an den Tod von Christina gekoppelt. Schon vor ihrem Tod gab es Erfahrungen völligen Einseins mit allem, was ist.

In meinem täglichen Leben achte ich sehr darauf, meine Aufmerksamkeit auf das Göttliche zu richten und mich nicht vom Ego einfangen zu lassen, ihm keine unnötige Macht zu geben. Manchmal gelingt dies ganz einfach, manchmal nicht.

Willst du erforschen, wie weit deine spirituelle Entwicklung ist, beobachte dich, wie du reagierst, wenn die Dinge nicht so laufen, wie du möchtest. Identifizierst du dich dann wieder mit der begrenzten Person oder bleibst du gewahr, dass du viel mehr bist?

Zu erkennen, dass alles in dieser Welt vergänglich ist, dass nichts im Außen dich dauerhaft glücklich macht, dass alles in dir ist, dass du bereits vollkommen und ganz bist und dich nichts im Außen vollkommener macht, befreit dich von Abhängigkeiten und damit von Leid. Alles, was du bekommst, sind Geschenke, die dein Leben bereichern, aber keine Notwendigkeiten für dein Sein. Das Gefühl des Mangels kann dem Gefühl der Fülle, der Dankbarkeit und der Wahrheit weichen. Das was du bist, ist jenseits von allem und unsterblich.

"Alles ist eine Leihgabe von Gott, nichts ist dein Besitz.
Wenn die Zeit vorüber ist, lass es gehen,
ohne ein Gefühl von Verlust oder Bedauern." Sai Baba

"Der Herr hat gegeben, der Herr hat genommen; gelobt sei der Name des Herrn." Hiob, 1,21

Gottes Gegenwart

Der Plan Gottes, der Quelle allen Seins, ist vollkommen und somit auch das Leben. Alles geschieht zur richtigen Zeit und in vollkommener Weise. Jede Situation ist für alle Betroffenen vollkommen, so wie sie ist. Vertraue darauf, ganz besonders dann, wenn es nach menschlichen Erwägungen gar nicht danach aussieht. Unsere menschliche Wahrnehmung ist sehr begrenzt. Du kannst dich jedoch entscheiden, eine andere Sichtweise einzunehmen. Dehnst du deine Wahrnehmung so weit aus, dass du bereit bist, in allem ausdauernd nach der Vollkommenheit Ausschau zu halten, wirst du sie entdecken. Diese Sichtweise bringt, auch bei äußeren Turbulenzen, inneren Frieden, Geborgenheit und lässt die Liebe zu allem in dir reifen. Sie ist das Ende des Leidens.

Gottes Wege sind unergründlich.
Vertraue vollkommen.

Im Laufe der Jahre bin ich vielen Menschen mit schweren Schicksalen begegnet. Ich fragte mich: Wie können diese Menschen noch ein relativ unbelastetes Leben führen? Wie können sie solche Erlebnisse so verarbeiten, dass ihnen ein "normales" Leben möglich ist? Irgendwann habe ich angefangen, diese Menschen danach zu fragen. Ich bekam von allen die gleiche Antwort: ALLE glauben an eine größere Kraft, alle wandten sich in ihrer Not an diese größere Kraft, die meisten nennen sie Gott. Ebenso hatten sie den festen Glauben und das Vertrauen, dass ihr Weg einen Sinn hat und ihnen geholfen wird. Sie glauben an die Vollkommenheit und die Liebe Gottes. Durch ihr unerschütterliches Vertrauen und ihre tiefe Beziehung zu Gott erfuhren sie Gottes Gegenwart. Gott wohnt in unseren Herzen, die Liebe in uns weist auf ihn hin. Er geht mit uns durch schwierigste Situationen, er trägt uns, lässt uns innerlich wachsen und reifen. In Gottes Gegenwart, in dieser unendlichen Liebe zu sein, transformiert alles.

So hat Gottes erfahrbare Präsenz und das unerschütterliche Wissen um die Richtigkeit von Gottes Plan für meinen Weg auch mich durch mehrere schwierige Zeiten in meinem Leben sicher getragen. Dafür erfüllt mich große Dankbarkeit.

Weiß ein Mensch, dass er nie allein gelassen, nie vom Göttlichen, vom Licht getrennt ist, auch wenn es manchmal so zu sein scheint, entwickelt er eine große Kraft, sein Leben zu bewältigen, zu wachsen und für andere eine Inspiration zu sein.

Fühle
Ich ruhe in Gottes Armen, dort bin ich sicher,
Gott ist mein Zuhause.

****

"Der Herr ist mein Hirte, nichts wird mir fehlen [...], muss ich auch wandern in finsterer Schlucht, ich fürchte kein Unheil, denn du bist bei mir [...]" Psalm 23
Hast du Zugang zum Gebet, dann bete. Beten bedeutet, mit Gott zu sprechen, ihm deine Sorgen, deine Nöte, deine Ängste, deine Freuden anzuvertrauen, alles mit ihm bereden, dich ihm mit allem zeigen, alles mit ihm zu teilen und seine Gegenwart zu fühlen.

Eine weitere Möglichkeit, die ich in meinem Leben oft anwende, ist: Ich rufe die göttliche Ordnung, Weisheit und Liebe in eine konkrete Situation oder in alle Bereiche meines Lebens.

****

Richte deine Aufmerksamkeit auf Gott in deinem Herzen
Verankere die dir vertraute Form Gottes in deinem Herzen.
Richte deine Aufmerksamkeit auf Gott in deinem Herzen, nicht auf das Problem, nicht auf den Verlust.
Übergib all deine Nöte dem Göttlichen und bleibe mit deiner Aufmerksamkeit bei Gott. Lasse zu, dass du auf diesem Weg Trost und Erleichterung erfährst und sich überraschende Lösungen zeigen.

****

Es ist ebenfalls sehr hilfreich, wenn jemand eine Person an seiner Seite hat, die bereit ist, notfalls mit ihm durch die "Hölle" zu gehen. Wenn wir für unsere Mitmenschen dieser Begleiter sein können, ist das für jemand in Not eine große Hilfe. Wer selber Leid erfahren und dieses transformiert hat, sein Schicksal gemeistert hat, ist mit Autorität in der Lage, anderen Menschen durch ihre Not zu helfen. Die Erde braucht solche Menschen – Gott handelt durch uns – vielleicht bist du bereit, so jemand zu sein.

Leid

Leid entsteht, wenn wir die Verbindung zur Quelle, zu Gott, zu unserem inneren Wesen verlieren. Wenn wir Gottes Willen – das, was geschieht – nicht akzeptieren, verlieren wir die Verbindung.

Schaffen wir es, das scheinbar Unannehmbare anzunehmen, in Übereinstimmung zu sein, mit dem was JETZT ist, kommen wir sehr schnell durch das Leid durch. Das liebevolle Annehmen verbrennt das Leid. Wenn wir uns erinnern, dass wir auf der Seelenebene dieser Erfahrung zugestimmt haben, und sie auf unserem Lebensweg einen Sinn hat, fällt uns das Annehmen in der Regel leichter. Ist kein Ja für diese Erfahrung in dir, ist Leid da. Dann kannst du immer noch Ja zum Leid sagen, es bewusst annehmen, es erlauben und fühlen, dich dem Schmerz und dem Leid ohne Widerstand hingeben. Das kann eine gewaltige Öffnung in dein Sein, in deine wahre Natur bewirken. Dort ist Weite und Friede.

Nicht eine Situation im Außen erzeugt unser Leid, sondern unsere Sichtweise davon, das heißt unser Urteil, unsere Interpretation. Leid entsteht im Verstand. Bezeichnen wir eine Situation durch unsere Gedanken und Überzeugungen als schlecht, erzeugen wir damit Unglück. In unserer Kultur, in unserem kollektiven Bewusstsein, gibt es eine Übereinstimmung, dass es etwas sehr Schlimmes, ein großes Unglück ist, etwas, was nicht geschehen dürfte, wenn ein gesunder junger Mensch mitten aus dem Leben gerissen wird. Wie oft habe ich gehört: "So etwas zu erleben, ist das Schlimmste, was einer Mutter passieren kann." Dies entsprach nicht meinem Empfinden. Natürlich war ich nicht glücklich darüber und natürlich habe ich mir das nicht gewünscht, aber es gab eine Zustimmung in mir und es gab eine Reihe wundervollster, erleuchtender Erfahrungen. Niemals wünsche ich jemandem, dass sein Kind stirbt, aber jedem wünsche ich diese Erfahrungen, die wir machen durften.

Haben wir einmal tief in uns erfahren, dass wir kein Leid benötigen, können wir es loslassen oder wir brauchen es erst gar nicht zu erschaffen. Können wir das nicht, ist es sehr hilfreich, das Leid bewusst anzunehmen, es zu fühlen und damit so gegenwärtig wie möglich zu sein. In der Tiefe jeder Katastrophe schlummert etwas Gutes, etwas Wunderbares, das sich uns eröffnet durch die Hingabe, die Akzeptanz dessen, was ist, ohne es als gut oder schlecht zu bewerten. Es ist, wie es ist, und es ist schon geschehen. Dadurch, dass wir es ablehnen, kann es nicht ungeschehen gemacht werden. Vertraue. Alles in deinem Leben hat einen tieferen Sinn.

Wir Menschen haben einen tief verankerten Glauben an das Leid und deshalb gibt es jede Menge davon auf unserem Planeten. Wir glauben, dass bestimmte Ereignisse Leid erzeugen. Der Tod ist sicher eins dieser Ereignisse, die wir mit Leid verbinden, besonders dann, wenn Menschen zu einem anderen Zeitpunkt sterben, als wir uns das vorstellen: Babys, Kinder, junge Menschen, Eltern von kleinen Kindern, Menschen, die mitten im Leben stehen und so weiter. Auch die Art des Todes, wie Mord, Krieg, Unfälle, schwere, lange andauernde Krankheiten oder das völlig unerwartete, sehr plötzliche Versterben eines Menschen, stürzt uns oft in einen Schock und ins Leid.

Was uns meistens völlig unbekannt ist, ist, dass kein einziges Ereignis im Außen Leid hervorruft. Das Leben ruft kein Leid hervor. Das Leben besteht aus verschiedenen Ereignissen, Begebenheiten, die eintreten, die geschehen. Sie geschehen einfach, so wie auch der Tod geschieht. Das, was Leid erzeugt, sind unsere Bewertung, unser Urteil über diese Situation, ob wir sie als gut oder schlecht empfinden. Bewertungen kommen immer aus dem denkenden Verstand wie zum Beispiel "so sollte das nicht sein", "das hätte nicht passieren dürfen", "ich hätte es verhindern müssen". Und schon ist das Ereignis als schlecht kategorisiert und verursacht negative Gefühle, Widerstand, Ärger und Leid. Das Ausmaß des Widerstandes, der Nicht-Akzeptanz, der Anhaftung an etwas ist das Ausmaß des Leides. Wann immer du etwas nicht so haben willst, wie es schon geschehen ist, zieht dies negative Gedanken und Emotionen nach sich. Jenseits des denkenden Verstandes gibt es kein Leid. Der denkende Verstand ist der Verstand, der alles beurteilt, bewertet und daraus eine gute oder eine schlechte Geschichte macht.

Dies ist meine persönliche Erfahrung mit dem Tod meiner Tochter. Ich ahne, wie viel Leid ich mir erspart habe und ich bin sehr dankbar dafür. Ich war sehr überrascht, dass der Tod meiner Tochter kein Leid in mir erzeugte. Ja, es gab Momente der Trauer, aber selbst die waren überraschend wenige und kurz. Die Trauer kam sehr spontan, wie eine Welle, die durch meinen Körper ging. Ich fühlte sie widerstandslos und nach kurzer Zeit war sie wieder verschwunden. Momente des Lichts, der tiefen Verbundenheit, der Akzeptanz prägten wesentlich nachhaltiger die Zeit nach Christinas Tod. Meine Tochter Barbara denkt gerne an die Zeit zurück, weil alles eine große Tiefe hatte und alle miteinander sehr verbunden waren.

Wir verstanden, dass Leid nicht durch ein Ereignis im Außen hervorgerufen wird, auch nicht durch den Tod, sondern dadurch, was wir über das Ereignis denken. Tod und Leid sind im kollektiven Bewusstsein stark aneinander gekoppelt. So glauben sehr viele Menschen, dass der Tod eines geliebten Menschen fast zwangsläufig zu Schmerz und Leid führt. Das muss aber nicht so sein. Seit dem Tod meiner Tochter, glaube ich nicht mehr an die Zwangs-läufigkeit und Notwendigkeit von Leid. Es gibt kein Leid, das wir nicht selber erzeugen. Leid ist eine Illusion oder, anders ausgedrückt, eine von unserem Verstand erschaffene Vorstellung, die wir für die Realität halten.

Egal was in unserem Leben geschieht, wir sind diejenigen, die mit unseren Gedanken, mit unseren Urteilen das Leid erzeugen. Jede Situation, wie unannehmbar sie auch scheinen mag, bedarf der völligen Akzeptanz. Das ist der einzige Weg, wie wir Leid entgehen und jede Begebenheit zu Wachstum und Transformation nutzen können. Durch die völlige Akzeptanz dessen, was geschieht, eröffnet sich eine tiefere Dimension, in der wir Zugang zum Sein, zum Göttlichen haben.

Beim Tod eines Menschen öffnet sich dieses Tor. Du kannst eintauchen, eintreten, wenn du wach genug bist, es zu bemerken. Widerstand, Ablehnung, Festsitzen, Verharren im Schmerz lässt dich dieses Tor selten wahrnehmen.

Es mag sich um den Tod eines von dir geliebten Menschen, um jemanden, den du begleitest, oder um deinen eigenen Tod handeln. Es bedarf immer der völligen Hingabe an das, was geschieht, um in diesen Raum jenseits des sterbenden Körpers einzutreten. Hingabe bedeutet, sich bedingungslos dem hinzugeben, was ist, JA zu sagen, ohne etwas dagegen zu haben, ohne etwas anders haben zu müssen, ohne ein Urteil aus deinem denkenden Verstand. Dadurch bekommst du Zugang zu der Tiefendimension des Seins – Frieden kann geschehen und du weißt in jedem Moment, was in der jeweiligen Situation zu tun oder zu lassen ist.

Völlig wach, völlig präsent zu sein, öffnet dir das Tor zu der Schönheit, der Tiefe, der Freude des Todes, öffnet dir den Zugang zum Göttlichen, zum Formlosen, zu dem Einzigen, was immer und dauerhaft existiert. Die einzige Möglichkeit, völlig wach und präsent zu sein, entsteht durch radikale Akzeptanz dessen, was geschehen ist und geschieht.

Du wirst nicht glücklich sein, wenn ein Mensch geht, den du noch gerne bei dir hättest, aber du kannst damit in Frieden sein. Das erleichtert dir und dem anderen einen würdigen Tod. Festhalten und Nicht-Akzeptanz erschweren das Sterben und das Leben für alle.

"Niemals geschieht DIR etwas, es geschieht einfach."[25]

Mit diesem Verständnis hört man auf, das, was geschieht, persönlich zu nehmen. Das erleichtert die Akzeptanz und ist der Ausstieg aus dem Leid. Dieser Satz ist für mein weiteres Leben ein Schlüsselsatz geworden.

Das göttliche Feuer – die göttliche Wahrheit – hat mein Herz erreicht. Jetzt sitze ich wieder da, wie nach Christinas Tod, mit den Bäumen, mit dem Blumen, den Pflanzen, völlig in Frieden, völlig präsent, glückselig, gegenwärtig in dem, was ist, den göttlichen Atem in allem fühlend – Atman – vollkommene Stille, unendlicher Raum in mir – nur diesmal nicht anlässlich eines "Verlustes", sondern anlässlich einer "Geburt". In reiner Freude und in unendlicher Dankbarkeit an das Leben und an die göttliche Essenz.
Das ist meine Geburt, die mit Christinas Tod einherging. Eine Geburt in Wahrheit.

Dass es möglich ist, alle Täuschung und Illusionen zu durchwandern und hinter sich zu lassen, ist das größte Geschenk, größer, als wir es uns je vorstellen könnten. Es ist unbeschreiblich, unfassbar und dennoch einfach da, als hätte es nie etwas anderes gegeben, als wären wir nie etwas anderes gewesen. Und das wiederum ist die Wahrheit. Ich Bin – in stiller, freudiger Präsenz und Liebe.

Dass dieser Prozess der Auflösung meiner Person, meiner Persönlichkeit, jetzt geschieht, ist möglicherweise ein Geschenk der Auseinandersetzung mit dem Tod. Als Folge der Identifikation mit dem Körper betrachten wir uns als getrennte Person. Lösen wir diese Identifikation auf, löst sich auch die Person auf, die wir glauben zu sein. Das ist das Geschenk, das ich erhalten habe. Die tiefe, wahre Auseinandersetzung mit dem physischen Tod kann darin enden, die Identifikation mit dem Körper zu lösen. Das war mir nicht bewusst, als ich anfing, dieses Buch zu schreiben. Jetzt weiß ich, dass ich dieses Buch nicht nur für andere, sondern ebenso für mich schreibe.

Die "Aufarbeitung" von Christinas Tod hatte ich abgeschlossen, bevor ich anfing, das Buch zu schreiben. Dass es darin für mich so ein großes, überraschendes Geschenk gibt, war mir in keinster Weise bewusst. Ich dachte, ich schreibe das Buch selbstlos, einfach um Menschen zu unterstützen. Dass ich es schreiben musste und wollte, wusste ich.

Angst aus spiritueller Sicht

"In der Welt habt ihr Angst, aber seid getrost, ich habe die Welt überwunden." Joh 16,33

"Why fear, when I am here?" – "Warum Angst haben, wenn ich da bin?" Sai Baba

Die Angst, mit der wir Menschen normalerweise fast ständig leben, hat zwei ursächliche Gründe: Die grundlegendste Ursache ist unser Glaube, dass wir von Gott getrennte, individuelle Wesen sind. In der Spiritualität wird das die Illusion oder der Traum genannt. Durch diesen Irrtum trennen wir uns von der höchsten Quelle und gleichzeitig von unserer wahren Essenz. Jede Trennung erzeugt Angst und das daraus resultierende Bewusstsein mit entsprechenden Handlungen. So sind die meisten Gedanken und Handlungen aus Angst motiviert, ohne dass uns das bewusst ist. Der Wunsch, etwas zu bekommen, zu erreichen, zu beschützen oder etwas zu vermeiden, bestimmt unseren Alltag. Wir sind unfrei. Unsere Sicherheit in Gott weicht der Angst und dem Wunsch nach Kontrolle.

Ein weiterer Grund für Angst ist, dass zumindest ein Teil in uns weiß, dass in der Welt alles vergänglich ist. Da wir alle ein Grundbedürfnis nach Sicherheit haben, die wir nur im Ewigen, im Unvergänglichen finden, das wir vergessen haben und von dem wir uns getrennt glauben, fühlen wir uns permanent unsicher. Egal wie sehr wir unsere Welt sicher machen wollen, es gelingt uns nie dauerhaft. Die Welt der Formen, der Materie, ist nicht sicher. Das können wir nicht ändern. Wir erleben kleine und große Verluste. Tod eines geliebten Menschen, Trennung von unseren Partnern, Verlust von Gesundheit, Besitz, Arbeitsplatz, Auszug unserer Kinder, um nur einige zu nennen. Aber auch kleine Verluste begleiten ständig unser Leben. Da zerbricht meine Lieblingstasse, mein neues Auto wird angefahren, meine Lieblingsblumen verblühen viel zu schnell, ich verliere etwas, was mir wichtig war. Auch Wünsche, Träume, Vorstellungen können zerbrechen, verloren gehen, wenn sie sich nicht erfüllen.
Wie oft erfüllen sich unsere Vorstellungen ganz genau, und wie oft zeigt das Leben sich anders?

Kein Mensch kommt durch sein Leben ohne Verluste.

Verluste, Veränderungen gehören zum Dasein auf diesem Planeten. Es beginnt bereits bei der Geburt. Das Baby verliert die Geborgenheit im Mutterleib und die körperliche Einheit mit der Mutter.

Das Wissen um die Unsicherheit in unserer Welt erzeugt eine Grundangst, die wieder aktiviert wird, wenn unerwünschte Veränderungen eintreten. Hinzu kommt, dass wir nicht den Zeitpunkt wissen, wann ein Verlust in unser Leben tritt.

Alle Versuche, unsere Welt dauerhaft sicher zu machen, scheitern an dem Gesetz der Veränderung. Solange wir im Körper sind und glauben, dass wir auf den Körper begrenzt sind, werden wir Angst haben, denn der Körper ist anfällig und wird vergehen, ebenso unser Besitz, unsere Beziehungen, unsere Erfolge. Alle Mühen, etwas dauerhaft zu erhalten, was vergehen wird, ist eine Ursache für Angst und Leid. Eines Tages wird alles vergehen, was wir uns aufgebaut und erworben haben. Unsere ständige Anstrengung, dauerhafte Sicherheit zu erschaffen, lässt uns nur zu leicht übersehen, was in uns schon ewig und unsterblich ist.

Über diese Angst können wir erst hinausgehen, wenn wir den Kreislauf von Entstehen und Vergehen als zum Leben gehörig akzeptieren und unsere Sicherheit nicht mehr im Außen suchen. Dann kehrt innerer Frieden ein.

Der einzig dauerhaft sichere Ort ist in uns, im tiefen Erkennen, dass es etwas in uns gibt, das dauerhaft, ewig, unzerstörbar ist, das den Tod überlebt. Das ist unsere wahre Natur, die jenseits des Körpers liegt. Dieses Ewige, Unzerstörbare kann die Bewegungen und Veränderungen in der Welt und in unserem Bewusstsein wahrnehmen. So kann es beobachten, dass Gedanken und Emotionen kommen und gehen. Das Ewige kann das Veränderliche als ewiger Zeuge wahrnehmen. Durch das Wissen, dass es wieder vergeht, und du jenseits davon bist, kann es auftauchen, ohne dich in deiner Essenz zu bedrohen. Je mehr du Gedanken und Emotionen einfach beobachtest, desto stiller und gelassener wird dein Verstand und umso mehr hat du Zugang zum Sein, zu dem Ewigen in dir.

****

Beobachte
Beobachte immer wieder deine Gedanken und Emotionen,
ohne ihnen zu folgen,
und richte deine Aufmerksamkeit auf den Beobachter.

****

So können wir eine Haltung von absolutem Gottvertrauen oder absolutem Vertrauen in die universelle Liebe, die alles trägt und hält, in uns stärken. Das tiefe Wissen, DAS ist deine Heimat, ist deine Essenz, dein Wesen. Für dich ist gesorgt.
Christus spricht in der Bergpredigt davon, nicht hier auf der Erde, sondern im Himmel Schätze zu sammeln.

"Fürchtet Euch nicht", ist eine wiederkehrende Botschaft von Christus. "Sei ohne Furcht, glaube nur." Mk 5,36

Wisse, wer mit dir geht.

Spuren im Sand

Eines Nachts hatte ich einen Traum:
Ich ging am Meer entlang mit meinem Herrn.
Vor dem dunklen Nachthimmel erstrahlten,
Streiflichtern gleich, Bilder aus meinem Leben.
Und jedes Mal sah ich zwei Fußspuren im Sand,
meine eigene und die meines Herrn.

315

Als das letzte Bild an meinen Augen vorübergezogen war,
blickte ich zurück. Ich erschrak, als ich entdeckte,
dass an vielen Stellen meines Lebensweges
nur eine Spur zu sehen war.
Und das waren gerade die schwersten Zeiten meines Lebens.

Besorgt fragte ich den Herrn:
"Herr, als ich anfing, dir nachzufolgen,
da hast du mir versprochen,
auf allen Wegen bei mir zu sein.
Aber jetzt entdecke ich, dass in den schwersten Zeiten
meines Lebens nur eine Spur im Sand zu sehen ist.
Warum hast du mich allein gelassen,
als ich dich am meisten brauchte?"

Da antwortete er:
"Mein liebes Kind, ich liebe dich
und werde dich nie allein lassen,
erst recht nicht in Nöten und Schwierigkeiten.
Dort, wo du nur eine Spur gesehen hast,
da habe ich dich getragen." [26]

Du bist niemals allein, auch wenn es manchmal so aussieht, du bist nicht vom Göttlichen getrennt. Die bedingungslose Liebe Gottes wohnt in deinem Herzen. Der Körper ist der Tempel Gottes. Was könnte dir schon geschehen, wenn du doch ewig, unzerstörbar bist? Du bist nicht auf den vergänglichen Körper begrenzt. Da die meisten Menschen dieses Wissen und dieses Vertrauen verloren haben, ist Angst unser Begleiter geworden.
Gewahrsein, Atman kennt keine Angst.

Auf dem Sterbebild meiner Tante Ursula, die mit 94 Jahren friedlich eingeschlafen ist, steht: "Solange du hier auf Erden bist, ist Gott bei dir und wenn du gestorben bist, bist du bei ihm."
Dieser einfache Spruch drückt eine große Wahrheit aus: Es

gibt keine Trennung, nicht hier in diesem Leben und nicht nach dem Tod. Du bist immer in Gott eingebettet, Gott ist mit dir und in dir. Wo immer du auch bist, du bist zu Hause in Gott, immer.

"Das Göttliche lässt keinen im Stich, der sich hingegeben hat."[27]

Völlige Hingabe an diese tiefe Wahrheit ist eine tägliche Übung und löst Angst auf. Es ist die ultimative Entscheidung, alles, was in deinem Leben geschieht, als den universellen, göttlichen Willen zu sehen und zu wissen, oder fest daran zu glauben, dass es das Beste für dich ist. Gehe mit dem, was in dein Leben tritt, und betrachte alles als Geschenk der göttlichen Liebe. Vertraue mit deiner ganzen Kraft darauf.

In Zeiten von Verzweiflung, Depression und Angst kann dir die folgende Übung helfen:

****

Du bist geliebt
Schließe die Augen und stelle dir vor, von hellem Licht oder von einer göttlichen Kraft, zu der du Vertrauen hast, umhüllt zu sein. Lege all deinen Schmerz, deine Sorgen, deine Ängste und dein Leid in die Hände des Lichts oder der göttlichen Kraft. Vertraue dich vollkommen an, sprich alles aus, was dich belastet und quält, ebenso deinen Ärger und deine Enttäuschung. Sprich aus, was du brauchst, um zu heilen, sprich aus, wonach dein Herz sich sehnt und bitte um Hilfe, Segen und Führung. Lass dich vollkommen in die Hände Gottes fallen. Stell dir vor, das Licht oder die göttliche Kraft umarmt, umschließt dich vollkommen, und spüre diese Umarmung, diese Präsenz. Vertraue darauf, dass du gehört wirst und in deiner Not nicht alleine bist. Vertraue, dass das Licht oder die göttliche Kraft mit dir geht, selbst wenn du es nicht spüren kannst. Glaube fest daran und es

wird für dich erfahrbar werden. Erlaube dir, dich wie ein Baby vollkommen anzuvertrauen und dich vollkommen geliebt zu fühlen.

****

Angst ist Abwesenheit von Liebe. Liebe ist unser essenzielles Wesen. So wie du die Dunkelheit nicht bekämpfen oder sie aus einem Raum wegschaffen kannst, so kannst du auch die Angst nicht auflösen, indem du gegen sie kämpfst. Schalte das Licht an, wenn du es hell haben möchtest, und die Dunkelheit ist sofort verschwunden.
Willst du ohne Angst leben, musst du das Licht, die Liebe anschalten. Liebe ist die Antwort, sie ist in dir, in jedem von uns, sie ist ein Geschenk, das wir alle mitbekommen haben, sie gehört zu uns. Keiner kann die Liebe in sich auslöschen, aber wir können sie zudecken und nicht mehr wahrnehmen. Je weniger wir die Liebe leben, desto mehr Raum wird Angst einnehmen. Du kannst das Licht, die Liebe, sofort jetzt anschalten. Je mehr du sie gibst, umso mehr ist sie in deinem Leben. Je mehr du deine Aufmerksamkeit auf die Liebe richtest und je großzügiger du sie verschenkst, desto mehr Raum wird sie in dir einnehmen und sich in dir ausbreiten. Je weniger wir geben, umso mehr reduzieren wir diese uns innewohnende Qualität, bis wir schließlich nicht mehr fähig sind, zu lieben. Richte deine Aufmerksamkeit auf die Liebe, die du bist, nicht auf die Angst. Schalte das Licht an und die Dunkelheit verschwindet.

****

Verbinde dich
Verbinde dich mit der Liebe in dir,
verbinde dich in Liebe mit dem Verstorbenen, mit anderen Menschen, mit dir, mit der Natur, mit dem Leben, mit Gott.
Angst und Liebe können nicht nebeneinander sein. Wenn

318

du in Liebe und in der Verbindung bist, ist keine Angst
vorhanden.

****

Hast du Angst, dass ein dir nahestehender Mensch sterben
könnte, bringe die Angst ins Hier und Jetzt. Bleibe gegenwärtig. Sei dir bewusst, dass dies jetzt keine reale Situation
ist, da dieser Mensch lebt. Nutze die Zeit, die ihr miteinander habt, für die Liebe. Das macht dich und den anderen
frei und glücklich, während Angst einengt. *Liebe ihn jetzt,*
er ist noch hier. Wenn es Zeit ist zu gehen, wirst du leichter
Abschied nehmen können, wenn du die Liebe nicht
versäumt, sondern gelebt hast. Erinnere dich immer wieder
daran und schalte das Licht der Liebe und der Gegenwärtigkeit an. Tue es jetzt, verschiebe es nicht auf später.

Angst ist die Abwesenheit von Liebe. Dort wo bedingungslose Liebe ist, kann sie nicht sein. Deshalb löst Liebe Angst
auf. Das Göttliche ist bedingungslose Liebe. Erkennen wir,
dass wir niemals von Gott getrennt sein können, wir eins
mit Gott, mit ALLEM sind, so hat Angst keine Macht mehr
über uns.

Gott ist Liebe. Sind wir eins mit Gott, kann keine Angst
existieren.

****

Wenn du Angst hast, sei innerlich still und fühle:
Gott IST und liebt mich.

****

"Lass dein Ego dies nicht in Abrede stellen,
weil das Ego nichts erkennen kann,
was so weit außerhalb seiner Reichweite liegt wie du."[28]

Du bist niemals allein, auch wenn es sich manchmal so anfühlt.

Aus meiner persönlichen Erfahrung kann ich sagen, dass Akzeptanz die Angst verschwinden lässt. Wenn ich alles, vor dem ich mich ängstige, vollkommen akzeptiere: "Ja, es darf so sein, es ist in Ordnung, wenn es eintritt", löst sich die Angst auf und eine grenzenlose Weite entsteht. Dort bin ich völlig frei.

Schicke Liebe und vollkommene Akzeptanz in das, was dir Angst macht und die Angst wird weichen.

Spiritueller Aspekt von Schuld

Eine wichtige Frage, die ich Menschen stelle, die sich in Bezug auf einen Todesfall schuldig fühlen, lautet: *"Glaubst du, dass du Herr über Leben und Tod bist?"* Alle Menschen verneinen diese Frage, die meisten finden sie absurd. "Wenn du nicht Herr über Leben und Tod bist, wie kannst du dann an einem Tod schuld sein?", ist meine nächste Frage.

Um den Kreislauf der Schuld zu durchbrechen, müssen wir aufhören zu beschuldigen. Wenn ich bereit bin, einfach wahrzunehmen, was ist, ohne es zu analysieren, zu interpretieren, ohne zu bewerten, ohne es verändern zu müssen, wenn ich bereit bin anzunehmen, was ist, oder wenn ich alles als den göttlichen, den universellen Willen betrachte, gibt es niemanden mehr, den ich beschuldigen muss.

Der Tod ist das Ende dieses Körpers hier auf der Erde, seine Zeit war abgelaufen. Gott hat die Seele wieder zu sich genommen. Daran ist niemand schuld.

Unsere Gedanken bestimmen unsere Emotionen und unser Handeln. Wenn wir an unwahre Gedanken glauben, handeln wir unwahr, das heißt nicht in Integrität mit unserer Essenz, mit dem Prinzip der Liebe. Daher gibt es keinen anderen Weg zur Unschuld, als die Gedanken der Schuld als unwahr zu erkennen.

****

Reiner Geist
Ein unreiner Geist kann sich nicht selber reinigen.
Wenn du magst,
bitte Gott, die universelle Liebe,
deinen Geist, deine Gedanken zu reinigen und deine
Sichtweise zu korrigieren,
so dass du aufhören kannst, dich und andere zu
beschuldigen.

****

Bestrafung verstärkt diese falschen und unwahren Gedanken und das negative Prinzip der Schuld. Es steht dir frei, jetzt eine andere Sichtweise einzunehmen und aufzuhören zu beschuldigen, auch wenn andere es noch weiter tun.

"Vater, vergib ihnen, denn sie wissen nicht, was sie tun."
Lk, 23, 34

Wenn unsere Denkweise unwahr ist und nicht den Gesetzen der universellen Liebe folgt, wissen wir nicht, was wir tun. Wir fühlen uns im Recht, obwohl wir den Gesetzen von Schuld und Gewalt und nicht den Gesetzen der Liebe folgen. Die Wurzel falschen Denkens ist Angst. Sehr viele unserer Handlungen sind angstgesteuert.

Angst ist die tiefste Wunde. Alle anderen Emotionen wie Schuldgefühle, Ärger, Zorn, Hass, Gier, Neid bauen darauf auf. Daher ist Heilung von Angst die größte Heilung. Dies ist nur mit der universellen Liebe an unserer Seite dauerhaft möglich. Bist du losgelöst von Angst, weil du tief weißt, dass Gott dich liebt und ER sich durch dich offenbart, bist du von Irrtum und Illusion befreit und brauchst nichts anderes mehr aufzugeben. Wenn ich weiß, dass Gott sich durch mich offenbart, werden mein Denken, mein Fühlen und mein Handeln in Übereinstimmung und in Einheit mit Allem sein.

****

Annehmen
Nimm Angst und Schuld an, wenn sie auftauchen,
Übergib sie der göttlichen Liebe zur Heilung und Erlösung.
Verleugne sie nicht, das macht sie nur stärker. Vergib
immer wieder.
Erkenne, dass du Liebe bist.

****

Meditiere über
Ich bin, die ich bin.
Ich bin, der ich bin.

Dies kann dich von Angst und Anhaftung befreien.

****

"Gott hat dir den Heiligen Geist gegeben und IHM den Auftrag erteilt, jeden Zweifel und jede Spur von Schuld zu beseitigen [...], die du dir selbst auferlegt hast. Es ist unmöglich, dass dieser Auftrag scheitern könnte. Denn der Wille Gottes geschieht."[29]

Schuld ist ein Konstrukt des Egos und existiert somit nur im menschlichen Bewusstsein. Dieses menschliche Bewusstsein projizieren wir auf das Göttliche. Gott kennt keine Schuld. An Schuld zu glauben, erzeugt Schmerz und Leid und den Glauben daran. Sich selbst oder andere zu beschuldigen, verstärkt den Kreislauf von Schuld, Strafe, Gewalt und Leid. Wenn ich bereit bin, meine Gedanken einfach zu beobachten, anstatt sie für die Wahrheit zu halten, und die volle Verantwortung für meine Gedanken und deren Auswirkung übernehme, höre ich auf, sie nach außen zu projizieren, und es gibt niemanden mehr, den ich beschuldigen muss.

"Sünde und Tugend beziehen sich nur auf eine Person. Ohne eine sündige oder tugendhafte Person gibt es keine Sünde oder Tugend. Auf der Ebene des Absoluten existieren keine Personen; der Ozean reinen Gewahrseins ist weder tugendhaft noch sündig."[30]

Unsere Aufgabe ist es zu sein, nicht dies oder jenes zu sein. Wie erleichternd. Irgendetwas Bestimmtes sein zu müssen, würde bedeuten, dich - als Gewahrsein - einzuschränken, zu begrenzen. Das ist unmöglich, Gewahrsein ist unbegrenzt. Du bist alles, du bist nichts.

Vergebung

Vergebung verbindet dich wieder mit der Quelle allen Seins. Sie geschieht JETZT. Sie ist ein Akt des Herzens, nicht des Verstandes. Sie schließt notwendigerweise Selbst-Vergebung mit ein. Sie ist bedingungslos und nicht davon abhängig, was geschehen ist. Kleines oder Großes zu vergeben ist die gleiche Handlung. Jeder Angriff, jeder negative Gedanke ist ein Selbst-Angriff und benötigt ebenso Vergebung.

Du hast die Wahl, dieses göttliche Geschenk zu empfangen und zu geben oder es abzulehnen und im Groll, in der Enttäuschung und Verbitterung, im Opferbewusstsein zu verharren. Gelingt es dir nicht, voll und ganz zu vergeben, kannst du darum bitten, dass die bedingungslose Liebe der göttlichen Kraft für dich und andere bei dir ist, durch dich fließt und das Empfangen und Geben deiner Vergebung vollkommen macht.

"Es ist immer da, und es ist das einzige Geschenk, das du brauchst, um über die Erfahrung von Schmerz und Leid hinauszugehen. Vergebung wirkt in dieser Welt, aber sie ist nicht von dieser Welt. Sie kommt aus der geistigen Welt und kann ihre Quelle nicht vergessen. Wie oft dieses Geschenk auch empfangen oder gegeben werden mag, es kann sich nie erschöpfen. Es gibt keine Situation, in der dieses Geschenk nicht gegeben oder empfangen werden kann."[31]

Die Vorstellung von Schuld erzeugt sehr viel Leid auf unserer Erde, sie ist ein Konstrukt des Minds. Solange du noch an Schuld glaubst, an deine und die deiner Mitmenschen, ist Vergebung notwendig. Egal was in deinem Leben bisher geschehen ist, welche Fehler du oder jemand anderer deiner Meinung nach gemacht hat, Vergebung ist immer die Lösung. Vergebung befreit dich und andere. Bitte die göttliche Kraft, dich dafür bereit zu machen, entscheide dich dafür. Das ist ein Akt der Selbstliebe und du wirst frei von jeder Fessel. Solange du dir und anderen Schuld gibst, bist du nicht frei davon. Vergebung löst Schmerz und Leid aus der Vergangenheit auf und ermöglicht dir Annehmen dessen, was ist.

Solange das Ewige in dir keine erfahrbare Realität ist, brauchst du Vergebung. Vergib immer wieder dir und den anderen. Nutze die Vergebung für dein Heil, für das Heil aller und das Heil der Erde.

"Es geschieht niemals dir etwas, es geschieht einfach." Unmittelbar nachdem mir dieser Satz begegnet ist, finde ich in meinem E-Mail-Postfach eine Nachricht mit einem heftigen Angriff eines Kollegen aus Deutschland. Mein erster Gedanke: "Ich vergebe ihm!" Doch dann öffnet sich etwas in mir und ich erkenne glasklar: "Es gibt nichts zu vergeben, denn niemals hat mir jemand etwas angetan."

Bist du im Ewigen, erkennst du, was du bist, gibt es nichts mehr zu vergeben, denn niemals hat dir jemand etwas angetan und niemals hast du jemandem etwas angetan. Das Ewige in dir und das Ewige im anderen bleibt davon unberührt.

Segnen

Neben Vergebung ist Segnen eine erlösende Alternative zu Urteilen, Schuld, Angriff und Selbstangriff. Segnen ist eine uralte Tradition und bringt innere Harmonie und Segen.
Segne den Verstorbenen und segne dich. Segne jede Situation, die dich quält, die dir Kummer bereitet, segne alle Beteiligten. Lass deinen Segen in alles und zu allen fließen. Dies öffnet dein Herz und lässt Harmonie und Frieden entstehen. Es bringt dich dem, was du jenseits der Form, jenseits des Körpers bist, näher. Es lässt dich im inneren Frieden weilen, unabhängig davon, was im Außen geschieht. Es lässt dich und andere als gleichwertige, göttliche Wesen erkennen. Segnen bringt Frieden und Freude, Schönheit, Güte und Liebe in dein Leben und in das Leben anderer.

Du bist Gottes Gegenwart, Gott erfährt sich durch dich.
"I have separated Myself from Myself in order to experience Myself."

"Ich habe mich von mir abgetrennt, um mich selbst zu erfahren." Sai Baba

Segne Gottes Gegenwart in dir, immer wieder, es ist dein natürliches Wesen, halte die Aufmerksamkeit darauf. Segnen geschieht in Liebe, es ist eine Möglichkeit, wie Göttlichkeit für dich erfahrbar, fühlbar wird. Segne dein wahres Selbst, das spirituelle Wesen, das du bist. Dich zu segnen, führt dich immer mehr zu Selbst-Akzeptanz, Selbst-Liebe und Göttlichkeit, einem "göttlichen" erfüllten Leben.
Segnest du ausdauernd und konsequent über einen längeren Zeitraum alles, was dir begegnet, verschwinden Angriff und Selbstangriff. Das macht den ganzen Unterschied in dir und in deiner Welt, den Unterschied, ob du im Himmel oder in der Hölle lebst.

****

Sich selbst segnen

"Machen Sie es sich bequem, während Sie gleichzeitig absolut wachsam bleiben. Sorgen Sie dafür, nicht gestört zu werden, und bringen Sie etwas Zeit mit. Überlegen Sie sich dann eine Weile, wie sehr das Leben Sie liebt. Denken Sie darüber nach, dass eine grenzenlose, zärtliche, umarmende Liebesmacht Sie lenkt und bedingungslos liebt – so sehr, dass sie vor Freude über Sie singt. Versuchen Sie, das wirklich im Herzen und nicht nur im Kopf zu spüren. Dies ist keine geistige Übung! Fangen Sie nun an, sich sanft selbst zu segnen. Segnen Sie Ihre perfekte Gesundheit und Ihre Güte, Ihre Fähigkeiten zu verzeihen und bedingungslos zu lieben – segnen Sie sich auf jedem Gebiet, auf dem Sie weiterkommen wollen. Fangen Sie mit fünf bis zehn Minuten täglich an. Sie werden einen großen Überfluss ernten, der ein Segen für Sie und alle in Ihrem Umfeld sein wird."[32]

****

Segnen ist das Gegenteil von Urteilen und Angreifen.
"Vom Urteil kommt alles Leiden der Welt", heißt es in "Ein Kurs in Wundern".

Durch Segnen kommt eine starke positive Kraft ins Spiel und mischt die Karten neu. Durch Segnen entfalten sich die Dinge hin zu Heilung, Mitgefühl und Verständnis. Dich und alle segnen, heißt mit Gottes Augen sehen. Gott sieht überall Liebe und das Gute. Mit den Augen der Liebe sehen, bedeutet, dass es keine Situation gibt, die nicht so akzeptiert werden kann, wie sie ist. Du kannst einen Tod nicht rückgängig machen, aber du kannst jederzeit deine Haltung, deine Sichtweise dazu ändern.

Du kannst "Ich segne" oder "Gott segnet" verwenden. Glaube, Vertrauen und dein offenes Herz stärken das Segnen.

Dein Wille – Gottes Wille

"Gott will, dass du jetzt vollkommen glücklich bist. Kann es sein, dass das nicht auch dein Wille ist? Und kann es sein, dass das nicht auch der Wille deiner Brüder ist?"[33]
In diesem gemeinsamen Willen sind wir alle vereint, auch wenn es sonst unterschiedliche Meinungen gibt.

"Glaube nur dieses eine und es wird genügen. Gott will, dass du im Himmel bist, und nichts kann dich von ihm abhalten oder ihn vor dir."[34]

"Du weilst im Frieden, wenn du dich dafür entscheidest […] du kannst nicht im Frieden weilen, wenn du die Sühne nicht annimmst – Sühne ist der Weg zum Frieden."[35]

(Sühne ist die Aufhebung der Schuld durch das Annehmen der Schuldlosigkeit)

Mit den Augen der Liebe zu schauen, bedeutet, alles anzunehmen, wie es ist. Gott, das liebende Prinzip, betrachtet dich immer mit Liebe. ES erkennt, was du bist, und daher nimmt ES dich wahrheitsgemäß als Manifestation der Liebe wahr. Solange du das göttliche Wesen in dir nicht würdigst, kannst du Gott nicht erkennen. Es ist Gottes Wille und es ist dein Wille, dich an diesen Platz in deinem Inneren zu erinnern. Hier weißt du, du bist wertvoll und vollkommen geliebt, unabhängig davon, wie dein Leben im Außen ist. Um mit diesem Platz in Kontakt zu sein, höre auf, über dich oder andere zu urteilen, höre auf, Gottes Plan anzuzweifeln.

Auch der Tag, die Stunde und die Art des Todes sind Gottes Wille und ebenso der Wille der Seele des Sterbenden. Kein einziger Tod geschieht ohne die Zustimmung der Seele. Dies zu respektieren bringt innere Freiheit und Freiheit von Angst. Ebenso befreit es dich davon, nach dem "Warum" und nach Schuld zu fragen. Es ist geschehen, wie es geschehen ist, weil Gottes Wille geschieht.

"An Gottes Schöpfung ist nichts falsch. Verwirrung und Leid existieren nur im Denken." Ramana Maharshi

Alles, was in deinem Leben geschieht, als Gottes Wille, als Geschenk seiner Liebe zu sehen und damit einverstanden zu sein, ist die ultimative Hingabe an das Leben und das Ende von Leid. Sei dir bewusst, du bist ein spirituelles Wesen, das eine menschliche Erfahrung macht. Glücklichsein ist deine wahre Natur. Du hast die Wahl, dich *jetzt* dafür zu entscheiden.

Bindungen – Anhaftungen

"Glück ist in jedem Menschen selbst, es beruht nicht auf äußeren Ursachen."[36]

Nur das *Erkennen und die Akzeptanz* dessen, dass alle Formen an Zeit gebunden und deshalb vergänglich sind, lässt dich tiefer in die Wahrheit dessen, was ewig ist, einsinken. Dadurch entsteht Stille und tiefer Frieden in dir.

Christinas Botschaft durch ein Medium

Immer wieder taucht die Aufforderung auf:
"Mama, schreib etwas über Bindungen in deinem Buch."
Dies ist ihre Durchsage zu unserer Bindung:

"Mach deinen Geist frei und gib mich frei.
Du bist noch zu sehr gebunden an das, als ich dein Kind war.
Wir sind nicht mehr Mutter und Kind,
wir sind geistig aneinander gebunden, aber in Freiheit.
Die Freiheit ist mir sehr wichtig.
Ich bin frei und ich diene in der Heilung,
ich bin ein Heilungsengel.

Der Kontakt mit dir ist aus All-Liebe,
weil du meine irdische Mutter warst und mich das aus dem irdischen Dasein erlöst hat.
Ich befinde mich auf einer ganz anderen Ebene.
Ich bin sehr froh, dass ich die schicksalhaften Bindungen hinter mir habe.

Für dich werden sich die irdischen Bindungen auch lösen, wenn die Zeit reif ist. Bereite deinen Geist darauf vor.

Lass dich nicht in diese Welt verstricken – identifiziere dich nicht mit ihr, auch wenn du in dieser Welt lebst."

Christinas weltliche Bindungen und Trennungen

Unabhängig vom Tod machen sich viele Eltern Vorwürfe, dass sie nicht genug für ihre Kinder da waren. Besonders dramatisch wird das natürlich, wenn ein Kind stirbt.

Als Christina verunglückte, war ich sehr froh, dass ich das Gefühl hatte, ich habe sie nicht versäumt. Ich habe mir trotz meiner Arbeit immer viel Zeit für die Kinder genommen. Sie hatten Priorität vor der Arbeit. Das erleichterte mir, Christina gehen zu lassen.

Später, einige Jahre nach ihrem Tod, tauchten immer wieder Erinnerungen an Situationen in mir auf, wo ich viel unterwegs war, und die Frage, ob ich sie nicht so viel hätte allein lassen sollen. Barbara kam mit meiner Abwesenheit immer gut zurecht, Christina manchmal nicht so gut. Auch die Trennung von uns Eltern war für sie schwieriger als für Barbara. Diese Gedanken: "Hätte ich das anders machen sollen?", tauchten von Zeit zu Zeit auf und damit ein gewisses Gefühl des Bedauerns. Das war solange so, bis ich eine glasklare Erkenntnis bekam, an der es keinen Zweifel gibt. Ich erkannte, alles war genau richtig, so wie es war, und diente ihrer und unserer Entwicklung. Der physische Tod ist neben der Geburt wohl das stärkste Ereignis, sich bedingungslos einer Veränderung hinzugeben. So musste Christina schon zu Lebzeiten üben, für sie schwierige Trennungen zu meistern. Deshalb wurde sie in eine Lebenssituation gestellt, wo sie genau das üben konnte. Das erleichterte ihr den Tod.

Jede Bindung – Anhaftung – bindet dich

Bindung wird hier nicht im Sinne der Bindungstheorie in der Psychologie verwendet. Hier wird es im spirituellen Sinne gebraucht, im Sinne von Anhaftung, Identifikation, Verstrickung.

Ich benutze beide Wörter, da immer wieder die Durchsage kam: "Mama, schreib etwas über Bindungen in deinem Buch."

Mit Bindungen meine ich, dass wir etwas unbedingt haben müssen oder wollen, um uns gut zu fühlen oder etwas anderes auf keinen Fall haben wollen, es ablehnen, um uns nicht schlecht zu fühlen. Bindung beinhaltet also Anhaftung und Ablehnung, Wunsch und Widerstand.

Der Tod eines geliebten Menschen fordert uns heraus, Bindungen loszulassen. Die physische Form mit all ihren Möglichkeiten ist nicht mehr in unserem Leben.

Sehr viel Leid entsteht aus der Fixierung auf bestimmte Vorstellungen. Wenn das Leben nicht so läuft, wie wir es gerne hätten. Wenn das Resultat ein anderes ist, als wir uns das wünschen. Wenn wir uns eingestehen müssen, Fehler gemacht zu haben und wir die Verantwortung dafür nicht übernehmen wollen, sind Stagnation und Leid die Folge.

Bindung heißt, etwas haben zu müssen oder etwas nicht haben zu wollen. Das sind die Mechanismen, durch die wir uns in die Welt verstricken und immer wieder enttäuscht werden. Bindung bedeutet, dass du etwas oder jemanden festhältst und somit wirst auch du festgehalten.

Losgelöst sein bedeutet nicht, dass dich äußere Umstände nicht betreffen. Es bedeutet nicht, dass du keine Erfahrungen mehr machst, die dich freuen oder die dich schmerzen. Es bedeutet, dass du so frei von äußeren

Ereignissen geworden bist, dass sie dich innerlich nicht oder nur kurzzeitig aus der Balance werfen. Du hast Mitgefühl, Liebe, Verständnis, du genießt dein Leben. Wenn Schwierigkeiten, Kummer in dein Leben kommen, musst du dem nicht folgen oder daran festhalten. Du hast vollkommenes Vertrauen, dass das Leben dir genau das gibt, was dich in deiner spirituellen Entwicklung fördert. Du bist in der Lage, in jeder Schwierigkeit das Göttliche zu sehen.

Losgelöstheit bedeutet nicht, dass du gefühllos bist. Es bedeutet, du erkennst das Spiel des Lebens: Du weinst, wenn du traurig bist, du lachst, wenn du fröhlich bist. Aber du betrachtest alles vom Standpunkt des Gewahrseins, in dem Wissen, dass alles nach einer bestimmten Zeit wieder von dir geht und du das nicht bist. Wenn du weißt, was du bist, fühlst du als Person immer noch Freude oder Trauer, aber du verlierst dadurch nicht mehr deinen inneren Frieden. Reines Gewahrsein, das deine Essenz ist, ist unveränderlich und davon nicht betroffen.

Bindung/Anhaftung erwächst aus Angst und ist das Gegenteil von Freiheit. Bindungen haben ihren Ursprung im Wunsch, etwas zu behalten, zu erreichen oder etwas zu verhindern. Sie entstehen in unseren Gedanken und orientieren sich an Vergangenheit oder Zukunft. Sie erschaffen ein mentales Gefängnis und vermeiden das JETZT. Das Verlangen nach etwas, was du anziehend findest, und die Abneigung gegenüber dem, was du abstoßend findest, macht dich unfrei, es erzeugt Erwartung und Enttäuschung, Vergangenheit und Zukunft.

Gegenwärtig zu sein in dem, was jetzt ist, da zu sein, wo du bist und nirgends anders sein zu wollen, schafft innere Freiheit und Zentrierung. Du bist angekommen in deiner Mitte, in deiner Kraft, im Sein. Dort bist du zu Hause. Dort bist du frei von Bedauern und Schuldgefühlen, von Vergangenem und frei von sorgenvollen und ängstigenden Gedanken über das, was kommen wird. Das, was geschehen wird, unterliegt nicht unserer Kontrolle, daran ändern auch Angst und Sorgen nichts. Den Moment dort, wo du bist, und so, wie er ist, zu leben, ist das Einzige, wodurch wir das Leben berühren.

****

Sei gegenwärtig, in dem, was jetzt ist.
Fühle es, lass es da sein.
Gib jegliche Idee auf, dass es anders sein muss.
Verschmelze mit ihm, sei es.

****

Im Gegensatz zu Bindung/Anhaftung steht Verbindung. Sich verbinden heißt, ganz wach, präsent, ohne Urteil, gegenwärtig im Kontakt zu sein. Sie entspringt dem Herzen und dem gegenwärtigen Augenblick. Sie ist frei und lässt frei: dich, den anderen, das Leben. Sie respektiert dich und andere in Wertschätzung und Liebe. Mit allem verbunden zu sein, gibt dir Geborgenheit und Sicherheit. Es lässt dich das EINE, das wir im Abendland Gott nennen, in allem erfahren. Du bist bereit, das Leben so anzunehmen, wie es sich zeigt. Dieser verbundene und zugleich wunschlose Zustand ist die Quelle für dauerhaftes Glück, dauerhaften Frieden und bedingungslose Liebe.

Im Nachhinein verstehe ich, wieso ich mich nach Christinas Tod in keinster Weise einsam gefühlt habe. Ihr Tod hatte für mich das Tor zum Göttlichen geöffnet. Ich fühlte mich mit allem verbunden, eins. Ich fühlte in jeder Pflanze, in jedem Schmetterling, in allem Gottes Gegenwart. Göttliche Präsenz füllt den Raum, da bleibt kein Raum für Einsamkeit.

Es ist weise, rechtzeitig zu üben, Veränderungen in unserem Leben willkommen zu heißen, besonders wenn sie nicht unseren Vorstellungen entsprechen. In dieser Welt sind wir ständig mit Veränderung und Verlust konfrontiert. Nichts ist von Dauer, alles ist auf eine bestimmte Zeit begrenzt. So ist das in der Welt der Formen.

Mit leeren Händen werden wir geboren und mit leeren
Händen gehen wir wieder, wenn unsere Zeit hier
abgelaufen ist.

Von Alexander dem Großen wird folgende Geschichte
erzählt: Er ordnete an, dass nach seinem Tod sein Leichnam
durch die Stadt gefahren wird, mit nach oben geöffneten
Händen. Als er gefragt wurde, wieso er das möchte, antwortete er: "Ich bin ein großer Herrscher, habe viele Länder und
Reichtümer erobert. Diese Geste soll allen zeigen, dass selbst
ich nichts mitnehmen kann, sondern, wie alle anderen, auch
ich mit leeren Händen gehe."

Das Einzige, was wir mitnehmen, wenn wir gehen, ist der
Stand unseres Bewusstseins und die Liebe, die wir
verwirklicht haben, die wir sind.

****

Zum Nachspüren
Ist deine Aufmerksamkeit in deinem täglichen Leben
auf deine Fähigkeit zu lieben und Liebe zu empfangen,
auf die Erweiterung von Bewusstheit, das Erinnern und Sein,
auf das, was du in Wahrheit bist, gerichtet,
oder ist sie fast ausschließlich an weltliche, vergängliche
Dinge, an Wünsche und Bedürfniserfüllung gebunden?

****

Alles Leiden wird aus den Vorstellungen des Verstandes
geboren, aus Verlangen und Ablehnung. Das Leben richtet
sich nicht nach unseren Konzepten und Vorstellungen,
nicht danach, wie wir glauben, dass es sein muss. Erwarten
wir das, sind Ent-täuschungen unausweichlich.

Das Leben IST einfach.

Übe beizeiten, mit kleinen Dingen, mit Veränderung in Frieden zu sein. Dann wirst du auch mit größeren Veränderungen besser zurechtkommen. Das Leben ist Veränderung, du kannst nichts festhalten oder erzwingen. Die einzige beständige Sicherheit ist in dem, was wir Gott nennen, ist in dem, was nicht kommt und geht, in dem, was ewig ist. Dieses Ewige ist deine Essenz. Du bist das Ewige.

Das Leben hier mit all seinen Aufgaben zu meistern, ist die eine Seite. Dazu schaffen wir weltliche Bindungen. Die andere Seite ist Bewusstheit zu ent-wickeln, die Rückkehr in unsere wahre Heimat, Einheit mit dem Göttlichen, aus dem wir kommen. Dazu schaffen wir Verbindung zu Gott, zu unserer wahren Natur.

***Du kommst im Jenseits mit dem Bewusstsein an,
mit dem du hier gegangen bist.***

Verlieren wir die Verbindung zum Göttlichen, fangen wir an zu glauben, dass Dinge und Personen im Außen uns glücklich machen. Dadurch begeben wir uns in Abhängig-keiten, die uns wiederum unglücklich machen. Übermäßige weltliche Bindungen sind Ich-bezogen, speisen sich aus unseren Persönlichkeiten, aus der Identifizierung mit der Person, die wir glauben zu sein.
Je mehr du nach innen gehst und erkennst, was du bist, desto weniger gebunden bist du an das Außen. Gleichzeitig behandelst du dich, andere und alles mit Respekt, Güte und Liebe.

Versuche nicht, Anhaftungen loszuwerden. Es ist sehr viel einfacher, dich auf deine Essenz zu fokussieren, Bewusstsein zu erweitern und Liebe zu leben. Dann fallen Anhaftungen einfach von dir ab, ohne dass du dich darum bemühen musst. Alles ist IN DIR. Frei zu sein bedeutet zu erkennen, was du jenseits der Person bist, dort bist du frei, immer frei gewesen und du lässt frei, dich und andere.

Wollen, Haben-Müssen erzeugt ein Gefühl von Mangel. Wenn wir nach all den Dingen streben, die uns letztendlich doch nicht dauerhaft glücklich machen, geht es nicht um das Besitzen dieser Dinge. Vielmehr geht es darum, das Gefühl des Mangels zu beenden. Mangel entsteht im Bewusstsein und kann nur dort aufgehoben werden. Gedanken des Mangels erzeugen eine Erfahrung von Mangel.

Derjenige, der geht, muss alle weltlichen Bindungen hinter sich lassen.

Freud und Leid kommen und gehen, je nachdem ob sich deine Wünsche, Vorstellungen, Erwartungen gerade erfüllen oder nicht. Die wirkliche Freiheit ist jenseits davon. Sai Baba sagt: "Ich erfülle den Menschen ihre Wünsche, damit sie für den einzigen Wunsch, der von Bedeutung ist, offen werden - Unity with God, die Einheit mit Gott."

Wenn wir erkennen, was wir sind, löst sich die Abhängigkeit von den weltlichen Bindungen, ist dein Glück oder Unglück nicht mehr daran gekoppelt. Wir erkennen, es ist alles in uns, es gibt nichts, was uns von außen hinzugefügt werden muss, um zu sein, um vollständig zu sein. Du lebst in der Welt, nimmst daran teil, freust dich daran, bist mit allem verbunden, aber du verstrickst dich nicht mehr in die Welt. Du erwartest nicht mehr, dass sie dich glücklich macht, denn Glück ist in dir. Die Achterbahn des Lebens fährt ohne dich. Du bleibst in Gelassenheit, Gleichmut, Akzeptanz, Hingabe und in Frieden. Alles ist, wie es ist, du erlaubst dem Leben, sich durch dich so auszudrücken, wie es sich ausdrückt, und nimmst mit Gleichmut daran teil.

"Dort wo das Wollen aufhört, ist der höchste Friede."
Sai Baba

Vollkommene gegenwärtige Präsenz ist frei von Anhaftungen. Deine Aufmerksamkeit ist auf nichts fixiert und wird von nichts abgestoßen. Sie fließt mit dem, was jetzt gerade ist. Identifikationen, Anhaftungen an Vergangenheit und Angst vor der Zukunft fallen weg, es bleibt wache Anwesenheit, die Stille des Seins.

"Frei von Erinnerungen und Erwartungen bin ich frisch, unschuldig und grenzenlos [...]. Da ich nichts brauche, bin ich frei von Angst. Vor wem sollte ich Angst haben? Es gibt keine Trennung, als ein Selbst sind wir nicht getrennt voneinander. Es gibt nur ein Selbst, die Höchste Realität, in der das Persönliche und das Unpersönliche eins sind."[37]

Werde dir bewusst, dass Wünsche und Wunscherfüllung dich gefangen halten. Die Freiheit ist jenseits von Wünschen und Vorstellungen. Lerne, darüber hinauszugehen, und du bist frei. Vom Traum aufzuwachen, ist Freiheit.

"Was ist eigentlich Befreiung? Zu wissen, dass man jenseits von Geburt und Tod ist. Indem Sie vergessen haben, wer Sie sind und sich selbst für ein sterbliches Wesen halten, haben Sie sich in unglaubliche Schwierigkeiten gebracht, und nun geht es darum, wie von einem schlechten Traum aufzuwachen."[38]

"Sie werden aufwachen. Niemand kann es verhindern. Es mag einige Zeit dauern, bis Sie anfangen, Ihren Traum in Frage zu stellen, doch dann wird das Erwachen nicht mehr weit sein."[39]

"Der Wunsch von Begierden frei zu sein, wird Sie nicht befreien, nichts kann Sie befreien, *denn Sie sind frei.* Betrachten Sie sich mit begierdeloser Klarheit, das ist alles."[40]

"[...] Mein Verstand ist frei von Gedanken, denn es gibt keine Begierden oder Wünsche, die mich zu ihrem Sklaven machen."[41]

Du wirst und kannst Wünsche und Vorstellungen haben. Tue nicht so, als hättest du keine, aber bestehe nicht darauf, dass sie sich erfüllen. Mache dein Glücklich-Sein, dein Sein nicht davon abhängig. Beides hat in Wahrheit nichts miteinander zu tun. Das Glück liegt in dir, in deinem Sein und kann von nichts im Außen dauerhaft ersetzt werden. Um Frieden zu finden, muss man über die Welt hinausgehen, das heißt nicht das Glück von ihr erwarten und sich nicht auf das Vergängliche, wie den Körper, begrenzen. Deine Essenz ist jenseits davon, ewig, unveränderbar und frei.

"Meine Erfahrung ist, dass alles Glückseligkeit ist. Doch der Wunsch nach Glückseligkeit erschafft das Leiden, und somit wird die Glückseligkeit zum Samenkorn des Leidens. Das gesamte Universum des Leidens wird aus Wünschen und Begierden geboren. Geben Sie den Wunsch nach Freuden und Annehmlichkeiten auf, und Sie werden noch nicht einmal ahnen, was es bedeutet, zu leiden."[42]

Wenn du magst, fange an, deine Vorstellungen und Erwartungen zu hinterfragen. Vorstellungen, wie das Leben sein muss oder nicht sein darf, erzeugen jede Menge Erwartungen, die uns dann wieder in die Ent-täuschung mit all ihren Auswirkungen stürzen. Es ist interessant, wie selbstverständlich wir unsere Vorstellungen, Konzepte uns, den anderen und dem Leben überstülpen. Dies bringt uns in zahlreiche Schwierigkeiten und lässt uns nicht in Frieden sein mit dem, was IST.

****

Zum Nachspüren
Richte deine Aufmerksamkeit auf das Beständige,
auf das, was bleibt, das, was immer da ist,
auf das, was du bist und schon immer warst
und immer sein wirst.
Gedanken kommen und gehen,
Emotionen kommen und gehen,
Körper kommen und gehen,
Besitz, Geld kommt und geht,

Status kommt und geht.
Jenseits dessen, was kommt und geht,
ist das Beständige,
das, was bleibt,
das, was du in Wahrheit bist,
das Ewige, Unveränderbare.
Richte deine Aufmerksamkeit auf das Beständige, das Ewige.
Glaube fest daran, dass dies deine Essenz ist.

****

Der Tod bietet uns eine der besten Chancen, dieses Beständige hinter der Form des Körpers, hinter den Gefühlen, hinter den Gedanken wahrzunehmen. Stirbt ein Mensch, zeigt sich dieses Beständige, scheint es durch die Form des sterbenden oder gestorbenen Körpers hindurch. Es öffnet sich die Tür zum Göttlichen. Richtest du deine Aufmerksamkeit darauf, kannst du es wahrnehmen. Die Schönheit des Todes zeigt sich jenseits des sterbenden oder gestorbenen Körpers.

Es hat mich sehr überrascht, wie gut ich das bewusste Richten der Aufmerksamkeit in all den Jahren, in denen ich mich mit der Handhabung des Bewusstseins beschäftige, gelernt habe und dass es selbst in so einer extremen Situation mühelos gelingt.

In Laufe unseres Lebens werden wir immer wieder aufgefordert, uns mit Angst, Zweifel, Schuld, mit Akzeptanz, Vertrauen, Loslassen und Vergeben auseinander zu setzen. Das ist Teil unseres menschlichen Daseins.

Wirst du mit einem Verlust konfrontiert, kannst du das Gute, das Verbindende, die Liebe, die du mit diesem Menschen oder dieser Situation erlebt hast und die dich weiterträgt, in den Mittelpunkt stellen. Es gibt Trauer über den Verlust, und es gibt Freude über das, was wir erleben durften. Beides hat seine Berechtigung. Erkenne an, was dein Herz aus dieser Begegnung erfüllt und ebenso, was du durch sie lernen durftest. Nichts geht verloren. Wisse, alles was geschieht, ist richtig, wie es geschieht.

Für mich gibt es ein paar wesentliche Wege, anstelle von Bindung, die uns begrenzt, echte Verbindung, Verbundenheit miteinander zu leben:

Ein offenes, liebendes Herz,
ein ruhiger, bewertungsfreier Verstand,
gegenwärtig sein, das Jetzt begrüßen,
das Göttliche in Allem zu sehen.

Alle vier Möglichkeiten des Sich-Verbindens haben mit Bewusstheit zu tun. Sei wach, beobachte dich, ob du dein Herz verschließt, und halte es bewusst offen oder öffne es wieder. Entscheide dich für die Verbindung, nicht für die Trennung. Beobachte deinen Verstand und sei wachsam, welche Geschichte er dir erzählt. Beobachte, was er zu dem, was geschieht, hinzufügt. Bring dich durch Bewusstheit und Entscheidung in die Gegenwart, in das Hier und Jetzt. Öffne dich, verbinde dich bewusst mit der göttlichen Energie, der du vertraust, oder mit deinem Höheren Bewusstsein, der Instanz in dir, die dich kennt, die deinen Weg kennt und die dich bedingungslos liebt, egal in welcher Situation du dich gerade befindest. Nimm in allem das Gute, das Schöne, das Göttliche wahr. Sind wir gegenwärtig, verbunden, erlauben wir dem Leben so zu sein, wie es ist, ohne dass wir ihm die Konzepte des Verstandes aufdrängen. Das Sein darf sich entfalten und wir sind damit im Einklang.
"Geheimnis" des Erleuchteten Krishnamurti: "Ich habe nichts gegen das, was geschieht."
Ein indianischer Spruch besagt: "Lenke dein Pferd dahin, wo es von selber hinläuft." Die Weisheit des Lebens eröffnet sich dir, wenn du mit Wertschätzung alles annimmst, was dir begegnet.

****

Erforsche
Betrachte dein Leben.
Welche Bereiche entsprechen nicht deinen Vorstellungen?
Welche Vorstellungen und Anhaftungen hältst du hier
aufrecht?
Wie kommt es, dass du das tust?
Welche Angst steckt dahinter?
Wenn du die Angst erkennst und bereit bist, sie
anzunehmen, darf sich etwas verändern.
Die Angst weist dich genau auf die Punkte hin, die für dich
zu lernen und zu integrieren sind.

****

Das Leben ist eine große Schule, wir sind hier um zu lernen
und zu erfahren. Und genau wie die Kinder in der Schule
können wir freiwillig und mit Freude und Neugierde lernen
oder wir können das Lernen und Erfahren verzögern oder
uns verweigern.

****

Lernen und korrigieren
Wenn die Dinge nicht so laufen, wie du es dir vorstellst,
kannst du dich fragen: "Was gibt es hier für mich zu lernen,
was gibt es zu korrigieren?
Wo habe ich eine Wahrnehmung, die korrigiert werden
muss?"
Bitte das Göttliche, deine Sichtweise zu korrigieren und dir
die Wahrheit zu zeigen.

****

Geben wir die Idee auf, dass wir Recht haben, lernen wir
normalerweise ziemlich bereitwillig und schnell. Wir haben

oft Recht und oft Unrecht, wir wissen es nicht besser. Fangen die Dinge nach unserer Meinung an, schief zu laufen, sollten wir die Möglichkeit einkalkulieren, dass es in unserer Sichtweise etwas zu korrigieren gibt. Du kannst einfach darum bitten, dass es dir gezeigt wird, das ist der einfachste Weg. Ebenso kannst du dich an Fachleute wenden, die dir helfen zu erkennen, was das Leben dir zeigen will.

Stirbt jemand, entsteht in der Regel erst einmal eine Lücke. Es ist nicht mehr so wie vorher. Unsere gewohnte Form der Kommunikation und des Zusammenseins ist nicht mehr möglich. Die meisten Menschen haben die Vorstellung, dass, wenn der Körper stirbt, auch der Kontakt zu dem Verstorbenen abbricht. Dadurch erleben wir Leere und Verlust. Stirbt ein Kind, fällt die Identität als Mutter, Vater, Großeltern weg. Stirbt ein Partner, verändert sich ein wichtiger Teil unseres Lebens, wir werden auf uns zurückgeworfen und sind aufgefordert, unser Leben neu zu gestalten. Sterben Eltern, hat es für Kinder sehr einschneidende Wirkungen und auch ihr Leben muss völlig neu ausgerichtet werden. Etwas im Außen, was sehr wesentlich zu ihrem Leben beigetragen hat, ist nicht mehr hier. Es entsteht eine Lücke, die ein Gefühl von Leere und Verlust erzeugt. Dieser Leere standzuhalten, sich zu erlauben, sie zu fühlen, sich nicht mit übermäßiger Beschäftigung abzulenken, ist ein wichtiger Schritt in der Bewältigung des Verlustes. Nicht geheilte Verluste beeinträchtigen über lange Zeit unser Lebensgefühl und unter Umständen auch unsere Gesundheit.

Halten wir an Vergangenem fest, ob aus Schuldgefühlen oder weil es so gut war, verpassen wir die Gegenwart, verpassen wir das, was das Leben uns jetzt zeigen und anbieten will. Der Leere standzuhalten, sie nicht gleich wieder zu füllen, zum Beispiel mit Ablenkung, Arbeit, öffnet dir den Raum der Gegenwart. Es entsteht eine Tiefe, die dich dem

342

Sein näher bringt und dich dein Leben wieder in Besitz nehmen lässt.

Jede Situation im Leben enthält potentiell Leid und Wachstum. Welchen Weg wir einschlagen, liegt in unserer Entscheidung und in unserer Verantwortung. Kein Weg ist besser oder schlechter als der andere, es ist einfach ein Weg, unser Weg.

Der Tod eines geliebten Menschen ist möglicherweise das Extremste, dennoch ist der Umgang mit Verlust eine grundsätzliche Lektion in unserem Leben hier auf diesem Planeten.
Schon bei der Geburt geht es um Loslassen. Das Wachsen und Sein in der Gebärmutter geht in einen anderen Zustand über. Babys müssen selber atmen, essen und so weiter. Ihre Veränderung, ihr Wachstum ist nicht aufzuhalten. Immer wieder sind Eltern und Kinder damit beschäftigt, die Vorstellungen, wie sie zu sein haben, wie ihr Leben zu sein hat, wie wir als Eltern zu sein haben, zu überprüfen, zu korrigieren und gehen zu lassen. Erst dadurch entsteht wahrhaftige Verbindung.

Letztendlich gibt es hier auf diesem Planeten, in diesem Körper, keine absolute Sicherheit. Hier können wir jederzeit alles verlieren: unsere Lieben, unsere Arbeit, unseren Besitz, unsere Partner, unsere Heimat, unsere Träume, unsere Gesundheit. Diese Vorstellung kann viel Angst und Enge in uns erzeugen. Oder aber wir öffnen uns dem, was für uns vorgesehen ist und vertrauen völlig darauf, dass alles, was geschieht, zu unserem Besten ist. Dann bist du bereit, das Leben einzuladen, zu vertrauen, dich hinzugeben und zu wachsen. Du bist bereit, ein Liebender des Lebens zu sein. Das, was wir in Ewigkeit nicht verlieren können, ist unsere Essenz, unser natürlicher Zustand, das Absolute in uns.

In unserer Gesellschaft haben wir die Idee entwickelt, wir

können alles absichern und festhalten. Doch diese Idee basiert auf Angst und ist ein Irrtum. Schau dich in deinem Leben um. Wie oft müssen wir Abschied nehmen? Wie oft werden wir enttäuscht? Wie sehr sind unsere Gedanken und unser Handeln oder Nicht-Handeln von Angst geprägt? Haben wir Angst, verengt sich unsere Wahrnehmung und wir reagieren nach alten Mustern. Unsere Fähigkeit, auf die innere Stimme und Weisheit zu hören, verringert sich. Solange wir in diesem Körper sind, benötigen wir Materielles wie Nahrung, Kleidung, eine Wohnung und so weiter, um den Bedürfnissen des Körpers gerecht zu werden. Was wir nicht brauchen, ist die Anhaftung daran, dieser Glaube, irgendetwas da draußen mache uns dauerhaft glücklich. Diese Anstrengung und Mühe und Sorgen, die wir permanent in diese Dinge stecken, unsere Identifikation mit Geld und Äußerlichkeiten – das brauchen wir selbst in dieser Welt nicht, wir können diesen Dingen einfach die Bedeutung, den Wert geben, den sie haben, und uns nicht weiter damit quälen.

Gib den Dingen die Bedeutung, die sie haben, aber mache nicht mehr daraus, du wirst durch sie nie dauerhaft glücklich werden. Wir können uns viel von unseren Sorgen, unserem Gehetztsein, unserer Qual ersparen, wenn wir diese Dinge nutzen, aber ihnen nicht anhaften, nicht dem Irrtum verfallen, sie sind für unser Glück zuständig. Diese Erwartung können sie nicht erfüllen. Du kannst dein Geld nutzen, um dir und anderen eine Freude zu machen, kleide dich, wie es dir gefällt, schaffe dir ein schönes, wohliges Zuhause, genieße, was dir Freude macht, es ist nichts Schlechtes daran. Aber mach dein Glück nicht davon abhängig und hafte nicht so sehr daran, dass du nicht auch ohne all dies glücklich und zufrieden sein kannst. Verstricke dich nicht in Abhängigkeiten, die du nicht mehr lösen kannst. Der Tod relativiert all dies, das ist auch eine Lehre für das Leben. Viele Wünsche schaffen keine Freiheit, sondern Gefangensein.

****

Anhaftung

Wo in deinem Leben hast du Anhaftungen,
die dich letztendlich unglücklich machen,
anstatt dir das erhoffte Glück zu bringen?
Wo verlierst du dich, dein wahres glückliches Wesen,
weil du etwas hinterher jagst, das dich nur kurzfristig
glücklich machen kann?

****

Alles ist in uns. Was du im Außen erreichen kannst, ist nur ein Bruchteil des Reichtums, der in dir ist. Wir dürfen alles nutzen und uns daran freuen, nutze es in Freiheit. Solange es da ist, freue dich daran, wenn es gegangen ist, lass es gehen. Sobald wir glauben, von etwas im Außen abhängig zu sein, erzeugt das Angst, Enge, wir sind nicht mehr gegenwärtig, nicht mehr frei, möglicherweise fühlen wir uns als Opfer. Wir schränken das Leben ein.

****

Fühle

Wenn du magst, beobachte, wie du dich fühlst,
wenn du für einen Moment all diese Anhaftungen in
deinem Geist aufgibst.
Was taucht auf: Freiheit oder Angst?

****

Erforsche das immer wieder – wenn du dich unglücklich oder schlecht fühlst. Frage dich: "Welche Anhaftung habe ich gerade?" Erkenne sie an, sieh, dass sie da ist, lass sie da sein, fühle sie, urteile nicht, vergib und lass sie gehen, wenn du möchtest. Wenn nicht, nimm einfach wahr, dass sie da ist und wertschätze sie. Sei ehrlich mit dir und hege keine

Erwartungen, wie es sein muss, wie du sein musst. Wertschätze und akzeptiere es genau so, wie es jetzt gerade ist. Dadurch öffnet sich der Raum, dass es sich verändern darf, aber nicht muss.

In meiner Selbstbeobachtung stelle ich fest, wenn ich unzufrieden bin, wenn ich einen inneren oder äußeren Konflikt erschaffe, ist mein Herz nicht offen. Dadurch bin ich mit mir, mit anderen, mit dem Leben und mit Gott nicht verbunden. Ich fühle mich getrennt. Ich bin nicht gegenwärtig, sondern mit Vergangenheit oder Zukunft beschäftigt. Ich bin mit meinen Gedanken identifiziert und in meinen Vorstellungen gefangen.

Am Ende muss jeder von uns alles und jede Vorstellung loslassen. Übst du das bereits zu Lebzeiten, erleichtert das dein Leben und das Sterben sehr. Das, was wir niemals verlieren können, ist unsere Essenz, unser natürlicher Zustand, das Absolute in uns.

Wenn du jemand bist, der sehr festhält, wenn du die Idee hast, etwas oder jemand muss immer bei dir bleiben, es ist dein Besitz, dann wird der Tod oder auch ein anderer Verlust sehr schmerzhaft für dich sein. Durch Anhaftung an etwas, was nicht mehr ist, entsteht großes Leid.

Jeder Augenblick ist neu. Hänge dein Herz nicht an Altes, an die Vergangenheit. Lasse Bedauern los. Trägst du das Vergangene *nicht* mit dir herum, ist das Leben immer neu. Das Glück findest du nur in Gegenwärtigkeit. Die vollkommene Akzeptanz des gegenwärtigen Moments, dessen, was jetzt ist, befreit von Bindung/Anhaftung und Ablehnung. Dies ist ein Akt der Freiheit, des Friedens und der Selbst-Liebe. Da berührst du das Leben.

Du bist Liebe – Liebe dein Selbst

DAS, was Form angenommen hat, ist bedingungslose Liebe, deshalb sind auch wir bedingungslose Liebe.

Jede authentische Spiritualität ist der Weg, dich selbst anzunehmen und lieben zu lernen. Selbstliebe ist niemals egoistisch, da du durch Selbstliebe dein göttliches Wesen erkennst. Du fühlst den göttlichen Kern in dir, er verwirklicht sich durch deine Worte und deine Handlungen in der Welt. Mit dem göttlichen Selbst verbunden zu sein, es zu erkennen, zu ehren und zu lieben, ist eine Bereicherung für die ganze Menschheit.

Willst du Gott fühlen, liebe dich selbst und liebe "ihn", da ihr beide nicht voneinander getrennt seid. Liebe entsteht im Herzen, sie ist ein göttliches Geschenk an uns Menschen. Erst wenn du dir der Liebe in dir bewusst geworden bist, kannst du sie auf andere ausdehnen. Ein Mensch, der sich selbst liebt, ist geduldiger, mitfühlender, freier von Urteilen und Beschuldigungen, als eine Person, die sich nicht liebt. Du kannst andere nicht lieben, nicht achtsam und gütig mit ihnen umgehen, wenn du dich selbst nicht achtest und liebst. Du kannst Göttlichkeit im anderen nicht sehen, wenn du sie nicht in dir erkennst.

Die universelle Liebe greift dich nie an, verurteilt dich niemals. Du musst das auch nicht tun. Selbstangriff ist eine der größten Wunden der Menschheit. Sie hat ihre Ursache darin, dass wir vergessen haben, was wir sind. Sie zeigt sich in negativen, beschuldigenden Gedanken, in schmerzhaften Emotionen und in unseren Problemen. Sie zu heilen transformiert dein Leben und deine Welt. Angesichts des Todes sind wir besonders geneigt, uns oder andere anzugreifen. Dabei vergessen wir völlig, dass der Tod nicht unsere Domäne ist, nicht in unserer Hand liegt.

Sich selbst wertvoll zu fühlen, besonders auch, wenn Verluste in unser Leben treten, ist eine Form der Selbstliebe. Die universelle Liebe hat dich als wertvoll erschaffen. Dieser Wert lässt sich nicht ändern. Das Ego suggeriert uns Wertlosigkeit, doch wie könnten Kinder Gottes wertlos sein? Dies würde bedeuten, dass die ganze Schöpfung und ebenso der Schöpfer wertlos ist. Dich und andere als einzigartige, wertvolle Wesen zu erkennen, achtet die göttliche Schöpfung und achtet den Schöpfer. Das Göttliche ändert seine Meinung über deinen Wert nicht, auch wenn du ihn verleugnest. Erkennst du den Wert in dir, erkennst du ihn in allem. Dein Selbstwert und deine Liebe dehnen sich auf alle anderen aus. So trägst du dazu bei, den Himmel auf Erden zu erschaffen.

Selbst-Angriff hingegen ist immer auch mit Angriff von anderen, laut oder in Gedanken, mit Schuld, Angst und Trennung gekoppelt. Dies sind Strategien des Egos, um deine wahre Herkunft zu verdecken, zu verleugnen. Liebe und Ego können nicht gleichzeitig nebeneinander existieren. Wahre Selbstliebe ist selbstlos, denn wo Licht ist, kann nicht gleichzeitig Dunkelheit sein. Selbst-Angriff und Angriff bedeuten, du erschaffst dir die Hölle auf Erden. Du kannst dir ebenso den Himmel erschaffen, indem du dich und andere mit den Augen der Liebe betrachtest, als wertvolle, einzigartige Wesen, als Manifestation göttlicher Liebe. Die Quelle allen Seins ist Liebe. Um zu ihr zurückzukehren, ist es notwendig, dich selbst zu lieben. Verleugnest du die Liebe, kannst du nicht zu ihr zurückfinden.

Gott ist in dir zu Hause. Gib ihm mehr Raum in deinem Herzen. Liebe erschafft Raum.

****

Mitgefühl

Wenn du magst: Stelle dir Licht, das die bedingungslose Liebe symbolisiert, in deinem Herzen vor.

Bitte eine universelle Energie, mit der du dich verbunden fühlst, dass die Kraft und Weisheit des Lichts, der bedingungslosen Liebe, sich mit dem Licht in dir verbindet. Erlaube dir, göttliche Liebe und göttliches Mitgefühl in dein Herz und von dort aus in jede Zelle deines Körpers fließen zu lassen.

Wenn du davon völlig erfüllt bist, lasse diese Liebe, dieses Mitgefühl zu dem Verstorbenen und allen Hinterbliebenen fließen. Segne alle, auch dich, und bitte um Frieden in deinem Herzen, im Herzen aller Beteiligten. Bitte um Frieden im Herzen aller Menschen, die derzeit unter einem Verlust leiden. Dann sammle die Kraft der universellen Liebe in deinem Herzen. Dort kannst du jederzeit auf sie zurückgreifen. Sie ist immer für dich da.

****

Im Absoluten ist alles unpersönlich. Es geschieht niemals dir etwas, es geschieht einfach. Gott, das Absolute, ist der Handelnde. Diese Liebe ist umfassend und für alle die gleiche. Sie bevorzugt nicht und benachteiligt nicht.

Du kannst jetzt damit anfangen, dich und dein Leben anzunehmen, egal wie du bist und wie dein Leben ist, und alles wird sich verändern. Möglicherweise ist es im Außen wie immer, nur jetzt darf es sein, wie es ist.

Das ist die einzig nötige Veränderung,
um in Frieden zu sein.

Liebe, Friede und Glück sind eins.
Gott verwirklichen und Liebe ist eins.

"Hast du dich selbst lieb, so hast du alle Menschen lieb wie dich selbst. Solange du einen einzigen Menschen weniger lieb hast als dich selbst, so lange hast du dich selbst nie wirklich liebgewonnen."[43]

Ebenso wichtig wie die Gottesliebe ist: "Du sollst deinen Nächsten lieben wie dich selbst." Mt 22,39

"Liebe deinen Nächsten, denn er ist du selbst." Barbara Janßen
Dies drückt den Einheitsgedanken aus. Es gibt nur das EINE ohne ein Zweites, alles ist eine Reflexion, Widerspiegelung des Einen, nichts ist von dem EINEN getrennt. Es gibt da draußen keinen anderen.

Hast du das erkannt, kann der Tod dir nichts anhaben. Die Liebe ist immer stärker als der Tod. Reine Liebe durchbricht die Illusion. Solange du noch glaubst, die Person zu sein, die du nicht bist, wird Liebe nie vollkommen, bedingungslos rein sein. Hast du das Ewige in dir erfahren, ist Liebe und Mitgefühl der natürliche Zustand. Zu erkennen, was du bist, eine Verkörperung der göttlichen Liebe, macht dich stark und angstfrei. Wir kennen nicht das große Bild, wir sehen nur einen kleinen Ausschnitt. Wir urteilen, ohne zu wissen. Wir beurteilen uns und andere mit dem Blick und dem Verständnis eines sehr begrenzten Verstandes. Wisse: Nicht alles, was du siehst, ist das, was es zu sein scheint.
Erkennst du, wer du bist, hebt sich die begrenzte, menschliche Wahrnehmung auf und du erkennst das Göttliche, die Vollkommenheit in allem.

Das weiße Pferd
Vor vielen, vielen Jahren führte im kleinen Dorf Wuyan mitten im tiefsten China ein in der ganzen Umgebung wohl angesehener und weiser Bauer mit seiner Frau und seinem einzigen Sohn ein einfaches und arbeitsreiches Leben. Der Bauer hatte jedoch einen großen Schatz: ein weißes Pferd!
Eines Tages aber war das weiße Pferd verschwunden. Aus allen Häusern des Dorfes liefen die Leute zusammen und schrien: "Welches Unglück! Dein Schatz, dein wunderschönes Pferd, oh wie schrecklich – so ein großes Unglück!" Der Bauer beschwichtigte indessen und sprach: "Das

einzige, was wir wissen, ist, dass das weiße Pferd verschwunden ist. Ob das ein Glück oder ein Unglück ist, wissen wir nicht."

Wochen waren vergangen, als das weiße Pferd mit einer ganzen Herde weiterer Pferde ins Dorf gelaufen und zum Bauern zurück kam.

Wieder liefen alle Leute zusammen und schrien: "Welches Glück! Was bist du für ein Glückspilz? Da hast du deinen Schatz wieder und noch viel mehr, was für ein Glück – was für ein großes Glück!" Doch wieder beruhigte sie der Bauer und sprach: "Das einzige, was wir wissen, ist, dass das weiße Pferd zurück gekommen ist und weitere Pferde mitgebracht hat. Ob das ein Glück oder ein Unglück ist, wissen wir nicht." So zogen die Jahre ins Land. Der Bauer und seine Familie kamen dank der neuen Herde zu bescheidenem Wohlstand. Doch beim Zureiten der Jungtiere stürzte der inzwischen herangewachsene Sohn des Bauern und brach sich ein Bein. Und wieder versammelte sich das ganze Dorf und wehklagte: "Welch großes Unglück! Der arme Junge! Wer weiß, ob er je wieder reiten wird? Oh wie schrecklich – was für ein großes Unglück!" Aber der Bauer beruhigte sie nochmals: "Das einzige, was wir wissen, ist, dass mein Sohn vom Pferd gestürzt ist und sich das Bein gebrochen hat. Ob das ein Glück oder ein Unglück ist, wissen wir nicht." Gar nicht lange danach brach im ganzen Lande ein schrecklicher Krieg aus und alle gesunden jungen Männer wurden eingezogen. Jedoch nicht der Sohn des Bauern, dessen Bein nach dem schweren Sturz gewisslich steif geblieben war.

Ob das ein Glück oder ein Unglück ist, wissen wir nicht!

(Quelle mir unbekannt)

Laufen die Dinge nicht so, wie du glaubst, dass sie laufen sollen, wie du es dir wünschst, ist dies für dich eine Möglichkeit, dein Bewusstsein zu erweitern, dein Vertrauen und deine Liebe zu vergrößern.

Wenn wir wissen, was wir sind, sind wir fest im Göttlichen verankert. An diesem Platz sind wir weder angreifbar, noch verletzbar. Wir sind weder im Kampf noch sind wir Opfer. Unsere innere Harmonie, unser Gleichgewicht und unser Frieden wird durch Äußeres nicht oder nur kurzfristig beeinflusst. Wir sind in Übereinstimmung mit dem, was geschieht. Wir greifen weder uns selbst noch andere an. Der Schuldgedanke hat keine Basis. Nehmen wir unser Selbst bedingungslos an, nehmen wir auch andere, die Welt und die Ereignisse an. Wir erkennen das Göttliche in allem und entwickeln Mitgefühl für alle menschlichen Erfahrungen. Es gibt nichts, was nicht Teil von Gott, des Einen, ist und nichts, in dem Gott, das Eine, das Absolute, nicht lebt.

Als mein Mann und ich Ramesh Balsekar in Mumbai besuchten, hörten wir, dass er alles, was geschieht, als Gottes Wille oder kosmisches Gesetz sieht. Deshalb, so sagt Balsekar, ist er niemals in Unfrieden mit sich oder anderen. Er ist frei von Schuldzuweisung und Ablehnung.

Solange du an persönliche Schuld und persönliches Versagen glaubst, wirst du dich und andere angreifen. Das, was du glaubst, siehst du draußen in der Welt. Es steht dir frei, zu glauben, was immer du glauben möchtest, und es steht dir frei zu ändern, was du glaubst. Dies ist ein großes Geschenk der Freiheit, du musst nicht länger den Glauben an Schuld und Angriff aufrecht erhalten.

Jesus setzte ein Beispiel. Die Gefangennahme Jesu: Als die Männer Jesus ergriffen und ihn festnahmen, zog einer von den Begleitern Jesu sein Schwert, schlug auf den Diener des Hohenpriesters ein und hieb ihm ein Ohr ab. "Da sagte Jesus zu ihm: Steck' dein Schwert in die Scheide; denn alle, die zum Schwert greifen, werden durch das Schwert umkommen." Mt 26,52

Selbstliebe, Selbstannahme ist die Grundlage von allem. Gott hat uns als Liebe geschaffen, auf dieser Ebene spielt es keine Rolle, wie unsere äußeren Umstände sind, ob wir Schwächen haben und sogenannte Fehler machen. Kritisieren wir uns und lehnen wir uns ab, verleugnen wir unsere göttliche Herkunft und kritisieren ebenso das Göttliche.

Möglicherweise ist das Erkennen der Unschuld von uns und anderen und die daraus resultierende Selbst-Liebe, Nächsten-Liebe und Gottes-Liebe eine unserer größten Aufgaben auf diesem Planeten. Nehmen wir uns selbst an, nehmen wir andere, die Welt, die Ereignisse an, sind wir in Hingabe an den universellen Willen. Wir sind in Frieden mit uns, anderen und dem Göttlichen.

****

Gottes Liebe
Wenn du magst, kannst du jetzt damit anfangen, mit dir selber so umzugehen, wie du es dir vom Leben oder von einer liebenden, göttlichen Kraft wünschst.
Gott ist Liebe und Liebe kann nur lieben, bedingungslos, egal welche Stärken oder Schwächen du zu haben glaubst.
Wenn du bereit bist, Gottes Liebe anzunehmen und bereit bist, dich mit Gottes Augen zu sehen, dich so zu lieben, wie Gott dich liebt, dann hast du gewonnen.
Dann hörst du auf, dich zu sabotieren, zu bestrafen und zu zerstören und lebst ein befreites Leben.

****

Solltest du ein negatives Gottesbild - von einem strafenden Gott - haben, das uns jahrtausendelang gelehrt wurde, dann ist jetzt ein guter Moment, dies in deinem Bewusstsein zu ändern. Es steht dir frei, dies jetzt zu tun.

Gott will, dass wir glücklich sind, unsere verstorbenen Lieben wollen das Gleiche und wir wollen das auch. Es ist unser natürlicher Zustand. Das Glück findest du nur in dir und in der Gegenwärtigkeit. Gegenwärtigkeit ist die Anwesenheit Gottes und unser natürlicher Zustand. Gott ist allgegenwärtig.

∞

Die Liebe

Alles, was existiert, ist Liebe.

Das Joining brachte mir die alles entscheidende Erkenntnis, dass jenseits aller Erfahrungen und Emotionen fühlbar ist, was wir essenziell sind: Reine Liebe. Das, was bleibt, wenn wir Erfahrung und Emotion hinter uns lassen, ist unser Sein, die Essenz, aus der wir bestehen. Den Tod, den Verlust vollkommen zu akzeptieren und zu fühlen, sozusagen mit ihm zu verschmelzen, brachte mich jenseits davon, an den Ort, an dem es keine Angst, keine Trauer, keinen Schmerz gibt, wo nur noch reine Liebe IST. Erscheinungen wie Angst und Trauer kommen und gehen, das Ewige, die Liebe, bleibt. Welch ein Geschenk, angesichts eines Verlustes durch alle Erscheinungen hindurch zum Urgrund unseres Seins vorzudringen. Diese Wahrheit ist immer in uns, auch wenn sie zugedeckt ist und nicht wahrgenommen wird. Der Tod kann uns die Tür zu dieser Wahrheit öffnen, sie für uns erfahrbar machen und dadurch unser Leben verändern.

Die Geschichte "Es war einmal ein kleiner Engel" schrieb Christina fünf Tage vor ihrem Tod. Was für eine tiefe Weisheit. Sie hatte das Ziel ihres Lebens erreicht. Sie erkannte sich als das, was wir in Wahrheit sind und was die Essenz des Lebens ist. Ihr Da-Sein hier hat sich vollendet. So konnte sie mit Leichtigkeit, "leichten Fußes" nach Hause gehen. Ich empfinde es wie ein Vermächtnis, das sie uns hinterlassen hat, sich immer daran zu erinnern und danach zu handeln, was wir in Wahrheit sind: *Liebe*.

Eine Freundin bekam nach dem Tod ihrer Mutter folgende Informationen, die sie mir freundlicherweise zur Verfügung gestellt hat:
"Ich bin eingetaucht in den Frieden.
Ich bin eingetaucht in das Glück.
Ich habe das wahre Glück kennengelernt.
Es liegt in der Liebe, es liegt in der Hingabe.
Konstrukte, Dogmen und Philosophien fallen weg.
Dafür spüre ich die Liebe.
Ich bin die Liebe, die aus mir hervorströmt.
Ich war nie etwas anderes als die Liebe."

Wie erlösend, wenn wir soweit zur Essenz des Lebens, ebenso zur Essenz von Geburt und Sterben vorgedrungen sind, dass wir in Frieden dieses Leben hier mit allem, was dazu gehört, loslassen können, sobald die Zeit für uns gekommen ist. Sein Leben in Liebe und Frieden hier abzuschließen, ist ein großer Segen für den Sterbenden und alle anderen. Egal, wie dein Leben war, es gibt keinen Grund, es nicht zu tun. Widerstand zu haben gegen das, was geschehen ist oder geschehen wird, weil es geschehen muss, erzeugt Unfrieden und unnötiges Leid. Wir können im Widerstand, im Kampf gehen und gehen lassen, oder in Liebe und in Frieden. Gehen werden wir alle, so oder so. Das ist unveränderbar. Was veränderbar ist, ist unsere Haltung dazu.

Du hast die Wahl. Wähle bewusst. Eine sehr schöne Haltung, finde ich, ist: Ich lasse dich in Liebe gehen und meine Liebe begleitet dich.
Oder: Ich gehe, aber du bleibst in meiner Liebe.

Viele Menschen befinden sich zwischen HIER UND DORT. Sie sind hier in einem Körper, wollen aber nicht wirklich hier sein, lehnen die Erfahrung des Menschseins bewusst oder unbewusst ab, da ihnen diese Welt zu "grob" erscheint. Um unsere Bestimmung als Mensch zu erkennen und zu leben und über die Dualität hinauszugehen, müssen wir erst unser Menschsein in der Dualität vollkommen annehmen.

Erfüllen wir unsere Bestimmung hier nicht, kann es schwerer sein, am Ende unserer Tage loszulassen, weil wir den Sinn unseres Lebens verpasst haben. Viele halten dann dieses Leben so fest, dass sie nicht gehen können.

Sind nicht hier, können nicht gehen.
Versäumen das Leben, versäumen den Tod.

ॐ

Liebe ist unsterblich

Das verbindende Element zwischen unserer Welt und der geistigen Welt, wo die Seelen nach dem Tod hingehen, ist die Liebe.

Immer wieder haben Menschen, die kurz vor ihrem Tod standen, noch ausgesprochen, dass sie jetzt erkennen, dass das Einzige, was zählt, ist, wie sehr sie geliebt haben und wie sehr sie selber Liebe empfangen haben. Unsere Christina hat es durch ihre Geschichte ausgedrückt. Ihr Thema war zu dieser Zeit die Selbstliebe. Das ist ein sehr wichtiger Aspekt, wenn wir von Liebe sprechen. Viele Menschen vergessen, sich selber zu lieben. Wir können jedoch niemand anderen wirklich lieben, wenn die Liebe zu uns nicht tief in uns verankert ist.

Liebe ist das Band, das immer zwischen uns und den Verstorbenen bestehen bleibt. Es ist die Verbindung zwischen unserer und der geistigen Welt. Sie kennt keine Grenzen, keine Schranken, sie ist nicht an die Form, an Materie, gebunden. Die Liebe können wir nicht verlieren, sie bleibt immer erhalten, sie ist unsterblich. Wir haben jedoch die Wahl, uns von ihr zu abzuwenden und unser Herz zu verschließen, was Schmerz und Leid für uns bedeutet. Wir können die Geschichte, zum Beispiel dass uns etwas Schreckliches passiert ist, zwischen uns und die Liebe zum Verstorbenen stellen. Ebenso haben wir die Wahl, uns bewusst der Liebe zu zuwenden.

$$\infty$$

Angesichts der Liebe ist selbst der Tod machtlos

Auf einer unserer Bergtouren entdeckten wir den Grabstein eines jungen Mannes, auf dem geschrieben steht:

> *"Ich starb, aber meine Liebe zu euch stirbt nicht.*
> *Ich werde euch vom Himmel aus lieben,*
> *so wie ich es auf Erden getan habe."*

Für die Liebe ist selbst der Tod bedeutungslos. Sie ist grenzenlos und nicht an einen Körper gebunden. So kann der Tod sie uns nicht nehmen; er kann sie noch nicht einmal einschränken.

Liebe ist der Zugang zum Göttlichen. Liebst du einen Menschen ohne die Begrenzungen des menschlichen Bewusstseins, öffnet sich das Göttliche in ihm. Der Körper, das Ego, unser menschliches Bewusstsein stellt oft eine Barriere für die Liebe dar. Nachdem Christina gegangen ist, fühle ich die Liebe zu ihr rein und bedingungslos. Sie ist nicht beeinträchtigt durch Vorstellungen, Meinungsver-schiedenheiten, Streitereien, Enttäuschungen. Der Körper und die Rolle Christina sind gestorben. So nehme ich ihre Essenz wahr, die reine Liebe, die göttlich ist, wann immer ich Christina fühle, wann immer ich mich mit ihr verbinde. Da ist kein Warten, bis sie von der Schule heimkommt oder mich besucht. Es steht nichts mehr zwischen uns. Die Rollen, die Identitäten, die Geschichten*, die der Mind geschrieben hat, alles, was unseren natürlichen Zustand, unser wahres Sein verdeckte, hat sich aufgelöst. Und in diesem Auflösen steht nichts mehr zwischen uns, existiert nur noch die Liebe, das Berühren des Lebens in seiner Essenz. Die Rollen "Mutter" und "Tochter" existieren nicht mehr, diese vorübergehenden Rollen stehen nicht mehr zwischen uns. Jetzt ist unsere Verbindung rein. Das Erkennen, die Vertrautheit dessen, was hinter den Rollen ist, tritt hervor. So ist Christina nicht mehr Christina und ich bin nicht mehr ihre Mutter. Unsere Verbindung ist wieder die, die sie war, bevor wir Mutter und Kind waren.

So ist unsere Liebe durch ihren Tod vollkommen geworden und sie fließt völlig frei. Es ist auch für mich die Tür zum Göttlichen geworden, ich verstehe das Wesen der Liebe tiefer. Die Liebe sieht durch den Körper und jenseits des Körpers in das Formlose, das Göttliche dieses Menschen. Liebe macht das Göttliche im anderen, in dir und in allem sichtbar, sie ist allgegenwärtig.
So weiß die Liebe, dass Christina lebt. Sie lebt in größerer Liebe und in größerer Freiheit. Das ist nicht traurig, das ist Freude. Sie ist nicht tot und es besteht keinerlei Veranlassung, sie als tot zu betrachten. Sie lebt und sie lebt auch in meiner Welt weiter. Nicht in einem menschlichen Körper, aber als das, was sie immer war und immer sein wird: Reines, unbegrenztes Gewahrsein.

Was geschieht nach dem physischen Tod?

Puttaparthi (Indien)
Wann immer ich eine Frage habe, konzentriere ich mich auf die Stille in mir. Ich lasse mich in die Stille "hineinfallen" und frage DAS, was für mich das Höchste ist.

Ich frage, was geschieht nach dem physischen Tod, und lausche der Stille, aus der die Antwort erscheint:
Der Körper löst sich auf. Das, was du bist, bleibt ewig bestehen. Es unterliegt keiner Veränderung. Es ist in keinster Weise davon abhängig, ob da ein Körper ist oder nicht. Es ist das ewige Sein, Gewahrsein, Atman, das sich selbst erkennt. Aus diesem Gewahrsein – dem Formlosen – tauchen Formen auf und Formen fallen wieder dorthin zurück. Auch der Körper ist eine Manifestation – eine Form des Formlosen. Eine Widerspiegelung von Atman.

Das, was du bist, warst du schon immer
und wirst du immer sein.

Es bleibt von allem unberührt, es bleibt unberührt von dem, was du hier auf der Erde gelebt hast, von dem, was du gewesen bist.
Du bist nicht die Person, die du glaubst zu sein, du bist nicht der Körper.

Wenn das Körper-Mind-System sich auflöst, löst Reines Gewahrsein, Atman, das du bist, sich nicht auf. Es verlässt den Körper, ist wieder "frei", nicht mehr an den Körper gebunden. Je eher wir diese Wahrheit, dass wir nicht auf den Körper begrenzt sind, erkennen, desto leichter fällt das Leben und ebenso das Sterben. Und umso weniger sind wir abhängig von dem, was im Außen geschieht.
Die Möglichkeit des Aufwachens aus dem Traum, aus der Illusion ergibt sich entweder mit dem physischen Tod oder dem Tod des Egos. Stirb, bevor du stirbst.

Wer den Tod versteht, versteht das Leben,
wer das Leben versteht, versteht den Tod.

Das Gegenteil von Tod ist Geburt. Der Körper wird geboren und stirbt wieder. Der Körper, der aus Materie besteht, wird beerdigt, verbrannt. Er zerfällt, löst sich auf, kehrt zur Erde zurück. "Der Körper ist der Tempel Gottes." Sai Baba. Zerfällt der Tempel, existiert Gott immer noch. Der Körper ist dem Wandel, dem Vergänglichen unterworfen. Das Ewige, das Unveränderliche, das du bist, ist in keinster Weise abhängig von der Existenz des Vergänglichen.

"Im Anfang war das Wort, und das Wort war bei Gott, und Gott war das Wort." Joh 1,1-2 "Und das Wort ist Fleisch geworden." Joh 1,14

Gedanken erschaffen Realität. Es scheint so zu sein, dass beim Tod das geschieht, was du erwartest. Dein Urteil schickt dich entweder in die Hölle oder du verschmilzt mit dem Licht.
Du trittst ein in Gottes Licht, du verschmilzt mit Gottes Bewusstsein, du gehst ein in Gottes Herrlichkeit. Letztendlich kehrst du zurück ins Gewahrsein, aus dem deine Form – dein Körper – entstanden ist.
Es sei denn, du erwartest etwas anderes. Außer dein Urteil über dich und über dein Leben verhindert es. Außer du bist noch zu sehr an die Erde, deine Wünsche und Vorstellungen gebunden. Es scheint so zu sein, als könntest du verhindern, in Gott einzugehen.

Das Licht heißt dich willkommen, es verweigert sich dir nicht. Gott beurteilt oder verurteilt dich nicht.

Gewahrsein, Atman, existiert in Körpern (Materie/Form) und jenseits von Form. Es ist das Formlose, aus dem alles entsteht. Jede Form beinhaltet das EINE Formlose. Jede Form entsteht aus dem EINEN Formlosen. Das Formlose existiert auch ohne Form, jenseits von Form.

Nach Christinas Tod hatte ich wiederholt den folgenden Traum:
Christinas physischer Körper liegt tot auf der Erde und ein leichter, transformierter Körper steigt aus ihrer Mitte, ihrem

Hara*, heraus. Dann geschieht das Gleiche mit dem bereits transformierten Körper. Er transformiert sich nochmals in einen leichteren, lichteren "Körper" in eine höhere Schwingung. Das geschieht einige Male.

Eine mögliche Be-Deutung des Traums, der sich, wie gesagt, mehrmals wiederholt hat, ist, dass sie inzwischen in der geistigen Welt mehrere Transformationen durchgemacht hat und ihr irdisches Dasein, ihre irdischen Bindungen für sie nicht mehr existieren.

Später bekomme ich von ihr die Botschaft, sie habe sich vollkommen zu einem Engel transformiert und sei dem Irdischen sehr fern.

Alles was, existiert, ist Gewahrsein, Stille, Gott, Atman. Dies gilt für alle Ebenen, in allen Welten, im Jenseits genauso wie auf unserer Erde. Alles, was ewig existiert, ist Gewahrsein, ist Gott. Alles andere ist vergänglich, Illusion, ist der Traum, der geträumt wird. Diesen Traum träumen wir so lange, bis wir aus diesem Traum erwachen. Alle Erscheinungen unterliegen der gleichen Illusion – dem Traum.

Du kannst hier auf dieser Erde im Körper den Traum träumen und du kannst im Jenseits den Traum träumen. Du kannst hier erwachen und du kannst im Jenseits erwachen.

Was nach dem Tode geschieht, scheint den gleichen Gesetzen zu unterliegen. So erschaffen deine Gedanken ebenso als Traum und Illusion, was du nach dem Tode wahrnimmst und als Realität erfährst.

Je mehr du in diesem Leben wieder entdeckst, was du wirklich bist, und was du nicht bist, desto mehr wirst du das im Jenseits wissen und erfahren. Das Bewusstsein, das du hier entwickelt hast, scheinst du mit ins Jenseits zu nehmen. Vermutlich ist es das Einzige, was du mitnehmen kannst.

Wir unterliegen oft der Illusion, dass mit dem Tod alles

vorbei sei. Das, was du wirklich bist, stirbt nicht. Wie könnte dann alles vorbei sein? Die Persönlichkeitsanteile, an denen du bei deinem Tode noch anhaftest, scheinst du zunächst in die andere Welt mitzunehmen. Möglicherweise entsteht durch Gedanken und Anhaftung an die alte Persönlichkeit ein neuer Körper. Deine Seele setzt ihre Reise fort, bis sie zu Ende ist und sie vollkommen in Gott eingeht.

Letztendlich ist es der Sinn unserer Reise, unser wahres Wesen wieder zu erkennen, die bedingungslose Liebe zu lernen, Gott in uns zu verwirklichen, eins mit Gott zu sein. Alles andere müssen wir früher oder später loslassen, als Nicht-ICH erkennen.

Bei der Geburt gehen wir durch den Kanal des Vergessens. Nach und nach vergessen wir unser wahres Wesen und identifizieren uns mit der Sichtweise und den Problemen dieser Welt. Beim Tod lichtet sich der Schleier des Vergessens. Die Identifikation mit der Person fällt weg. Das Tor des Göttlichen – des Formlosen – des Gewahrseins öffnet sich für jeden Sterbenden. Ob wir es erkennen und eintreten, hängt von uns ab.

Du bist dein eigener Richter

Da ist kein Gott, der uns richtet, der uns in den Himmel lässt oder in die Hölle schickt. Das ist der Traum, die Illusion. Das ist der Gott des Egos, das der höchsten Energie menschliche Eigenschaften zuschreibt. Bestrafung ist eine Projektion des Egos. Jegliche Angst vor dem Tod, vor einem richtenden Gott, ist unsere Projektion. Es ist, was in unserem Bewusstsein enthalten ist. Es ist das, was wir für Realität halten. Hältst du in deinem Bewusstsein einen strafenden, richtenden Gott für real, so erlebst du es womöglich. Das heißt aber nicht, dass es die Wahrheit ist. Es heißt nur, dass

Gedanken ihre eigene Realität erschaffen. Genau das, was du für real hältst, nimmst du wahr und dadurch ist es für dich Wirklichkeit. Das, was du wahrnimmst, ist dein Bewusstsein, deine Sichtweise, getrübt durch die Brille deiner Überzeugungen. Du nimmst wahr und erlebst, was du glaubst. Dein Bewusstseinszustand erschafft den Himmel oder die Hölle.

Soviel ich weiß, wird jeder Seele, auch Menschen, die ihr Leben selbst beendeten, die Rückkehr ins Licht angeboten. Sie werden von Gott geliebt und niemals von ihm verurteilt. Es ist jedoch hilfreich zu wissen, dass es nicht möglich ist, einer Erfahrung, die du in der physischen Welt machen musst, durch den Tod zu *entkommen*. Du wirst dich solange in dieser Situation wieder finden, bis du bereit bist, diese Erfahrung in der physischen Welt zu machen.

Das Göttliche urteilt nicht. Wir beurteilen uns selber. Nach dem Tod sieht jede Seele ihr ganzes Leben noch einmal mit wachem Bewusstsein, mit einer umfassenderen Sicht vor sich ablaufen. Das heißt, die Seelen wissen jetzt genau, welche Wirkung ihr Verhalten hatte, sie erkennen sehr klar, welche Handlungen hilfreich, unterstützend und welche verletzend, schädigend waren. Die Seelen beurteilen sich selber, und manche sind so voller Scham und Schuld, dass sie sich des Lichts nicht würdig fühlen und es verweigern. Es scheint so zu sein, als müssten sie dann auf einer tieferen Ebene bleiben und erst noch lernen, was sie noch nicht gelernt haben. Der Glaube an Schuld kann Vergebung verhindern, kann verhindern, dass eine Seele dem Licht folgt. Ist sie jedoch bereit, ins Licht zu gehen, wird es ihr nicht verweigert.

Wir sind unsere eigenen Richter. Wie wir über uns richten, hängt von unserem Bewusstseinszustand ab. Haben wir hier an unserer eigenen Schuld und der Schuld unserer Mitmenschen festgehalten und unser Bewusstsein nicht weiterentwickelt, ist es wahrscheinlich, dass wir das auch im Jenseits tun werden und uns somit auch dort die "Hölle" erschaffen. Himmel und Hölle sind Bewusstseinszustände. Hölle hier, Hölle dort.

Keiner geht verloren

Letztendlich geht keine Seele verloren. Letztendlich geht jede Seele ein in den göttlichen Ozean, aus dem sie gekommen ist. Alle begrenzenden Überzeugungen, jede Identifikation mit dem Körper, dem Geist und der Seele lösen sich auf und somit jegliches Getrenntsein. Das Verschmelzen mit dem Göttlichen, mit deiner Essenz, das Hineinschmelzen ins Einssein kann keiner verhindern. Wir kommen aus der Einheit und gehen zurück in die Einheit. Wie lang diese Seelenreise dauert, wissen wir nicht.

Christinas Reise nach ihrem physischen Tod

Die Botschaften, die wir von Christina erhielten, vermittelten immer, dass es ihr sehr gut geht, dass sie frei ist von allem Weltlichen, dass sie nicht mehr an die Erde gebunden ist und dass sie das große Glück hatte, gleich aufzusteigen. Sie macht die Transformation zum Heilungsengel und dient im rosa Strahl. Wieso ihr dieses große Glück zuteilwurde, wissen wir nicht.

Meine Mädchen und ich haben es uns zur Gewohnheit gemacht, unsere Beziehung zu Gott zu pflegen. So haben wir verinnerlicht, in allen möglichen Situationen und Lebenslagen um göttliche Begleitung, Führung, Hilfe und Schutz zu bitten, ebenso uns zu bedanken, für all die Liebe, die Fürsorge und all seine Geschenke. So ist Gott sozusagen unser bester Freund geworden, der immer, auch im ganz normalen Alltag, mit uns geht. Christinas fester Glaube, dass Gott immer bei ihr ist, hat sich auch in ihrer Todesstunde bewahrheitet.

Als Christina abrutschte, rief sie nicht um Hilfe. Das finde ich ziemlich ungewöhnlich. So wie ich sie kannte, gehe ich davon aus, dass sie innerlich Sai Baba gerufen hat. Als ich später nachfragte, wieso Christina so einen "einfachen Tod" hatte, bekam ich das zur Antwort. Einen Tag später hörte ich Sai Baba sagen: "Wer in der Stunde seines Todes an mich denkt oder mich ruft, wer mit meinem Namen auf den Lippen stirbt, geht in meine Füße ein." Dies ist eine indische Metapher für "geht in Gott ein, verschmilzt mit Gott".

In der Jugendzeit meiner Mädchen haben mich öfters andere Leute gefragt, ob sie nicht zu spirituell ausgerichtet sind? Ob sie zum Beispiel nicht besser mit ihren Gleichaltrigen in Discos gehen sollten? Ganz selten habe ich mich das auch gefragt. Der Wunsch, nach Indien zu Sai Baba zu reisen, kam jedes Mal von ihnen. Jetzt im Nachhinein bin ich sehr sicher, dass die spirituelle Ausrichtung das Beste war, was ich für sie und auch für mich tun konnte.

Ist es doch der tiefere Sinn des Lebens, Gott zu verwirklichen, eins mit Gott zu werden. Was könnte wichtiger sein als dies? Wie wenig Aufmerksamkeit geben wir normalerweise diesem Sinn und wie viel Energie und Zeit geben wir den weltlichen Dingen? Eckhart Tolle sagt, dass weitere Leben uns auch nichts nützen, wenn unser Bewusstseinszustand der gleiche bleibt.

Meine Töchter waren mit mir insgesamt vier Mal in ihren Schulferien in Indien im Ashram von Sai Baba. Christina wollte auch in ihren letzten Weihnachtsferien wieder zu Sai Baba fliegen. Barbara jedoch wollte das nicht. Sie plante, nach ihrem Abitur für drei Monate nach Indien zu reisen. Das empfand sie zeitlich zu knapp hintereinander. So blieben wir zu Hause. Stattdessen fuhren Christina, Barbara und ihr Freund, Andreas und ich zu Mutter Meera. Christina war von Mutter Meera sehr begeistert und wollte am liebsten schon bald wieder zu ihr fahren. Den nächsten Termin, den wir ausmachten, meinen 50. Geburtstag, erlebte sie nicht mehr in ihrem Körper. So gingen wir ohne Christina hin. Als ich Mutter Meera wiedersehe, ist in mir ein sehr starkes, klares Gefühl, dass auch sie Christinas Sterben begleitete und Tränen des Berührtseins und der Dankbarkeit rollen über meine Wangen.

Als Christina im Sarg nach Hause gebracht wird, legt Barbara als erstes das Bild von Mutter Meera in ihre Hände. Ich lege das von Sai Baba dazu. Beide Bilder verbleiben mit ihrem Körper im Sarg. Ebenso lege ich ein goldenes Kettchen mit einem Kreuz, das ihre Oma ihr geschenkt hat, um ihren Hals.

Immer wieder kommt von Christina die Botschaft: "Ich habe keine Wünsche und keine Sorgen und das wünsche ich dir auch. Ich bin frei von allen weltlichen Bindungen."

In der Bergpredigt spricht Jesus davon, dass wir uns keine Sorgen zu machen brauchen, weil unser himmlischer Vater für uns sorgt, so wie er auch für die Vögel des Himmels und die Lilien des Feldes sorgt. Er weiß, was wir brauchen. "Sorgt euch also nicht um morgen, denn der morgige Tag wird für sich selbst sorgen [...]" Mt 6,34

Das ist der Zustand, in dem wir dem Leben, in dem wir Gott vertrauen, in dem wir bereit sind, in die größere Weisheit und Liebe einzutauchen und den Sinn in allem erkennen, auch wenn wir ihn nicht verstehen. Die Sorge um uns hebt sich auf, wenn wir uns auf das Göttliche ausrichten und vollkommen darauf vertrauen. Immer wieder erlebe ich, wie präzise und weise das Göttliche für uns sorgt. Viel besser, als wir das jemals tun könnten.

Was ist der Tod?

Die Essenz des Lebens wird besser verstanden, wenn wir den Tod verstehen. Der Tod, so wie wir ihn uns vorstellen, existiert nicht. Das ist der Traum der Täuschungen.

Der letzte Satz, den ich während meines Aufenthaltes in Indien niederschrieb, als ich erstmals an diesem Buch gearbeitet habe, war: "Es gibt keine Mutter, der ein Kind gestorben ist und es gibt kein Kind, das gestorben ist." Ich wunderte mich über diesen Satz. Er kam aus der Tiefe des Wissens, aus der Stille, aus einer größeren Intelligenz.

Wenige Tage später, löste sich die Person, die ich zu sein glaubte, auf. Dadurch eröffnete sich mir die umfassende Tiefe, das Wesen, die wahre Bedeutung von: "In Wahrheit wirst du nicht geboren und du stirbst auch nicht." Ramana Maharshi
Das, was geboren wird und stirbt, ist der Körper, aber das ist nicht, was du bist. Was du bist, ist unverletzbar, unvergänglich, ewig. Egal was du tust, das kannst du niemals ändern.

Wir leben in einer Zeit, in der immer mehr Menschen Zugang zu dieser Wahrheit bekommen. Welches Licht wirft diese Wahrheit auf den Tod?

Solange du hier bist, hast du die Aufgabe, hier zu sein. Der Körper wurde uns gegeben, um hier Erfahrungen zu machen, das Spiel zu spielen, Bewusstsein zu erweitern und Göttlichkeit zu verwirklichen.

Wie lange das Erden-Dasein, das irdische Dasein, andauert, wissen wir nicht. Du kennst nicht den Tag und nicht die Stunde. Wenn es Zeit ist zu gehen, ist es Zeit zu gehen. Schön, wenn du auf ein erfülltes Leben zurückblicken und glücklich sterben kannst, am besten mit dem Namen Gottes auf deinen Lippen.

Immer mehr Menschen erwachen zu einem neuen Bewusstsein, immer mehr Menschen erkennen die essenziellen Wahrheiten. So ist die Zeit auch reif, die Wahrheit über den Tod zu akzeptieren, als das, was er ist. Dies bereichert unser Leben, es wird tiefer, bewusster und gleichzeitig einfacher und müheloser. Was für den Tod gilt, gilt auch für das Leben. Da ist kein Unterschied. Der Tod gehört zum Leben, und nur wenn wir den Tod verstehen, eröffnet sich uns auch das wahre Verständnis für das Leben.

Jesus Christus über den Tod

"Ich bin die Auferstehung und das Leben, wer an mich glaubt, wird leben, auch wenn er stirbt, und jeder, der lebt und an mich glaubt, wird in Ewigkeit nicht sterben."
Joh 11,25

"In der Welt habt ihr Angst, aber seid getrost, ich habe die Welt überwunden." Joh 16,33

Wer die Welt überwunden hat, weiß, dass es jenseits dieser Welt, jenseits dieses Körpers noch etwas anderes gibt, das Ewige, Gott. Dieses Wissen und Erkennen kann uns helfen, die Angst vor dem Tod des Körpers zu überwinden und uns getrost in Gottes Hände zu begeben. Jesus hat uns das vorgelebt.

"Wer mein Wort hört und dem glaubt, der mich gesandt hat, hat das ewige Leben, er kommt nicht ins Gericht, sondern ist aus dem Tod ins Leben hinübergegangen."
Joh 5,24

Meinem Verständnis nach wollte Jesus uns lehren: Der Tod ist nichts Schlimmes, er hat keine Kraft und selbst körperliches Leiden kann das, was wir sind – unsere Essenz – nicht zerstören. Wir leben jenseits des Todes, jenseits der physischen Form weiter. Wir sind unzerstörbar.

Bei Lukas ist Jesus der göttliche Wanderer, der vom Himmel kommt, um mit den Menschen zu wandern und sie an ihren göttlichen Kern zu erinnern. Jesus bringt die Menschen mit ihrem wahren Wesen in Verbindung. Er geht uns voraus und begleitet uns auf unserem Lebensweg.
Sterbend gibt Jesus seinen Geist in Gottes Hand: "Vater in deine Hände lege ich meinen Geist." Jesus zeigt uns durch seinen Tod das Geheimnis unseres Lebens. Darin liegt die Erlösung. Wir erkennen, dass auch wir Menschen durch manche Anstrengung und manche Bedrängnis hindurch gehen müssen, um zur Herrlichkeit Gottes zu gelangen.[44]

So ist zum Beispiel schon die Geburt eines Babys für Mutter und Kind Anstrengung und Schmerz. Doch das Geschenk der Geburt eines Kindes oder die Geburt eines neuen Bewusstseins lohnt Anstrengung und "Geburtswehen".

"In Tod und Auferstehung Jesu wird deutlich, dass es keinen Tod mehr gibt, der uns festhält, kein Grab mehr, in dem nicht das Leben ist, keine Dunkelheit, in die nicht das Licht der Auferstehung fällt, kein Gefesseltsein, das nicht schon befreit ist."[45]

Sai Baba über den Tod

"Ihr werdet nur dann furchtlos, wenn ihr in der Tiefe eures Herzens die Wahrheit bewahrt, dass es nur eine einzige Wirklichkeit gibt, die überall vorhanden ist. Und dieses Eine ist die alles durchdringende Göttlichkeit. Warum sollte euch irgendetwas jemals erschrecken?

Der Tod ist in Wirklichkeit nur so etwas wie ein Scherz in diesem Spiel, genannt Leben. Wenn die Rolle von euch verlangt, auf der Bühne tot umzufallen, wird euch das als Schauspieler berühren?"

"[...] Der Körper ist das Kleid, welches das Göttliche sich anlegt. Ihr solltet deshalb nicht weinen, wenn der Körper altert, verfällt oder verletzt wird."[46]

"Wer in diese Welt geboren wurde, wird mit Sicherheit eines Tages sterben.

Nichts in dieser Welt ist dauerhaft. Derzeit seid ihr im Körper. Angenommen ihr müsst den Körper morgen verlassen, wer seid ihr und wo seid ihr zu diesem Zeitpunkt. Ihr wisst es nicht.

Der Körper ist wie ein Kleid, ein Gewand. Wenn ihr euch von der Bindung an dieses Kleid löst, wird euer wahres Wesen offenbar werden."[47]

"Geburt bedeutet einen Körper anzunehmen, Tod bedeutet, diesen wieder abzulegen [...] Geburt und Tod beziehen sich auf den Körper und nicht auf die individuelle Seele."
Weihnachtsrede 2003

"Der Tod erleichtert dich von dem, was du unterwegs angesammelt hast."

"Wirkliche Unsterblichkeit ist, sich der Unvergänglichkeit des Höheren Selbst bewusst zu werden."[48]

"Wenn du unglücklich bist über das, was dir an Verlust oder Elend erscheint, vertiefe dich in die Wiederholung des Namens Gottes. Das wird dir Trost und Mut geben und die wahre und richtige Sicht des Geschehens oder der Situation geben. Der göttliche Name ist ein sehr wertvolles Instrument, um die Gnade Gottes zu gewinnen und seine Gegenwart zu erkennen, denn, wenn er aus der Tiefe des Herzens kommt, wird er aus deiner Wohnung ein Heim (griha), anstelle einer Höhle (guha) machen. Wenn die Lampe des göttlichen Namens angezündet wird, wird sie dein ganzes Haus erleuchten."[49]

Spirituelle Lehrer über den Tod

Meister Eckhart
"Gemäß meinem ungeborenen Wesen bin ich ewig gewesen und bin jetzt und werde ewig bleiben. Was ich aufgrund meiner Geburt bin, das wird sterben."[50]

Meister Eckhart macht hier den Unterschied zwischen unserer vergänglichen Form – dem Körper – und dem Ewigen, das wir jenseits des Körpers sind, deutlich.

Eckhart Tolle
"Immer wenn ein Tod eintritt und sich eine Lebensform auflöst, strahlt Gott, das Formlose und Unmanifestierte, durch die Lücke, die diese vergehende Form hinterlässt. Darum ist der Tod das Heiligste im Leben. Darum kann der Frieden Gottes über dich kommen, wenn du über den Tod meditierst und ihn akzeptierst."[51]

Karl Renz
"Die Ideen von Geburt und Tod sind flüchtige Gedanken in

deiner Erfahrungswelt. Du bist das, was ewig unberührbar ist. Was nie gekommen ist und nie gehen wird. Alles was kommt und geht ist nur ein flüchtiger Schatten darauf."[52]

"Jesus ist der Erlöser, der dich von der Idee des Geborenseins löst. Er lässt sich töten, steht wieder auf und sagt: 'Siehe, du bist das, was ich bin, und das ist unsterblich, weil es nie geboren ist.' Die Form stirbt, das Objekt in Zeit und Raum stirbt, aber du bist kein Objekt in Zeit und Raum. Du bist vor jeder Zeit und vor jeder Idee."[53]

"Das ewige Jetzt öffnet sich, wenn es kein Morgen und kein Gestern gibt. Und das findet in einer Extremsituation statt."[54]

Etwa sechs Wochen nach Christinas Tod ist das Gestern und Morgen leise wieder zurückgekehrt, nach etwa einem halben Jahr war ich wieder zurück in den weltlichen Schwingungen. Nachdem ich solange in höheren Schwingungen, Energien zu Hause war, war die Rückkehr in die Welt mit all ihren Facetten eher sehr ernüchternd. Sobald ich mich von der größeren Liebe getrennt fühlte, kamen wieder Anstrengung, Schwere und auch Sinnlosigkeit in mein Leben.

Wir Menschen scheinen eine tiefe Sehnsucht nach Sicherheit und Beständigkeit zu haben. Wenn wir auf unserem Weg nach Hause erkennen, dass nichts in der Welt uns dauerhaft glücklich machen wird, kann das Gefühl auftauchen, dass alle Anstrengungen und das Leben hier sinnlos sind. Letztendlich geht es genau darum, vollends zu erkennen, dass nichts im Außen, in der vergänglichen Welt dauerhaft ist. Dieser Erkenntnis kann das Gefühl von Sinnlosigkeit oder tiefes Erkennen des Ewigen, Beständigen folgen.

"Du sollst in jedem Moment sterben oder wenigstens im Angesichte des Todes sein, im Angesicht der Sterblichkeit. Alles, was dir begegnet ist sterblich. Alles, was du besitzt oder erfährst ist sterblich. Alles, was du festhalten willst, ist flüchtig. Alles, was du erreichst, wirst du verlieren. Auch die Idee von dir selbst wirst du verlieren […] Das, was du bist, wird nicht berührt von dem, was flüchtig ist. Es wird nicht berührt von der Idee, dass du irgendetwas besessen hast und verlieren kannst."[55]

"Vom Leid befreien kannst du jemanden nur, indem du ihm zeigst, wer er in Wirklichkeit ist. […] Nicht indem du Leid wegnimmst. Die ultimative Medizin für alles Leid ist der Hinweis, dass es keinen Leidenden gibt."[56]

Sobald wir ein Konzept haben, wie wir, die anderen, die Welt, unser Leben sein sollten, implizieren wir Leid, es sei denn, wir erwarten nicht, dass es gemäß unserer Vorstellungen eintritt, es sei denn, wir sind in der vollkommenen Akzeptanz, dass es eintreten darf oder auch nicht eintreten darf.
"Karlchen hat Intentionen und möchte dies und das. Das einzige, was da ist, ist vollkommene Akzeptanz, ob er es erreicht oder nicht. Ob er im nächsten Moment stirbt oder nicht, spielt keine Rolle."[57]

Ramana Maharshi
"Glück ist in jedem Menschen selbst, es beruht nicht auf äußeren Ursachen."[58]

"Der Körper stirbt, aber der Geist, der ihn übersteigt, kann vom Tod nicht berührt werden. Das bedeutet, ich bin unsterblicher Geist."[59]

Nisargadatta Maharaj
Frage: "Was geschieht, wenn ein normaler Mensch stirbt?"
Maharaj: "Alles geschieht entsprechend seiner Überzeugung. Genauso wie das Leben vor dem Tod nur aus Vorstellungen besteht, ist auch das Leben nach dem Tod. Der Traum geht weiter."[60]

"[...] Wird einmal die Illusion, die Körper-Verstand-Einheit zu sein, aufgegeben, verliert der Tod seinen Schrecken, er wird ein Teil des Lebens."[61]

"*Atman* legt den Körper ab. Es ist der Tod des Körpers, aber das Selbst oder *atman* stirbt nicht."[62]

෴

Der Tod als Ratgeber

Wenn ich etwas, das geschieht, in Relation zum Tod betrachte, welche Bedeutung hat es dann? Angesichts des Todes können wir uns die essentiellen Fragen des Lebens stellen. Woher kommen wir, wer sind wir, weshalb und wozu sind wir hier, wohin gehen wir?

"Der Tod ist der größte Ratgeber in deinem Leben, weil er dich mit deiner Vergänglichkeit konfrontiert [...] Er bedeutet das Ende von allem, was du zu sein glaubst. Im Angesicht des Todes wirst du dein Konzept in Frage stellen. Das Konzept von dem, was du zu sein glaubst. Ich rate dir, dieses Konzept jetzt in Frage zu stellen."[63]

Der Tod kann dein Ratgeber sein, indem er dir zeigt, dass in der Welt der Formen alles vergänglich ist. Dies kann dich in die Tiefe führen, zu deiner Essenz, zum Ewigen. Er kann dich lehren, dass dauerhaftes Glück nicht im Außen, sondern im Innen liegt und du dich nicht zu sehr abhängig machst, von dem, was im Außen geschieht. Das Ewige in dir ist davon unberührt. So ist das Ewige in dir auch vom Tod unberührt. Für das Ewige existiert kein Tod, der Tod ist nur auf der Ebene der Form real. Glaubst du unerschütterlich an das Ewige in dir, hat der Tod keine Macht über dich.
Das gilt für deinen eigenen Tod und ebenso für den Tod eines anderen. Die Form löst sich auf, das Ewige bleibt. Du

weißt, die Form wird sich auflösen, du weißt, bevor diese Form, beispielsweise als ein Kind, in dein Leben getreten ist, warst du auch ohne sie glücklich oder unglücklich. Du verbringst eine gewisse Zeit mit dieser Form und wenn sie geht, kannst du ebenso glücklich sein, wie du es warst, bevor sie bei dir war. Es hat sich nicht wirklich etwas geändert. Du hast unterwegs Menschen getroffen, mit denen du ein Stück deines Weges gegangen bist, und jetzt gehst du ohne sie weiter. Du hast das Zusammensein hoffentlich genossen und gelebt, so dass jetzt der Abschied ohne großes Bedauern und ohne großen Schmerz stattfinden darf. Hast du Wichtiges versäumt, wirst du das bedauern und der Abschied schmerzt dich womöglich mehr. Das Zusammensein hier mit verschiedenen Menschen ist kein ewiger Zustand. Es hat einen Anfang und ein Ende. Doch das Ewige in dir ist nach dem Abschied genau DAS, was es war, bevor die Begegnung stattgefunden hat.

Der Tod vollendet das Leben

Geburt und Tod sind wohl die wichtigsten Ereignisse, die Höhepunkte des Lebens. Beides sind mächtige Schöpfungsakte, Anfang und Ende dieses Körpers und dieser individuellen Person. Meinem Glauben nach hat jeder die Lebenszeit, die er braucht, um sein Leben hier zu vollenden, mag es noch so kurz sein. Niemand stirbt, ohne sein Leben hier vollendet zu haben. Es ist vollendet, wenn du alle Erfahrungen gemacht hast, derentwegen du hierhergekommen bist. Durch Christinas Tod hat sich dieses Wissen sehr tief in mir eingeprägt.

Der Tod kommt zu jedem. Bekommen wir schon zu Lebzeiten Erkenntnisse und Erfahrungen, dass unsere wahre

Identität jenseits unserer Person ist, verliert der Augenblick des Todes seine Bedrohung. So wie ein Tropfen Wasser oder eine Welle mit dem Ozean verschmilzt und zu etwas viel Größerem wird, so kehren wir zurück in eine größere Liebe. Das Persönliche trifft auf das Unpersönliche, die Person trifft auf das Ewige. Der Tod öffnet die Tür zu der Wirklichkeit, die wir Gott nennen:

"Euer Herz lasse sich nicht verwirren. Glaubt an Gott, und glaubt an mich! Im Haus meines Vaters gibt es viele Wohnungen. Wenn es nicht so wäre, hätte ich euch dann gesagt: Ich gehe, um einen Platz für euch vorzubereiten. Wenn ich gegangen bin, komme ich wieder und werde euch zu mir holen, damit auch ihr dort seid, wo ich bin."
Joh 14, 1–3

Wir sind immer, auch zu Lebzeiten, Teil des Göttlichen, durchdrungen von seiner Liebe. Sich davon getrennt zu fühlen ist der Prozess der Menschwerdung. Bei der Geburt gehen wir durch den Kanal des Vergessens, wir vergessen unsere Herkunft. Spätestens beim Tod öffnet sich diese Tür wieder. Es ist der Übergang in eine andere Ebene des Seins.

Der eigene Tod

Viele Menschen haben Angst davor zu sterben. Das mag viele Gründe haben. Ein zentraler Punkt ist, dass wir den Tod missverstehen, genauso wie wir das Leben missverstehen. Wenn wir glauben, dass wir nur unser Körper sind und mit dem Tod alles zu Ende ist, kann der Tod eine große Bedrohung für uns sein. Vergessen zu haben, was wir in Wahrheit sind, gibt dem Tod eine Bedeutung, die er in Wirklichkeit nicht hat. Dann halten wir uns zu sehr an Vergänglichem fest, wozu auch unser Körper gehört.

Wir hängen an weltlichen Bindungen, an den Annehmlichkeiten und auch an den Unannehmlichkeiten des Lebens.
Festhalten erschwert das Leben und das Sterben. Durch
Festhalten verstehen wir weder die Tiefe des Lebens noch
den Tod. Dabei ist es gleichgültig ob es Personen, Besitz,
noch nicht erfüllte Wünsche sind oder etwas anderes.
Festhalten erschwert das Leben, erschwert unser Sterben
und das Sterben unserer Lieben. Dann kann der Tod etwas
sehr Schmerzhaftes sein. Nicht der Tod verursacht das Leid,
sondern das Festhalten. Gibst du dich dem Tod hin, wenn er
dich ruft, wirst du seine Schönheit und Güte empfangen.
Der Augenblick des Todes öffnet das Tor zum Göttlichen. Je
mehr du gegen den Tod kämpfst, dich wehrst, desto weniger
wirst du es wahrnehmen.

Es ist weise, rechtzeitig zu üben, Veränderungen in unserem
Leben, das Sterben, das uns immer begleitet, willkommen zu
heißen, selbst wenn das, was geschieht, nicht unseren
Vorstellungen entspricht. Wir haben ständig Verluste zu
bewältigen, das ist hier unveränderbar, weil die Welt so ist,
wie sie ist.

*Das einzig Konstante in der Welt des Vergänglichen
ist die Veränderung.*

Wenn du gelernt hast, loszulassen, was zu Ende ist, kannst
du auch den Tod als das annehmen, was er ist:
Transformation. Der Körper als Manifestation des
Gewahrseins löst sich auf. Gewahrsein ist wieder formlos,
wie es vor deiner Geburt war. Es kehrt zu seinem Ursprung
zurück. Da ist Stille, Frieden, Freude und Schönheit. So ist
der Tod der Höhepunkt des Lebens. Er vollendet das Leben.
Gewahrsein schlüpft aus der Begrenzung des Körpers, wie
der Schmetterling aus dem Kokon.

Das begrenzte Ich wird möglicherweise immer Angst vor
dem Tod haben. Doch es gibt etwas in dir, das tiefes

Vertrauen hat und um diese größere Wirklichkeit weiß.
Wer oder was warst du, bevor du geboren wurdest? Wer
oder was wirst du sein, wenn dein Körper gestorben ist?
Warst du unglücklich, bevor du geboren wurdest? Wieso
solltest du dann unglücklich sein, wenn dein geborener
Körper wieder stirbt?

****

Erforsche
Finde heraus, was du warst, bevor du geboren wurdest,
finde heraus, was du sein wirst, wenn du gestorben bist.
Dann wird der Tod seinen Stachel verlieren. Du kannst
befreit leben und befreit sterben.
Du ziehst den Körper wie ein Kleid aus und gehst zurück
zur Quelle, aus der du kommst.

****

Eine Aussage von Christina ist: "Mama, deine Arbeit ist sehr,
sehr wichtig, weil ich jetzt gelernt habe, dass die Menschen
mit dem Bewusstsein, mit dem sie sterben, auch drüben
ankommen."
Die geistig-seelische Verfassung, dein Glaubenssystem im
Augenblick des Todes erschafft die Erfahrung, die dir im
Jenseits begegnet. Wie auch im Leben, nehmen wir nach
dem physischen Tod das wahr, woran wir glauben. Glauben
wir, dass Gott uns empfängt, werden wir das erleben. So wie
Christina während ihres Lebens an die Anwesenheit Gottes
geglaubt hat, so hat sie das auch im Tod getan und erfahren.

Bist du jemand, der in deinem Alltag sehr festhält, wirst du
möglicherweise auch am Irdischen festhalten, wenn dein
Körper gestorben ist und dadurch deine weitere Reise
erschweren. Auch Konzepte, die wir für die Wahrheit
halten, können uns Angst vor dem Tod machen. Eins davon
könnte sein, dass wir bewusst oder unbewusst glauben,

nach dem Tod von Gott gerichtet und bestraft zu werden oder in ein schlechtes Leben wiedergeboren zu werden. Diese Angst ist tief in unser Bewusstsein eingeprägt. So ist es hilfreich, dich während deines Aufenthalts in diesem Körper immer wieder darauf auszurichten, dass das Ewige, das Unvergängliche, das Göttliche deine wahre Natur ist. So wird erst der Glaube und dann das Wissen tief in dir verankert. Dadurch ist es in der Stunde deines Todes für dich leichter, dich daran zu erinnern und deine Aufmerksamkeit auf Gott, auf das Licht, das Ewige zu richten. Das erleichtert das Loslassen vom Weltlichen und gleichzeitig erleichtert es dir, dem Licht zu folgen.

Das einzig Wesentliche ist, sich bewusst zu sein,
dass das Ewige in dir und in allem ist.

Das zeitlose Gewahrsein, das Göttliche ist nicht nach menschlichem Bewusstsein geformt. Deshalb können wir es auch nicht verstehen und begreifen. Freunde dich mit dem Nicht-Wissen an und lasse die größtmögliche Offenheit zu, dann zeigt DAS sich dir am ehesten.

In der Bibel heißt es: "Dann sprach Gott: Lasst uns Menschen machen als unser Abbild, uns ähnlich [...]" Genesis, Vers 26 "Gott sah alles an, was er gemacht hatte: Es war sehr gut [...]" Vers 31

Betrachten wir genauer, welches Bild wir, oft unbewusst, von Gott haben, dürfte darauf wohl folgender Satz zutreffen: Der Mensch schuf Gott nach seinem Ebenbild. Strafend, rachsüchtig, tyrannisch, herrschend, rechthaberisch, geizig, eifersüchtig. Dieser Gott scheint seit Tausenden von Jahren unser Leben zu beherrschen. Das ist der Gott des Egos, dem menschliches Bewusstsein menschliche Eigenschaften zuschreibt. Das ist nicht Gott. Es ist das Bild, das wir Menschen aus Unwissenheit erschaffen haben, es ist in unseren Gedanken, in unseren Köpfen. Da wir daran glauben, prägt es unsere Wahrnehmung und somit erleben wir es als Realität. Auch wenn heute viele Menschen bewusst anders denken, scheinen noch viele unbewusste Schichten in uns an diesen Gott zu glauben. Unser Gottesbild ist unsere Projektion. Glauben wir an einen strafenden Gott, ist er für uns real, obwohl es keinen strafenden Gott gibt. Nach dem Tod nehmen wir unser Leben mit einem größeren Bewusstsein wahr, das heißt wir erkennen, welche Wirkung unsere Taten, Worte und Gedanken hatten und wir richten uns selber. Manche Seelen sind angesichts dieses Erkennens so voller Scham und Schuld, dass sie das Licht verweigern. Glauben wir in diesem Leben an die Schuld, an das Böse in uns und anderen, sind die Chancen groß, dieses Bewusstsein in das Jenseits mitzunehmen und auch dort für Realität zu halten, zum Beispiel in Form eines strafenden Gottes.

Was wir nach unserem Tod wahrnehmen, scheint ebenso von unserem Bewusstsein, von unseren Überzeugungen abzuhängen, wie unsere Überzeugungen hier auf der Erde unsere Wahrnehmung und damit unsere Erfahrungen bestimmen. Jede Erweiterung unseres Bewusstseins, die wir auf dieser Erde erreichen, erleichtert uns den Übergang und das Sein in der geistigen Welt. Letztendlich lernt jede Seele alles, was zu lernen ist. Niemand geht im göttlichen Ozean verloren.

So wie wir den Zeitpunkt unseres Todes nicht kennen, so kennen wir auch nicht die Art unseres Todes. Der Tod überrascht die Menschen unangenehm und schmerzhaft, die sich mit ihrem Körper identifizieren. So ist die Angst vor dem Tod auch oft die Angst vor Krankheit und Schmerzen. Beides sind strenge Lehrer. Dies kann dir helfen, die Identifikation mit dem Körper und dem Ego zu lösen und dir so den Zugang zum Ewigen erleichtern oder ermöglichen. Oder aber du sinkst tiefer in die Unbewusstheit und damit tiefer in das Leid.

Persönliche Ergänzung von Stefanie*

Vor einigen Jahren ging es mir immer schlechter, ich hatte Schmerzen, doch bis ein Arzt die Diagnose Krebs feststellte, sollte noch Zeit vergehen. An Therapien habe ich durchlaufen, was es zu durchlaufen gab. Das komplette schulmedizinische Programm (Operation, Notbestrahlung an Heiligabend und Weihnachten, Bestrahlung, stärkste Chemotherapie), wunderbare Unterstützung durch meine damalige Heilpraktikerin und hilfreiche Gespräche mit der Seelsorgerin im Krankenhaus. Sie konnte sich einfühlen in meine Not, die ich hatte, meine Sorgen, meinen Ehemann und unsere kleinen Kinder zurücklassen zu müssen. Leider gab es zu dem Zeitpunkt noch keine psychologische oder psychoonkologische Unterstützung in der Klinik. Ich griff nach allen Strohhalmen und dankbarer Weise wurden mir Gespräche mit einer Psychologin von der Palliativstation ermöglicht. Sie und die besagte Seelsorgerin waren einfach präsent, hörten zu und gaben mir zu verstehen, dass ich viel mehr bin, als ein kranker Körper.

In meiner heutigen Arbeit lasse ich das auch meine Klienten wissen: Vielleicht bist du zur Zeit sehr krank. Erinnere dich stets daran, dass du viel mehr bist als deine Krankheit. Die Ärzte und Therapeuten nennen dir eine Diagnose und du kannst Gefahr laufen, dass du dich von diesem Moment an als genau diesen Patienten mit exakt dieser Diagnose siehst. Auch wenn es medizinisch einen Fachbegriff für dein Leiden gibt, so heißt es nicht, dass du dieses Leiden *bist*. Ein Teil von deinem Körper wird mit dieser Diagnose versehen, ein Teil, der gerade "nicht normal" funktioniert. Doch du bist nicht nur *ein* Teil! Du bist ALLES! Du bist viel mehr als das, was gerade schmerzt und vielleicht therapiert wird. Lasse dich niemals reduzieren, und reduziere dich nicht selbst auf einen Patienten mit der Diagnose XY. Sieh, hinter diesem Krankheitsbild steckt ein vielschichtiges, göttliches, voll-wert-iges Wesen. Dieses Wesen ist zu jeder Zeit existent. Darum erlaube dir nicht und niemand anderem, dich auf deine Krankheit zu reduzieren. Du bist mehr als deine Krankheit.[64]

Körperlicher Schmerz und Krankheit fordern dich auf, dich damit zu beschäftigen, dem Körper die Aufmerksamkeit und Liebe zu geben, die er braucht. Ebenso zu forschen, was die Ursache dieser Krankheit ist, was sie dir sagen will und wie sie auf jeder Ebene geheilt werden kann.

Daneben ist es eine Chance, die Identifikation mit dem Körper aufzulösen und mehr und mehr die Aufmerksamkeit auf das, was du jenseits des Körpers bist, zu lenken, das Göttliche und Ewige in deinem Bewusstsein zu stärken. Das bedingungslose Annehmen des Schmerzes, der Krankheit, verbrennt das Ego, das Widerstand gegen das, was ist, erzeugt. In vollkommener Akzeptanz kann Heilung sehr viel schneller geschehen. Ist Heilung für dich nicht vorgesehen, kann das bedingungslose Annehmen ein Erwachen in deine wahre Natur, die du jenseits deiner Krankheit und deines Schmerzes bist, ermöglichen.

Lernst du zu Lebzeiten deine Aufmerksamkeit auf das Unvergängliche zu richten, kannst du mit Schmerz und Krankheit besser zurechtkommen. Lernst du Abschiede vom Vergänglichen als zum Leben gehörend zu akzeptieren und willkommen zu heißen, eröffnet dir das die Tiefe des Ewigen.

Christina musste in ihrem Leben einige für sie wichtige und auch schmerzhafte Trennungen bewältigen. Dieses Loslassen zu üben war für ihr Sterben von essentieller Bedeutung.

"Erst wenn alle Arbeit getan ist, wofür wir auf die Erde kamen, dürfen wir unseren Körper ablegen. Er umschließt die Seele, wie die Puppe den künftigen, schönen Schmetterling. Dann werden wir frei sein von Schmerzen, Angst und allem Kummer – frei sein, wie ein freier, schöner Schmetterling – und dürfen heimkehren zu Gott. Bei ihm

werden wir nie mehr allein sein. Dort werden wir
weiterleben, werden wachsen, tanzen, spielen und fröhlich
sein. Wir werden auch zusammen sein mit allen Menschen,
die wir lieben. Dort sind wir von mehr Liebe umgeben, als
wir uns vorstellen können.“[65]

Kein Kommen, kein Gehen

"Dieser Körper ist nicht ich.
Ich bin nicht in diesem Körper gefangen.
Ich bin Leben ohne Begrenzung.
Ich bin nie geboren worden und werde nie sterben.

Schau auf den Ozean und den Himmel voller Sterne,
Manifestationen meines wunderbaren wahren Geistes.

Seit anfanglosen Zeiten bin ich immer frei gewesen.
Geburt und Tod sind nur Tore,
durch die wir hindurchgehen,
heilige Schwellen auf unserer Reise.
Geburt und Tod sind ein Versteckspiel.

Deshalb lache mit mir,
nimm meine Hand,
lass uns Auf Wiedersehen sagen,
Auf Wiedersehen,
um uns wieder zu begegnen.

Wir begegnen uns heute,
wir werden uns morgen begegnen,
wir treffen uns an der Quelle jeden Moment,
wir treffen uns in allen Formen des Lebens."

Thich Nhat Hanh[66]

Die Körper sterben, die Seelen begleiten uns weiterhin. Sie sind nicht mehr in der vertrauten Form, sie sind "erneuert", dennoch sind sie noch bei uns. Indem sie uns Menschen auf der Erde unterstützen, ent-wickeln auch sie sich auf ihrem Weg zurück zur ewigen Quelle weiter. So lernen wir und auch sie durch die Bereitschaft, anderen zu dienen.

Kinder, die früh sterben, brauchen nur noch diese kurze Zeit, um sich zu vervollkommnen. Ein längeres Erdenleben würde ihrer Seelenentwicklung nicht mehr dienen. Ihre Aufgabe liegt jetzt im Jenseits. Dort bekommen sie jede Unterstützung für ihren weiteren Weg.

An meine Christina:

"Mein geliebtes Kind, wenn dieses Leben das war, was du zu deiner Vervollkommnung noch gebraucht hast, dann habe ich es mit ganzem Herzen gerne getan. Alles, was auf deinem Weg noch nötig war, habe ich sehr gerne für dich getan.
In ewiger Liebe und Verbundenheit, deine Mama"

Manche Kinder haben sich aus Liebe die Aufgabe gestellt, den Eltern beim Erwachen zu helfen. Sowohl durch ihr Leben als auch durch ihren Tod werden die Eltern "wachgerüttelt".
So auch bei Christina. Sie war ein Engel, den ich für eine bestimmte Zeit an meiner Seite hatte. Sie begleitete mein Leben, um mich zu erinnern, wer ich in Wahrheit bin.

"Meine geliebte Mama, ich habe alles aus tiefstem Herzen und mit größter Liebe für dich getan."

Das Eingehen des Egos in die Liebe

"Mama, ich will total glücklich sein." Das waren Christinas Worte kurz vor ihrem Tod. Wir müssen nicht warten, bis wir physisch sterben, um dieses Ziel zu erreichen.

"Stirb, bevor du stirbst!", ist eine spirituelle Aussage. Indem das Bewusstsein sich dauerhaft von der Identifikation mit der Person löst, die du zu sein glaubst, fällt weg, was du nicht bist und das, was du bist, tritt hervor. Sei gewahr, was du bist.

"Tue nicht so, als wärst du etwas, was du nicht bist, weigere dich nicht zu sein, was du bist."[67]
Das ist die ultimative Herausforderung für jeden von uns. Haben wir unser wahres Wesen verwirklicht, hat der physische Tod keine Bedeutung mehr. Für Gewahrsein, das du bist, spielt es keine Rolle, ob es sich als Körper manifestiert oder ohne Körper ist.

ॐ

Zu Lebzeiten

Wenn sich zu Lebzeiten die Identifikation mit der Form auflöst und Gewahrsein gelebte Realität ist, bezeichne ich das als das Eingehen des Egos in die Liebe.

Das Ego besteht hauptsächlich aus Trennung, Identifikation mit Vergänglichem, Mangel, Angst, Schuld, Widerstand, Schmerz und Leid. Das bedingungslose Annehmen von Schmerz und Leid verzehrt das Ego, brennt den Widerstand des Egos durch.
Lehre das Ego die Liebe, die es nicht kennt, und es hört auf, Ego zu sein.

"Selig die Sanftmütigen, denn sie werden das Erdreich besitzen." Mt 5,5 (Bergpredigt)

"Die Sanftmütigen sind frei vom Ego, sie sind zu ihrem wahren Wesen erwacht und erkennen die Essenz in allem. Sie sind eins mit dem Ganzen. Das erwachte Bewusstsein verändert die Erde. Das Bewusstsein der Menschen ist untrennbar mit dem, wie wir die Erde wahrnehmen, verbunden. Ein erwachtes Bewusstsein nimmt eine erwachte Erde wahr."[68]

Es gibt nichts, was ewig währt in der Welt der Formen. Muss nicht jenseits der Formen etwas Unvergängliches existieren, das das Vergängliche wahrnehmen kann? Etwas, das beobachtet, das Zeuge ist und nicht dem Verfall preisgegeben ist? Wenn alles vergänglich wäre, wer oder was könnte dann die Vergänglichkeit wahrnehmen? Muss es nicht noch etwas geben, jenseits der Vergänglichkeit, das um die Vergänglichkeit weiß? Dies ist das gestaltlose, formlose EINE Leben, ewiges reines Gewahrsein. Das ist DAS, was du bist und niemals verlieren kannst.

Wenn du ein glückliches Leben führen möchtest, nimm alles ohne Widerstand und Ablehnung an, was jetzt in deinem Leben ist. Freue dich über das, was dich erfüllt, genieße es, sei dankbar dafür, solange es bei dir ist. Betrachte nichts als deinen Besitz. Alles ist für eine bestimmte Zeit bei dir. Wenn es geht, nimm Abschied, bedanke dich und lasse es gehen, ohne daran festzuhalten, ohne Bedauern oder ein Gefühl des Versagens.

****

Standhalten
Wann immer ein Verlust in dein Leben tritt,
egal ob er groß oder klein ist,
halte der Leere, die dadurch entsteht, stand.

Erlaube der Leere da zu sein, ohne etwas dagegen tun zu müssen.

Beobachte, was dann geschieht.

****

Gewohnheitsmäßig wollen wir diese Leere sofort wieder füllen – zum Beispiel mit einer neuen Beziehung, mit Beschäftigung, mit Nachdenken oder mit materiellen "Tröstern". Dadurch nehmen wir uns die Gelegenheit, die Stille, die Weite, das Sein jenseits der Form zu erfahren – zu sein. Das Standhalten der Leere eröffnet dir die Dimension des Seins hinter der Form. Keine Form macht dich dauerhaft glücklich – dauerhaftes Glück liegt in dir – in der Tiefe des Seins. Hast du diesen Raum in dir erschlossen, bestehst du nicht mehr darauf, dass etwas im Außen, in der Welt dich glücklich und vollständig macht. Dies ist die beste Voraussetzung, in der Welt glücklich zu sein.

Kurz nach Christinas Tod habe ich an Lency Spezzano geschrieben:
"Wer sein geliebtes Kind verloren und losgelassen hat, hat viel von all den anderen Anhaftungen mit losgelassen und fürchtet sich nicht mehr vor Verlust. Das ist, was ich jetzt fühle."

Christinas Geschichte über das blonde Mädchen und den Schutzengel zeigt, dass sie ihr wahres Wesen, ihre Essenz, erkannt und verwirklicht hatte. Es bestand nur aus Liebe. Das ist der Sinn unserer Reise hier auf dieser Erde. Dann können wir einkehren in Gott, entweder im Körper (Erleuchtung) oder wir verlassen den Körper. Ihr Weg war, den Körper zu verlassen. Kurze Zeit vor ihrem Tod sprach sie über ihre bevorstehende Erleuchtung. Einfach so, beim Abendessen. Ungewöhnlich für eine Siebzehnjährige. "Mama, ich möchte erleuchtet werden, ohne dass ich mich viel anstrengen muss." Auch habe ich einige Monate vor ihrem Tod ihre völlig heile Seele vor Gott tanzen sehen. Als ich ihr das erzählte, war sie sehr, sehr glücklich.

જ

Wie der Mind Realität erschafft

Während ich wieder einmal in Indien an diesem Buch arbeite, erfahre ich sehr deutlich, wie durch den Mind unsere Realität erschaffen wird. Ich bekomme eine tiefe Erfahrung davon, dass der Mind jede Geschichte erzählen kann, jederzeit überall hingehen und sich alles ausdenken kann. Sobald wir es glauben, es für wahr halten, sind wir darin gefangen und halten es für die Realität. Jederzeit kann ein Gedanke uns aus der Gegenwart holen, uns in Ängste und Sorgen versetzen, obwohl sich im Außen nichts verändert hat. Viele Menschen haben derzeit noch wenig Bewusstheit darüber, dass sie in Frage stellen können, was Gedanken uns erzählen und wie dadurch mentale Probleme geschaffen werden. Anstatt den Gedanken zu folgen und daran zu glauben, können wir einfach Zeuge sein. Das, was die Gedanken beobachten kann, muss jenseits von ihnen und größer als sie sein.

Den Mind handzuhaben, ist für unser Wohlbefinden sehr entscheidend, denn er kann jederzeit mental Probleme erschaffen, die wir dann als real empfinden. Durch einfaches Beobachten der Gedanken, nur Zeuge sein und ihnen nicht folgen, durch diese Bewusstheit kannst du dennoch gegenwärtig sein und wahrnehmen, was IST.
Alles in unserem Leben, zum Beispiel unsere Freuden und unser Leid, unsere Krankheiten, unser Erfolg und selbst das, was wir beim Tod des Körpers erfahren, entsteht erst, meist unbewusst, in Gedanken. Alles, was sich manifestiert, war vor der Manifestation im Geist, individuell und kollektiv.

Das Leben geschieht, es geschieht einfach, es lebt. Der

Verstand analysiert, interpretiert, bewertet, spinnt das, was geschehen ist, weiter, aufgrund der Vergangenheit, aufgrund seiner Überzeugungen, aufgrund seiner Ängste hinsichtlich der Zukunft. Er kann überall hingehen und uns jede "Geschichte" erzählen. Da wir uns für den Verstand halten, nehmen wir das, was Gedanken sind, als Realität wahr. Wir haben vergessen: Es gibt noch etwas in uns, das die Gedanken wahrnehmen kann, etwas, das ihnen nicht folgen muss, etwas, das sie nicht für die Realität hält. Faszinierend.

Das ist der ewige Zeuge in uns, der jenseits der Gedanken ist. Bist du dir dessen bewusst, kannst du entscheiden, ob du in eine Geschichte einsteigst oder nicht, ob du aussteigst, indem du erkennst: "Das dient mir nicht. Diese Gedanken machen mir schlechte Gefühle, sie machen mich gerade unglücklich. Sie bringen mich weg aus dem, was jetzt ist, aus der Gegenwärtigkeit. Ah, ich kann wieder zurückgehen zum Jetzt. Keine Vergangenheit, keine Angst vor der Zukunft: Ich bin hier, ich bin gegenwärtig."

Alle Probleme existieren im Denken und benötigen Vergangenheit oder Zukunft. Das, was die Gedanken wahrnehmen kann, kann steuern, welche Wichtigkeit und Glaubwürdigkeit sie bekommen. ICH entscheide, ob ich den Gedanken, die auftauchen, Bedeutung gebe. Sehr faszinierend, einfach und machtvoll. Du bist Zeuge, du bist nicht Gedanke, nicht Emotion, nicht Körper. Sei gewahr, was du in Wahrheit bist.

Normalerweise erlernen wir die Handhabung des Minds durch Entwickeln und Üben wacher Bewusstheit. Bei Christinas Tod ist der Mind wie von selbst, durch das völlige Annehmen der scheinbar unannehmbaren Situation, durch Gnade, durch völlige Präsenz still geworden. Jetzt, Jahre später, steht mir dieses Werkzeug durch Bewusstheit zur Verfügung. Dadurch verstricke ich mich nicht mehr so sehr in die Geschichten des Verstandes. Dazu passend teilte mir Christina durch ein Medium mit: "Lass dich nicht in diese Welt verstricken, auch wenn du in dieser Welt lebst."

Der Ausbruch aus dem Gefängnis des Verstandes, das Ende von Identifikation mit den Geschichten, die der Mind schreibt, ist das Ende der Versklavung durch den Verstand und ebenso das Ende von persönlichem Leid.

Niemand da, der stirbt

Ich bin wieder in Puttaparthi. Heute Nacht werden mir die Sätze: "Es gibt kein Kind, das gestorben ist, es gibt keine Mutter, deren Kind gestorben ist" und "In Wahrheit wirst du nie geboren und stirbst nicht" sehr klar. Eine neue, tiefere Ebene des Verstehens eröffnet sich mir. Was gestorben ist, ist Christinas Körper, die Person, die sie in diesem Leben war. Was nicht gestorben ist und was weder geboren wird noch stirbt, ist Gewahrsein, Atman, ist DAS, das immer war und immer sein wird, unberührt vom Tod des Körpers. Das Göttliche manifestiert sich in der Form, die Form löst sich wieder auf. Sie ist nicht mehr das Kind, die Person, die sie war, aber sie IST, das Ewige, das Unveränderliche, das EINE. Da sie meine Tochter war, scheine ich zu ihr auch in diesem ihrem völlig veränderten Zustand eine besonders enge Beziehung zu haben. So wie Barbara einmal sagte: "Wer hat schon einen persönlichen Engel im Himmel?"

Eine weit verbreitete Haltung besagt, dass wir die Toten in Ruhe lassen sollen. Nur – die Toten sind nicht tot, sie haben eine Transformation durchgemacht, sie sind jetzt ohne Körper, dennoch leben sie. Wovon wir sie in Ruhe lassen sollen, sind unsere weltlichen Begrenzungen, unsere Vorwürfe, unsere Streitereien, unsere Kritik, unsere Schuldgefühle, unser Bedauern, denn das ist nicht mehr ihre Realität.

Christina lebt, sie ist nicht tot und es besteht keinerlei Veranlassung, sie als tot zu betrachten. Sie lebt nicht mehr als Christina, auch nicht mehr als meine Tochter, und dennoch lebt sie in meiner Welt, in meinem Leben, als das, was sie immer war und immer sein wird, als reines, unbegrenztes Gewahrsein.

Du bist nicht tot, du wechselst nur die Räume,
du lebst in uns und gehst durch unsere Träume

Michelangelo

Gott ist EINER

Alles ist eine Manifestation des Einen. Es gibt verschiedene Religionen. Individuelle Seelen brauchen individuelle Erfahrungen für ihre Entwicklung und ihr Wachstum. So wie Gott Einer ist, egal welchen Namen wir ihm geben, so ist auch seine Liebe EINE. Diese universelle Kraft begegnet der ganzen Schöpfung mit der Einen Liebe. So ist auch jeder Mensch eine Manifestation dieser Liebe und gleich geliebt.

"Gott hat nur eine Liebe. Mit derselben Liebe, mit der der Vater seinen eingeborenen Sohn liebt, mit der liebt er mich."[69]

Erinnere dich so oft wie möglich daran: Egal wie deine Situation gerade ist, die universelle Liebe, aus der alles entsteht, liebt dich immer bedingungslos. Wenn du dazu bereit bist, erlaube dir, das ohne Zweifel zu glauben. Es erleichtert dein Leben, besonders auch in schweren Stunden, in denen du nicht verstehen kannst, wieso die Dinge so sind, wie sie sind.

&

Die Schönheit des Todes

"Immer wenn ein Tod eintritt und sich eine Lebensform auflöst, strahlt Gott, das Formlose und Unmanifestierte, durch die Lücke, die diese vergehende Form hinterlässt. Darum ist der Tod das Heiligste im Leben. Darum kann der Frieden Gottes über dich kommen, wenn du über den Tod meditierst und ihn akzeptierst."[70]

Sieh das Licht hinter dem Vergehen der Form. Wenn die Form vergeht, bleibt das Ewige, das du bist. Die Person, der Körper, verdeckt das Licht, so wie bei einer Sonnenfinsternis der Mond die Sonne verdeckt. Die Person, die das Licht verdeckt, löst sich beim Tod auf. Normalerweise halten wir diese Person für die Realität. Der Tod des Körpers eröffnet die Möglichkeit, diese Illusion zu erkennen.
Bei Christinas Tod war dies für uns sehr, sehr eindrücklich. Wir konnten deutlich sehen, dass dieses Licht durch ihren toten Körper hindurch strahlte.

&

Der Tod meiner Mutter

Als meine Mama gestorben ist, habe ich darauf bestanden, dass ich sie wasche und anziehe. Das Personal im Krankenhaus fand das ungewöhnlich. Für mich war es absolut selbstverständlich, ihr diesen letzten Dienst zu erweisen – was hatte sie alles für mich getan! Beim

392

Waschen, Anziehen und noch einige Zeit später in der Leichenhalle habe ich mich in meine Mama eingefühlt und ich habe noch nie so eine Ruhe, so einen Frieden und so eine Freude empfunden. Auch hatte ich Bilder von wunderschönen Landschaften, so wie ich mir das Paradies vorstelle. Als ich die Leichenhalle verließ, fühlte ich mich, als wäre ich frisch verliebt, freudig erfüllt, energetisch aufgeladen. Hätte ich den Leuten erzählt, dass gerade meine Mutter gestorben ist und ich aus der Leichenhalle komme, hätten sie mich vermutlich für verrückt erklärt.

ℬ

Botschaft eines verstorbenen Sohnes an seine Eltern

Einige Jahre nach Christinas Tod begegnete ich in Indien Rohits Eltern. Rohit starb mit 28 Jahren an Blutkrebs. Nach seinem Tod empfingen seine Eltern Botschaften von ihm. Hier ist eine davon:

Death is divine
"Death is divine. Death is beautiful. It is an eternity away from distortions and distractions. Death leads you towards the path of success and not failure if you have understood death while living. Thus while living, die each moment so that when the real time comes you have enough spiritual strength to face it.

Death is inevitable. It has to come to each and everyone sooner or later but one is never prepared to face it. The acceptance of death comes through inner awakening. Death is reality but to imagine it to come to us seems to be unreal. We see the people dying everyday but never wish to dream of our own body dying some day. We always think ourselves to be the lucky ones – not to lose our near and dear ones, so we feel we are the ones having done good deeds."

To his parents:

"Be strong and courageous. Miseries and sufferings are like

passing clouds. All kinds of experiences are necessary to unfold our higher nature and increase spiritual strength. Think that every experience whatever be its nature comes as a blessing when one understands the Divine Law."[71]

Der Tod ist göttlich

"Der Tod ist göttlich. Der Tod ist wunderschön. Er ist eine Ewigkeit von jeglichen Ablenkungen und Verzerrungen entfernt. Der Tod führt dich zur Vollendung anstatt zum Untergang, wenn du ihn zu Lebzeiten richtig verstehst. Wenn du zu Lebzeiten in jedem Augenblick stirbst, verfügst du über genügend spirituelle Kraft, wenn dein tatsächliches Ende naht.

Der Tod ist unausweichlich. Er kommt früher oder später zu jedem, und dennoch ist man niemals richtig darauf vorbereitet. Durch inneres Erwachen ist es möglich, den Tod zu akzeptieren. Der Tod ist eine Realität, aber die Vorstellung, dass er auch zu uns kommen könnte, erscheint uns unrealistisch. Tag für Tag sehen wir Menschen sterben, aber wir glauben nicht im Traum daran, dass auch unser eigener Körper eines Tages sterben könnte. Wir glauben immer, selbst die Glücklichen zu sein und unsere Nächsten und Geliebten niemals zu verlieren. Wir glauben, diejenigen zu sein, die gute Taten vollbracht haben."

An seine Eltern:

"Seid stark und tapfer. Leid und Schmerz sind wie vorüberziehende Wolken. Um unsere wahre Natur zu entfalten und unsere spirituelle Kraft zu stärken, sind alle Arten von Erfahrungen notwendig. Wenn ihr das göttliche Gesetz versteht, erkennt ihr jede Erfahrung, welcher Art sie auch immer sein mag, als Gnade."

Auf unserer Reise ist jede Erfahrung wichtig. Herausforderungen, Prüfungen und Schwierigkeiten lassen uns wachsen, sie stärken uns, machen uns mitfühlender und erhöhen unsere Liebesfähigkeit. Sie schulen unser Unterscheidungsvermögen und bringen menschliche Werte zur

Blüte. Man kann die Brillanz eines Diamanten nicht voll zur Geltung bringen, ohne die vielen Facetten geschliffen zu haben. So wird auch der Mensch durch jede Art der Erfahrung und durch die Prüfungen des Lebens geschliffen, so dass seine inneren Werte und seine innere Schönheit erstrahlen können und er schließlich den Weg nach Hause findet. So wie wir Eltern unsere Kinder nicht vor dem, was ihr Weg ist, beschützen können, so lässt auch das Göttliche uns den Weg gehen, der zu uns gehört. Jede Erfahrung auf deinem Weg willkommen zu heißen, lässt dich die Ganzheit des Lebens und dein innerstes Wesen erfassen.

☙

Das Vergängliche und das Unvergängliche

Sei still und wisse: Gott, das Ewige, ist real und du bist geliebt.

Das Leben ist ewig und unvergänglich. Es hat kein Gegenteil. Somit kann der Tod das Leben nicht beenden. Das Gegenteil von Tod ist Geburt. Das Vergängliche kann sich jeden Moment auflösen – Vergehen und Entstehen von Formen finden permanent statt. Betrachte zum Beispiel die Natur.
Bei vielen Menschen in unserer Kultur ist der Tod für lange Zeit ein Tabu oder eine mentale Vorstellung, bis wir ihm wirklich begegnen. Bei einer schweren Erkrankung, einem Unfall oder einem Todesfall tritt das Bewusstsein über die Sterblichkeit des Körpers plötzlich, oft wie ein Schock, in dein Leben. Schreckst du nicht zurück, sondern blickst der Tatsache ins Auge, dass jeder Körper vergänglich ist, kann sich die Identifikation mit der physischen und psychischen Form – dem Körper und der Person, die du zu sein glaubst –

bis zu einem gewissen Grad auflösen. Akzeptierst du die Vergänglichkeit als natürlichen Bestandteil unserer Reise auf dieser Erde, entsteht selbst angesichts des Todes – zumindest für einen Augenblick – Frieden in dir. Dein Bewusstsein löst sich von der Identifikation mit der Form und du berührst eine tiefere Dimension des Seins.

In unserer westlichen Kultur ist es weit verbreitet, den Tod zu verleugnen. Eine Kultur, die den Tod verleugnet, verliert an Tiefe, da sie sich nur mit der äußeren Erscheinungsform der Dinge, mit der Oberfläche, beschäftigt. Der Tod ist ein sehr mächtiges Tor, das uns die Dimension von Transzendenz jenseits von Name und Form eröffnen kann. Verleugnen wir den Tod, versäumen wir eine der großen Chancen zu erkennen, was wir jenseits von Zeit und Form, jenseits der Person, sind.

Immer wenn etwas in deinem Leben zu Ende geht – zum Beispiel das Leben eines geliebten Menschen, eine Beziehung, der Auszug der Kinder oder das Ende des Berufslebens – stirbst du einen kleinen Tod. Die Leere, die dann entsteht, ist oft schwer zu ertragen. Die Form, die die betreffende Person oder Situation in deinem Bewusstsein angenommen hat, löst sich auf. Wenn du verstehst, dass Veränderung und Abschiede zum Leben gehören, und lernst, sie anzunehmen, wird sich das Gefühl der Leere in ein Gefühl innerer Weite und Freiheit verwandeln, das tiefen Frieden in sich birgt.

Lernst du auf diese Weise jeden Tag zu sterben,
öffnest du dich dem Leben.
Dann begreifst und akzeptierst du das Leben
in seinem Sein.

"Es erscheint unvorstellbar und beängstigend, dass das 'Ich' aufhören könnte, zu existieren. Dabei wird jedoch das kostbare 'Ich' mit einem Namen, einer Form und der damit verbundenen Story verwechselt. Dieses 'Ich' ist nichts weiter, als eine zeitweilige Form im Bewusstseinsfeld. Solange diese Identität mit einer Form das Einzige ist, was du kennst, ist dir nicht bewusst, dass das Kostbare daran dein Wesen ist, dein innerstes Gefühl von 'Ich bin' und damit das reine Bewusstsein. Dieses Bewusstsein ist das Unvergängliche in dir, und es ist das Einzige, was du nicht verlieren *kannst.*"[72]

****

Meditation
"Ich bin" ist das Unvergängliche in mir,
es ist das Einzige, was ich nicht verlieren kann:
"Ich bin"
Richte deine Aufmerksamkeit immer wieder auf
"Ich bin",
nicht ich bin dies, ich bin das,
"Ich bin", ohne jegliche Definition.

****

Wann immer ein schwerer Verlust in dein Leben tritt, stirbt etwas in dir, und du fühlst infolgedessen ein Loch, eine Leere in dir. Das kann extrem schmerzhaft sein. Was bin ich ohne das, was ich gerade verloren habe, ohne den Menschen, der gestorben ist? Keine Mutter, kein Vater, keine Ehefrau, kein Ehemann, kein Firmenleiter, kein Besitzer eines vollen Bankkontos, und so weiter. Wenn dich eine Form verlässt, mit der du sehr verbunden beziehungsweise identifiziert warst, magst du zunächst einmal ein Gefühl der Orientierungslosigkeit haben: "Wer bin ich denn jetzt?", ohne Arbeit, ohne Besitz, ohne Gesundheit, ohne diesen Menschen? Du magst es als sehr schmerzhaften Verlust empfinden, da du glaubst, dass ein Teil, der dich ausgemacht hat, von dir gegangen ist. Es kann die Frage auftauchen: "Wer bin ich ohne das, wer bin ich denn überhaupt noch?"

Leere

Verleugne den Schmerz nicht. Akzeptiere den Schmerz, die Trauer und alle anderen Gefühle, erlaube, dass sie da sind und fühle sie.

Wenn es dir möglich ist, gestatte deinem Verstand nicht, eine persönliche Geschichte daraus zu machen und dir vorzugaukeln, dass du das Opfer bist.

Wenn du der Idee, ein Opfer zu sein, glaubst, sind Emotionen wie Angst, Wut, Zorn, Ohnmacht, Enttäuschung, Hoffnungslosigkeit und Selbstmitleid die Folge.

Erlaube dir, das Loch, die Leere zu fühlen. Halte der Leere stand, ohne dass dein Verstand eine Opfergeschichte daraus macht.

Akzeptiere die Leere als das, was jetzt ist: Der Verlust hat eine Leere hinterlassen. Ja, so ist es. Mit dem Standhalten und dem Akzeptieren der Leere kann Frieden in dir erwachen.

****

Der Tod löst die Form, mit der ich mich als Person identifiziert habe, auf, er löst die Illusion der Person auf. "Jeder Unfall und jede Katastrophe kann zugleich eine erlösende Dimension haben, die wir normalerweise nicht zur Kenntnis nehmen. Der gewaltige Schock eines völlig unerwarteten, nahe bevorstehenden Todes kann die Wirkung haben, dass das Bewusstsein sich zwangsläufig vollkommen von seiner Identifikation mit der Form löst. [...] Du erfährst dich als von der Form befreites Bewusstsein."[73]

Beim physischen Tod wird die Identifikation mit der Form der Person vollkommen gelöst. Sie kann aber auch schon zu Lebzeiten wegfallen, indem sich das Bewusstsein dauerhaft von der Identifikation mit dem Ego löst. Ist die Identifikation mit dem Ego erst einmal gelöst, entsteht bei der Begegnung mit dem physischen Tod keine Angst, sondern Frieden und das Wissen, dass alles gut ist.

****

Zum Nachspüren
Was auch immer geschehen ist, *erinnere dich daran*:
Alles geschieht so, wie es geschieht, weil es so geschehen muss.
Alles ist richtig, genau so, wie es geschieht.
Alles ist göttlich und unterliegt einem göttlichen Plan.
Alles beinhaltet die Transformation, den Zugang zum Göttlichen, zum Formlosen.

****

છ

Die Überwindung des Leidens

Je mehr wir mit unserem Verstand analysieren und beurteilen, desto mehr isolieren wir die Zusammenhänge. Alles ist vernetzt. Nichts, was geschieht, kann als isoliertes Ereignis betrachtet werden. Dies wird inzwischen auch von Wissenschaftlern der Quantenphysik bestätigt.

Nichts ist sinnlos, es könnte nicht anders sein, als es ist – doch wir sehen nur einen kleinen Ausschnitt, den wir dann beurteilen. Die Einheit des Lebens ist überall präsent, nur unser Denken zerteilt es. Jedes Ereignis ist ein Ausdruck im Ablauf des Ganzen.

Wenn du so lebst, als hättest du das, was du jetzt erlebst und fühlst, vollkommen gewählt, und gleichzeitig die Haltung einnimmst, das alles, was geschieht, zu deinem Besten ist, ist innerer Friede in dir. Die Übereinstimmung mit dem, was ist, bringt dich zurück zur Einheit und Harmonie des Lebens und beendet das Leiden.

Die Sichtweise, es wird mir etwas von außen angetan, macht mich ohnmächtig, hilflos und erzeugt Leid. Du siehst die Quelle des Leides außerhalb, aber sie liegt in dir. Die Sichtweise, ich bin der Urheber, indem ich die Dinge so sehe, wie ich sie sehe, ermächtigt dich, etwas zu ändern. Wenn du erkennen kannst, dass jeder Angriff, der von außen zu kommen scheint, ein Selbstangriff ist und du dich dadurch bereits von deinen Mitmenschen oder vom Göttlichen getrennt hast, kannst du deine Sichtweise ändern und aufhören zu verurteilen.

Leiden kann Mitgefühl und Demut wachsen lassen und das Ego schwächen. Ebenso kann es das Ego stärken, indem wir eine starre Leidens-Identität erschaffen. Wenn du an den Punkt gelangst, wo du erkennst, dass das Leid unnötig ist, hat es seinen Zweck erfüllt und du brauchst es nicht mehr.

Um zu leiden, machen wir aus einem an sich unpersönlichen Ereignis eine persönliche Geschichte. Wir nehmen die Haltung ein: *"Mir* geschieht etwas", anstatt: *"Es* geschieht". Daraus entwickeln sich meine Identität und meine Lebensgeschichte mit Vergangenheit und Zukunft. Wenn du dem Leiden die Zeit entziehst, was bleibt dann übrig?

Der gegenwärtige Moment, so wie er sich jetzt zeigt.

****

Nimm wahr,
was geschieht, wenn du den Moment sein lässt, wie er sich jetzt zeigt. Ebenso die Gefühle, die damit verbunden sind.

****

Wenn du jeden Gedanken, den du zu einem Ereignis, wie zum Beispiel zum Tod, denkst, für die Wahrheit hältst, fügst du der Situation deine persönliche Geschichte hinzu. Die Gedanken, die zu deiner persönlichen Geschichte führen, mit der du dich identifizierst, sind verantwortlich dafür, wie du dich fühlst.

Du kannst es beispielsweise als persönliches Schicksal, als Strafe, als Ungerechtigkeit und so weiter empfinden, wenn ein dir nahestehender Mensch seinen Körper verlässt. Du fühlst dich persönlich in deinem Sein getroffen – mit allen Gedanken und Gefühlen, die dadurch entstehen. Aus einem unpersönlichen Ereignis – dass die Zeit eines Körpers zu Ende ist, dass eine Form vergeht – wird eine persönliche Geschichte, die eine große Bedeutung in unserem Leben hat.

Leiden beginnt dort, wo wir durch unsere Bewertungen Widerstand gegen etwas entwickeln, was bereits geschehen ist. Unsere Bewertungen, die der Verstand erzeugt, sagen zum Beispiel: "Das ist schlecht – das hätte nicht geschehen dürfen – so will ich es auf keinen Fall haben, das ist ungerecht, ich bin ein Opfer." Das Ausmaß des Leidens entspricht dem Ausmaß des Widerstandes, den wir einer Situation, die geschehen ist, entgegensetzen.

Frieden liegt im eigenen Geist.

Jetzt wirst du vielleicht sagen: "Aber ich kann doch nicht einfach annehmen, dass mein Kind, mein Partner, ein Elternteil gestorben ist – so jung, so unpassend und so unnötig!" Doch, du kannst. Und sei ehrlich, was bleibt dir anderes übrig, als es anzunehmen? Der Tod ist schon geschehen. Dadurch, dass du nicht einverstanden bist und ihn nicht haben willst, wird er nicht rückgängig gemacht. Es ist, wie es ist. Es ist schon geschehen.

Etwas nicht haben zu wollen, wie es ist, oder es als schlecht zu bewerten, erzeugt automatisch Widerstand und hält dich in der Situation gefangen. Die Situation ist, wie sie ist. Sie trägt keine Bewertung in Gut oder Schlecht in sich. Diese Bewertungen fügen wir – durch unser Denken – hinzu. Dadurch erzeugen wir Leid.

Deine einzige Möglichkeit nicht zu leiden, besteht darin, zu akzeptieren, was geschehen ist. Gelingt es dir nicht, den Tod anzunehmen, bleibt dir die Wahl, dein Leid anzunehmen. Widerstand gegen das Leid zu erschaffen, führt zu noch mehr Leid. Sag Ja zu dem, was jetzt ist.

****

Bringe das Leiden ins Jetzt
Wenn du leidest, sei bewusst gegenwärtig.
Probleme brauchen Vergangenheit oder Zukunft.

****

In unserem alltäglichen Leben sind wir ständig mit kleinen oder größeren Verlusten konfrontiert. Kein menschliches Leben ist frei von Verlusten und Veränderung. Etwas tritt in unser Leben, und eines Tages wird es wieder aus unserem Leben verschwinden. Die Zeitspanne dazwischen kennen wir nicht. Die Veränderung anzunehmen oder willkommen zu heißen, *ohne* sie in Gut oder Böse einzuteilen, lässt dich am Fluss des Lebens, an der Lebenskraft, teilhaben.

Da wir nie wissen, wann eine große Veränderung oder ein großer Verlust in unser Leben tritt, ist es ratsam, die Fähigkeit des Annehmens dessen, was ist, mit kleinen Dingen zu üben. Dazu gibt es täglich Möglichkeiten, denn wann ist schon ein Tag in jeder Hinsicht exakt so, wie wir es uns vorstellen?

Je mehr du Gegebenheiten ablehnst oder festhältst, desto mehr reduzierst du dein Leben und desto mehr leidest du. Frieden und Freude entsteht durch Annehmen.

****

Zum Nachspüren
Wenn du magst, erinnere dich jetzt an einen Verlust aus
deinem Leben,
bemerke deine Gedanken dazu, erlaube deine Gefühle dazu.
Dann nimm die Situation voll und ganz an, wie sie ist.
Erlaube, dass es ist, wie es ist, ohne dass es anders sein muss,
ohne, dass du etwas daran ändern musst, auch nicht in
Gedanken.
Gelingt es dir nicht, nimm stattdessen die auftauchenden
Gefühle voll und ganz an, erlaube sie.
Begegne allem mit Widerstandslosigkeit.
Sei damit gegenwärtig und beobachte, was geschieht.

****

In jeder Situation, mag sie noch so unannehmbar erscheinen, schlummert die Gnade zur Transformation. Dies gilt
ganz besonders für den Tod, weil der Tod in seiner Essenz
Transformation IST.

"Die Ursache des Leidens liegt nicht im äußeren Leben. Sie
liegt in dir als dem Ego. Du zwingst dir Begrenzungen auf
und kämpfst dann darum, sie zu überwinden. Warum
suchst du in den Ereignissen deines Lebens die Ursache für
dein Leiden, wenn sie in Wirklichkeit in deinem Inneren
liegt? Welche Art von Glück kannst du von dem erwarten,
was außerhalb von dir liegt? Wenn du es erringst, wie lange
wird es anhalten?"[74]

Wie Eckhart Tolle in seinem Buch "Eine neue Erde"
beschreibt, geschehen die Dinge nicht, um dich zu ärgern,
sondern damit dir ermöglicht wird, in den Bewusstseinszustand jenseits der Formen einzutreten.

Das Leben erzeugt kein Leid und auch der Tod erzeugt kein

Leid. Es entsteht durch unsere mentale Bewertung. Leid entsteht dadurch, dass wir das, was ist, nicht haben wollen, es ablehnen und Widerstand dagegen erschaffen. Leid entsteht aus dem Wunsch und der Bedürftigkeit nach etwas anderem als dem, was IST.

Keine äußere Situation erzeugt anhaltendes Leid. Unsere Haltung der Akzeptanz lässt Leid erst gar nicht entstehen. Unsere Haltung des Widerstandes dagegen erzeugt Leid und lässt es andauern. Das Leid wird solange existieren, bis du vollkommen annimmst, was ist, jegliches Bedürfnis aufgibst, dass es anders sein müsste, und erkennst, dass du das Leiden nicht mehr brauchst.

Das Annehmen eines Verlustes eröffnet dir die Möglichkeit, in das Sein jenseits der Form einzutreten, indem du der Leere, die dadurch entsteht, standhältst.

Schmerz anzunehmen heißt LEBEN

Heute verstehe ich, warum es wichtig ist, den Schmerz genauso zu akzeptieren wie die Freude. Wenn wir den Schmerz nicht akzeptieren, blockieren wir uns in unserem Wachstum, denn Schmerz gehört zum Wachstum. Dies ist dasselbe wie bei einem kleinen Kind, das Laufen lernt: Es fällt hin und steht wieder auf, oder es fällt hin, weint und steht dann wieder auf. Wenn es sich weigert hinzufallen, kann es den Entwicklungsschritt, laufen zu lernen, nicht tun.

Genauso ist es auch bei uns. Weigern wir uns hinzufallen, durch Verlust und Schmerz zu gehen, schränken wir unser Leben ein und können so unsere Lernschritte nicht tun. Sind wir bereit hinzufallen, und das Hinfallen nicht negativ zu bewerten, stehen wir wieder auf und üben so lange weiter, bis wir diesen Schritt ohne Hinfallen bewältigt haben. Die Bereitschaft, Schmerzen zu akzeptieren, sie weder abzulehnen noch an ihnen festzuhalten, bringt uns auf unserem Weg voran, lässt uns unbeirrbar weitergehen, reifen und lernen, was das Leben uns lehren will. Wir sind hier, um zu erfahren. Für unser spirituelles Wachstum sind alle Erfahrungen notwendig, nicht nur solche, die uns freuen.

Stirbt ein geliebter Mensch – insbesondere ein Kind – hat das auf unserem Lebensweg eine Bedeutung. Vergraben wir den Schmerz darüber, wollen wir ihn nicht fühlen oder versumpfen wir im Schmerz, können wir den Lernschritt, den das Leben uns zu diesem Zeitpunkt anbietet, nicht meistern. Der Schmerz wird dann chronisch, und noch Jahre bis Jahrzehnte später leiden die Betroffenen. Sie haben einen wichtigen Teil von sich, wie Lebensfreude, Erfolg zulassen, Leichtigkeit, zusammen mit ihrem lieben Menschen begraben. Dies dient niemandem – weder dem der lebt, noch dem, der gegangen ist. Es tritt Stagnation oder sogar Rückschritt ein. Doch wir sind hier auf der Erde, um das Leben in seiner Fülle zu erfahren, zu lernen, unsere Schritte zu gehen und letztendlich zu erkennen, was wir wirklich sind. Und niemand hat gesagt, dass das immer leicht ist. In Anbindung und Vertrauen an das Göttliche, die universelle Kraft, ist selbst der schwierigste Schritt zu schaffen.

Du bist nicht dein Körper

Ich war schon immer und werde immer sein.

In Wahrheit sterben wir nicht und wurden nie geboren. Nur unser Körper wird geboren und stirbt wieder. Der Körper ist unser Gefährt, das uns dazu dient, auf diesem Planeten unsere Erfahrungen zu machen.

Du bist nicht deine Gedanken,
du bist nicht deine Emotionen,
du bist nicht dein Körper.

Bei der Geburt nehmen wir zumeist das Bewusstsein noch als grenzenlos wahr. Das Bewusstsein ist nicht auf den Körper begrenzt, und wir nehmen unseren Körper und alles andere nicht als getrennt voneinander wahr. Der Körper bildet noch nicht das individuelle Wahrnehmungszentrum, sondern das Bewusstsein wird noch als alles durchdringende Energie empfunden. Erst im Laufe der Zeit entsteht das Ich-Gefühl, durch das sich die Trennung zwischen dem Körper - "Ich" - und allem anderen - der "Welt" - manifestiert. Ab dann sind wir mit einem vermeintlich individuellen Körper und Geist identifiziert. Fortan ist es unsere irrtümliche Wahrnehmung, dass es ein individuelles Bewusstsein gibt, das auf den Körper begrenzt ist und sich von allem anderen unterscheidet. Die Begrenzung des großen Bewusstseins, das du bist, auf den Körper bringt jede Menge Schwierigkeiten mit sich.

****

Zum Nachspüren
Was glaubst du:
Bist du ein menschliches Wesen,
das spirituelle Erfahrungen macht –
oder
bist du ein spirituelles Wesen,
das menschliche Erfahrungen macht?

****

Der Traum vom "Begießen der Fische"

Während eines Urlaubs in Griechenland hatte ich folgenden Traum:

Wir sind gerade beim Essen, und jemand bringt geflochtene Körbe mit Fischen herein. Ich sehe, dass die Fische noch leben, manche von ihnen hüpfen aus den Körben. Sie liegen auf den großen Steinfliesen am Boden und schnappen nach Luft. Mir ist klar, dass sie Wasser brauchen, ich entdecke ein kleines Gefäß und laufe damit zu einem Brunnen. Ich gieße dieses wenige Wasser über die Fische, dann laufe ich wieder zum Brunnen, hole mit dem kleinen Gefäß Wasser und gieße es wieder über die Fische. Als ich zum wiederholten Male wieder zum Brunnen komme, steht da jemand und sagt: "Was machst du da?" Da wird mir klar: Es wird nicht helfen, diese paar Tropfen Wasser werden die Fische nicht retten. Sie sorgen dafür, dass die Fische nicht sterben, aber leben können sie so auch nicht. Ich brauche ein großes Gefäß, in dem alle Fische Platz haben und in dem ich sie ins Meer, in den Ozean tragen kann.

Als ich aufwachte, fiel mir meine Arbeit ein. Seit achtundzwanzig Jahren war ich im übertragenen Sinne dabei, "Fische zu begießen". Gemeinsam mit den Menschen arbeitete ich an ihren Problemen, worauf sich fast immer ihre Situation verbesserte. Die Fische sterben nicht, aber sie sind auch nicht richtig lebendig, und es ist mühsam – das Wasser trocknet immer wieder so schnell, dass man immer wieder neues Wasser nachholen muss.

Probleme tauchen immer wieder auf. Wir lösen sie und erschaffen neue, bis wir schließlich – im übertragenen Sinn – wieder in den Ozean zurückgetragen werden. Der Ozean steht für das Göttliche. Solange wir nicht erkennen, dass wir schon immer im Ozean schwimmen, dass wir der Ozean sind, werden wir uns Probleme erschaffen. Ich brauche also ein großes Gefäß – Bewusstheit darüber – um die Menschen an Gott, an ihre eigene Göttlichkeit zu erinnern. Um dazu beizutragen, dass wir uns erinnern und erkennen, woher wir kommen, was unsere Heimat ist und was wir in Wahrheit sind.

Du warst niemals vom Ozean getrennt, du bist der Ozean. Niemand war jemals vom Ozean getrennt.

Unendlich

So wie der Baum nicht endet
an den Spitzen seiner Wurzeln oder seiner Zweige,
so wie der Vogel nicht endet
an seinen Federn und seinem Flug,
so wie die Erde nicht endet
an ihren höchsten Bergen:
so ende auch ich nicht an meinen Armen,
meinem Fuß, meiner Haut,
sondern greife unentwegt nach außen hinein,
in allen Raum und alle Zeit,
mit meiner Stimme und meinen Gedanken,
denn meine Seele ist das Universum.

Norman H. Russel, Cherokee-Indianer

Erkennen

Zu erkennen, dass es keine Mutter gibt, deren Kind gestorben ist und dass es kein Kind gibt, das gestorben ist, ist eine der bedeutendsten Wahrheiten für mein Leben.

Alles, was existiert, ist das Formlose, Gewahrsein, Atman, das Göttliche. Es spielt keine Rolle, ob es in einem Körper ist oder ohne Körper. Es ist das Ewige, das immer schon existiert hat und immer existieren wird, das nicht geboren wird und nicht stirbt, das nicht dem Wandel dieser Welt unterliegt. Gewahrsein ist alles, was existiert, in welcher Form auch immer. Es existiert nicht in der Zeit, es existiert jenseits der Zeit, in der Ewigkeit.

Dies ist keine Erfahrung – es ist Wissen.

Diese Wahrheit als ein sehr klares, tiefes Wissen zu erkennen, lässt viele Sorgen und Ängste einfach verschwinden. Du machst dir nicht mehr so viele Sorgen um das, was in der Welt und in deinen Lebensumständen geschieht, da du erkennst:

Das bin nicht ich.
Ich bin nicht meine Lebensumstände.
Meine Essenz ist göttlich, Gewahrsein, Atman.

Deine Sorgen und Ängste beruhen auf dem Glauben, dich als begrenztes Wesen zu sehen, auf dem Glauben, dass du dieser Körper bist und auf diesen Körper begrenzt bist. Das unendliche Gewahrsein auf den Körper zu begrenzen, bereitet uns viele Schwierigkeiten.

Gnade und Hingabe

"Wer auf den Herrn vertraut, den umgibt er mit Gnade."
Psalm 32,10
Gnade ist die Liebe Gottes für dich, die Erinnerung an deine wahre Heimat und Herkunft. Gnade bedeutet, du bemühst dich und wendest deine eigenen Kräfte an. Du tust dein Bestes, du tust, was in deiner Kraft steht. Dennoch musst du

dich nicht ausschließlich auf deine eigene Kraft verlassen. Du bittest um Unterstützung, in dem Vertrauen, dass dir geholfen wird. Du lädst Gnade ein und bist bereit, deine Kontrolle aufzugeben. So kann sie für dich wirken. Gnade meint, der Himmel stellt alles zur Verfügung, was du für dein Wachstum brauchst, wenn du bereit bist zu wachsen, anzunehmen, und darum bittest. Wisse, das ist nicht zwangsläufig das, was du glaubst zu brauchen. Sei also offen für das, was der Himmel dir gibt und nutze es.

Gnade und Hingabe kann man als Geschwister bezeichnen. Hingabe an das, was ist, ohne es zu analysieren, ohne es mental als gut oder schlecht zu bewerten, ohne das Bedürfnis, dass es anders sein muss. So kann Gnade zum Beispiel durch das vollkommene Annehmen des gegenwärtigen Augenblicks, dessen, was JETZT IST, wirken und zu deiner Heilung beitragen. Hingabe an das, was ist, hat immer das Element des Friedens, der Stille in sich. Hingabe ist das Verschmelzen, das Einswerden mit dem, was ist. Durch vollständige Akzeptanz wird die Trennung zwischen dir und dem, was ist, aufgehoben. So wie ein Baum, der entwurzelt wird und den Fluss hinunter treibt, eins mit dem Fluss ist, so wirst du eins mit dem, was geschehen ist, wenn du dich hingibst.
Die größten Hindernisse für vollkommene Hingabe sind unsere Erwartungen und Vorstellungen, wie etwas sein muss und wie es nicht sein darf. Diese Vorstellungen entspringen einem begrenzten Blickwinkel, der an unsere Vorlieben und Abneigungen gebunden ist, das heißt dem Ich-Bewusstsein, das sich um uns als Person und um unseren geglaubten Vorteil dreht. Betrachtest du dagegen alles als die Weisheit des Lebens oder als göttliche Führung, ist Hingabe an das, was ist, möglich. Ein starker, unumstößlicher Glaube an Gottes Weisheit und Liebe unterstützt dich. Hingabe ist eine Fähigkeit des Herzens.

"Hingabe ist: Alles was geschieht, ist gut für mich." Sai Baba

Gnade ist, die Wahrheit zu erkennen und zu SEIN.

Gnade geschieht wie von selbst, wenn du mit dem Leben gehst, offen bleibst, frei von starren Konzepten und Vorstellungen. Wenn du mit dem, was geschieht, in Akzeptanz, Wertschätzung, Hingabe und Dankbarkeit bist. Wenn du gegenwärtig bist und jedem Moment erlaubst, so zu sein, wie er ist.

"Gnade ist nicht etwas, was du von anderen erwerben musst. Wenn sie von außen kommt, ist sie nutzlos. Du brauchst nur zu wissen, dass sie in dir existiert, sonst nichts. Du bist nie außerhalb ihres Wirkens."[75]

"Gnade ist stets gegenwärtig. Du stellst dir vor, sie sei irgendwo hoch im Himmel, weit weg, und müsse zu uns herabsteigen. In Wirklichkeit ist sie in dir, in deinem Herzen, und sobald der Verstand in seinen Ursprung zurück sinkt oder eins mit ihm wird, strömt die Gnade hervor wie aus einer inneren Quelle."[76]

****

Gnade
Sei gnädig mit dir,
überlasse dich der Gnade.
Öffne dich, damit Gnade für dich wirken kann.
Das bedeutet,
jedes negative Urteil über dich und andere aufzugeben.

****

Jeder kommt zu einem bestimmten Zweck auf die Welt. Dieser Zweck wird sich erfüllen. Wenn du aufhörst, die Dinge kontrollieren zu wollen, lädst du Gnade ein, für dich zu wirken. Sie ist Gottes Liebe für dich, dein Sicherheitsnetz. Ihr Sitz ist in deinem Herzen.

Gnade steht jedem jederzeit zur Verfügung. Lade sie ein, dich zu begleiten und bei dir zu sein. Gnade beinhaltet die Erkenntnis, dass alles so, wie es ist, in Ordnung ist. Gnade tritt ein, wenn dein Geist in Frieden ist. Frieden entsteht nicht durch das, was im Äußeren geschieht. Frieden liegt im Geist und er entsteht durch bedingungslose Hingabe an das, was ist.

"Entweder gib dich hin, weil du deine Unfähigkeit erkennst und eine größere Macht brauchst, oder forsche nach der Ursache des Leidens. Das Göttliche lässt keinen im Stich, der sich hingegeben hat."[77]
Hingabe ist erst möglich, wenn du dich vollkommen der göttlichen, universellen Kraft überlässt. Sie sorgt für alles. Lasse sie durch dich wirken.

****

Hingabe
Halte deinen Geist ruhig, soweit es dir möglich ist,
und überlasse dem Göttlichen, was geschieht.

****

In Krisensituationen geschieht dies manchmal ganz von selbst. In solchen Zeiten erhalten wir Zugang zur universellen Kraft. Sie ist eins mit uns, sie ist in uns. Ich durfte das sofort erfahren, als ich die Nachricht "Christina ist gestorben" hörte. Ich wünsche niemandem, dass sein Kind stirbt,
aber ich wünsche jedem Zugang
zu dieser universellen Kraft.

Wenn du bereit bist, dich von Gnade und der Liebe des Himmels unterstützen zu lassen, wirst du unterstützt.

Das Gesetz dieser Welt ist Veränderung

Alle Erscheinungen dieser Welt tauchen aus dem Gewahr-sein auf und fallen wieder dorthin zurück. Alles, was entsteht, vergeht auch wieder. Nichts ist von Dauer, nichts ist ewig. Die Zeit vom Entstehen bis zum Vergehen kennen wir nicht.

"Alles ist eine Leihgabe von Gott, es ist nicht dein Besitz. Sei dankbar für die Zeit, die du es hast, und wenn die Zeit vorüber ist, lasse es los ohne ein Gefühl von Verlust und Bedauern." Sai Baba

Auch in der Bibel steht: "Der Herr hat's gegeben, der Herr hat's genommen, gepriesen sei der Name des Herrn." Hiob, 1,21

Das Ewige, das nicht entsteht und vergeht, ist jenseits dieser Welt. Es ist das, was nicht geboren wird und nicht stirbt.

Ein Film namens "Die Welt"

In diesem Zusammenhang fällt mir folgender Traum ein: *Chuck Spezzano ist bei uns zum Essen eingeladen. Da habe ich die Idee, ihm den Film zu zeigen, in dem Christina mitgespielt hat. In dem Moment taucht Christina auf, sie ist etwa neun Jahre alt, ihre langen blonden Haare umschmeicheln sie und es geht ein Strahlen von ihr aus. Ich sage: "Oh schön, Christina, dass du kommst, ich wollte Chuck gerade den Film zeigen, in dem du mitgespielt hast. Erinnerst du dich an den Film?" "Ja, Mama ich erinnere mich an den Film, ich glaube, er hieß 'Die Welt'."*

Ich bin begeistert von diesem Traum. Er machte mir noch einmal deutlich, dass aus dem Jenseits, dem anderen Bewusstsein, offenbar sehr klar erkannt wird, dass unser Leben hier wie ein Film oder ein Traum ist, in dem wir für einige Zeit mitspielen. Wir haben verschiedene Rollen in diesem Film. Eines Tages verlassen wir ihn wieder, so wie jeder Film beziehungsweise jeder Traum irgendwann ein Ende hat.

"Der Tod ist in Wirklichkeit nur so etwas wie ein Scherz in diesem Spiel, genannt Leben. Wenn die Rolle von euch verlangt, auf der Bühne tot umzufallen, wird euch das als Schauspieler berühren?" Sai Baba

Es ist anzunehmen, dass wir beim Verlassen des Körpers klar erkennen, dass dieses Leben hier wie ein Traum oder ein Film ist. Doch wer kann dies wahrnehmen? Gibt es da noch etwas jenseits des Körpers, das bleibt und wahrnehmen kann, was geschieht? Ist dieses "Etwas" der Schöpfer des Körpers, etwas, das den Körper überdauert?

****

Erforsche, was bleibt
(durch diese Übung lässt du dich am besten führen)

Stell dir vor, dein Körper ist gestorben und wird verbrannt.
Erst nimmst du deinen Körper noch als Ganzes wahr,
dann siehst du, wie das Feuer an deinen Füßen beginnt,
den Körper zu verbrennen,
wie das Feuer langsam immer höher und höher steigt,
bis dein Körper vollkommen verbrannt ist.

Wie ist das? Was nimmst du wahr?
Wer ist das, der etwas wahrnehmen kann?

****

Christina hat ihren Tod wie ein interessantes Forschungs-objekt beschrieben, das sie von außen wahrgenommen hat. Erleuchtete Meister oder auch "Ein Kurs in Wundern" sprechen sehr klar davon, dass das, was wir hier für die Realität halten, in Wirklichkeit ein Traum oder ein Film ist.

"Sich mit dem Körper zu identifizieren und gleichzeitig das Glück zu suchen, ist so, als wollte man auf dem Rücken eines Krokodils einen Fluss überqueren. In Wahrheit bist du reiner Geist. Wenn die falsche Identifikation aufhört, herr-schen Friede und ewige, unbeschreibliche Glückseligkeit."[78]

Gott, der sich als Gott erkennt

****

Lausche der Stille
Sei still und frage.
Wo immer du bist, wie immer deine Frage lautet.
Gehe in die Stille, zentriere dich in deiner Mitte,
frage DAS, was für dich das Höchste ist.

Das Höchste, egal, welchen Namen du dafür hast,
ist immer bei dir – allgegenwärtig, allwissend.
Nur dein Herz kann das erfassen, nicht dein Denken.
Es ist sinnlos, DAS mit dem Verstand erfassen zu wollen.

****

"Reine Liebe hängt nicht mit dem Verstand zusammen,
sie entspringt dem Herzen.
Aus diesem Grund kann Göttlichkeit
nur durch das HERZ verwirklicht werden." Sai Baba

Nur Gott kann Gott erkennen. Dort, wo wir gleich sind, wo Resonanz, wo Erkennen ist. Dies ist nicht die Person, es ist jenseits der Person. Gott, der sich selbst erkennt, Liebe, die sich selbst wahrnimmt.

Ich bin wieder in Puttaparthi, sitze im Darshan*, frage nach innen und lausche.
Ich höre folgende Antwort:
Genauso wenig, wie wir die Person sind, die wir als getrenntes Individuum zu sein glauben, genauso wenig gibt es im Jenseits getrennte Seelen. Die Illusion, uns für getrennte Einzelpersonen beziehungsweise getrennte Einzelseelen zu halten, ist hier und im Jenseits die gleiche.
Wir können hier träumen – wie es fast alle Menschen tun – und wir können im Jenseits weiter träumen, dass wir getrennte Seelen sind. Die Energie, die Schwingung des Traumes im Jenseits ist feiner, lichter, da die Bindung an den Körper nicht mehr besteht. Doch solange wir träumen, träumen wir. Der Tod ändert nicht zwingend etwas daran. Wir träumen, bis wir aufwachen und die Realität erkennen. Dies kann während unserer Lebenszeit hier im Körper oder im Jenseits ohne Körper geschehen.
Und es wird geschehen. Wir alle werden erkennen, dass alles, was existiert, Gott ist. Reines Licht, reine Liebe, reiner Geist, Gewahrsein, Atman, Einheit, jenseits von Raum und Zeit, jenseits von Person und jenseits von Seele.
Scheinbar individuelle Personen, individuelle Seelen sind alle Ausdruck des EINEN. Alles, was existiert, ist das EINE, ausgedrückt in unzähligen Formen. Es gibt keinen Menschen, keine Seele, NICHTS ohne göttliche Essenz. Es gibt keinen Ort, an dem das Göttliche nicht ist, alles ist eine Widerspiegelung des EINEN.

Das, was du bist, ist ewig, unveränderlich, wird nicht geboren und stirbt nicht und ist nicht von Gott, vom Gewahrsein, getrennt. Gott, der sich als Gott erkennt. Gewahrsein, das sich als Gewahrsein erkennt. Liebe, die sich

416

als Liebe wahrnimmt. Alles, was existiert, ist Gewahrsein.

Ich bin.
Ich bin.
Ich bin.
Ich bin das Eine.

Vom ewigen Leben

"Das Selbst zu vergessen ist Tod, seiner gewahr zu sein ist LEBEN. Du sehnst dich nach EWIGEM LEBEN. Warum? Weil das derzeitige Leben in der Dualität unerträglich ist. Warum ist das so? Weil es nicht deine wahre Natur ist. Du bist in Wahrheit reiner Geist, aber du identifizierst ihn mit einem Körper, welcher eine Projektion deines Egos ist – ein Objekt gewordener Gedanke – und das Ego wiederum hat seinen Ursprung im reinen Geist.

Bloßes Wechseln des Körpers nützt nichts, weil das nur ein Übertragen des Egos in den neuen Körper bedeutet. Zudem, was ist LEBEN? Es ist Existenz (als reines Bewusstsein) und das bist du selbst. Das ist das wahre LEBEN und ES ist ewig. Leben im Körper ist begrenztes Leben. Du jedoch bist UNBEGRENZTES LEBEN. Du wirst deine wahre Natur als UNBEGRENZTES LEBEN zurückgewinnen, sobald die Idee 'Ich bin der Körper' schwindet."[79]

In einem Film über Ramana Maharshi ist folgende Passage mit einer einleitenden Aussage Ramanas zu seinem kurz bevorstehenden Tod enthalten:

"'They say that I am going away. Where can I go? I am here.' He did not say 'I *will* be here', but 'I *am* here' – testifying to the timeless truth that he was none other than the Self in all.

Where indeed could he go, for is he not the eternal truth that shines forever?
This was the message that he taught throughout his bodily life – that one is not the body, nor the mind, but the eternal self that transcends both."[80]

„'Sie sagen, ich ginge fort. Aber wohin könnte ich gehen? Ich bin hier.' Seine Worte waren nicht etwa 'Ich *werde* hier sein', sondern 'Ich *bin* hier'. Dies bezeugt die zeitlose Wahrheit, dass er nichts anderes ist als das allem innewohnende Selbst.
Wohin hätte er auch gehen können, da er doch die ewige Wahrheit ist, die für immer strahlt? Dies war die Lehre, die er während der gesamten Lebenszeit in seinem Körper vertrat: Du bist weder der Körper, noch der Geist, sondern das ewige Selbst, das beide transzendiert."

Gebet

In diesem Sinne möchte ich dieses Buch mit einem Gebet beenden:

Göttlicher Vater, göttliche Mutter,
mögen alle auf allen Ebenen die EINE Realität,
die jenseits der Illusion ist, erkennen und
von ihrem Traum, der die Realität verschleiert, erwachen.
Mögen alle reines Licht, reine Liebe, Gewahrsein, Atman,
das Göttliche als ihre Realität erkennen und Sein.

Geliebter Vater, geliebte Mutter,
Dein Wille und mein Wille ist eins,
Dein Bewusstsein und mein Bewusstsein ist eins.
Ich lade dich ein, mich vollkommen auszufüllen.

Göttlicher Vater, göttliche Mutter,
Du und ich ist eins, Du bist ich und ich bin Du.
Niemand da, der jemals von dir getrennt war
oder je getrennt sein wird.
Niemand, der geboren wird, niemand der stirbt.
All-Eins-Sein.
Ich bin Alles – Ich bin Nichts.
Ich bin DAS Eine.

Monika Redl-Janßen

DIE WELLE UND DER OZEAN IST EINS,
DU UND GOTT IST EINS.

Nachklang

Ich bedanke mich bei allen unsichtbaren, geistigen Kräften, die uns Menschen hier auf Erden begleiten, lehren und unterstützen. Eure Hilfe ist ein großes Geschenk und deutlich fühlbar. Möget ihr durch euer Helfen selber in eurer Entwicklung fortschreiten und zur ewigen Quelle zurückkehren.

Alles ist in Bewegung, auch unser Verstehen. Nach und nach wird das Wissen tiefer in uns sinken und erfahrbar sein.
Ich wünsche dir so viel Heilung, Verstehen, Wachstum und Transformation, wie für dich zum jetzigen Zeitpunkt möglich ist. Es erfüllt mich mit Freude, wenn du in jeder Zeile dieses Buches meine Liebe und mein Mitgefühl spüren kannst und ich dein Herz erreiche. Das wünsche ich dir ganz besonders, wenn du gerade eine schwere Zeit hast.

Wenn ich dazu beitragen kann, dass Menschen Heilung erfahren und in sich die Freude des Seins fühlen, hat mein Wirken sich gelohnt.

Anhang

Glossar

Ashram: Aufenthaltsort eines Weisen oder Heiligen

Atman: die dem Menschen innewohnende Göttlichkeit

Avatar: laut Sanskrit eine Gottheit, die freiwillig auf die Erde kommt, um den Menschen zu helfen

Bhajan: heilige Lieder, mit der Wirkung, den Geist auf Gott auszurichten und das Herz mit Liebe zu ihm erfüllen

Dalai Lama: Oberhaupt des tibetischen Buddhismus

Darshan: Treffen von Schülern und Meistern

DAS: das Göttliche in uns

Dhanyavad: Mantra der Dankbarkeit

Geschichte: die Gedanken, die unser Mind zu dem, was geschieht, hinzufügt. Diese Gedanken prägen unsere Sicht- und Erlebensweise.

Hara: Mitte des menschlichen Körpers, Körpermitte

ICH: die Essenz, das Göttliche im Menschen, im Gegensatz zum kleinen Ich – der Persönlichkeit

Johann Graßer: ehemaliger Leiter einer Polizeidienststelle, rk Diakon und Jerusalemweg-Friedenspilger

Joining: eine Methode, die Lency Spezzano entwickelt hat. Es geht darum, sich mit einer anderen Person auf der Herzensebene zu verbinden, bereit zu sein, alle Barrieren zu fühlen und jegliche Trennung fallen zu lassen. Alles, was zwischen dir und dem anderen ist, was nicht Liebe ist, taucht auf und wird durch das bedingungslose Fühlen "durchgebrannt". Das, was bleibt, ist ein weites, offenes Bewusstsein, eine Erfahrung von Liebe, Lachen, Leichtigkeit und wahrer Verbindung. Das Göttliche wird fühlbar.

Konfuzius: chinesischer Philosoph, 515 v. Chr. – 479 v. Chr.

Körper-Mind-System: die Identifikation mit dem Körper und dem Verstand als Ich

Mantra: Worte, die wiederholt gedacht, gesprochen oder

gesungen werden. Sie haben eine positive Wirkung auf Körper, Seele und Geist.

Meister Eckhart: Christlicher Mystiker ca. 1260 bis 1328

Mind: besteht aus Verstand und Gemüt (Emotionen), Wollen und Nicht-Wollen

Mutter Meera: Mutter Meera gilt als Avatar – als eine Inkarnation der göttlichen Mutter, sie lebt in Balduinstein, Deutschland

Phyllis Krystal: Psychotherapeutin, Gründerin einer Visualisierungsmethode, bei der mit dem "Höheren Bewusstsein" gearbeitet wird.

Punjabi: Indisches Kleidungsstück

PoV – Psychology of Vision: von Chuck und Lency Spezzano gegründet

Rigpa: ein tibetisches Wort, es bedeutet "die innerste Natur des Geistes". Rigpa ist auch ein internationales Netzwerk buddhistischer Zentren, die von Sogyal Rinpoche in verschiedenen Ländern der Welt gegründet wurden.

Sathya Sai Baba: Weltenlehrer, lebte von 1926 bis 2011 in Puttaparthi, Südindien

Sitting: hier: Sitzung mit einem Medium

Sokrates: griechischer Philosoph, 469 v. Chr. – 399 v. Chr.

Spezzano, Chuck, Spezzano, Lency: Begründer der Psychology of Vision – Psychologie der Vision

Stefanie Woeste-Knöchelmann: Heilpraktikerin (Psychotherapie) und Lektorin, www.einklangfinden.de

Steps to Enlightenment® – Schritte in ein erwachtes Leben: von Monika Redl-Janßen entwickeltes Jahrestraining für Menschen, die bereit sind, die Essenz ihres Wesens und das Mysterium des Lebens zu erforschen und zu Sein

Literatur

Balsekar, Ramesh: The End of Duality, Yogi Impressions 2009

Ein Kurs in Wundern, Greuthof Verlag, Gutach i. Br., 2001

Ferrini, Paul: Denn Christus lebt in jedem von uns, Aurum im Kamphausen Verlag 2002

Grün, Anselm und Guckelsberger, Rudolf: Die Anselm Grün Bibel, Herder CD, 2008

Jenner, Otmar: Das Buch des Übergangs, Allegria Verlag 2007

Kasturi, N: Sathya Sai Baba spricht, Band 4, 1. Auflage 1990

Kübler-Ross, Elisabeth: Kinder und Tod, Kreuz Verlag, 3. Auflage 1988

Kübler-Ross, Elisabeth: Das Rad des Lebens, MensSana

Meek, Paul: Der Himmel ist nur einen Schritt entfernt, Verlag Thanner 2004

Meek, Paul: Das Tor zum Himmel ist immer offen, Verlag Thanner 2004

Meister Eckhart: Stille und Ewigkeit, Advaitamedia 2005

Nisargadatta Maharaj: ICH BIN I, J. Kamphausen 1996

Nisargadatta Maharaj: ICH BIN II, J. Kamphausen 2005

Nisargadatta Maharaj: Die ultimative Medizin, Noumenon-Verlag 2009

Weisheiten von Nisargadatta Maharaj: Eine visuelle Reise, Kamphausen 2004

Pradervand, Pierre: Segnen heilt, Reichel Verlag 2010

Ramana Maharshi: Alles ist Eins, G. Reichel Verlag 2007

Ramana Maharshi: Die essentiellen Lehren, J. Kamphausen 2006

Bhagavan Sri Ramana Maharshi – The Eternal Light, Film

Renz, Karl und Bittrich, Dietmar: Das Buch Karl: Erleuchtung und andere Irrtümer, Verlag Kamphausen 2004

Sathya Sai Baba: Sommersegen Brindavan 3, 1. Auflage 1991

Sogyal Rinpoche: Das tibetische Buch vom Leben und Sterben,

Otto Wilhelm Barth Verlag 1994

Spirituelles Wörterbuch Sanskrit-Deutsch, Sathya Sai
Vereinigung, 2007

Stepski-Doliwa, Dr. Stephan: Sai Baba spricht zum Westen,
Govinda Sai Verlag 2002

Thich Nhat Hanh: Tief aus dem Herzen – Die Energie des Betens,
Kösel Verlag München 2007

Thich Nhat Hanh: Kein Werden, kein Vergehen, Knaur 2008

Tolle, Eckhart: Eine neue Erde, Goldmann Arkana, München 2005

Tolle, Eckhart: Stille spricht, Goldmann Arkana 2003

Verma, Rohit: Divine Reflections, Thoughts of a departed son
shared with his parents, 28. Oktober 2001

Wang, David L: Das goldene Buch der Weisheit, Groh Verlag
2006

Quellen

1   **Ramana Maharshi**, Die essentiellen Lehren, S. 65

2   **Elisabeth Kübler-Ross**, Kinder und Tod

3   **vgl. Sogyal Rinpoche**, Das tibetische Buch vom Leben und
    vom Sterben, S. 352 ff.

4   **Ein Kurs in Wundern**, S. 181

5   **Paul Meek**, Der Himmel ist nur einen Schritt entfernt, S. 259

6   **Stephan von Stepski-Doliwa**, Sai Baba spricht zum Westen, S.
    64

7   **Paul Meek**: Das Tor zum Himmel ist immer offen, S. 36

8   **ebenda**, S. 37

9   **Nisargadatta Maharaj**, ICH BIN II, S. 105

10 **ebenda**, S. 104

11 **Karl Renz und Dietmar Bittrich**: Das Buch Karl: Erleuchtung
    und andere Irrtümer

12 Paul Ferrini, Denn Christus lebt in jedem von uns, S. 157

13 Ramana Maharshi: Die essentiellen Lehren, S. 98

14 Otmar Jenner, Das Buch des Übergangs, S. 73/74

15 David L. Wang, Das goldene Buch der Weisheit

16 Ramana Maharshi, Die essentiellen Lehren, S. 99

17 Otmar Jenner, a.a.O., S. 297

18 Thich Nhat Hanh, Kein Werden, kein Vergehen, S. 201 ff.

19 Eckhart Tolle, Stille spricht, S. 111

20 Spirituelles Wörterbuch Sanskrit-Deutsch

21 Elisabeth Kübler-Ross, Das Rad des Lebens

22 Ramesh Balsekar, The End of Duality, S. 84

23 Nisargadatta Maharaj, ICH BIN II, S. 66

24 Ramana Maharshi, Die essenziellen Lehren, S. 30

25 Nisargadatta Maharaj, Awaken to the eternal, Film

26 Margaret Fishback Powers, © Copyright Margaret Fishback
    Powers, 1964, © Copyright der deutschen Übersetzung
    Brunnen-Verlag, Gießen 1996

27 Ramana Maharshi, Die essenziellen Lehren, S. 60

28 Ein Kurs in Wundern, S. 55

29 ebenda, S. 267

30 Nisargadatta Maharaj, ICH BIN II, S. 71

31 Paul Ferrini, a.a.O., S. 157

32 Pierre Pradervand, Segnen heilt, S. 136

33 Ein Kurs in Wundern, S. 175

34 ebenda, S. 268

35 ebenda, S. 175

36 Ramana Maharshi, Die essenziellen Lehren, S. 107

37 Nisargadatta Maharaj, ICH BIN II, S. 89

38 ebenda, S. 66

39 ebenda, S. 76

40 ebenda, S. 69

41 ebenda, S. 77

42 ebenda, S. 82

43 Meister Eckhart, Stille und Ewigkeit, S. 42

44 vgl. Die Anselm Grün Bibel, Herder CD 3

45 ebenda

46 Sathya Sai Baba spricht, Bd. 11, S. 18 f

47 Weihnachtsrede 25. 12. 2009

48 Sathya Sai Baba, Sommersegen Brindavan 3, S. 66

49 Radio Sai Deutschland, Sendung 10.10.2010

50 Meister Eckhart, a.a.O.,S. 64

51 Eckhart Tolle, Stille spricht, Arkana Goldmann 2003, S. 107

52 Karl Renz, a.a.O., S. 147

53 ebenda, S. 102

54 ebenda, S. 102

55 ebenda, S. 144

56 ebenda, S. 106

57 ebenda, S. 143

58 Ramana Maharshi, Die essenziellen Lehren S. 107

59 Ramana Maharshi, In: Große Meister Indiens, Jyotishman Dam (Hrsg.)

60 Nisargadatta Maharaj, ICH BIN II, S. 260

61 Nisargadatta Maharaj, ICH BIN I, S. 56

62 Nisargadatta Maharaj, Die ultimative Medizin, S. 171

63 Karl Renz, a.a.O., S. 146

64 Stefanie Woeste-Knöchelmann, persönliche Ergänzung

65 Elisabeth Kübler-Ross, Kinder und Tod, (Ein Brief an ein Kind mit Krebs)

66 Thich Nhat Hanh, Tief aus dem Herzen – Die Energie des Betens, S. 155

67 **Weisheiten von Nisargadatta Maharaj**, Eine visuelle Reise

68 **Eckhart Tolle**, Eine neue Erde, S. 318

69 **Meister Eckhart**, a.a.O., S. 43

70 **Eckhart Tolle**, Stille spricht, S. 107

71 **Rohit Verma**, Divine Reflections, Thoughts of a departed son shared with his parents, 28. Oktober 2001

72 **Eckhart Tolle**, Stille spricht, S. 105

73 **ebenda**, S. 110

74 **Ramana Maharshi**, Die essentiellen Lehren S. 26

75 **ebenda**, S. 17

76 **ebenda**, S. 37

77 **ebenda**, S. 60

78 **ebenda**, S. 61

79 **Ramana Maharshi**, Alles ist Eins, S. 49

80 **Bhagavan Sri Ramana Maharshi** – The Eternal Light (Film)

Empfehlungen

Kartenset mit Buch und Karten in einer Box
"Schritte in ein erwachtes Leben", Monika Redl-Janßen
108 Inspirationskarten mit Begleitbuch
ISBN 978-3-9503389-1-1

Das Begleitbuch aus dem Kartenset als einzelnes Buch
"Schritte in ein erwachtes Leben",
ISBN 978-3-9503389-0-4

"Schritte in ein erwachtes Leben" ist für Menschen, die
bereit sind, die Essenz ihres Wesen und des Mysteriums des
Lebens zu erforschen und zu Sein. Das Buch und das

428

Kartenset führen uns auf eine Reise zu unserem inneren Schatz, zu dem, was wir immer schon waren und immer sein werden. Die Lichtgitter-Mandalas sind hochwirksame Resonanzmuster, die uns darin unterstützen, Geist und Körper zu harmonisieren. Sie laden zur Vertiefung der Inhalte auf der Kartenvorderseite ein, die auf hochkarätige, zeitlose Literatur wie "Ein Kurs in Wundern", der Bibel, sowie Sri Nisargadatta Maharaj Zitaten basieren.

Kontakt

Kartenset und Bücher von M. Redl-Janßen sind erhältlich:
Deutschland/Schweiz:
Stefanie Dietel
buecher@bewusst-sein.de, 0049-(0)8082-948047
Österreich:
Nuhrovia GmbH, nuhrovia@aon.at
0043-(0)772920236, Fax 0043-(0)7729202364

Monika Redl-Janßen

"Das größte Geschenk,
das du dir und anderen machen kannst,
ist ZU SEIN, WAS DU WIRKLICH BIST.
Ich lade dich ein, den Weg zu gehen,
bis auch du diesen Platz in dir
wiedergefunden hast."

Monika Redl-Janßen hält Seminare zu verschiedenen Themen in Deutschland, Österreich, Schweiz, Sardinien und Kreta, unter anderem das Jahrestraining "Steps to Enlighten-ment® - Schritte in ein erwachtes Leben". Ebenso bietet sie Einzel-, Paarsitzungen und Coachings, auch telefonisch, an.

Nähere Informationen: **www.bewusst-sein.de**

Stimmen

Für viele Menschen gehört es zum Schlimmsten, das sie sich vorstellen können: den Tod eines nahestehenden Menschen oder sogar den des eigenen Kindes erleben zu müssen.

Monika Redl-Janßen beschreibt in diesem Buch eindrücklich und mit fachlicher Kompetenz, wie sie nach dem Tod ihrer Tochter einen Weg gefunden hat, nicht in tiefste Trauer zu versinken, sondern das Geschehene anzunehmen und aus dem Verlust heraus eine große persönliche Entwicklung zu machen. Dies führte sie zu einem erfüllten, bewussteren und glücklichen Leben.

Sie zeigt uns ihren Weg und gibt uns so die Möglichkeit, mit dem Verlust eines geliebten Menschen auf eine heilsame Art umzugehen und so den Tod besser zu verstehen und ins Leben zu integrieren.

Antje Pfaffenseifer, Schweiz
Psychologische Beraterin, Sterbe- und Trauerbegleiterin, Pflegefachfrau

Dieses Buch handelt vom Tod – ein Thema, vor dem man am liebsten die Augen verschließen möchte, oder?

Wer sich jedoch auf die bewegende Geschichte und die Weisheit dieses Buches einlässt, dem werden die Augen geöffnet – dafür, was der Tod wirklich ist: nicht das Furcht erregende Ende des Lebens, sondern Teil des Lebens, das unendlich ist.

Diese Erkenntnis befreit und öffnet das Leben für seine Essenz: die unsterbliche Liebe.

Monika Schiller
Ehemals Lehrerin, Unternehmensberaterin

Monika Redl-Janßens Bericht vom frühen Tod ihrer Tochter Christina und dem, was diese Erfahrung in ihrem Leben und dem ihrer Familie ausgelöst hat, ist ein bewegender Einblick in die Wahrnehmungen eines Menschen, für den die materielle und die geistige Welt nicht getrennt sind. Wir können teilhaben an einem Prozess, in dem sich die Familie öffnet für das Wissen und die Gewissheit, dass das Leben nicht an der Schwelle des Todes endet, sondern die Geburt ist in ein neues Leben. Dies kann trösten und zuversichtlich stimmen. Zugleich ruft dieses Buch auf zu einer neuen Verantwortung gegenüber dem Geschenk des Lebens – findet es doch seine Fortsetzung und seinen Wert aus der Verbundenheit mit den geistigen Welten.

Barbara v. Meibom, Berlin
Leiterin von Communio und Autorin

Von allen Menschen, die ich kenne, ist Monika die Expertin, die am besten befähigt ist, andere durch den Prozess des Sterbens und des Todes zu leiten. Ihr hoch entwickeltes Gewahrsein, ihr großes Einfühlungsvermögen und ihr Bewusstsein ermöglichen ihr, durch die Erscheinungen hindurch die große Schönheit, Wahrheit und Liebe zu sehen, die in dieser enorm kostbaren Zeit zugänglich sind. Sie spricht aus der Autorität eigener Erfahrung und mit der Sanftmut des Himmels.

Ich empfehle ihr Buch von ganzem Herzen all jenen, die entweder selbst oder mit einem lieben Menschen durch diese Erfahrung gehen, die auf diesem Gebiet arbeiten, und überhaupt allen. In anderen Worten, ich empfehle es allen, da es uns alle betrifft. Ich hoffe, ihr Buch begleitet, erreicht und inspiriert unzählige Menschen.

Lency Spezzano, Hawaii

Das Ewige wird weder geboren,

noch kann es sterben.

Ramana Maharshi